아산재단 연구총서 第378집

한국 사회의 이중구조와 생애주기적 불평등

안상훈 편

집문당

편저자 서문

이 연구는 우리 사회가 직면하고 있는 다양한 차원에서의 불평등 양상과 원인을 진단하고, 이를 기반으로 생애주기 맞춤형의 복지국가 전략을 제안하려는 목적에서 출발하였다. 특히 기존의 불평등과 관련한 다양한 논의들이 소득분배 현황과 시계열적 변동 양태에 대한 분석에 치중하고 있다는 점에서 본 연구는 크게 세 가지 점에서 차별화를 시도하고자 한다.

첫째, 불평등 양상을 소득수준에 국한하지 않고 다양한 사회적 측면에서 파악하고 그 관련성을 강조하고자 한다. 사실 소득불평등 또는 양극화와 관련한 사회적 논의는 1990년대 후반 외환위기 이후 촉발되어 최근까지 우리 사회를 진단하는 핵심 키워드로 자리매김하고 있다. 하지만 대부분의 논의는 집단 간 소득격차의 증가, 중산층의 축소, 빈곤의 확대, 기업 및 산업 간 임금격차 등 소득을 중심으로 한 경제적 불평등에 초점이 맞추어져 왔다. 이러한 물적 자본 중심의 분석은 불평등과 관련하여 전통적 접근이라는 점에서 의의가 있지만 우리 사회에 존재하고 있는 다양한 차원에서의 불평등 현상을 설명하고 그 기저에 위치한 사회문제의 핵심을 짚어내는 데 한계가 있다. 단적으로 소득의 많고 적음은 고용 상태와 깊은 관련이 있으며, 이러한 고용 상황은 해당 개인이 갖고 있는 인적 자본(학력)과 관련성이 높고, 이는 다시 건강 차원과 직접적으로 연계될 수 있기 때문이다.

따라서 불평등 또는 양극화로 표현되는 우리 사회의 갈등 구조에 대한 보다 적절한 사회정책적 대응 방안을 마련하기 위해서는 불평등 현상의 원인과 결과에 대한 다면적인 고찰이 필요하다.

물론 우리 사회의 불평등에 대한 이러한 다차원적 접근의 필요성은 학자는 물론 일반 국민들 사이에서도 공유되고 있는 인식이다. 이론적으로도 경제자본으로 환원될 수 없는 자본의 다양한 형태와 그러한 자본 간의 상호연결성에 대한 논의가 이미 많이 축적되어 왔다. 대표적으로 부르디외는 경제자본, 문화자본, 사회자본, 상징자본의 네 가지 유형의 자본[1)]을 제시하면서 객관적 계층 구조와 아비투스 간의 선택적 친화성(selective affinity)이라는 경험적 증거에 주목하였는데, 개인의 인식과 태도 및 선호를 포함한 문화와 계층으로 대표되는 경제는 상호 연결망 속에서 복잡하게 관련되어 있으며, 경제 부문에서의 계층구분이 문화 부문에서의 상징적 구분을 유발하고 이는 다시 기존의 계층 구조를 강화하고 정당화한다는 것이다(이종호, 1998). 우리 사회의 불평등 양상 역시 다양한 물적, 사회적, 문화적 자본의 차원에서 관찰될 수 있으며, 이들은 복합적으로 계층적 인식과 태도를 형성하고 유지될 것으로 예상할 수 있다. 따라서 이들에 대한 관점 역시 경제학은 물론 이외의 사회과학에서의 풍부한 이론을 신축적으로 고

---

1) 첫 번째, 경제자본(economic capital)은 상품과 서비스를 소비하기 위해 사용될 수 있는 돈과 물질적 대상을 말한다. 이것은 여타 재정 자원과 자산뿐만 아니라 금전적 소득을 포함한다. 두 번째, 문화자본(cultural capital)은 사회화 과정 속에서 획득한 오랜 특성과 습관(체화된 문화자본), 가치 있는 문화적 대상물의 축적(객관적 문화자본), 그리고 공식적인 교육자격과 훈련(제도적 문화자본)을 포함한다. 세 번째, 사회자본(social capital)은 집단과 사회 연결망 내에서의 위치와 관계이다. 이것은 사회적 연결망에의 소속을 통해서 동원될 수 있는 실제적이고 잠재적인 자원들의 총합이다. 마지막으로, 상징자본(symbolic capital)은 다른 세 가지 유형의 자본들이 정통적으로 승인된 형식, 즉 위신, 존망, 명예, 명성 등으로 규정된다(Turner, 1990: 512).

려하고자 한다.

둘째, 불평등 양상에 대한 횡단면적 접근과 함께 이러한 양상이 지속되어 구조화되고 있음에 주목하고자 한다. 우리 사회의 불평등 문제는 그 수준의 심각성과 함께 해당 불평등 상황이 구성원의 인식과 행태에 영향을 주고 제도적 대응에 개입하며 이를 통해 기존의 불평등 양상이 유지·강화되는 경향을 보이고 있다는 점을 강조하고자 한다. 우리 사회의 불평등 현상에 대한 학계와 사회의 높은 관심은 단지 그것이 초래하는 경제적 결과에만 국한되는 것은 아니다. 불평등이 초래할 사회적 갈등과 분열 및 집단 간의 분절에 대한 우려와 직결되어 있기 때문이다. 특히 불평등으로 인해 우리 사회가 부유층과 빈곤층과 같은 소득 차원에서의 구분이 아니라 다양한 차원이 연계된 상태에서 '유리한 자'와 '불리한 자'와 같은 이질적인 두 개의 집단으로 나누어지고 있다는 점에 주목하고자 하며, 바로 이러한 이유로 노동시장에서 통용되는 이중구조 개념을 활용하여 우리 사회의 다양한 차원에서 발견되는 불평등의 근원과 집단 간 갈등의 토대를 분석해 보고자 한다.

이러한 논리는 경제적 계층화에 따른 다양한 정치적 균열과 관련한 방대한 사회과학 이론들과 맥이 닿는다. 불평등, 격차의 심화, 이중구조 등이 발생하는 지점들로 지적되는 계층, 고용 지위, 산업과 기업, 세대, 성별 등은 사회적 갈등을 심화시키는 균열 지점으로도 이해할 수 있다. 이러한 접근은 경제적 이중구조를 넘어 이중구조의 정치적 측면은 물론 개인의 심리적 인식과 행태에 대해서도 중요한 시사점을 제공할 수 있을 것이며, 불평등 개념이 갖고 있는 다면적 함의를 살리는 대안이 될 수 있을 것이다.

마지막으로 우리 사회의 불평등 현상과 이중구조를 분석함에 있어서 생애주기(life course)를 중심으로 분석하고자 한다. 사회통합을 이루기 위한 사회정책 대안을 모색하고 나아가 새로운 복지국가 전략을 제안하기 위한 본 연구의 목적에 비추어 보다 구체적인 정책적 목표(target) 또는 공략 대상의 식별이 요구되는데, 이때 이중구조(dual system)의 틀을 깨고 통합을 이루기 위한 새로운 복지국가 전략은 현재의 상황에만 초점을 맞추는 단편적이고 정태적인 정책들로만 구성할 수는 없다. 보다 포괄적이고 근본적인 전략 수립을 위해 본 연구에서는 개인의 생애주기와 기회(life chance), 그리고 이를 둘러싼 역동성에 주목하고자 한다. 생애주기의 어떤 특정 단계에서의 상황은 대부분 이전 시기에 발생한 사건과 관련성이 높다. 예컨대 노후의 빈곤은 노동 시기에 겪은 고용의 어려움과 관련될 수 있고, 불안정한 고용은 아동기의 교육 성취도와 밀접한 관련을 가질 수 있다. 하지만 기존의 불평등에 관한 논의는 주로 노동기의 소득이나 고용을 중심으로만 논의되는 경향이 있었으며, 정책적 개입과 관련된 연구들 역시 생애주기별로 존재하는 다양한 욕구와 이에 대응하는 정책들에 대한 논의를 전개하지 못하였다. 반면, 생애주기적 관점은 실제 정책을 모색하는 측면에서 매우 유용한데, 연금정책이 성공하기 위해서는 사람이 출생할 때부터 출발해야 하고, 건강정책 역시 유아·청소년기에서의 영양과 습관이 중요한 것과 마찬가지이다. 최근 복지국가 재편 과정에서 아동을 위한 실질적인 기회균등에 대한 투자와 이를 위한 정책들이 핵심 정책 영역으로 강조되고 있는 것은 이런 이유에서라고 할 수 있다(Esping-Andersen, 2002; 유태균 외 역, 2006). 또한 과거 노령, 빈곤, 실업 등 구(舊) 사회 위험에 대한 소득보장은 남성 생계 부양 근로자의 퇴직, 실업 등 소득 상실 시기에서의 개입이 중요했다. 그러나 후기 산업사회의 전개에 따른 인구구조와 가족구조의 변화, 불안정 고용의 증가와 같은 노동시장의 변화에 의해 촉발되는 신사회 위험 속에서 단지 근로 중단기에 대한 보장뿐만 아니라, 생애주기 전반에 대한 보장이 중요해지고 있다. 따라서 아동·청소년 시기, 근로 시기, 노후 시기 등 생애주기별로 존재하는 불평등 현상과 이중구조를 체계적이고 면밀하게 분석함으로써, 그에 따른 적절한 정책 대안을 마련하는 것이 필요하다.

따라서 본 연구에서는 한국 사회의 불평등 문제가 다차원적으로 규명됨과 동시에 연계되어 있으며, 이를 통해 우리 사회가 점차 유리한 자와 불리한 자로 구분되어 재생산되는 이중구조화의 위험성에 노출되어 있음을 지적하고자 한다. 이를 위해 노동시장에서의 소득을 중심으로 한 경제적 불평등을 검토하는 것에서 더욱 나아가, 노동시장에서의 성취와 밀접하게 연관을 맺는 생애주기의 주요 국면인 아동·청소년기와 노년기의 불평등과 이중구조를 함께 살필 것이다. 또한 한국 사회에서 전체 생애주기를 관통하여 불평등이 발생하는 주요한 측면인 젠더, 건강, 주거와 관련된 불평등 및 이중구조 역시 함께 다루고자 한다. 이러한 일련의 내용들을 통합적으로 검토함으로써, 한국 사회의 전반적인 이중구조와 다차원적인 불평등의 양상을 규명하고, 이를 해소하기 위한 '한국형' 복지국가 전략의 단초를 제안하려 한다.

끝으로, 2년이 넘는 시간 동안 우리의 연구를 지원해 준 아산사회복지재단에 감사드린다. 이제 막 본격적인 가동을 시작하는 한국형 복지국가의 밑그림을 그리는 데 이 연구가 하나의 나침반이 되길 기대한다.

2015년 봄이 완연한 관악에서

편저자 안상훈

| 차 례 |

제4장 성인기 젠더 불평등과 이중구조

∥ 김영미(동서대학교)

제5장 성인기 건강 불평등과 이중구조

∥ 유조안(서울대학교)

제6장 성인기 주거 불평등과 이중구조

∥ 박종연(서울대학교)

| 표 차례 |

| 그림 차례 |

제1장 '불평등'과 '이중구조', 그 개념적 조우(遭遇)

제1장 '불평등'과 '이중구조', 그 개념적 조우(遭遇)

금현섭(서울대학교)

제1절 불평등의 새로운 화두

1997년 외환위기 이후 우리 사회의 중요한 화두로 등장한 불평등 문제는 이후 노무현 정부에서의 양극화, 이명박 정부에서의 동반성장, 그리고 현 정부 초기의 경제민주화와 같은 다양한 논의 속에서 핵심적 이슈로서 지위를 차지하고 있다. 물론 불평등 완화를 위한 정부 개입의 범위와 방식, 그리고 그 효과성 등 정책 설계 차원에서의 이견과 불확실성은 여전하지만 그 취지에 대해서는 어느 때보다 기대가 높은 것이 사실이다.

불평등에 대한 높은 관심은 비단 우리 사회에만 국한된 것은 아니다. 대략 1980년대부터 발견되는 불평등 수준의 심화는 정도의 차이는 있지만 거의 모든 OECD 국가에서 발견되고 있고, 그 원인으로 많은 연구들은 기술발전과 세계화를 꼽고 있다. 정보통신을 비롯한 다양한 분야에서의 기술발전은 점점 해당 기술을 보유한 경우와 그렇지 않은 경우의 격차를 촉진하게 되고, 세계화(globalization)는 이러한 국내적 양상을 국제적 수준으로 확산시키는 역할을 한다는 것이다. 예를 들어, 우리 노동시장에서 비숙련 노동자의 지위는 숙련 노동자에 비해 기술이라는 측면에서 점차 위약해졌을 뿐 아니라 많은 국내 기업들이 보다 낮은 인건비를 위해 해외로 공장을 이전하는 것처럼 해외의 노동자에 대해서도 임금이라는 차원에서 열세라고 할 수 있다.

사실 불평등이라는 현상은 개인 특성에 대한 관찰이기보다는 집단의 성격에 대한 개념적 구성물(conceptual construct)이다. 즉, 특정 사회, 특정 시점에서 개인이 아닌 구성원 전체의 소득분포와 이에 따른 상대적 지위를 가상적인 분배 상황에 대비하여 개념화하고 측정하는 것이라 할 수 있다. 이때 가상적인 분배 상황은 소득분포에 있어서 모든 구성원이 동등한 수준의 소득을 점유하는 경우로서 측정상의 준거점으로만 활용하는 것이지 실제 이를 기대하거나 소망하는 것은 아니다. 예를 들어, 불평등 측정지수로 가장 잘 알려진 지니계수(Gini coefficient)는 0의 값은 완전한 평등을, 1의 값은 완전한 불평등을 의미하지만 지니계수가 0인 경우를 이상적(ideal)인 사회적 상황으로 기대하는 것은 아니다. 더욱이 측정된 불평등 수준은 다양한 비교의 수단으로 활용되지만 실제 이를 체감하기는 쉽지 않다. 예를 들어, 지니계수가 0.34인 경우 그 전년도의 0.36보다는 다소 완화되었다거나, 다른 나라의 0.30보다는 다소 높다는 판단의 정보로 활용하는 것이 일반적이다. 오히려 이러한 측정된 수치 정보를 통해 사후적으로 불평등 수준에 대한 판단이 유인(induced)되거나 확인(confirmed)된다고 할 수 있다.

따라서 불평등 수준에 대한 판단은 측정된 수치 자체보다는 측정된 불평등 수준이 그 사회가 용인할 수 있는 수준인지의 여부가 보다 중요한 의미를 갖는다고 할 수 있다. 이러한 점에서 현재 우리 사회에서 불평등에 대한 관심이 높아지고 있다는 점은 과거보다 현재가 특별히 높은 수치를 보여주거나, 다른 나라에 비해서 우리가 매우 높다고 판단하기 힘들다는 점에서 이와는 다른 이유에 근거한다고 할 수 있다. 저자의 판단은 현재 상황이 우리 사회가 용인할 수 있는 불평등 수준의 한계에 가깝거나 이를 넘나들고 있으며, 특히 향후에도 이러한 상황이 유지될 것이라는 불편한 인식(uncomfortable recognition)에 기초한다고 본다.

이를 위해 다음의 두 가지 점을 생각해 보자. 먼저, 측정된 불평등 수준은 현재 시점의 소득분포에 대한 스냅샷(snap-shot)이라 할 수 있다. 하지만 일반 국민들이 인식하는 불평등은 단지 소득 차원에 국한되기보다는 훨씬 입체적이며 다양한 차원이 결부되어 있다. 예를 들어, 빈곤층이란 원래는 소득 차원에서의 구분이지만 고용 상태(실업이나 비정규직), 학력, 건강수준은 물론 문화 향유 및 커뮤니티 활동과 같은 사회적 자본(social capital) 수준에서도 상대적으로 낮은 경우를 의미하는 것으로 인식되는 것이 일반적이며, 상대적으로 부유층은 보다 안정된 고용과 높은 임금 수준, 고학력과 양호한 건강 및 주거 상태, 그리고 사회적·정치적 참여 역시 활발한 집단으로 인식된다. 즉, 불평등의 차원이 소득에 한정되지 않고 이를 토대로 다양한 경제적·사회적·정치적 차원과도 밀접하게 연계되어 있다고 간주하는 것이다. 물론 이러한 다양한 차원 간 상호 연계의 정도를 알아보기 위해서는 보다 많은 검증 작업이 필요하지만 그 연계 정도가 상당하다는 점을 부인하기는 힘들다. 유전무죄, 무전유죄라는 냉소적인 외침에 고개를 끄덕이는 사람들의 수가 적지 않음 역시 이를 반영한다.

또 다른 점은 이러한 불평등 양상이 현재에 한정되지 않는다는 인식이다. 부유층과 빈곤층의 구분이 시간의 흐름에 따라 많은 변동이 일어나는 경우 즉, 이동성(mobility)이 높은 경우 그 사회는 역동적이라 할 수 있다(Piketty, 1995). 동일한 수준의 불평등이라 할지라도 빈곤층과 부유층의 구성이 이전 시기에 비해 많이 달라지는 경우가 그것이다. 이 경우 현재의 빈곤층이라도 이를 탈피하고자 하는 노력을 경주할 수 있는 유인이 되고, 이러한 노력이 성과로 나타날 수 있는 기회가 제공되는 상황이다. '개천에서 용 난다'라는 우리 속담이나 미국의 American Dream이라는 것들이 의미하는 바이다. 하지만 이동성이 저하되거나 제약되어 현재의 상대적 지위가 유지되는 경향이 높은 경우 그 사회는 정체되었다고 할 수 있다. 예를 들어, 한번 실업상태에 놓이면 이를 탈피하기도 쉽지 않고, 비정규직 일자리에 진입하더라도 유사한 비정규직 일자리를 전전하는 상황이 계속되며, 정규직 일자리를 갖는다 하더라도 임금이나 승진 등에 있어서 지속적으로 차별을 받고, 더욱이 일을 해도 빈곤을 벗어나지 못하는 근로빈곤(working poor)의 상황 등이 그것이다.

더욱 심각한 것은 이러한 경제적 어려움이 현 세대에 한정하지 않고 자녀에 대한 교육투자의 부족, 보건 영양에서의 결핍, 충분치 못한 돌봄 등으로 연결되어 자녀 세대 또한 능력을 개발하지 못하거나 충분히 발휘하지 못할 수 있다는 우려가 생기는 빈곤의 덫(poverty trap) 상황이다.[1)] 반면, 부유층은 그들 나름대로 새로운 덫에 빠질 수 있는데, 지속적인 재산 증식과 비슷한 지위의 배우자와 결혼, 양질의 환경 제공과 교육투자를 통해 그들의 자녀들도 새로운 부유층의 일원이 될 가능성이 높아지는 것이 그것이다. 결국 불평등 수준의 심화는 그

1) 실제 최근의 연구 결과에 따르면 5년 후 자신의 경제적 상황에 대한 기대는 과거부터 현재까지 소득 저하 또는 정체를 경험하거나 그 변동성이 안정적이지 못한 경우 평균적으로 저하되고 있음을 보고하고 있다(금현섭, 백승주, 2014).

구성원의 계층적 소속 역시 점차 고착시키고 이를 통해 그 구성원의 정체성(identity)이 형성·유지되는 불평등의 덫(inequality trap)을 발생시킬 수 있게 된다.[2)] 이러한 상황은 일반적인 불평등 측정에서는 포착되지 않는 숨겨진 모습으로 불평등이 점차 구조화(structured)되는 양태라고 할 수 있다.

불평등의 구조화는 빈곤층과 부유층이라는 소득분포상의 개념적 구분에 그치지 않고, 그 구성원이 스스로 정체감을 느끼는 실재(實在)하는 집단으로 구체화되고 확대·재생산되는 과정이라 할 수 있다. 사실 불평등의 측정에 있어서 개인은 소득(차원)의 상대적 지위만 고려될 뿐 그 이외의 특징은 모두 무시되지만(anonymity rule), 불평등이 구조화되는 경우 개인은 특정 집단으로 귀속하게 되는데, 여기에는 몇 가지 중요한 내적 역학(internal dynamics)이 작동하고 있음을 추론해 볼 수 있다. 다음을 가정해 보자.

먼저 소득 차원의 상대적 지위에 따라 교육, 문화, 자산, 건강, 주거, 정치적 참여 및 결사 등 다른 차원들의 행태에 있어서도 고유한 상호작용(주로 강화)과 지위가 형성된다. 즉, 끼리끼리 어울리게 된다는 것이다. 이어서 각 집단에 속한 개인들이 집단의 정체성을 수용하면서 개별 행태에 있어서도 집단 내의 결속과 집단 간의 차별화가 일어나게 된다. 다음으로 이런 과정이 반복되면서 장기에 걸쳐 소득차원에서의 절대적 성장에도 불구하고 초기 소득분포에서의 상대적 지위가 지속되어 소득 성장 자체가 타 집단과 비교했을 때 큰 의미가 없거나 다른 사람들의 소득 역시 비례적으로 성장하기 때문에 상대적

---

2) Bourguignon et al.(2007)의 정의는 다음과 같다. "persistent differences in power, wealth and status between socio-economic groups, that are sustained over time by economic, political and socio-cultural mechanisms and institutions."

지위 변동이 크게 일어나지 않게 된다. 즉, 빈곤층과 부유층 간 경계가 보다 명확해지게 된다. 이러한 상황이 지속되는 경우 결국 집단 간 교류(bridging)보다는 집단 내 결속(bonding)이 강화되고, 더 이상 집단 간 교류를 통한 역동적인 발전 가능성(이동성)은 약화되며, 이러한 구별 또는 차별이 상당 부분 집단 간에 통용되는 수준까지 이르게 되는데, 이는 앞서 언급한 사회적으로 더 이상 용인할 수 없는 불평등 수준의 고착화에 가까워지는 것이다. 물론 이러한 시나리오에서 현재 우리 사회의 위치를 파악하기는 곤란하지만 이러한 성격의 우려가 확산되고 있음은 우리 주변에서 쉽게 발견할 수 있다.[3)] 부익부 빈익빈, 가난의 대물림, 개천에서 용이 더 이상 날 수 없다는 체념, 상류층의 세습 등과 같은 새로운 사회적 인식과 그 확산이 바로 그것이다.

본 연구에서는 바로 이러한 우려의 실체에 대해 살펴보고자 한다. 측정된 불평등 그 이면에 존재하는 것으로 판단되는 불평등의 다차원성과 지속성에 대해 검토할 것이며, 이를 모든 개인이 당면하게 되는 생애주기라는 종적 구조하에서 살펴보고자 한다. 이 과정에서 주목하고자 하는 바는 우리 사회의 이중구조(dualism) 가능성이다. 원래 이중구조 논의는 노동시장에서 산업 유형이나 직업 유형에서 1차 노동시장과 2차 노동시장이 형성되고 이에 속한 노동자들이 각각 내부자(insiders)와 외부자(outsiders)로 구분되어 근로 조건, 임금 체계, 경력 경로, 고용 안정성 및 복지 혜택 등에 있어서 차별적 대우를 받는 상

3) 빈자와 부자(the poor and the rich), 가진 자와 가지지 못한 자(the haves and the have-nots), 유리한 자와 불리한 자(the advantages and the disadvantages), 승자와 패자(winners and losers) 등 사회 구성원에 대한 이분법적 구획이 언론 등에 공공연하게 회자되고 있다.

황을 설명하는 데 활용되는 이론이다. 하지만 이러한 논리가 불평등의 구조화를 설명하는 데에도 유용한 것으로 보인다. 즉, 불평등 문제에 있어서도 소득과 같은 경제적 영역에서 시작하지만 이후 교육, 건강, 주거, 환경, 사회적 권리 및 정치적 참여 등 사회적·비경제적 영역에서 개인적·집단적 수준에서의 네트워크가 형성되어 유리한 집단(the advantages)과 불리한 집단(the disadvantages)의 구분이 발생하며, 이들 집단 간 상호작용과 집단 내에서의 상호작용을 통해 시계열적으로 더욱 공고한 불평등 구조가 형성·고착할 수 있다는 것이다. 먼저 다음 절에서 이중구조의 의미를 노동시장을 중심으로 살펴보고 이후 불평등에서의 이중구조의 의미를 검토하기로 한다.

제2절 이중구조의 개념과 특징

1. 이중노동시장과 진입 장벽[4)]

노동경제학에서 논의되는 이중구조론은 기본적으로 노동시장이 기술, 제도, 참여자의 전략 등의 요인에 의해 1차 시장과 2차 시장 또는 중심 시장(core)과 주변부 시장(periphery)으로 구분된다고 본다. 대체로 1차 노동시장은 고용 기회가 적은 양질의 일자리(decent job)로 구성되는 반면, 2차 노동시장은 고용 기회가 많은 낮은 질의 일자리(bad job)로 구성되며, 이러한 노동시장의 분절은 산업 간에 발생할 수

4) 이 부분은 저자의 "성장과 분배: 일자리 문제를 중심으로(금현섭, 2008)"의 내용 중 일부를 수정·보완한 부분이 포함되었음을 밝힌다.

도 있고 산업 내에서 존재할 수도 있고, 산업이 아닌 직업 유형에 따라 발생할 수도 있다.

이때 양질의 일자리의 경우 각종 노동 규제, 최저 임금제, 단체 임금 협상, 고용 보호 등으로 인해 높은 임금과 노동자 보호를 받을 수 있지만 상대적으로 그 고용 기회는 적은 것이 특징이다. 금융업, 고급 기술의 제조업, 공공 부문 및 대기업 등과 같은 경우가 대표적인 예가 된다. 반면 낮은 질의 일자리 경우 낮은 임금과 낮은 노동자 보호제도가 일반적이며 상대적으로 많은 고용 기회를 제공하는 각종 자영업, 서비스업 또는 중소기업 일자리를 포함한다. 특히 후자의 경우 공식 부문보다는 비공식 부문에서의 비중이 높으며, 거시경제의 변동에 대해 민감하게 반응하기 때문에 경기 침체기에 직접적인 피해를 받을 가능성이 높다.

노동자들은 소속된 노동시장 또는 일자리 유형에 따라 내부자(insiders)와 외부자(outsiders)로 구분되는데, 내부자는 주로 1차 노동시장에서 상용직과 같은 전형적(typical)인 고용 지위를 점하고 있는 노동자를 말하며, 외부자는 주로 2차 노동시장이나 주변부 시장에서 비전형적(atypical) 고용 상태에 놓인 노동자 또는 노동시장 진입을 위해 대기하는 실업 상태의 노동자를 지칭한다(Lindbeck and Snower, 2001; St. Paul, 1996; Rueda, 2005; Emmenegger, 2009). 이때 비전형적 고용이란 상용근로가 보장되고 사회보험의 보호를 받는 형태 이외의 고용을 말하는 것으로 비정규직, 시간제, 기간제, 일용직 등을 포함하며 대체로 낮은 임금과 불안정(precarious)한 고용을 특징으로 한다.[5)]

5) 우리나라의 경우 경제활동인구조사(2012)에 따르면 비정규직 규모는 약 48%정도이며 이는 2007년 55.8%에 비해서는 다소 감소한 수준이다. 시간당 임금은 정규직 대비 약 52% 수준이며, 비정규직 노동자의 사회보험 가입률은 약 30%에 머무

문제는 노동자 입장에서는 누구든 1차 시장 또는 내부자 지위에 진입하고자 하기 때문에 양질의 일자리에 대한 항시적 노동 공급의 초과, 즉 실업이 발생한다는 점이다. 따라서 어떠한 방식으로든 사회적으로 허용된 기준(시험, 자격, 경력, 정책 등)에 의해 일자리가 할당(allocation)될 수밖에 없으며 이러한 할당 방식은 일부의 경우 노동자의 생산성과 관련되어 있지만 그렇지 않은 경우도 있어 차별(discrimination)의 원인으로 지적되기도 한다(Roemer, 1998). 물론 보다 많은 양질의 일자리 창출은 실업도 줄이고 비정규직의 정규직으로의 전환도 활성화할 수 있겠지만 실제에 있어서는 정도(degree)의 차이일 뿐 노동의 초과 공급이 없어지지 않는 한 이러한 할당 기제는 유지되는 것이 일반적이다. 하지만 여기에는 할당 방식에 더해 또 다른 진입 장벽이 존재하게 되는데 하나는 이미 1차 시장에 이미 진입한 기존의 노동자(내부자)들에 의한 것이고, 다른 하나는 이들을 고용한 고용주에 의한 것이다.

먼저 일단 양질의 일자리를 점유한 내부자들은 각종 제도적 보호는 물론 노조를 결성하거나 가입하여 스스로의 권리와 이익을 고용주로부터 보호·신장하고자 한다. 이때 노조는 현재 노조원의 권익 보호가 목적이기 때문에 잠재적 노조원 즉, 향후 신규 고용을 통해 노조에 가입할 수 있는 현재의 비정규직 노동자나 실업자들은 보호 대상에서 배제될 뿐 아니라 도리어 지대추구를 위한 희생 대상이 된다. 따라서 노조원인 정규직 노동자(내부자)의 임금, 경력, 고용 안정, 근로 시간, 각종 복지 등을 위해 지속적으로 외부자(비정규직 노동자 및 실업자)의 진입은 제약되거나 차별은 강화되며, 이는 내부자의 입장에

르고 있다.

서는 노조의 순기능이 된다. 역설적이지만 이러한 차별은 외부자로 하여금 내부자의 지위를 희망하게 하는 강력한 유인이 되어 지속적인 노동공급 초과를 유발하게 된다.

또 다른 진입 장벽은 장기적으로 수익률을 제고하려는 고용주의 기업 운영 전략에 의한다. 기업은 수익률 제고를 위해서 생산성 제고가 필요하고 이를 위해서는 무엇보다 기술 향상과 설비 개선을 위한 투자가 필수적이다. 이에 뒤처지는 경우 시장으로부터 퇴출될 가능성이 높아지기 때문이다. 하지만 만약 기술 효율성을 노동비용 감소로 대체함으로써 (기대)수익률을 유지할 수 있다면 그 기간만큼은 고용 감소를 유예할 수 있다. 이때 노동비용 감소를 각종 제도 및 노조의 보호를 받는 기존 노동자(내부자)로부터 이끌어내기는 곤란하지만 신규 고용을 줄이고 비정규직 고용을 확대하는 것과 같은 외부자 확대 전략을 통해서는 어느 정도 가능하다.[6] 더욱이 기술은 본질적으로 인적 자본(human capital)에 내재화(internalize)되는 특성을 갖고 있기 때문에 기존 노동자의 전출 및 퇴직 그리고 이를 대체하기 위한 신규 고용 및 이에 따른 교육 훈련 등은 고용주 입장에서는 상당한 전환비용(turnover costs) 부담이 된다. 따라서 기존 노동자(내부자)보다는 여기

---

6) 우리나라에서도 기업의 투자 미흡 또는 감소의 이유로 기업의 보수적 행태를 지적하는 경우가 많은데, 이러한 보수성은 노동비용 감소에 비해 기술투자 수익이 갖는 불확실성 때문이라는 점을 이해할 필요가 있다. 1997년 외환위기 이후 많은 대기업들이 구조조정을 거치면서 노동비용 감소를 통해 경쟁력을 유지하거나 도리어 몇 배의 고수익률을 향유하는 경험을 하였으며 이러한 경험은 기업의 기술생산성 향상을 위한 투자 유인을 상당 부분 대체하게 되었다. 즉, 단기적으로 쉽게 이익을 창출할 수 있는 방법(임금 조정 및 비정규직 활용)을 이미 알아버린 기업들이 각종 위험, 비용, 규제, 기술적·시간적 불확실성이 내포된 대규모 투자를 할 이유가 없는 것이다. 따라서 노동비용 감소가 더 이상 기업들에 안전한 이익 창출 또는 수익률 확보 수단이 되지 않도록 해야 투자 회복은 물론 비정규직 일자리에 대한 기업의 의존은 줄어들 수 있다.

에 진입하고자 대기하는 외부자의 활용에 주목하게 되며 이는 곧 외부자의 지위를 보다 취약하게 만드는 이유가 된다.

이러한 진입 장벽은 외부자로 하여금 낮은 질의 일자리를 전전하거나 양질의 일자리 기회를 기다리며 실업 상태를 유지할 가능성을 제고하게 되는데, 대표적인 외부자 범주에 속하는 청년층의 경우 낮은 질의 일자리 경험 여부는 자신이 보유한 노동의 질(quality)에 대한 낙인(stigma)이 될 수 있는 위험이 있기 때문에 최소한의 생활을 유지할 수 있는 한(예를 들어, 부모의 지원과 보호, 대학 및 그 이상의 교육기관으로의 진학, 군 입대 등) 비공식적 실업 상태를 유지하며 양질의 일자리 기회를 찾고자 할 가능성이 높다. 따라서 청년층의 실업률은 일반적으로 다른 연령층에 비해 높을 뿐 아니라 비공식적 실업과 같은 암수(hidden number)로 인해 실제보다 저평가될 가능성이 높다. 또 다른 대표적 외부자 범주에 속하는 여성의 경우 오랜 실업 기간(경력 단절) 자체가 스스로의 노동의 질에 대한 낙인이 될 수 있기 때문에 일자리의 질보다는 일자리 자체가 중요해진다. 따라서 여성의 노동시장 참여는 높아지지만 대다수가 낮은 질의 일자리에 집중되는 것이 일반적이다.[7)]

이중노동시장과 관련하여 주목할 부분은 일단 내부자와 외부자의 구별이 발생하게 되면 내부자는 스스로의 기득권을 유지하기 위해,

---

7) 최근 들어 비전형적 고용은 크게 확대하였는데 여기에는 서비스산업의 확대, 교육수준의 증가, 그리고 여성의 노동시장 참여 확대 등이 원인으로 존재한다. 서비스산업과 같은 3차 산업의 비중은 이미 우리 경제의 과반을 넘고 있지만 여전히 생산성 제고가 단기간에 걸쳐 일어나기 곤란한 낮은 질의 일자리가 다수이다. 또한 외부자 내부에서도 높은 교육 수준을 요구하는 금융, 의료, 신기술 분야 종사자의 규모가 크게 늘어나고 있으며, 여성의 노동시장 참여는 위의 두 경향을 가속화하고 있다. 이처럼 비전형적 고용 규모가 크게 증가하면서 그 내부에서의 이질성 역시 심화되어 기존의 내부자/외부자의 구분이 더 세분화될 필요성도 제기된다.

그리고 고용주는 전환비용 부담을 절감하기 위해 외부자의 내부자로의 진입에 제약을 가하게 된다는 점이다. 귀족 노조, 비정규직의 양산과 같은 우리 사회의 최근 현상은 이를 반영하는 것으로 볼 수 있다. 그리고 이러한 경쟁 제한으로 인한 내부자와 외부자 간의 격차는 임금이나 고용 안정성 등에 한정되지 않는다. 사실 이중노동시장 논의의 주요 이슈 중 하나는 내부자와 외부자에 대한 제도적 보호의 차이인데, 내부자의 경우 고용 안정과 높은 수준의 임금은 물론 각종 사회보험(실업, 건강, 산재, 연금)과 이에 관련된 다양한 제도적 보호를 기업과 정부로부터 받기도 하고 직간접적으로 요구도 하게 된다. 하지만 외부자의 경우 불안정한 고용과 낮은 임금은 물론 정부로부터도 잔여적(residual) 보호를 기대할 수밖에 없게 된다. 즉, 제도적 보호와 정치적 요구를 위한 조직화된 역량이나 채널이 구조적으로 부족하기 때문이다. 더욱이 사회적 보호의 크기도 연금과 같이 기여에 비례하는 경우가 많아 내부자와 외부자의 차이가 클 뿐 아니라 실제 보호가 필요한 시기(실업이나 질병, 퇴직 등)에 그 차이는 더욱 커지게 된다. 즉, 노동시장의 이중구조는 고용 이외에 사회적 보호에 대한 권리나 이를 요구할 수 있는 정치적 지위에 있어서의 격차와 같이 다른 차원으로도 확대되는 것이다.

한편, 사회보험이나 공적 부조와 같은 사회적 안전망이 제대로 갖추어지지 않은 상황에서 외부자는 근로를 하면서도 언제든 실업의 위험에 노출되기 때문에 경력 개발은 물론 빈곤의 굴레를 벗어나지 못하는 근로빈곤층(working poor)으로의 추락 가능성이 매우 높아지게 된다. 또한 노력에 대한 대가가 충분하지 않거나 그러한 노력 자체를 발휘할 기회를 얻지 못함으로써 초기의 외부자 지위를 벗어나지 못할 가능성도 높아진다. Appadurai(2004)가 지적한 바와 같이 스스로의 지위 상승에 대한 희망과 노력을 포기하는 경우(incapability of aspiration)가 발생하는 것이다. 즉, 노동시장의 이중구조가 시계열적으로도 영향을 미친다고 할 수 있다.

2. 불평등의 심화와 이동성 저하

앞서 살펴본 것처럼 노동시장에서의 이중구조란 ① 최소한 두 개 이상의 집단을 중심으로 소속 집단 여부에 따라 구성원 간 격차가 발생하고, ② 기득권 유지를 위해 한 집단에서 다른 집단으로의 진입이 상당 부분 제한되며, ③ 이러한 진입 장벽(제한)이 구성원 개인의 능력(생산성)보다는 기존의 관행(행태), 제도, 그리고 정치적 역학 등에 의해 강화되고 유지되는 구조라고 할 수 있다. 이러한 노동시장에서의 특징들은 불평등 양태가 점차 구조화되어가는 최근의 경향을 이해하는데 중요한 시사점을 제공한다. 즉, 최근의 불평등 양상이 ① 점차 저소득층과 고소득층의 구분이 명확해지고 그 격차는 확대·유지되고 있으며, ② 저소득층에서의 소득 상위 계층으로의 상방 이동 비율이 그리 높지 않는 것처럼 고소득층에서의 하방 이동 비율 역시 그리 높지 않아 기존의 상대적 지위를 유지하는 정도가 높고, ③ 이러한 소득 계층 간 비이동성이 사회적·정치적 불평등이라는 역학 관계를 통해 지속적으로 강화되는 모습으로 이해할 수 있다는 것이다. 이에 대해 차례로 살펴보자.

먼저 1997년 외환위기를 전후로 불평등 수준의 변동 정도와 성격의 차이를 〈그림 1-1〉을 통해 살펴볼 수 있는데, 이는 1994년부터 2007년까지의 소비지출, 근로소득, 그리고 가처분 소득의 불평등 정도(지니계수)와 양극화 정도(ER지수)를 '도시가계조사'와 '가계동향조사'

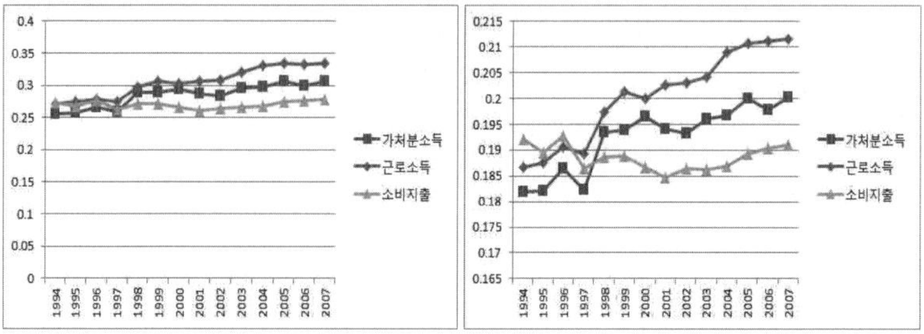

〈그림 1-1〉 소득불평등 수준과 양극화 수준의 변동 추이

자료로 측정한 결과이다(설윤, 2009). 먼저 왼편의 지니계수의 변화를 살펴보면 1997년을 기점으로 우리 사회의 불평등 수준은 급격한 변화를 경험하였을 뿐 아니라 이후에도 불평등 수준은 완만한 증가 추세를 보이고 있음을 알 수 있다. 외환위기 이후 기초생활보장 등 다양한 사회 안전망의 도입 노력에도 불구하고 그 추세를 역전시키지는 못한 것으로 보이지만, 이는 거꾸로 훨씬 심각할 수 있는 불평등 심화를 일정 부분 방어했다는 평가로 이해할 수 있다. 한편, 시장소득에 가장 가까운 개념인 근로소득의 불평등 정도가 가장 높고, 각종 조세와 보조금이 포함된 가처분 소득의 불평등 정도는 그보다는 다소 낮은 편으로 나타나고 있으며 소비지출의 불평등 정도가 가장 낮은 것으로 나타나는 것은 소득 개념의 성격상 예상된 결과8)라 할 수 있다.

흥미로운 점은 오른편의 양극화 추세에서 발견된다. 평균적인 소득 편차에 집중하는 소득불평등과는 달리 양극화는 저소득층과 고소득층의 집단 간 격차와 각 집단 내 수렴 정도로 파악된다는 점에서 차이가 있지만 1997년을 기점으로 큰 폭의 상승을 경험하였고, 외환위

8) 일반적으로 소득불평등 수준에 비해 소비불평등 수준이 낮은데, 이는 소득의 변동성에 비해 소비는 훨씬 안정적인 행태를 반영하기 때문이다.

기 극복 이후에도 그 이전의 수준으로 회복하지 못하고 있다는 추세는 유사하다. 특히 소득불평등 수준의 변동 패턴에 비해 양극화 수준의 변동 폭이 1997년 이후 크게 확대되었다는 점은 이 시기의 소득불평등의 심화가 양극화로 표현되는 저소득층과 고소득층 격차 확대에 의해 상당 부분 유도되었다고 추정해 볼 수 있다. 이는 저소득층이나 고소득층 내부에서의 변화 즉, 기존의 저소득층 소득이 더 낮아졌거나 또는 중간 계층으로부터 저소득층으로의 추락 정도가 많아졌거나 역으로 기존의 고소득층 소득 수준이 더 높아졌거나 또는 중간 계층으로부터 고소득층으로의 상승 정도가 많아진 결과일 수 있다. 어떤 경우이든 그 결과는 저소득층과 고소득층의 소득 차원에서의 거리가 멀어졌다는 점이다.

한편, 사회 이동성(social mobility)은 다양한 방식으로 정의되고 측정되지만 대체로 저소득층에서 중산층으로, 중산층에서 고소득층으로의 이동은 경제 발전을 의미할 뿐 아니라 개인 발전의 동기가 된다는 점에서 촉진의 대상이 된다. 우리의 경우 1960-70년대 산업화 과정에서 소득 계층의 이동은 매우 빈번했고, 그 폭도 컸으며, 당시 우리 사회의 중산층의 확대의 기초가 되기도 하였다. 하지만 최근의 상황은 이와는 많이 다르다. 〈그림 1-2〉는 최근의 소득 계층 간 이동성을 파악하기 위해 한국복지패널자료를 이용하여 2005년부터 2011년까지의 백분위별 소득변동을 표현한 것이다.[9] 특기할 점은 기존의 분위별 소득분포와는 달리 분위별 구성원의 일관성을 유지하여 작성하

9) 물론 한국복지패널이 패널의 특성상 저소득층에 대한 과표집이 이루어졌기 때문에 이를 통해 우리 사회 전체 모습을 조망하기에는 곤란한 측면이 있다. 하지만 상대적으로 저소득층에 대한 보다 자세한 정보와 패널의 특성상 조사 대상자의 동일성을 유지한 시계열 자료라는 점에서 또 다른 이점도 있다. 따라서 이러한 장단점을 염두에 둔 해석이 필요하다.

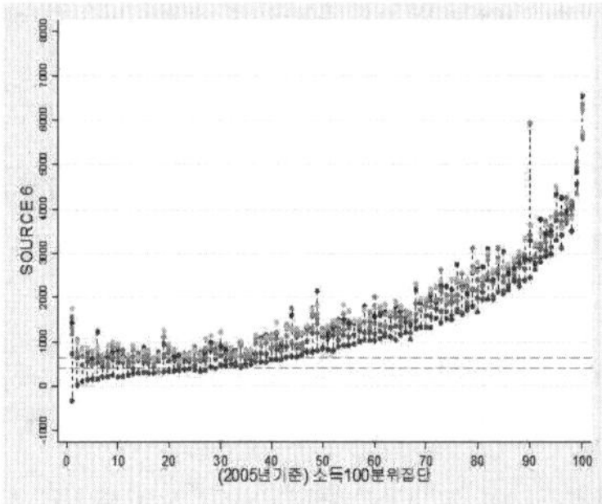

<시장소득>

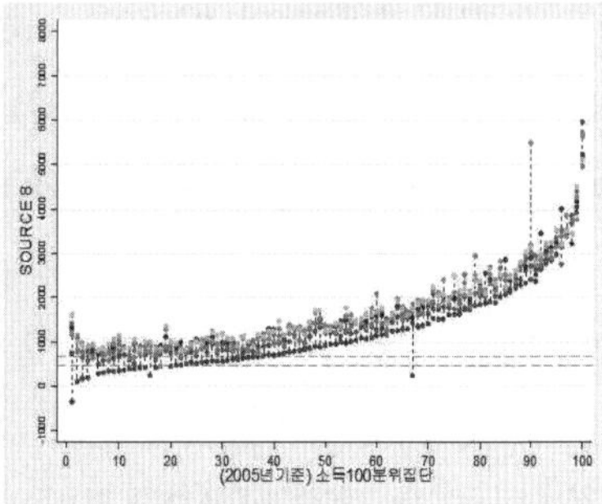

<가처분소득>

〈그림 1-2〉 백분위별 평균소득 수준 및 변동(2005-2011)

였다는 점인데, 2005년을 기준으로 시장 소득(좌측)과 가처분 소득(우측)을 구분한 후 각각에 대해 소득 백분위를 구성하고 이때의 분위별 구성원을 동일하게 유지하면서 이후 6년간 매년 평균 소득 변동을 추정한 후 각 분위에 대해 수직선상의 점으로 표시한 것이다. 따라서 완만한 곡선으로 표시된 우상향 곡선은 2005년도 기준 각 분위의 평균 소득을 뜻하고, 각 분위에서 수직으로 상대적으로 두드러진 점들은 특정 연도에 급격한 소득 변동을 경험하여 상위 소득 계층으로 이동했다는 의미이다. 즉, 이상점(outlier)으로 보이는 관측치가 많을수록 활발한 소득 계층 이동(주로 상방 이동)이 일어나고 있음을 말해준다. 그림은 2005년 이후 6년간 추적이 가능한 약 5천 가구를 대상으로 하였으며, 횡으로 그려진 두 선은 시장소득(위)과 가처분 소득 각각의 중위소득 50%로 정의된 상대적 빈곤선이다.

먼저 왼편의 시장소득을 보면 지난 6년 동안 2005년 기준 소득백분위별 구성원들의 소득 변동에 있어서 비대칭성을 발견할 수 있다. 먼저 2005년도 기준 최저 소득 5% 미만을 제외한 소득분위 40%

이하 구성원들의 소득 변동은 매우 적은 편이며, 이들의 소득 수준도 상대적 빈곤선을 벗어나지 못하거나 겨우 벗어나는 수준이다. 반면, 상위 소득 30% 이상의 소득 변동은 상대적으로 활발한 편이며 이는 소득 계층 간 이동이 어느 정도 일어나고 있음을 의미한다.

한편, 오른편의 가처분 소득의 경우는 시장 소득에 정부의 개입이 포함된 경우다. 즉, 시장 소득에 공적 이전과 조세를 포함한 것으로 실질적인 구매력(purchasing power)을 의미한다는 점에서 후생 측정에 있어서는 선호되는 소득 개념이다. 이를 시장소득과 비교한다면 기준 소득인 2005년의 소득분포가 좀 더 평탄해졌음을 알 수 있는데, 이는 조세와 각종 정부 지원 등 정부 개입의 효과라고 할 수 있다. 소득 변동성 역시 시장 소득에 비해 그 폭이 줄어들었으며 특히 고소득층에서 감소 정도가 두드러지는데, 이 역시 이들이 상대적으로 조세 부담을 많이 하기 때문으로 보인다. 하지만 소득 하위 40% 이하에서의 변동은 시장소득에 비해 더욱 적은 편이며, 또한 분위별 소득변동을 나타내는 수직선 위 점들의 색깔 순서가 상당 부분 일관적이라는 점은 소득은 다소 상승하지만 대부분의 분위에서 비례적으로 이루어지고 있어 소득 차원에서의 분위별 상대적 지위에는 큰 변동이 없음을 의미한다. 즉, 상하위 소득계층으로의 이동이 그리 많이 일어나지 않았다는 것이다. 특히 이러한 경향은 상위 20-30%를 제외하고는 거의 유사하다.

앞서 〈그림 1-1〉을 통해 최근의 소득불평등 수준의 변화를 이끄는 주요 요인으로 양극화를 언급하였고, 〈그림 1-2〉에서는 2005년 이후 전반적인 백분위별 소득변동(즉, 소득계층 이동성)이 그리 크지 않았음을 지적하였다. 이를 좀 더 자세히 살펴보기 위해 〈그림 1-3〉은 시장 소득 하위 20%와 시장 소득 상위 20%의 6년간 소득 계층 간

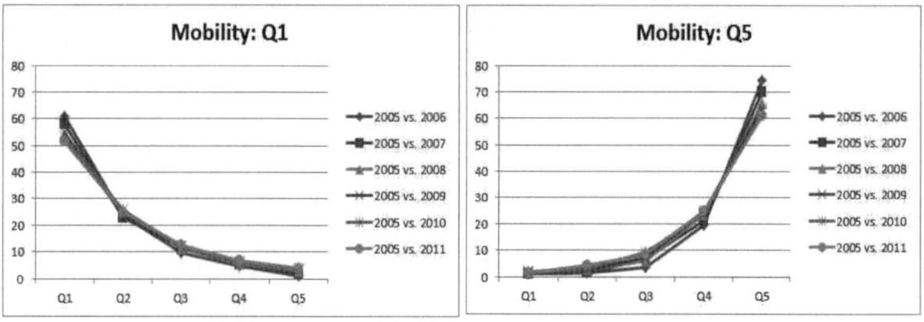

〈그림 1-3〉 소득 하위 20%와 소득 상위 20%의 소득 계층 변동성(2005년 기준)

이행(transition) 정도를 표시한 것이다. 먼저 소득 하위 20%의 경우 기준 연도인 2005년의 상대적 소득 지위가 2006년에도 그대로 유지되는 비율이 60% 정도이고 상위 계층으로 이동하는 정도가 각각 23%, 10%, 5%, 1% 수준이다. 이러한 이행 정도는 6년 후인 2011년과의 비교에서도 거의 유사한 비율(52%, 25%, 12%, 6%, 4%)을 보이고 있다. 한편, 소득 상위 20%의 상대적 소득 지위 역시 고착화되어 있기는 마찬가지이다. 2005년도의 지위를 2006년에도 유지하는 경우가 75%에 이르고 하위 계층으로 이동하는 경우는 각각 20%, 4%, 2%, 1% 수준으로 하방 이행의 정도가 더욱 낮다고 할 수 있다. 이러한 경향은 6년이 지난 2011년과의 비교에서도 매우 유사하다(62%, 25%, 9%, 3%, 1%). 즉, 소득상/하위 20%의 소득 계층 이행 정도를 2005년 이후 6년간 추적해 보았을 때 이들의 소득 차원에서의 상대적 지위에는 큰 변화가 없음을 알 수 있다. 즉, 소득 계층 간 구분은 보다 명확해지는 불평등의 심화 과정에서 계층 간 진입과 이탈을 의미하는 이동성은 매우 낮아지고 있는 상황이 현재의 우리 상황이라는 점을 추론할 수 있다.

3. 불평등의 이중구조화

사실 빈곤층과 부유층의 구분은 소득분포상 양 극단에 대한 개념적 구분으로 이 자체만으로는 가치중립적이라 할 수 있다. 하지만 빈곤층과 부유층이 경제적·사회적·정치적 영역에서 상호 구별되는 행태를 보이고 스스로 재생산하는 구조를 갖는다면 즉, 소득분포상의 상대적 지위가 고착화되는 경향을 갖는다면 이는 민주주의 가치에 역행하는 중요한 사회문제가 아닐 수 없다. 과거 전통 사회에서 신분과 세습에 의해 부(wealth)와 기회(opportunity)가 할당되고 분포되었던 것과는 달리 개인의 능력을 실현할 수 있는 기회 제공의 형평성(equality)과 이를 통한 결과의 공정성(fairness)을 보장하고자 하는 현대 민주주의 사회에서의 취지에 반하기 때문이다. 특히 소득 차원에서의 상대적 지위를 변경시키기 위해 개인이 노력을 기울일 기회조차 충분히 제공되지 않는다면 불평등 완화 노력은 소득(결과)의 교정뿐 아니라 기회 구조의 교정까지 병행해야 하는 어려움을 안게 된다.

우리가 주목하려는 바는 바로 이러한 불평등 양상이다. 노동시장에서의 이중구조 논의로부터 추측할 수 있듯이 개인의 생산성(노력)보다 어떤 집단에 소속되어있는지(내부자 지위)가 보다 중요한 보상의 척도가 된다면 1차 시장 내부로부터는 기득권 보호와 신장을 위한 사회적·정치적 조작(진입 장벽)이 시도될 것이다. 신규 임용에 대한 제약(자격 기준 등)은 물론 사회적으로 이러한 구분을 수용하게끔 하는 규범 및 제도의 도입 등이 그것인데, 이에 대한 정치적 영향력과 소통 채널 역시 불평등하게 분포되기 때문이다. 이러한 양상은 사회적으로 자주 거론되는 빈곤의 덫(poverty trap)의 개념과는 다소 차이가 난다. 빈곤의 덫은 빈곤층이 장기간 또는 세대에 걸쳐 빈곤을 벗어나지 못하는 현상을 말하는 것으로 그 요지는 빈곤으로 인한 자원 부족이 빈곤 탈출을 위한 제약이 된다는 점이다. 즉, 스스로의 발전을 위한 인적·물적·사회적 자본 등 초기 자본이 부족하기 때문에 충분한 투자를 할 수 없고, 충분한 수익을 기대할 수도 없으며, 따라서 빈곤의 지위를 벗어나기 힘들다는 것이다. 따라서 초기 자본의 부족을 보완할 수 있는 사회적 차원에서의 교육 및 재교육 투자에 대한 지원, 조세·금융 등에서의 지원, 그리고 관련 네트워크 형성에의 보조 등이 빈곤 완화를 위한 중요한 정책 이슈가 된다.

하지만 최근의 경향은 빈곤의 덫 상황에 그치지 않는다. 고소득층의 경우에도 이탈보다는 유지하는 비율이 높고, 중산층의 경우에도 그 상방 이동 비율은 그리 높지 않다. 즉, 빈곤과 같은 소득분포의 한쪽 끝 부분에서의 정체가 아니라 전체적인 분포가 정체되는 즉, 내부 구성원 수준에서의 상대적 지위 자체가 고착화되는 내구적 불평등(durable inequality)의 양상을 보인다는 점이다(Tilly, 1999). 다시 말하면, 현재 우리가 당면하고 있는 소득불평등의 성격은 일부(저소득) 계층의 자원 부족 문제에 국한된다기보다는 우리 사회 시스템이 현재 소득분포의 정체 또는 불평등을 고착화하고 강화하는 방향으로 나아가는 경향을 보여주고 있다.

이러한 불평등의 고착화 현상은 소득 차원에서만의 문제로 설명하기는 곤란하다. 소득 차원에서의 격차가 그 자체로 그치는 것이 아니라 교육, 문화, 건강, 주거, 생활양식, 사회적 자본, 정치적 행위 등 다양한 영역에서의 격차를 유발하고 또한 이들 간의 상호작용·연계를 통해 기존의 빈부 격차가 더욱 유지·강화되는 방향으로 움직이기 때문이다. 만약 다른 영역에서의 상황이 소득 영역에서의 상황과 관련이 없다면 현재의 소득불평등은 일시적인 것에 불과할 가능성이 높다. 하지만 Stiglitz(2013)가 주장하는 바와 같이 소득이나 자산과 같은 경제적 불평등을 통해 이익을 얻는 유리한 집단은 스스로의 기득권 유지를 위해 각종 사회적 규범과 제도, 의무와 권리 등의 형성에 적극적으로 참여하여 정치적 영향력을 행사하게 되고, 이를 통해 소득 이외의 다양한 영역에서도 소득 영역을 중심으로 한 네트워크가 형성되어 더 이상 다른 집단의 진입을 허용하지 않는 이중구조가 형성하게 된다. 그리고 이는 다시 각종 규제 영역에서의 포획(capture) 및 관용(forbearance) 현상, 사회정책 영역에서 누수와 왜곡 현상을 발생하게 함으로써 다시 기존의 경제적 불평등 상황을 공고하게 하는 일종의 악순환 구조(vicious cycle)를 형성한다고 할 수 있다.

소득불평등이 일종의 "그들만의 네트워크"와 같은 정치적 불평등을 통해 기존의 불평등 상황을 강화·구조화하는 과정은 다음의 예를 통해 살펴볼 수 있다. 일반적으로는 소득불평등 수준이 높을수록 재분배에 대한 저소득층의 요구가 높아지게 되면 중위 투표자 정리(median voter theorem)가 말해주는 것처럼 1인 1표의 선거 원칙상 보다 높은 세율과 사회지출이 선호될 것으로 예상된다. 하지만 보다 높은 세율이나 사회지출의 증가가 단지 저소득층의 요구에 의해서만 결정되는 것은 아니다. 도리어 그 정도의 사회적 부담(특히 고소득층의 부담)은 향후 발생할 수 있는 정치적·사회적 불안정성(갈등이나 소요)을 방지하고 현재의 이익배분구조를 유지·강화하기 위한 비용으로 간주하고 허용하는 정치적 불평등 구조의 산물일 수도 있다. 더욱이 세율이나 사회지출을 증가한다고 해서 그 혜택이 모두 저소득층에 귀속하는 것도 아니며, 보다 구체적인 정책이나 제도 결정 및 집행에 있어서 도리어 고소득층에 우호적일 수 있도록 영향력을 행사하는 경우가 빈번하다. 또한 이러한 보조를 통해 사회문화적으로 저소득층에게 열등의식의 자기 강화(self reinforcement) 또는 지위 상승 희망(capacity to aspire)의 위축 등이 발생하게 된다면 이는 장기적인 기득권 유지에 비용 대비 효율적이고 효과적인 방안이 될 수도 있다.[10)]

따라서 우리가 주목하고자 하는 불평등의 고착화 현상을 이해하기 위해서는 단순히 소득에 한정하기보다는 그 이외의 다양한 영역을 고려하고 상호 연관성을 파악하며 이를 통해 얼마나 제도나 규범으로 고착화되는지에 대한 검토로 그 논의를 확장할 필요가 있다. 과거에는 일단 고용이 결정되면 이에 따라 소득은 물론 건강, 교육, 문화, 가족 구성, 사회적 관계 및 정치 참여 등이 어느 수준까지는 결정되는 경향이 있었던 것이 사실이다. 하지만 서비스산업 및 지식산업의 급속한 성장 등 현재와 같은 후기 산업사회에서는 고용 자체의 안정성이 크게 떨어졌을 뿐 아니라 그 영향관계 역시 쉽게 예측하기 힘든 실정이며,[11)] 고령화와 저출산과 같은 새로운 사회적 위험은 이를 더욱더 어렵게 하고 있다. 문제는 이러한 모호성·복잡성이 도리어 '그들만의 네트워크'를 만드는 중요한 계기가 되고 있으며, 영역 간 또는 시기적 상호작용을 통해 점차 그 상대적 지위를 고착화하는 경향이 높아질 수 있다는 것이다. 따라서 상대적으로 불리한 입장의 집단

---

10) 열등 집단에 속하였다고 믿는 사람들이 실제 행위를 통해 열등 집단에의 귀속을 강화하는 경향도 있는데, 이는 마치 사회학에서 논의되는 하위문화론에서와 같이 실제로는 특정 하위 집단에 소속되지 않았음에도 불구하고 일반 대중의 인식과 기대를 수용하고 이에 준하는 행위를 함으로써 점차 특정 하위 집단화 하는 것과 유사하다.

11) 예를 들어, 과거에는 중산층(middle-class)이라는 용어 자체가 암시하는 전형적 모습을 가정해볼 수 있었지만, 최근의 중산층의 경우 전형적 모습을 상정하기가 그리 쉽지 않다. 높은 교육 수준의 싱글맘(single mom)으로서 비정규직 고용 양태를 보이지만 상당히 높은 수준의 소득을 얻는 경우가 있는 반면, 높은 교육 수준의 다자녀 중년 주부이지만 낮은 임금의 비정규직 고용에 종사하는 경우도 빈번하기 때문이다.

과 유리한 입장의 집단에 대한 판별과 그 영역 간의 동시적 또는 순차적 중첩성 여부에 대한 검토와 판단이 필요한 시점이다.

4. 불평등의 덫(Inequality trap)

지금까지 소득불평등이 교육, 건강, 문화 등 다양한 차원에서의 기회(opportunity) 구조에 영향을 미치고, 이러한 기회 불평등은 일종의 진입 장벽으로서 개인의 이동 욕구(mobility aspiration)에 제도적 · 행태적 제약을 가함으로써 불평등이 세대 내에 그치는 것이 아니라 세대 간에 걸쳐 이어질 수 있다는 우려를 이론적으로 살펴보았다. 사실 이러한 기회구조의 제약 또는 기회의 불평등에 대한 설명으로는 Roemer(1998)의 연구가 대표적인데, 이를 토대로 Bourguignon, Ferreira, Walton(2007)이 제안한 불평등의 덫(inequality trap)이라는 개념도 유사한 논리를 제공하고 있다. 먼저 그들이 상정하는 불평등의 덫이란 (외생적으로 결정된)사회경제적 집단 간 권력, 부, 지위에 있어서의 격차가 지속 · 재생산되는 정치적, 경제적, 사회문화적, 그리고 제도적 메커니즘을 말하는 것으로, 앞서 우리가 논의하였던 불평등의 다차원성과 지속성에 대한 설명과 유사하다. 특히 덫(trap)이란 용어는 세 가지 의미를 갖는데, 첫째, 분포상 상대적 지위가 구분되고, 둘째, 한 차원에서의 불평등이 다른 차원의 불평등을 유발하고 이는 다시 원래 차원의 불평등을 강화하는 악순환이 발생하며, 셋째, 장기적으로 최적이 아닌 복수의 균형이 발생하는 분절적 균형이 이루어진다는 것이다.

이들의 논리를 좀 더 살펴보면 개인의 성과(outcome)는 크게 상황(circumstances), 노력(efforts), 그리고 정책(policy)의 함수로 구성되는데, 이때 상황(c)은 외생변수로, 그리고 노력(e)과 정책(p)은 이전 시기의 영향을 받는 부분적인 내생변수로 가정된다.[12] 이때 성별, 인종, 신분, 부모의 재산 및 학력 등 다양한 상황(c)에 따라 1차적으로 집단이 구분되며, 각 집단 구성원은 집단 수준에서는 동일한 상황에 속하면서도 여전히 각 집단 내에서의 개인 노력(e)의 분포와 집단 간 이전 시점에서의 성과 분포에 대응하려는 정책(p)에 의해 영향을 받는다고 본다. 이처럼 불평등의 덫이란 이전 시기의 성과분 포에 의해 기회분포가 분절화되어 어느 한 범주에 속한 집단 구성원들이 집단 내 결속은 강화하지만 다른 집단과의 관계는 소원하게 됨으로써 집단 간 각기 상이한 장기 균형으로 수렴하게 되는 것이다. 그 결과 이전 시점에 비해 보다 불평등적 상황이 구조적으로 강화되는 특징을 갖게 된다(Bourguignon et al., 2007).

특히 이러한 불평등의 자기강화적 성격은 개인의 노력(e)이 내생성을 갖기 때문인데, 현재의 불평등이 스스로의 능력과 책임 범위를 벗어나는 요인에 의한다고 인식하는 경우 자기 강화적인 열등의식이나 차별의식, 그리고 기존 상황에 대한 불공정감(unfairness) 등이 발생하기 때문이다. 실제 소득은 개인 노력에 따른 성과로 간주되지만 그 구성을 살펴보면 부모로부터의 상속과 정부로부터의 이전 등이 포함되어 있어 온전히 개인 노력에 따른 성과(소득)로 보기는 힘들다. 이에 대해 개인은 소극적으로 현재의 상황을 수용하거나(자기 강화), 적극적으로 이를 벗어나고자 하겠지만 사회적·정치적 자원이 부족한

12) 불평등의 덫(inequality trap)은 빈곤의 덫(poverty trap)과 구별되는 특징인데, 후자가 빈곤층의 소득성장이 특정 임계점(threshold)을 넘지 못하고 있음을 강조하며 다른 계층(사회적 집단)과의 상호작용에 대해서는 크게 고려하지 않는데 반해, 전자는 상대적 지위의 지속성을 말하는 것으로 이전 시기의 상대적 지위로 인해 사회적 이동을 위한 기회 구조가 영향을 받으며, 그 지위는 다시 정치적, 경제적, 사회문화적 다양한 차원에서의 분포에 의해 결정된다고 본다.

상태에서는 후자가 그리 용이하지 않게 된다. 폭력이나 부패의 발생 정도와 불평등 간의 관계에 대한 연구들은 바로 이 부분에 주목한다(Kelly, 2000; Alesina & Angeletos, 2005; 금현섭, 2013). 한편, 정책(p)의 경우에도 내생성을 갖기 때문에 각종 정치적·사법적·인지적 포획(capture)이나 관용(forbearance), 비효율적 정책 결정 또는 지대추구 행위, 관료적 관행 등을 통해 이러한 자기 강화적 경향을 더욱 제고한다고 볼 수 있다. 최근 들어 언론에 빈번히 등장하는 각종 공공 부패의 상당수가 이러한 성격을 띠고 있음을 지적할 수 있다.

제3절 비교사회정책학적 관점과 한국의 현실

1. 비교사회정책학과 복지체제론

앞에서는 일종의 미시적 접근으로서 한 국가 내에서 개인과 집단의 소득분포상에서의 지위와 인식 및 행태에 주목하여 불평등의 고착화를 논의하였다. 하지만 이러한 행위자(agent) 중심의 논리는 일반화의 가능성을 제고하기는 하지만 구체적 맥락의 이해를 반영하지 못한다는 단점이 있다. 따라서 우리 사회가 당면하는 불평등의 고착화 또는 이중구조화 양상과 메커니즘을 이해하기 위해서는 이러한 불평등의 구조화 가능성을 거시적 국가 수준에서도 살펴볼 필요가 있다. 즉, 국가별 또는 체제별 차이에 따른 맥락의 변화를 반영함으로써 미시적 논리의 적절성을 판단할 수 있을 뿐 아니라 정책적 접근 지점을 구체화할 수도 있기 때문이다.

사실 기존의 연구에서 국가 간 불평등 수준과 변동의 차이를 세계화, IT 위주의 기술 발달 등의 대내외 환경 변화와 이에 대한 경제주체들의 대응력의 차이[13] 등을 중심으로 논의하고 있지만(강신욱 외, 2007; Galbraith & Kum, 2003), 이러한 불평등 양상이 고착화 또는 이중구조화 되는 원인으로 앞서 지적된 요인들이 실제 어떤 역할을 얼마나 하는지에 대한 검증은 학계에서도 많이 시도되지 못하고 있고, 합의하지도 못하고 있는 실정이다. 관련하여 두 가지 문제점을 지적할 수 있는데, 첫째, 불평등의 심화에 대한 원인 설명이 주로 경제학적 접근에만 치중함으로써 여타 사회과학적 접근의 유용성이 배제되는 경향이 있고, 둘째, 불평등의 이중구조화에 대한 접근이 일국 차원에 국한됨으로써 다른 국가 단위와의 체계적 비교를 통해 얻어낼 수 있는 풍부한 관찰과 설명의 힘을 더하지 못하고 있다는 점이다.

그렇다면 미시적 접근에서 놓치고 있고 거시적 접근에서 더할 수 있는 설명 고리는 무엇이며, 경제학 이외의 어떤 학문적 관점이 새로운 아이디어를 부가할 수 있을 것인가? 그 단서로 제도주의(institutionalism)에 기초하여 현대 국가의 다양성에 주목하는 연구들과 비교정치경제학 분야에서 자본주의의 다양성에 대한 접근, 비교복지국가론 분야의 복지국가 체제 접근, 그리고 복지국가의 체제 분화와 자본주의의 다양성 사이의 연결 고리를 찾기 위한 노력 등을 들 수 있다. 이러한 분야의 연구들은 상이한 생산 레짐(regime), 노사 관계, 사회적 보호체계 사이에서 일종의 '제도적 상보성(institutional complementaries)'이 존재한다는 인식을 공유한다(안상훈, 2005). 제도주의적 관점에서 보자면 개별 국가의 정치, 경제, 문화 등의 각 부문의 제도는 그러한 제

13) 예컨대 산업 및 기업들의 기술 수준 및 규모 차이, 근로자들의 적응 능력, 교육 수준 차이.

도가 내포하는 통제, 그리고 통치 형식에서 상이한 조합을 가지고 있는 것으로 파악되고, 국민국가가 다양한 조정에 관한 법적 통제를 독점함과 동시에 그러한 조정을 뒷받침하는 제도를 발전시켜 왔기 때문에 국가 간의 조정 형식에 있어 체계적인 차이를 보이게 된다(Hall, 1997). 바로 이러한 이유로 경제적 범세계화 속에서도 상이한 자본주의의 제도 관련 모델들이 여전히 나름대로의 독특한 생존 방식을 가지고 있다고 볼 수 있다(Ebbinghaus and Manow, 2001; 안상훈, 2002).

이러한 관점은 한 사회의 불평등 심화 과정(즉, 이중구조화) 역시 자본주의의 상이한 모델 혹은 복지국가 체제 간의 상이한 방식을 반영하며 달리 나타날 것이고, 따라서 모델 또는 체제를 구성하는 한 사회의 정치, 경제, 복지, 문화 등 부문 간 제도의 상이한 조합에 의해 달리 설명될 수 있음을 인정할 필요가 있음을 시사한다. 즉, 그간 파악된 한국 사회의 이중구조 현상, 즉 빈곤의 증가, 불평등의 심화, 중산층의 축소, 부문 간 격차의 심화는 단순히 외부의 경제적 변화에 의해 단선적으로 발생하는 현상이라기보다는, 오히려 한국적 자본주의가 지닌 경제 관리 방식, 생산 체계, 노사 관계, 고용, 재분배 기제 등의 구조와 경제적 충격의 상호작용에 의해 발생하고 지속하는 것으로 보아야 한다는 것이다.

복지국가는 단순히 불평등 구조에 개입하거나 시정하는 기제라기보다는 그 자체로 하나의 계층화 체계[14]라고 할 수 있으며(Esping-Anderson, 1990), 이러한 복지국가 체제의 성격에 따라 상이한 (경제적)불평등 구조와 (정치적)균열 구조를 내포하고 있다는 것이 1990년대 이후 비교사회정책학 영역에서 공유되는 기본적인 관점이다. 따라서 세

---

14) 사회적 관계를 서열화하는 적극적인 힘.

계화나 경제 위기 등의 새로운 환경적 도전에 직면한 복지국가는 체제에 따라 상이한 사회문제를 차별적으로 노출할 수밖에 없으며, 이에 대한 대응 전략 역시 상이해야 할 것으로 가정할 수 있다. 결국 우리 사회가 당면하고 있는 불평등의 이중구조 체제는 그동안 노정해 온 복지국가 체제와 상당 부분 조응 관계에 있으며, 향후 우리 사회의 이중구조가 어떻게 진전될 것인가에 대해, 그리고 그 결과로서 새로운 사회적 갈등의 축이 어떻게 형성될 것인가에 대한 논의 역시 우리사회가 지향할 복지국가 체제에 직접적인 영향을 미친다는 점을 주지할 필요가 있다.

이 글에서는 이러한 점을 고려하여 비교복지국가 관점에서 국가 간 비교를 시도하고자 하는데, 이때 국가의 성격은 복지국가체제 유형을 중심으로 진행할 것이다. 물론 복지국가체제에 대한 유형 분류는 분석 대상의 시기와 분류의 기준에 따라 차이를 보일 수 있다. 비교사회정책 연구의 고전인 Esping-Andersen(1990)의 체제론에서는 탈상품화 수준 및 계층화 유형에 따라 사민주의형, 보수주의형, 자유주의형으로 구분하고 있고, 백승호와 안상훈(2007)은 현금 이전과 사회서비스 지출의 구성비에 따라 사회서비스 통합형, 사회보험형, 공공 부조형으로 분류하고 있다. 그러나 큰 틀에서는 북유럽형(사민주의형), 영미형(자유주의형), 대륙유럽형(보수주의형)으로 분류하는 것이 일반적인데(안상훈, 2011: 273), 이러한 분류 기준의 상이성에도 각 군집으로 묶인 국가들의 면면은 대동소이하다는 점에서 특정 유형 분류 기준 선택을 고집할 필요는 없어 보인다. 다만 근래 들어 남유럽에 대한 사회정책적 관심이 고조되면서, Ferrera(1996)가 Esping-Andersen(1990)의 유형을 확장하여 남유럽 국가들을 가족주의형 복지국가라는 별도 유형으로 분류하고 있는데, 이는 남유럽 국가들이 대륙유럽 국가들과 유사한 지출 구조를 가지면서도 총사회지출 수준이 상대적으로 낮고 현금 지출의 비중이 더욱 높다는 특성을 반영하기 위함이라 본다. 이 글에서는 기존 비교사회정책연구의 연속선상에서 복지국가 유형을 북유럽형, 대륙유럽형, 영미형, 남유럽형으로 구분하여 서술하고자 한다.

2. 한국의 영역별 이중구조와 불평등

우리가 지향하는 사회는 스스로의 노력이 현실화될 수 있는 기회가 공정하게 제공되고 이를 위한 노력에 가치를 부여하는 사회이다. 따라서 스스로 책임질 수 없는 부분에 대한 책임을 요구하기보다는 이를 규명하고 이에 대한 사회적 대안을 제시하는 공론화 과정과 책임 있는 정책이 필요하다. 이 글에서 주목하고자 하는 불평등 문제 역시 그러하다. 현재의 불평등 문제는 일반적으로 회자되는 소득 자체만의 문제로 보기는 곤란하다. 예를 들어, 다양한 소득원천(근로, 사업, 자영, 각종 이전 등)은 각기 다른 결정 구조와 요인을 갖고 있고, 집합적으로도 고용, 교육, 건강, 성별, 주거 등 다양한 차원과 높은 상관성을 가질 뿐 아니라 일정 부분 원인이 되기도 하고 결과가 되기도 한다. 우리 주변에서 부유층이 집단적으로 거주하거나 빈곤층이 집단적으로 거주하는 사례가 빈번하게 발견되고, 각 집단에 있어서 교육・건강・고용・문화 수준에서의 유사성(homogeneity)이나 이들 간의 상이성(heterogeneity)이 점차 명확해지고 있음을 알 수 있다.

더욱이 이러한 현상이 시계열적으로도 확대・재생산된다는 점은 사회통합 차원에서 우려하지 않을 수 없는 문제이다. 단적으로 소득의 주요 결정 요인인 학력이 스스로의 노력과 함께 부모 세대의 교육투자와 교육 환경에 영향 받는다는 점은 주지의 사실이다. 즉, 학력성취의 기회 구조(opportunity structure)가 부모 세대의 소득불평등 정도에 영향을 받으며, 이는 다시 자녀 세대의 소득불평등에 영향을 주고 있는 것이 현실이다. 이처럼 부모 세대의 불평등 구조가 자녀 세대의 사회적 지위에 영향을 주는 채널은 학력에 그치지 않는다. 소득, 건강, 주거, 환경, 사회적 자본, 문화, 고용에 이르기까지 다양하다. 즉, 현재의 사회제도와 시스템 자체가 상대적인 사회적 지위의 재생산을 가능하게 하는 속성을 갖고 있음은 부인할 수 없다.

지금까지 불평등의 고착화 가능성에 대한 이론적 검토를 통해 강조하고자 한 바는 소득불평등 양상이 점차 다양한 차원과 긴밀한 연관성을 갖고 있다는 점과 이를 통해 확대·재생산되는 지속성을 보일 수 있다는 점이다. 현재 소득 수준의 높고 낮음 자체보다는 다양한 차원에서의 네트워크를 통해 상대적으로 유리한 집단과 불리한 집단이 점차 구분될 수 있으며, 이들 간의 이동이 저해되고, 이러한 집단 간 격차가 후속 세대에 연계될 수 있다 점이다. 하지만 이러한 가능성이 우리 사회에 적용되고 있는지를 확인하거나 기각하기 위해서는 보다 많은 연구가 실증적으로 필요하다.

이러한 점에서 다음 장부터는 한국 사회의 아동·청소년, 고용, 노년, 젠더, 건강, 그리고 주거 차원에서의 불평등 구조를 차례로 살펴보고자 한다. 소득 차원에서 살펴본 상대적으로 유리한 집단과 불리한 집단 간의 차별화와 고착화 가능성이 이들 각 차원에서는 어떤 양상을 띠는지에 대해 검토할 것이며, 이들 차원들과 소득불평등 간의 관련성을 차원 간·집단 간 중첩성을 중심으로 자료가 가능한 범위 내에서 확인할 것이다. 특히 노동시장에서의 내부인과 외부인과 같은 이분법적 구별은 그 명료성에도 불구하고 최근 등장하는 각 집단 내부에서의 이질성 확대를 포함하지 못한다는 한계가 있고, 이러한 이질성은 또 다른 집단 구분(세분화)의 기초가 될 수 있다는 점에서 보다 체계적이고 면밀한 검토가 필요하다. 따라서 집단 간 불평등과 함께 집단 내 불평등, 그리고 그 상대적 비중의 변동에 대한 분석 역시 시도할 것이다. 이와 함께 우리 사회에서의 양상을 다른 국가와의 비교를 통해 조명해 볼 것인데, 이는 앞서 언급한 바와 같이 우리 사회의 좌표를 상대적으로 파악하고자 할 뿐 아니라 향후 지향해야 할 복지국가 체제의 방향성과 관련한 시사점을 도출하기 위한 취지이다.

사실 한 개인과 사회가 경험하는 불평등의 양상은 가족, 시장, 그리고 사회적 보호(제도) 간의 상호작용의 결과이다. 그리고 개인은 이러한 상호작용의 양상을 생애주기를 거쳐 순차적으로 다양하게 경험하게 되고, 사회적으로는 다양한 집단 간의 상이한 상호작용이 동시에 발생하게 된다. 따라서 어떠한 구분을 중심으로 불평등의 다차원성과 지속성을 논의할 것인지는 연구 취지에 의존할 수밖에 없다. 본 연구에서는 두 가지 기준을 접목하고자 한다. 먼저 아동·청소년기와 청장년기(고용), 그리고 노년기라는 생애주기에 따른 집단 구분을 통해 불평등 정도와 고착화 가능성을 살펴볼 것이다. 먼저 아동·청소년기는 직접적으로 가족의 보호하에 놓이며, 따라서 부모의 사회경제적 지위와 시장, 그리고 국가의 영향을 가장 크게 받는 시기 중의 하나이다. 특히 아동·청소년기에 경험한 불평등은 아동기뿐만 아니라 성장한 이후에도 지속적·누적적인 영향을 미칠 수 있기 때문에 생애주기 상 아동·청소년기의 경험은 전체 사회의 이중구조를 강화 혹은 완화시키는 데에 결정적인 역할을 할 것으로 판단된다.[15] 여기에서는 부모 세대로부터 전승되고, 향후 청장년기 생애

15) Vleminckx & Smeeing(2001: 1)은 “빈곤한 가족에서 자란 아이들은 실업, 저임금, 건강 문제 등이 아동에게 세습될 가능성이 높다”고 언급하고 있으며 여러 연

까지 영향을 미칠 수 있는 경제적, 사회적, 문화적 자본의 불평등 양상을 살펴보고 이러한 다차원적인 자본의 불평등이 중첩적으로 나타나는지 또는 서로 상이하게 나타나는지를 살펴본다.

노년기 불평등 또한 개인의 생애에 걸친 경제적 상태의 누적적 결과이자 연금 등 국가복지의 사회 계층화 효과를 가장 잘 드러내주는 압축적인 현상이다. 특히 베이비부머의 은퇴와 함께 고령화 사회가 도래하고 저출산으로 인해 향후 의존인구비율(dependency ratio)의 급속한 증가가 예상되는 현 시점에서 노년인구의 불평등 정도와 고착화 가능성은 향후 우리사회가 당면할 문제의 심각성을 잘 보여줄 수 있을 것으로 판단된다. 이를 위해 노년 인구의 노동시장 참여 등의 시장 차원, 사회적 보호와 관련된 국가 차원, 가구 구성과 사적 이전 등의 가족 차원의 세 가지로 구분하여 살펴보되, 이들 양상들이 서로 어떻게 상호 관계를 맺거나 중첩되는지를 분석하고자 한다.

한편, 노년기 불평등 문제의 일차적인 근원이 근로 생애과정에 걸쳐 축적되는 노동시장에서의 불평등이라 할 수 있다는 점에서 그 연관성에 주목할 필요가 있다.[16] 사실 고용 불평등 문제는 생애주기에 있어서 가장 핵심적인 활동 영역에서의 문제일 뿐 아니라 그 이전 및 이후에서의 영향 관계의 중요성 차원에서 각별한 의미를 갖는다. 아동기의 불평등이 양육하는 부모의 경제적 상태에 의해 결정된다는 점

구들에서 아동 빈곤이 아동의 건강, 인지발달, 교육 성취에 부정적인 영향을 미치고 아동의 정서·행동 문제를 일으키는 것으로 보고하였다(Brooks-Gun 외, 1997; Duncan & Brooks-Gunn, 1997; Gregg & Machin, 2001; Crowley and Vulliamy, 2007 외 다수).

16) 노년기 이전의 노동시장에서의 불리함이 노후의 소득 문제로 연결됨을 보여주는 연구들은 대체로 한 국가를 대상으로 노후 소득의 불평등 혹은 노후 빈곤을 분석한 경우이다. 예컨대 Rupp et al.(2003), Levine et al.(2000), Sharmila와 Leonesio (1997).

에서 노동시장 불평등이 초래하는 결과로 해석할 수 있으며, 노년기에서의 불평등 역시 생애과정에 걸친 노동시장에서의 불평등이 누적된 결과로 볼 수도 있다. 따라서 노동시장 불평등은 생애주기 불평등을 관통하는 주요한 기제라고 할 수 있다. 물론 한 개인의 생애과정에서의 불평등 경험은 단선적으로 중첩되고 누적되기보다는 상이한 시점에서 다양한 차원 간의 상이한 경험들과 국가 개입 정도에 의해 상쇄 또는 강화되기도 할 것이다. 하지만 청년 실업과 근로 빈곤으로 대표되는 신사회 위험이 단지 새로움에 그치는 것이 아니라 만성화될 수 있다는 점에서 이중노동시장을 중심으로 한 고용 불평등 문제를 심각하게 검토하지 않을 수 없다.

이러한 생애주기에 따른 종적인 구분에 더해 횡적인 구분으로 남녀 형평과 관련한 젠더 불평등과 전 생애를 걸쳐 관련되는 건강 불평등 그리고 최근 들어 우리 사회에서 심각하게 제기되는 주거 불평등 문제를 살펴볼 것이다. 먼저 젠더 이슈는 교육, 취업, 출산·양육, 경력 단절, 사회적·정치적 참여, 연금 등 제도적 노후 보장에 이르기까지 전 생애주기에 걸쳐 발생하는 문제로서, 특히 사회적 차별 관행이 제도적으로나 문화적으로 오랫동안 천착된 상황이라는 점에서 불평등의 다차원성과 고착화를 논의하는 데 즉각적인 사례가 될 수 있을 것이다. 하지만 바로 이러한 이유로 이를 식별하고 체계화하는 작업은 교정을 위한 기초가 될 수 있다. 건강 이슈에서 주의할 점은 기대수명이 급속하게 연장되는 것과 마찬가지로 그 보호 책임 역시 개인과 가족에서 사회로 급속하게 전이되고 있다는 점이다. 따라서 건강과 영양에 대한 접근성 즉, 제도적 보호의 수준과 변화 정도, 그리고 이에 따른 의료비 등 재정 부담 문제가 함께 검토될 것이다. 한편, 주거 이슈는 개인 및 가족 생활에 있어서 하드웨어와 소프트웨어가

병합된 문제로서 우리사회의 자산 불평등의 최대 비중을 차지할 뿐 아니라 집단적으로는 지역 발전 및 빈곤문화의 공간적 경계를 제공한다는 점에서 중요하다. 특히 불평등의 다차원성을 공간적으로 특화할 가능성이 높을 뿐 아니라 일단 설정이 되면 지속성을 담보할 수 있는 조건이 된다는 점에서 주의할 필요가 있다.

불평등의 다차원성과 고착화를 이론적으로 살펴보면서 마지막으로 강조하고자 하는 바는 이러한 불평등의 이중구조화가 단지 분배적 가치 측면에서의 문제로 간주되어서는 안 된다는 점이다. 불평등은 그 정도가 심할수록 개인의 잠재적 능력이 실현되지 못함으로써 발생하는 사회적 비효율까지 부담해야 하는 문제이다. 효율과 형평은 구별은 되지만 독립적인 것이 아니기 때문이다. 과거 성장과 분배에 대한 논쟁에서 알 수 있듯이 성장을 통한 분배, 분배를 통한 성장은 보는 이의 시각에 따라서 우선순위가 달라질 수 있겠지만 순환적 관계를 갖는 것이 일반적인 통설이다. 다만 해당 사회가 당면한 문제의 심각성에 따른 가치 판단이 필요할 뿐이다.

3. 국면별 주요 이슈[17)]

1) 아동 · 청소년기

아동 · 청소년기의 불평등과 이중구조는 비단 아동 · 청소년기뿐만 아니라 생애 전체에 미치는 영향이 크다는 점에서 한국 사회 불평등과 이중구조 논의에서 매우 중요하다. ‘개천에서 용 난다’는 속담이 무색해질 정도로 한국 사회는 ‘동등한 교육 기회 제공’만으로는 아동 ·

17) 이하의 내용은 해당 장의 저자들이 요약한 것이다.

청소년기 빈곤과 불평등과 악순환을 해결하기 어려운 구조가 되었다. 아동·청소년기 불평등을 해소하기 위해서는 그야말로 '복지국가' 전략의 전반적 재구조화가 필요하며 이러한 필요성은 비교연구를 통해서도 쉽게 확인할 수 있다.

복지국가의 가족 지출 수준이 높고, 가족 지출 구조가 현금급여 중심이 아닌 서비스 중심으로 이루어진 스칸디나비아 국가일수록 아동이 있는 가구의 빈곤 수준이 낮고, 소득계층 양극화 정도가 심하지 않은 것으로 나타났다. 또한 공적 교육비 지출 비율이 높고 교육비의 공공 부담 수준이 높은 국가일수록 아동·청소년기의 주요 발달과업인 학력 불평등이 낮고 학력 불평등의 세대 간 이전 또한 완화되는 것으로 나타났다. 우리나라는 다른 OECD 국가들에 비해 학력 수준과 학력 불평등이 낮은 편이지만, 이는 '학벌'이 매우 중요한 성공 요인으로 여겨지는 한국 사회의 특성, 학부모들의 자녀 학력에 대한 열망과 이를 반영한 과도한 사교육비 투자 때문인 것으로 보인다. 그러나 한국의 이런 상황은 국가 간 비교연구 결과에서 나타난 학력 불평등과 학력 불평등의 세대 간 이전과 복지국가 전략의 관계에 비춰볼 때 바람직하지 않다.

지금까지 우리나라의 아동·청소년기 불평등 연구가 경제적 자본 측면에 집중되어 있었던 한계를 극복하기 위해 아동·청소년기 문화적 자본, 사회적 자본의 소득과의 상관성을 살펴봤는데 경제적 자본과 문화적 자본, 경제적 자본과 사회적 자본의 중첩성이 나타났다. 경제적 자본의 불평등을 완화할 수 있도록 아동·청소년 가구의 소득불평등을 완화하는 것에 더하여 저소득층 자녀들에게 문화적 자본의 수준을 높일 수 있는 교육 프로그램 혜택을 확대하고, 사회적 자본 불평등 완화를 위해 부모-자녀 관계를 개선할 수 있는 노동시장과 지역사회 환경 변화를 위한 제도 개혁이 필요하다.

비교연구에서 나타난 바와 같이 아동·청소년 가구의 소득불평등 완화를 위해서는 아동·청소년 가구에 대한 현금 급여를 통한 직접적 소득 보장보다는 보육서비스, 육아휴직 등 근로소득 감소를 최소화할 수 있는 서비스, 고용 중심 접근이 필요하다. 또한 아동·청소년의 미래 소득불평등에 영향을 미칠 수 있는 학업성취 수준을 높이기 위해 국가의 교육비 지출 수준이 더 높아지고, 개별 가구의 사적 교육비 부담 비중이 더 낮아져야 한다. 특히 우리나라의 높은 사교육비 지출을 낮추고 사회적·문화적 자본 수준을 높이기 위해서는 공교육제도의 강화뿐만 아니라, 공적 돌봄·교육서비스의 질적 개선이 이루어져야 한다.

우리나라의 아동·청소년에 대한 사회서비스는 2000년대 이전까지 우리나라에서 아동·청소년에 대한 사회서비스는 저소득층을 주요 대상으로 전개되어 사회정책의 이중구조 현상을 초래하였다. 보육서비스는 다른 정책에 비해 정책 대상이 보편화되어 사회정책의 이중구조 현상이 덜하지만, 공급 주체에 따른 서비스 격차가 크기 때문에 여전히 모든 영유아가 비용의 부담 없이 양질의 보육서비스를 받을 수 있는 구조라고 보기는 어렵다. 보육서비스와 달리 방과후돌봄서비스는 방과후학교와 초등학교 1~2학년 초등돌봄교실을 제외하고는 서비스 대상이 거의 저소득층에 한정되어, 공적으로 제공되는 방과후돌봄서비스를 이용하는 아동과 이용하지 않는 아동 사이에 정책에 의한 대상의 이중구조를 형성하고 있다.

아동·청소년 대상 사회서비스의 이중구조 현상을 배제하기 위해 서비스 대상을 확대하고, 서비스 공급과 관리에 대한 투자가 더욱 확대되어야 한다. 2000년대 이후 보육서비스가 대폭 확대되었지만, 주로 보육료 지원의 확대 위주로 이루어지고 서비스 공급과 관리에 대한 투자는 상대적으로 소홀하여 보편적인 양질의 보육서비스 이용이 제한되고 있다. 방과후돌봄서비스는 여전히 저소득층 중심으로 제공되고 있어 서비스가 필요한 다수의 아동·청소년이 방임되고 있는 현실이다. 아동·청소년기 경제적, 사회적, 문화적 자본의 불평등이 중첩적으로 발생하고 있는 상황에서 아동·청소년을 대상으로 하는 사회서비스의 질 관리와 대상 보편성은 한국 사회의 건강한 미래를 준비하는 밑거름이 될 것이다.

2) 노동시장

1970년대 이후 서구 선진 국가들은 서비스 경제로의 전환을 경험해왔다. 서비스 경제로의 전환이라 함은 경제활동인구나 부가가치 생산에서 서비스업의 비중이 지속적으로 늘어나는 경제체제로 산업구조가 변화하는 것을 말한다. 이러한 서비스 경제로의 전환은 크게 세 가지 특징을 공유하고 있다. 하나는 계급/계층 구조의 변화이다. 전통적 산업사회에서는 계급구조가 노동자 계급과 자본가 계급으로 크게 이분화되어 있었다면, 서비스 경제사회에서는 다양한 형태의 중간 계급들이 등장함으로써 계급구조의 분화가 확대되었다. 두 번째 특징적인 변화는 여성의 경제활동 참여가 늘어났다는 점이다. 경제활동에 참가하는 여성의 비율은 1980년 이후 적게는 5%포인트(북유럽국가군)에서 많게는 16%포인트(대륙유럽 국가군)까지 극적으로 증가하였다. 세 번째 특징적인 변화는 노동시장에서 이중구조가 심화되고 있다는 점이다. 노동시장의 이중구조화는 고용 형태, 임금 수준, 사회적 보호 등 다차원적 측면에서의 보호받고 있는 내부자와 그렇지 못한 외부자 사이의 구별 짓기가 확대되는 것을 의미한다. 외부자 지위에는 비정규직, 저숙련·저임금 노동자, 사회보험에서 배제되어 있는 사람들이 포함되어 있다.

한국복지패널을 활용하여 한국의 노동시장 이중구조화 현상을 분석해 보면, 계급으로는 저숙련·서비스 기능직에 속하는 사람들이, 성별로는 여성들이 전형적인 노동시장 외부자 집단에 해당하는 것으로 나타났다. 외부자 중 여성의 비율은 2006년 50% 수준에서 2011년에는 77% 수준으로 크게 확대되고 있었다. 이들 외부자들은 적게는 23% 많게는 55%까지 국민연금, 고용보험, 산재보험에서 배제되고 있었다. 그리고 내부자와의 격차도 30% 수준으로 매우 높게 나타났다. 이렇게 외부자에 속하는 계층들의 사회보험 배제 비율이 높은 이유는 '사회적 보호의 제도적 지체' 현상으로 설명할 수 있다. 사회적 보호의 제도적 지체란 전통적 산업사회에 적합하도록 설계된 사회적 보호 제도가 변화된 노동시장 환경에서 제대로 기능하지 못하고 정체되어 있는 상황을 의미한다. 전통적 산업사회에서 주로 위험에 노출되어 있던 사람들은 정규직 남성 노동자들이었고, 이들을 보호하기 위해 만들어진 사회적 보호제도가 사회보험이었다. 그러나 서비스 경제로의 전환과 함께 사회보험에 포괄되지 못하는 서비스 부문의 여성 비정규직들이 증가하였음에도 불구하고 이들을 보호하기 위한 새로운 제도적 장치들이 아직 성숙하지 못함으로써 노동시장의 불안정성이 확대되고 있는 것이다. 따라서 이러한 제도적 지체 현상을 극복하고 노동시장의 이중구조화를 극복하기 위해서는 대안적 사회정책 패러다임에 대한 논의들이 활성화될 필요가 있다.

3) 젠더

압축적 경제성장과 90년대 말 경제위기를 지나 현재까지 한국 사회는 정치·경제·사회·문화 모든 측면에서 급격한 변화를 겪었고, 그 과정에서 젠더 관계와 가족에 대한 가치 역시 많은 변화를 겪었다. 1975년 한국 여성들의 77.1%가 초졸 이하였지만, 2009년 여성 대학진학률은 82.4%로 남성(81.6%)을 넘어섰다. 여성은 일단 결혼하게 되면 가사와 육아에 전념해야 한다는 가부장적인 성역할 통념이 강력했지만, 지금은 여성의 취업과 맞벌이가 자연스럽게 수용되고 있다.

그렇다면 여성에 대한 차별, 남성과 여성 간의 격차는 해소되었는가? 그래서 남성과 여성이 함께 꿈을 꿀 수 있는 그런 사회로 나아가고 있는가? 한국의 사회정책은 이를 위해 적극적인 역할을 수행하고 있는가?

국가의 사회정책은 여성의 삶과 사회적 지위에 직간접적으로 상당한 영향을 미친다. 전후 복지국가는 남성 중심의 완전 고용 체제를 구축하기 위해, 여성들을 그림자로 존재하게 했다. 미국 메사추세츠 대학 경제학과 낸시 폴브레(Nancy Folbre) 교수는 이런 여성들의 '보이지 않는 가슴(Invisible Heart)'이 '보이지 않는 손'과 함께 자본주의 시장을 작동시켜 왔다고 주장한 바 있다. 이처럼 국가는 여성들을 가사와 육아로 남편을 내조하며 자본주의를 굴러가게 하는 그림자로 머무르게 할 수도 있지만, 여성 고용의 사회·경제적 효용을 강조하며 자본주의 시장의 전면에 내세울 수도 있다. 나아가 양성평등을 보장하기 위해, 특히 부모 모두에게 노동권과 양육권을 보장하기 위해 적극적인 지원자 역할을 할 수도 있다. 이런 역할을 적극적으로 수행한 것이 오늘날 복지 수준과 양성평등 수준이 높다고 평가받는 북유럽 국가들이다.

그렇다면 한국은 어떠한가? 한국의 노동시장과 가족 안에서의 젠더 격차와 불평등 수준은 선진 산업국가들 중 단연 돋보일 정도로 크다. 이와 함께 저출산, 고령화에 대한 위기감까지 맞물려 2000년대 중반 이후 여성 고용과 일·가정 양립을 지원하는 정책들이 대폭 확충되었다. 출산·육아휴가정책이 강화되었고, 보육서비스는 전면적으로 확대되었으며, 관련 예산은 급증했다. 이러한 정책들이 당초 잡고자 했던 '여성 고용 증진'과 '출산율 제고'라는 두 마리 토끼는 십여 년이 지난 지금 여전히 잡히지 않고 있다. 그동안의 정책들이 여성의 출산·양육으로 인한 불이익을 해소하고 이들을 지원함으로써 경력 단절 해소에 얼마나 도움이 되었는지 그 효과성에 의구심을 갖게 한다.

노동시장 안에서는 여성 고용률이 꾸준히 증가하고 있으나, 이는 갓 대학을 졸업한 20대 여성들과 사회서비스 일자리 확충 등으로 고용 기회가 상대적으로 많아진 50대 여성들이 주도하고 있다. 출산·육아로 인한 경력 단절은 여전하다. 일을 하는 여성들은 상당수가 비정규직이고, 여성의 월평균 임금은 2010년 남성의 64%에 불과해 임금 격차도 크다.

양성평등 수준이 높은 선진 복지국가들의 경우, 시장에서의 남녀 격차를 줄이기 위한 노력을 함과 동시에 사회정책을 통해 시장에서의 격차를 교정하고 완화하기 위한 노력도 수행한다. 그렇다면 한국의 사회정책은 어떠한가? 근로를 통해 보험에 가입해야 하고 근로소득 수준이 급여 수준으로 연결되는 한국의 사회보험제도는, 평균적으로 여성의 고용률과 임금 수준이 낮고, 상당수 여성들이 비정규직으로 고용되어 있는 상황에서 젠더 격차를 줄이기에는 한계적일 수밖에 없다. 출산휴가와 육아휴직의 경우도 고용보험에 가입된 이들에게만 가능한 선택지다. 정부가 야심차게 전면 실시한 무상보육은 모든 아동에게 보육서비스에 대한 권리를 보장해준다는 의미는 있으나, 일하는 여성 혹은 맞벌이 가구가 맘 편히 일할 수 있는 환경 조성에는 간접적 지원 역할을 할 뿐이다. 오히려 무상보육 전면 실시로 원하는 어린이집 또는 유치원에 아이를 보내기 어려워진 맞벌이 부부가 많아지고 있다. 2012년 한국의 영아 보육율은 63%로 덴마크 다음으로 높지만, 그 연령대 엄마의 취업률은 31%에 불과하다. 최근 정부가 장시간 근로가 어려운 여성들을 대상으로 시간선택제 일자리 도입을 적극적으로 추진하고 있는데, 이런 고용 형태가 여성에게 한정되거나 집중된다는 것은 기존의 성역할 통념과 젠더 격차를 강화할 것이다. 장시간 근로가 여전히 관행으로 존재할 경우, 시간선택제 일자리는 활성화되기도 어려울뿐더러 여성 노동력을 주변화할 공산이 크다.

그렇다면, 무엇을 해야 하는가? 단기적이고 단발적인 한두 가지 정책으로 문제를 해결할 수 있다는 낙관은 버려야 할 것이다. 우리 사회에 존재하고 있는 여성에 대한 차별적 고정관념을 없애고 양성평등을 지향해갈 때, 그래서 각 여성들이 갖고 있는 일에 대한 열망, 일·가정 양립에 대한 열망을 제도가 지원해주고 그 과정에서 부닥치는 장애물들을 제거해주고자 할 때 비로소 문제에 다가설 수 있을 것이다. 양육의 책임과 부담을 여성에게 전적으로 지운다면, 엄마가 일을 할 경우 아이에게 부정적이라는 인식이 팽배하다면, 아이의 학업성취가 곧 엄마(부모)의 성과이자 행복인 교육 풍토가 유지된다면, 기업이 남녀 노동자의 일·가정 양립을 지원하는 것을 소모적 비용이자 손해로 여긴다면, 여성 고용 증대도 출산율 제고도 계속 한계적일 수밖에 없을 것이다. 따라서 아동 양육을 위한 보육서비스, 출산·육아휴가정책, 취업지원정책 뿐만 아니라 전체 사회정책의 틀 안에서 교육정책, 조세정책, 노동시장정책 및 기업문화, 사회복지정책(연금정책, 빈곤정책, 사회서비스정책 등)과의 연계를 통한 통합적 접근이 필요하다.

4) 건강

한국 사회의 이중구조는 아동기의 교육격차, 성인기의 임금격차, 노령기의 생활격차 등 전 생애주기에 걸쳐 다양한 형태로 나타나고 있다. 한 개인이 자신의 생애주기 동안 여러 형태의 사회적 격차를 경험하면서 가장 지속적인 영향을 받는 것이 개인의 건강이다. 이렇듯 사회경제적 특성에 따라 건강상에 차이가 나타나는 현상을 건강 불평등이라고 한다. 전 세계적으로 사회적 결정 요인들로 인해 나타나는 건강 불평등 문제는 학자들 사이에서 어느 정도 합의가 이루어진 상황이다. 이들에 따르면, 평등한 사회에서 사는 국민들의 전반적인 건강수준이 불평등한 사회에서 사는 국민보다 더 좋다. 이러한 현상은 크게 3가지 가설을 이용하여 설명하고 있다. 첫째, 건강 불평등은 개인의 소득 자체에 따라 건강이 다르게 나타난다는 절대소득가설을 꼽을 수 있다. 둘째, 건강 불평등은 한 개인 자신이 그 사회에서 갖는 상대적인 사회경제적인 위치에 따라 건강이 다르게 나타난다는 상대소득가설을 꼽을 수 있다. 예를 들어, 사회경제적 지위가 낮은 사람들은 더 많은 스트레스를 경험하고, 이러한 만성적인 스트레스는 궁극적으로 개인의 건강에 악영향을 미친다고 본다. 셋째, 소득불평등 가설에 따르면, 사회가 불평등할수록 사회적 안전망을 형성하는 공공재 등에 대한 사회적 투자가 약해지며 이는 결과적으로 구성원 전체의 건강에 부정적인 영향을 미친다고 본다.

위의 가설들 가운데, 사회적 안전망의 차이를 보여주는 복지국가 유형에 따라 건강수준의 차이를 비교해 보면, 전체적인 수준에서는 북유럽형 국가들이 다른 복지국가 유형보다 더 나은 것으로 보이며, 영미권 국가들의 건강수준은 지속적으로 낮게 나타나고 있다. 그러나 남유럽형 국가들이나 동아시아 국가들의 건강수준은 건강 불평등 이론이나 복지국가 이론과는 다른 양상을 보이고 있어, 다른 사회·문화적 특성들이 국가 간 건강 격차에 어떤 영향을 미치는지에 대한 추가적인 연구가 필요한 상황이다.

우리나라의 경우, 북유럽형 국가들에 미치지는 못하나 비교적 대륙유럽형과는 유사한 건강수준이며, 영미권 국가들보다는 건강수준이 좋은 것으로 나타났다. 그러나 남성의 기대여명은 다른 복지국가들의 평균 기대여명 보다 낮게 나타나 남성의 건강수준이 상대적으로 안 좋은 것으로 파악되었다. 또한 제도적인 측면에서 다른 복지국가들과 비교했을 때, 공공 의료비 지출은 대략 절반 정도 되는 수준이며, 의료비 현금 지출은 매우 높은 것으로 나타나 아직까지 제도적으로 개선되어야 할 부분이 많은 것으로 나타났다. 또한 실제 한국복지패널 데이터를 이용하여 한국의 건강 불평등의 정도를 살펴본 결과, 대체로 소득 수준, 교육 수준, 그리고 근로 상태에 따라 건강의 차이가 있는 것으로 나타났으며, 소득 수준과 교육 수준이 높을수록, 정규직에서 일하는 임금 노동자일수록 더 건강한 것으로 나타났다. 성별에 따른 건강의 차이는 결과가 명확하지 않게 나와 보다 면밀한 분석이 필요할 것으로 판단된다.

우리나라의 건강 불평등 문제를 해결하기 위한 정책 방안으로서 WHO의 정책 제안들을 고려해볼 수 있다. 이들은 가장 먼저, 보편적인 의료제도를 제안하고 있다. 이를 충족시키기 위해 우리나라에서는 정부의 공공의료비 지출의 확대, 개인이 부담해야 하는 의료비 현금지출의 축소, 그리고 지역 간 의료서비스의 격차 해소를 고려해 볼 수 있을 것이다. 또한 이들은 모든 정부정책에 건강 및 건강 불평등을 주요 지표와 성과의 하나로 고려하는 'Health in All Policies'를 강조하고 있다. 건강 및 건강 불평등에 영향을 미치는 사회적 요인들이 매우 복합적인 만큼 건강정책이 단순히 의료나 복지정책이라는 편견을 버리고, 경제, 교육, 사회, 고용 등 모든 사회정책을 개발, 적용, 평가함에 있어 건강을 고려해야 한다고 한다. 특히 우리나라처럼 부처 간 장벽이 높아 다른 영역에 대한 통합적인 고려가 부족한 상황에서는 반드시 필요한 제도적 접근이라고 판단된다.

5) 주거

주거는 인간 생활에 필수적인 재화로서 양질의 주거를 안정적으로 점유하는 것은 인간 생활의 기본 조건이다. 하지만 한편으로 주거는 시장에서 거래되는 상품이자 각 가구의 자산 중 가장 큰 비중을 차지하는 투자 수단으로서 불평등을 양산하는 속성 역시 지니고 있다. 특히 오늘날 우리 사회를 비롯하여 각국에서는 주거를 소유한 사람과 그렇지 않은 사람 간의 격차가 두드러지게 나타나는 양상을 보인다. 즉, 주거 가격은 지속적으로 상승해 온 데 비해, 각국에서의 경제 위기 상황을 극복하기 위한 효율성 위주의 정책 전환으로 인해, 주거 확보를 위해 필요한 자산의 근거가 되는 노동시장에서의 소득 양극화는 심화되었고, 이를 보완할 수 있는 주거 영역에서의 정책적 개입 역시 후퇴하는 양상을 보였다.

1980년대 이후 선진국들에서는 공통적으로 국가가 제공하는 공공임대주택이나 주거 수요자에 대한 주거 급여 등의 비용이 높아짐에 따라, 정부 재정 부담을 줄이고자 자가 소유를 확대함으로써 주거의 안정성과 경제적 부담 완화를 꾀하는 자산 기반 민주주의가 추구되기도 하였다. 하지만 소득이 충분하지 않은 취약 계층에게 복잡한 금융 상품을 통한 무리한 대출을 통해 자가 소유에 나서도록 부추긴 각국의 자가 확대 정책은 주택 시장의 불안정성과 맞물리며 2008년 세계 금융위기와 같은 전 세계적 위기를 초래하였다. 이에 자가 소유 확대 중심의 주거 정책이 아닌 새로운 방향의 설정이 요구되는 것이 현실이다.

주요 선진국들에서 주거정책 양상은 국가마다 다르게 나타난다. 웁살라대학 명예교수인 Jim Kemeny는 주요 선진국들에서 주거정책 유형이 크게 두 가지로 나뉜다고 설명한다. 우선 공공임대주택의 비중이 상대적으로 크고 이 부문이 민간임대주택과 상호 경쟁하면서 주택의 가격을 상대적으로 안정시키고 주거의 질을 높이는 단일임대시장 시스템 유형 국가들이 있다. 주로 영미형 복지국가와 남유럽형 복지국가에 속하는 이들 국가에서는 민간임대 주택 역시 정부 정책의 주요 대상으로서 임대인이나 임차인에 대한 지원과 임대료 등에 대한 규제를 통해 세입자의 부담이 과도하게 높아지지 않도록 추구한다. 이들 국가에서는 상대적으로 자가 소유 비율이 낮게 나타난다. 즉, 주거를 소유하고 투자하는 자산보다는 거주를 위한 공간으로서 자리매김하도록 하는 것이 이들 국가의 기본적인 정책 방향이다. 반면, 공공임대주택을 소득이 낮은 계층에게 국한시켜 제공하여 민간임대주택 시장과 공공임대주택 시장이 분리되는 이중임대시장 시스템 유형 국가들이 있다. 주로 북유럽형 복지국가와 대륙유럽형 복지국가에 속하는 이들 국가에서는 자가 소유를 중심으로 하는 정부 정책이 발달되어 있고, 민간임대주택에 대한 규제 정도가 낮아, 자가 소유율이 높게 나타난다.

고소득층은 저소득층에 비해 자가 소유율이 높게 나타난다. 이러한 소득계층 간 자가 소유율의 격차는 1990년대 이후 2000년대에 사이에 단일임대시장 유형 국가와 이중임대시장 유형 국가들에서 공통적으로 지속되거나 혹은 확대되는 양상을 보였다. 그럼에도 불구하고 주거비 지출에 대한 부담 정도는 단일임대시장 유형 국가들이 상대적으로 이중임대시장 유형 국가들에 비해서는 낮은 것 또한 사실이다.

한국에서도 주요 국가들과 마찬가지로 소득계층 간 자가 소유에서의 격차가 나타나고 있다. 또한 한국에서는 젊은 세대가 상대적으로 더욱 취약한 위치에 놓임으로써 발생하는 세대 간 균열과, 특정 지역을 중심으로 주거 가격이 급증하는 경향 역시, 주거 관련 불평등과 자가 소유자와 세입자 간 이중구조의 고착화에 영향을 미치는 것으로 나타난다.

사회 구성원들이 안정적으로 주거에서 살 수 있는 토대를 마련하기 위해서는 주거시장 상황에 맞는 정책 개입이 요구된다. 공공임대주택이 발달하지 못한 한국의 상황에서는 공급 측면에서 공공임대주택에 대한 지원 확대를 꾀하되, 단기간에 이를 급격히 늘리기 어려운 재정 제약과 이미 높아진 지가 등을 감안하여 민간임대시장 활성화와 규제도 함께 추진할 필요가 있다. 또한 생애주기별 주거에 대한 욕구와 소득 수준을 고려한 집단 별 맞춤형 지원제도를 마련하여 공급과 수요 측면을 아우르는 실질적 지원책을 마련할 필요성 역시 제기된다. 그리고 지역 간 격차 해소를 위한 균형 발전 추진과 낙후 지역의 인프라 개선 역시 필수적인 과제이다.

6) 노년기

노년기 불평등은 이전 시기에 비해 심화되는가 혹은 완화되는가? 어떤 학자는 노후 불평등은 이전 시기보다 완화된다고 설명한다. 노인이 다른 연령 집단보다 전반적으로 경제적으로 취약해지기 때문이라는 것이다. 반면 생애과정을 거치는 동안 불평등이 누적되므로 노년기에는 불평등이 심화된다는 상반된 설명도 제기된다. 불평등을 완화하거나 심화시키는 다양한 사회적 힘들이 서로 상쇄되어 퇴직 이전의 불평등이 노년기에도 그대로 유지된다는 주장도 있다.

흥미롭게도 현실에서 노년기 불평등은 복지국가의 유형에 따라 상이한 모습을 보인다. 스페인, 이탈리아 등의 남유럽 국가들은 전체적으로 불평등도가 높은 가운데 노년기 불평등이 근로 연령기보다 확연히 낮은 반면, 북유럽 국가들은 불평등도가 가장 낮은 수준이며, 근로 연령기보다 노년기 불평등이 더 낮다. 프랑스, 독일 등의 대륙유럽 국가들에서 노년기 불평등은 이전 시기와 유사한 경향을 보인다. 노년기의 불평등은 일차적인 자원 분배 기제인 시장과 재분배 기제인 복지제도가 상호작용하는 결과물로서, 생산-복지체제의 상이함이 결과적으로 상이한 불평등 양상을 야기하기 때문이다.

그렇다면 한국의 상황은 어떨까. 한국에서 노년기는 이전 시기보다 더 불평등하고, 최근 노년기 불평등은 더욱 심화되고 있으며, 저소득 노인들의 빈곤이 지속되고 있다. 서구 복지국가들에서 노년기 불평등을 완화하는 데 가장 큰 역할을 한 공적 연금이 한국에서는 아직 그 기능을 다하고 있지 못하다는 점이 가장 주요한 원인이다. 현 세대 노년층의 경우 대다수 수급자들이 국민연금제도 초기에 가입할 수 있었던 안정적인 사업장의 정규직 근로자였다는 점에서, 적어도 현재 한국의 노년층에게 있어서 공적 연금은 불평등 심화 기제로 작동해왔다. 변화하는 노동시장 환경을 고려해보면, 짧은 시간 내에 공적연금이 대다수의 국민들의 노후생활을 보장하는 보편적 제도로 자리 잡을 수 있다는 전망도 밝지만은 않다.

한국의 법정퇴직급여제도 역시 포괄하는 근로자의 범위가 매우 제한적이고, 급여가 소득에 밀접히 연결되어 있어 노동시장과 제도 간의 상호작용에 의해 제도에 포괄된 자와 배제된 자의 불평등과 이중구조를 더욱 심화시키고 있다. 노동시장 상황도 고령층에게 결코 유리하지 않다. 기술 편향적인 산업구조 변화 속에서 고령자의 고용 지위는 더욱 약화될 수밖에 없기 때문이다.

노인을 위해 지출하는 정부의 재정 수준은 국가마다 큰 편차를 보이지만, 총사회지출 중에서 노인에 대한 복지지출이 가장 큰 비중을 차지한다는 사실, 즉 '노인을 위한 복지국가'라는 현상만큼은 고령화 시대에 모든 국가들의 공통된 양상이다. 한국을 비롯한 모든 복지국가에서 '고령화'는 그 자체로 복지수요와 그에 따른 지출을 증가시키는 요인인 것이다. 이러한 맥락에서 관대한 노후생활보장제도를 이미 갖춘 서구 복지국가의 고령화 대응 전략이 주로 재정 건정성의 확보에 무게가 실려 있는 반면, 한국에서 노후불평등과 빈곤율은 다른 세대에 비해 매우 높으며, 최근 몇 년간 더욱 심화되고 있다는 점은 고령화에 대한 대응을 더욱 어렵게 만들고 있다.

이 시점에서 노년기의 불평등 및 이중구조 완화를 위한 복합적인 복지 전략이 필요해 보인다. 고용과 연계되지 않는 기초보장의 강화, 생애기간에 걸친 고용—복지의 유연한 결합, 고용의 활성화 등이 다층적으로 동시에 추구되어야 할 것이다. 기초연금을 도입하고, 생애기간에 걸쳐 각 개인이 육아, 실업 등의 사회적 위험으로 인해 경험하게 되는 노동시장 이행(비고용)의 시기에도 사회보장에 대한 접근이 연계될 수 있도록 하는 한편, 고령기를 포함하여 개인이 근로와 사회보장을 유연하게 결합할 수 있도록 제도적으로 지원하는 것 등이 그것이다.

제2장 아동 · 청소년기의 불평등과 이중구조

제1절 들어가며
제2절 아동·청소년기 불평등과 이중구조에 대한 논의
제3절 아동·청소년기 불평등 복지국가 비교
제4절 한국의 아동·청소년기 불평등과 제도적 이중구조
제5절 소결

제2장 아동·청소년기의 불평등과 이중구조

류 연 규(서울신학대학교)

제1절 들어가며

'개천에서 용 난다'라는 우리나라 속담이 있다. 이는 주지하다시피 어려운 환경에서 자란 사람이 성장 과정에서 스스로 노력하여 사회적으로 성공하는 경우를 가리키는 말이다. 그런데 최근 '개천에서 용 나는' 사례는 찾기 어려운, 즉 아무리 스스로 노력해도 어렸을 때의 사회경제적 배경을 극복하기 어려운 사회가 되었다는 견해가 지배적이다. 아동·청소년기의 빈곤과 불평등이 성인기까지 지속되는 사회문제는 이른바 부유한 강남 3구 출신이 서울대 입학생의 40%를 차지한다는 등의 언론 기사가 이제 그다지 놀랍지도 않다는 현실에서 적나라하게 드러난다.

아동·청소년기 불평등은 크게 두 가지 차원에서 논의할 수 있다. 먼저, 아동·청소년기는 노동 연령기가 아니므로 노동시장 또는 자본시장을 통해 벌어들이는 소득의 주체가 아니며 아동·청소년기 경제적 불평등은 아동·청소년의 가구(부모)의 소득 또는 소비 불평등에 해당하는 것이다. 아동・청소년기 불평등의 두 번째 차원은 아동・청소년기의 가장 중요한 발달 과업이라 할 수 있는 교육 성과의 불평등으로서 이러한 교육 성과의 불평등이 개인의 능력과 자질의 차이에 의한 것인지, 아동・청소년을 둘러싼 가족, 사회, 구조적 배경의 영향을 받는지가 중요하다.

아동・청소년기의 불평등은 아동・청소년의 전 생애에 걸친 삶의 질에 미치는 영향이 매우 크다는 점에서 한국 사회 불평등 논의에서 중요하다. Vleminckx & Smeeing(2001: 1)은 "빈곤한 가족에서 자란 아이들은 실업, 저임금, 건강 문제 등이 아동에게 세습될 가능성이 높다"고 언급하고 있으며 그 밖의 여러 연구들에서 아동 빈곤이 아동의 건강, 인지 발달, 교육 성취에 부정적인 영향을 미치고 아동의 정서・행동 문제를 일으키는 것으로 보고하였다(Brooks-Gun 외, 1997; Gregg & Machin, 2001; Crowley and Vulliamy, 2007). 즉 아동・청소년기에 경험한 불평등은 아동기뿐만 아니라 성장한 이후에도 지속적・누적적인 영향을 미칠 수 있기 때문에 생애주기상 아동・청소년기의 경험은 전체 사회의 이중구조를 강화 혹은 완화시키는 데에 결정적인 역할을 할 수 있다.

지금까지 아동・청소년기 불평등에 대한 논의는 주로 아동기 경제적 빈곤에 대한 연구를 통해 아동・청소년기 소득불평등의 현황, 원인, 영향 등을 파악할 수 있었다. 그러나 아동・청소년기의 불평등에 대한 논의는 소득불평등을 넘어서는 다차원적인 접근이 필요하다. 지금까지 아동기 빈곤이 학업성취도에 미치는 영향에 대한 연구가 많았는데 학업성취도에 미치는 영향에서 소득의 불평등보다는 문화적, 사회적 자본의 불평등이 아동・청소년에게 미치는 영향력이 더 클 수 있음을 밝힌 연구들(Guo & Harris, 2000; Eamon, 2002)을 통해 다차원적인 불평등 고찰의 필요성을 알 수 있다. 그러나 우리나라의 아동·청소년기 불평등에 대한 연구는 소득 측면에서의 아동 빈곤에 관한 논의와 아동이 있는 가족의 저소득 현황, 결정 요인, 영향 등에 대한 연구가 대부분으로 소득 외의 아동·청소년기 소비, 문화, 인식 차원의 불평등에 대한 연구는 많지 않다.

국제비교 연구에서도 아동빈곤율에 대한 비교 연구들은 복지체제 또는 제도의 차이와 아동빈곤율의 관계에 대해 분석하고 있지만 마찬가지로 소득 빈곤에 한정된 논의이다(Rainwater & Smeeding, 1995; Phipps, 1999; Oxely et al., 2001; Whiteford & Adema, 2007). 아동·청소년기 학업성취, 교육 기회 등이 빈곤 및 불평등과 어떤 관계가 있는지를 분석함으로써 아동·청소년기 소득의 불평등뿐만 아니라 교육 기회, 학업성취의 불평등을 분석하는 작업 역시 필요하다.

이에 이 장에서는 북유럽 국가, 중앙유럽 국가, 남유럽 국가, 영미권 국가, 한국 등 복지레짐별 아동·청소년기 소득불평등과 교육 기회, 학업성취 분포의 비교 분석을 통해 복지국가의 아동·청소년기 불평등의 양상을 살펴볼 것이다. 또한 한국 사회의 아동·청소년기 불평등에서 나타나는 양상을 소득뿐만 아니라 소비, 사회적·문화적 자본의 불평등까지 그 범위를 확대하고, 관련 논의를 비판적으로 검토하며, 아동·청소년기에 나타나는 다차원적 불평등 양상을 비교 분석한다. 이에 더하여 불평등을 완화하기 위한 여러 사회정책들이 과연 아동·청소년기 불평등을 완화시킬 수 있는지, 오히려 제도를 통해 이중구조를 공고히 하는 것은 아닌지에 대한 제도 분석을 통해 복지국가의 아동·청소년기 불평등과 이중구조 완화를 위한 복지 전략 방향을 모색하고자 한다.

제2절 아동 · 청소년기 불평등과 이중구조에 대한 논의

1. 아동 · 청소년기 불평등에 대한 논의들

아동 · 청소년기 불평등에 대한 논의들은 일차적으로 경제적 불평등에 대한 논의를 들 수 있다. 생애주기상 아동 · 청소년기는 소득 활동을 하는 시기가 아니기 때문에, 아동 · 청소년기 소득 · 소비의 주체는 아동 · 청소년 개인이기보다는 아동 · 청소년의 보호자이다. 아동 · 청소년을 자녀로 둔 가구의 경우 아동 또는 청소년의 연령에 따라 소득 활동에 영향을 미칠 수 있고, 아동 · 청소년의 성장 발달 단계에 따라 다른 가구와 다른 소비 경향이 나타날 수 있다. 반대로 아동 · 청소년 가구의 소득 · 소비 양상에 따라 아동 · 청소년 성장 발달이 달라질 수도 있다. 많은 연구들에서 아동 · 청소년기의 빈곤 또는 소득불평등과 아동의 인지 발달, 정서 발달 간의 상관성에 대해 실증적으로 규명하고 있다(김광혁, 2003; 2006; 구인회 외, 2009). 그런데 이러한 경제적 자본의 불평등과 아동 · 청소년 성장발달 사이에는 소득불평등과 관련된 다양한 불평등 양상이 매개하거나 조정하는 역할을 할 수 있다. 이러한 매개 · 중재 요인은 인적 자본, 사회적 자본, 문화적 자본 등 다차원적으로 발생한다.

먼저 인적 자본의 측면은 가장 대표적으로 교육 기회와 관련된 불평등을 들 수 있다. 한국 사회와 같이 학력과 학벌이 사회경제적 지위를 결정하는 핵심적 요인이 되는 사회에서는 아동 · 청소년기 발달과업 중 중요하게 여겨지는 것이 '학업성취'와 관련된 발달 과업들이다. 아동 · 청소년기의 학업성취는 미래 사회의 불평등을 완화시킬 수도 있고 강화시킬 수도 있기에 중요하다. 아동 · 청소년기에 교육을 통해 축적한 인적 자본이 이후 청년기, 장년기의 근로소득과 노후 소득까지 영향을 미치기 때문에 아동·청소년기 교육 기회, 교육 성과의 불평등은 생애주기 전반의 다차원적인 불평등을 야기할 수 있다. 그런데 교육과 불평등의 관계에 대한 관점은 다양하다. 한편에서는 교육의 기회평등을 통해 개방되고 평등한 사회를 이룰 수 있다고 보는 반면, 다른 한편에서는 교육이 단지 기존의 불평등한 계급구조를 재생산하고 정당화하는 메커니즘에 불과하다고 보기도 한다(남춘호, 2003: 6).

인적 자본은 이전부터 불평등과 빈곤의 주요한 요인으로 논의되었다면 사회적 자본에 대해서는 비교적 최근에 활발하게 논의되었다. 사회자본이 아동의 인지적, 사회적, 도덕적 발달에 직접적으로 영향을 미친다는 연구 결과가 밝혀지면서 사회자본은 교육학에서도 중요한 관심사가 되었다(이정선, 2001: 91). 사회자본에 대한 논의는 여러 학자에 의해 다양하게 전개되었다(Bourdieu, 1979: 최종철 역, 2006; Lin, 1982; Coleman, 1990; Putnam, 1993). 그중에서도 콜만은 가족 내에서의 사회자본은 부모나 자녀가 가지고 있는 교육적 인식, 상호작용, 교육적 규범 등을 포함하며, 부모의 인적 자본이 부족하더라도 가족 내에 존재하는 사회자본을 유용하게 결합하면 청소년들의 교육성과를 높일 수 있다고 주장하였다(Coleman, 1988; 이인자, 2011에서 재인용). Braatz & Putnam(1996)은 학부모의 학교 참여, 가정 및 지역사회 참여, 학교 내의 사회자본이 학업 성공에 중요하다는 것을 지적하였다.

문화자본은 개인이 처하고 있는 사회적 지위(계급)에 따라 각기 다른 문화를 향유한다는 점에서 계급의 차이를 보다 구체화하거나 또는 다른 차원의 계층 구분이 가능하도록 하는 것이다. 문화자본은 맥락에 따라 지식, 가치관, 기준, 능력, 기술, 태도, 취향, 성향, 관행, 문화, 문화적 차별성, 상품, 학위, 자격증 등 상당히 이질적인 요소들을 문화자본이라는 개념의 구성 요소로 포함시킨 것이다(김영화, 2012: 37). 국내의 여러 문헌들은 이러한 문화자본이 학업성취, 논쟁 성향, 직업 인식과 포부 등에 영향을 미침으로써 아동·청소년기 불평등을 강화 또는 완화한다고 보았다(장미혜, 2002; 김경근·변수용, 2007; 백병부·김경근, 2007; 변수용·김경근, 2008). 김경근·변수용(2007)은 부모의 교육 수준, 직업 지위, 가계소득 등 사회경제적 특성이 그들의 문화자본과 자녀의 독서 향유 형태의 문화자본에 매우 큰 영향을 미치고, 이를 통해 자녀의 학업성취도에도 직간접적으로 영향을 미치는 것으로 나타났다. 김현주·이병훈의 연구(2007)에서는 가정의 문화자본이 학업 성취에 미치는 부모의 사회경제적 지위의 영향을 매개함을 밝히고 있다(김영화, 2012에서 재인용). 그러나 다른 한편으로는 교육 기회가 확대되면서 하층 계급 출신 자녀도 학교 교육문화에 적응할 것이고, 학교나 그 외의 교육기관을 통해서 문화자본을 성취할 수 있으며 이러한 교육기관들은 가정 배경으로 인한 결핍을 보상해 줄 수 있다고 보는 견해도 있다(DIMaggio, 1982; 김영화, 2012에서 재인용).

아동·청소년기 불평등에 대한 다차원적 논의를 종합해 볼 때 아동·청소년기에 경제적 자본의 불평등이 나타나더라도 사회적 자본 또는 문화적 자본이 이러한 불평등을 완화 또는 강화시킬 가능성이 있음을 알 수 있다. 실제로 우리나라 아동·청소년 가구에서 사회적·문화적 자본이 소득불평등의 영향을 완화시키는지 아니면 사회적·문화적 자본 역시 소득불평등을 그대로 반영하는지 살펴봄으로써 아동·청소년기 불평등의 양상을 다차원적으로 살펴볼 수 있을 것이다.

2. 관련 제도와 이중구조

아동·청소년 또는 아동·청소년 자녀를 둔 가구를 대상으로 한 복지정책들은 아동·청소년기 빈곤 및 불평등 완화를 꾀하지만 정책 내용에 따라 불평등 또는 빈곤 완화 효과가 다르게 나타난다. 즉, 아동·청소년을 대상으로 하는 사회서비스정책의 내용에 따라 아동·청소년기에 나타날 수 있는 경제적, 문화적, 사회적 자본의 이중구조를 완화하거나 오히려 강화할 수도 있다.

Korpi & Palme(1998)는 사회보험제도와 공공부조제도의 소득 재분배 기능에 대하여 논하면서 대상을 표적화 하는 공공부조보다 보편화 하는 사회보험제도가 빈곤과 소득불평등 완화에 효과적이라고 역설하였다. 그렇다면 사회서비스 정책은 어떠한가? Korpi & Palme(1998)의 논의와 마찬가지로 정책 대상을 표적화 또는 보편화함에 따라 정책 효과가 달라지는지, 단지 대상을 표적화함으로써 또는 보편화함으로써 그러한 정책효과를 완화할 수 있는지에 대한 실증적 논의는 그리 많지 않다. 사회서비스 정책은 아동·청소년기의 인적 자본 형성에 직접적 영향을 미치고 인적 자본 형성은 아동·청소년의 미래 소득까지 연결되어 또한 중요하다. 그러나 사회서비스 정책이 대상을 표적화 또는 보편화시키는지, 대상 보편화 여부에 따라 서비스의 질이 달라지는지, 대상이 보편화되면 서비스 내용의 보편화도 보장되는지에 대해서는 논의된 바가 거의 없다.

아동·청소년에 대한 서비스가 제공되는 방식은 국가별로 다양하다. 먼저, 서비스의 대상을 표적화하느냐 보편화하느냐에 따라 정책의 내용이 달라진다. 사회서비스의 대상을 표적화한다는 것은 사회서비스에 대한 욕구가 있는 모든 사람에게 제공하지 않고, 소득·자산,

부모의 근로 여부, 아동 연령 및 장애 여부에 따라 서비스 대상을 한정하는 것이다. 이때 서비스 대상에서 제외된 이들은 시장에서 해당 서비스를 구매해야 하는데, 서비스 대상에서 제외되었음에도 불구하고 소득이 충분하지 않아 시장에서 서비스를 구매할 수 없는 이들은 사회서비스의 지원 없이 비공식적 관계망에 의존해야 한다.

아동・청소년에게 제공되는 서비스는 대개 '돌봄' 또는 '교육' 서비스로서, 이들 서비스 중 돌봄서비스는 비공식 부문에서 주로 공급되던 서비스였으나, 여성 경제 활동 참여 증대, 핵가족화, 가족 해체 등 돌봄의 사회화에 대한 요구가 확대되면서 시장에서 구매하거나 공공부문에서 직접 공급하거나, 시장 구매를 지원하게 되었다. 공공 부문에서 직접 서비스를 제공하거나 비용 지원을 할 때 서비스 공급 대상을 한정하게 되면 공적 서비스를 이용하는 집단과 그렇지 않은 집단의 이중구조가 형성된다. 서비스 공급 대상을 한정하지 않고 시장에서 제공되는 서비스에 대한 비용 지원을 하게 되면, 서비스 구매 비용 전액을 지원하지 않는 이상은 구매 가능한 서비스 질에 따른 계층화가 불가피하다.

우리나라는 2000년대 중반을 기점으로 사회서비스에 대한 비용 지원이 확대되었다. 아동・청소년 대상 사회서비스의 경우 대표적으로 보육서비스를 들 수 있는데, 대부분의 어린이집이 민간 공급인 상황에서 보육료 지원 정책 중심으로 확대되었다. 반면 보육서비스를 제외한 여타 아동청소년서비스(방과후보육서비스, 드림스타트 등)는 정책 대상을 저소득층에 한정하고 있는 실정이다. 이러한 상황에서 아동청소년 대상 사회서비스 정책들이 아동청소년기 불평등 완화에 어느 정도 기여하는지, 오히려 서비스를 통해 정책 대상의 이중구조가 형성되지는 않는지 고찰해 볼 필요가 있다.

제3절 아동·청소년기 불평등 복지국가 비교

아동·청소년기 불평등은 가구 소득의 불평등과 교육 기회 및 성취의 불평등으로 나누어 살펴볼 수 있다. 이 절에서는 먼저, 국가 비교 관점에서 본 아동·청소년기 불평등 현황과 불평등을 완화하기 위한 정책 노력을 살펴보겠다. 비교를 보다 용이하게 하기 위해 OECD 국가를 대상으로 정책 레짐별로 구분하여 각 레짐별 아동·청소년기 불평등을 분석한다.

1. 소득에 따른 불평등

먼저, 국가별로 가구를 단위로 한 아동 가구 상대 빈곤율을 비교해 보면, 레짐별 차이가 명확히 드러난다. 북유럽 국가들의 아동 가구 빈곤율 평균은 4.5%로 낮은 수준이고, 이에 비해 영미권 국가들과 남유럽 국가들의 평균 아동 가구 빈곤율은 각각 13.83%, 13.93% 수준으로 매우 높다. 아동 가구 빈곤율이 가장 낮은 국가는 덴마크로 2.9%에 불과하고, 미국은 18.7%로 가장 높다. 한국도 덴마크, 노르웨이, 스웨덴, 오스트리아, 프랑스, 독일 다음으로 아동빈곤율이 낮은 것으로 나타났다.

양부모 가구의 아동 빈곤율은 전체 아동 가구 빈곤율에 비해 빈곤율 수준이 낮으며, 그 경향은 전체 아동 가구 빈곤율 경향과 크게 다르지 않다. 예상되는 바와 같이 한부모 가구 아동 빈곤율은 전체 아동 가구 빈곤율과 양부모 가구 아동빈곤율에 비해 3~6배 가까이 차이난다. 북유럽 국가들도 한부모 가구 아동 빈곤율은 평균 14.57%

〈표 2-1〉 아동 가구 빈곤율 비교(2008) (단위: %)

	아동 가구 빈곤율	한부모 가구 아동 빈곤율	양부모 가구 아동 빈곤율
덴마크	2.9	9.9	2.5
노르웨이	4.6	15.9	2.9
스웨덴	6.0	17.9	3.8
레짐 평균	4.50	14.57	3.07
오스트리아	7.2	30.8	5.6
프랑스	7.4	22.6	4.9
독일	7.6	26.5	4.5
레짐 평균	7.4	26.63	5.00
영국	11.2	28.5	8.3
호주	11.6	42.7	8.0
미국	18.7	46.9	15.0
레짐 평균	13.83	39.37	10.43
그리스	11.6	12.3	11.5
이탈리아	14.0	31.5	13.2
스페인	16.2	33.1	15.7
레짐 평균	13.93	25.63	13.47
한국	8.6	20.8	7.9

자료: OECD Family Database.

수준으로 나타나고, 중앙유럽 국가들과 남유럽 국가들의 평균 한부모 가구 아동 빈곤율은 각각 26.63%, 25.63% 수준으로 나타난다. 한부모 가구 아동 빈곤율은 영미권 국가들이 가장 높았는데, 평균 39.37% 수준으로 나타났다. 한부모 가구 아동 빈곤율 역시 덴마크가 가장 낮은 9.9%를 나타냈으며 미국이 46.9%로 가장 높았다.

정책 레짐에 따른 아동 빈곤율의 차이는 아동 가구에 대한 정책의 유형과 수준의 차이에서 비롯될 수 있음을 예측할 수 있다. OECD Family Database의 GDP 대비 가족에 대한 공공 지출의 현금–서비스–세제 혜택 구성비를 살펴보면, 북유럽 국가들은 전체적으로 높은 가족 지출 비율을 보여 주는데, 지출의 절반 이상이 서비스에 대한 지출이다. 이에 반해 중앙유럽 국가들의 가족에 대한 공공지출 총지출은 북유럽 국가와 유사한 수준이지만, 지출의 절반 이상이 현금 급여로 이루어져 있다. 영미권 국가들 중 영국은 중앙유럽 국가 또는 북유럽 국가 수준으로 가족 지출이 높지만, 가족 지출 중 가장 높은 비중을 차지하는 것은 현금급여 지출로 중앙유럽 국가들과 유사하게 현금급여 비중이 높다. 남유럽 국가들은 전반적으로 가족에 대한 지출 수준이 낮고, 현금급여 비중이 더 높은 것으로 나타난다. 한국의 전체 가족 지출은 다른 국가들에 비해 훨씬 낮지만, 서비스 지출의 비중은 높은 편이다. 이는 2000년대 급격히 확대된 보육료 지원 정책 때문이라고 볼 수 있다. 미국은 한국보다는 전체 가족 지출은 높지만, 서비스 지출에 비해 세제 혜택 비중이 상대적으로 높다.

아동 가구 빈곤율과 현금급여 지출, 서비스급여 지출, 총가족 지출과의 상관관계를 분석해 보면, 현금급여지출과 아동가구빈곤율의 관계는 통계적으로 유의미한 관계가 아니고, 서비스급여 지출, 총가족 지출과는 통계적으로 유의미한 상관관계를 나타낸다. 서비스급여 지출과 아동 가구 빈곤율과의 상관관계는 -0.652($p<.01$)이고, 총지출과 아동 가구 빈곤율과의 상관관계는 -0.516($p<.05$)이다. 다른 변수를 통제하지 않은 상관관계이지만 대체적으로 가족에 대한 서비스정책이 발달할수록 아동 빈곤율이 낮은 것으로 나타난다.

〈그림 2-1〉은 덴마크(De), 노르웨이(No), 영국(UK), 미국(US), 독일(Ge), 오스트리아(At), 스페인(Sp), 그리스(Gr)의 소득분위별 아동 비율을 보여 준다. 덴마크와 노르웨이는 1987년부터 2004년까지, 중간 계층 비율이 70% 내외로 안정적으로 유지되는 데에 반해, 영국은 1986년 50.6%에서 2007년에는 43% 수준까지 감소하였고, 미국도 1986년

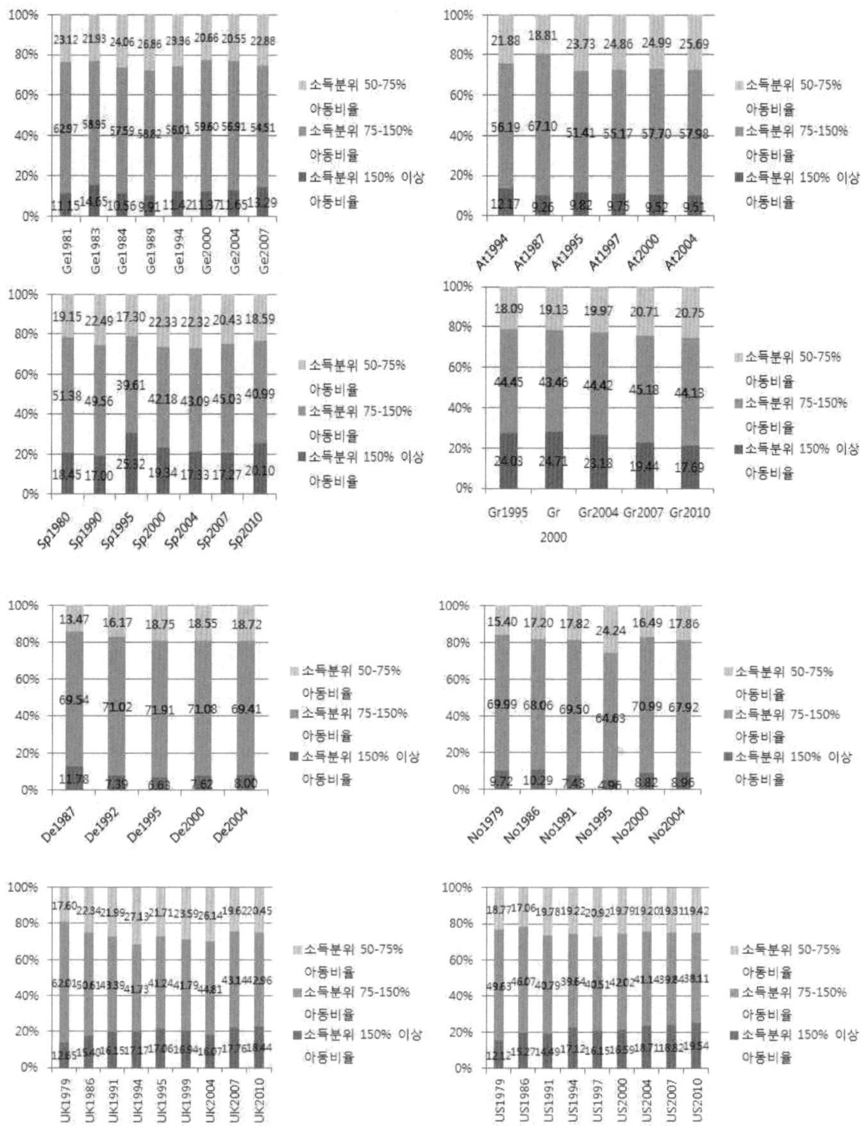

자료: LIS Key figures updated 13-Feb-2013.

〈그림 2-1〉 레짐별 아동이 있는 가구의 불평등 변화

46% 정도에서 2007년 39.84%까지 감소하였다. 독일과 오스트리아는 노르웨이와 덴마크만큼은 아니어도 63%~54.5%(독일), 56.2%~58% 수준의 중간 계층 비율을 유지하였으나, 스페인은 1980년부터 2010년까지 중간 계층 수준이 51.38%에서 40.1% 수준까지 감소하였고, 그리스는 1995년부터 2010년까지 44% 내외로 중간 계층 아동 비율이 낮다. 북유럽 국가가 중간계층 아동 비율이 가장 높았고, 남유럽 국가들은 중간 계층 아동 비율이 가장 낮았으며, 영국과 미국은 최근 들어 중간 계층 비율이 꾸준히 낮아져서 아동 가구 소득의 불평등이 심화되는 현상을 보여 주고 있다.

2. 교육 불평등의 세대 간 이전

교육 기회, 교육성취의 차이가 본인의 노력이나 성취에 따른 것인지, 아니면 부모의 학력 수준이 자녀에게까지 이어지는 것인지를 통해 교육 불평등의 세대 간 이전 여부를 어느 정도 확인할 수 있다. 〈그림 2-2〉에 나타나는 바와 같이 부모의 학력이 높으면서 자녀의 학력이 높을 가능성[1]은 1.25에서 3.2 수준까지 나타나 어느 정도 부모의 학력이 자녀의 학력에 영향을 미치는 것으로 보인다. 또한 부모의 학력이 높으면 자녀 학력이 높아질 가능성은 레짐별로 뚜렷하게 다른 양상을 보인다.

OECD 국가들 중 대졸 이상 학력을 지닌 부모의 자녀가 마찬가지

---

1) odds ratio는 [부모의 학력이 높은 20-34세 학생 중 대졸 이상 학력을 지닌 학생 비율/전체 부모 중 학력이 높은 부모 비율]을 의미하며, odds ratio가 1보다 크다는 것은 전체 인구에서 학력이 높은 부모가 차지하는 비율보다 학력이 높은 부모의 자녀 중 학력이 높은 자녀의 비율이 크다는 것이다.

로 높은 학력 수준을 보일 가능성은 전체 가구에서 높은 학력을 지닌 부모의 비율보다 2배 가까이(odds ratio=1.9) 높다. 덴마크, 노르웨이, 스웨덴은 그 격차가 1.2~1.5 미만으로 크지 않으나, 그리스, 스페인, 이탈리아, 포르투갈은 그 격차가 2보다 크게 나타나서 남유럽 국가들이 북유럽 국가들에 비해 부모 세대 학력이 자녀에게 미치는 영향이 큰 것으로 보인다.

이는 남유럽 국가들의 교육 및 복지제도가 부모 세대의 교육 불평등 또는 교육 수준이 자녀 세대까지 대물림되는 것을 완화하지 못하는 특성을 나타낸다. 반면, 북유럽 국가들은 부모세대의 교육 불평등이 자녀 세대까지 미치는 영향력이 교육 및 복지제도를 통해 어느 정도 완화된다는 것을 알 수 있다.

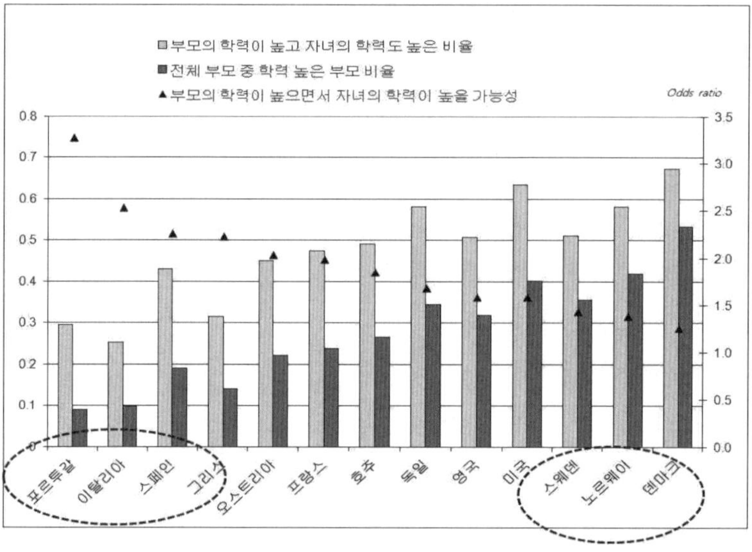

자료 : OECD(2012a). Education at a glance.

〈그림 2-2〉 부모의 학력이 높으면서 자녀의 학력도 높을 가능성

3. 교육비 지출

아동 빈곤율, 부모 세대 교육 수준이 자녀 세대에 미치는 영향 등의 국가별 차이는 어느 정도 국가의 교육 및 복지정책의 레짐 차이를 반영하는 것이라고 볼 수 있다. 특히 GDP대비 교육비 지출은 레짐별 구분이 뚜렷이 나타난다. 〈그림 2-3〉을 보면, 일부 국가를 제외하고는 GDP 대비 교육비 지출이 점차 증가하는 양상이다. 북유럽 국가들은 1995년 평균 7.3%였다가, 2000년 6.8%로 낮아졌고, 이후 2009년에는 7.5% 수준까지 회복했다. 중앙유럽 국가들은 1995년 5.4%에서 2000년 5.1%로 낮아졌다가 2009년에는 5.8% 수준까지 회복했다. 영미권 국가들은 1995년 5.0%에서 2009년 5.8%로 꾸준히 증가했으며, 남유럽 국가들은 다른 레짐의 국가들에 비해 낮은 지출 비율을 나타내며, 1995년부터 2009년까지 5% 이내 수준을 유지하고 있었다. 2009년 자료에 의하면 덴마크가 8.7%로 가장 높은 공공교육 지출 수준을 보이며, 다른 북유럽 국가들도 7% 내외의 상대적으로 높은 지출 수준을 나타낸다. 이에 비해 이탈리아는 4.7%로 가장 낮은 수준이며, 한국은 5.0% 수준이다.

반면, 민간 부문 교육비 지출은 예상하는 바와 같이 영미권 국가, 남유럽 국가들과 한국에서 높은 비율로 나타난다. 〈그림 2-4〉는 초중등 교육비 지출과 대학 교육비 지출의 민간 부담분을 비교한 것인데, 한국의 초중등 교육비, 대학 교육비 지출에서 민간 부담분이 가장 높고, 북유럽 국가들이 낮은 수준을 보였다. 영미권 국가들과 남유럽 국가들도 민간 부담 비중이 매우 높게 나타났다.

〈그림 2-5〉에서 보이는 바와 같이 유아 교육비 지출에서 호주, 미국, 한국, 스페인은 민간 부문의 교육비 지출 비율이 높다. 특히 가구

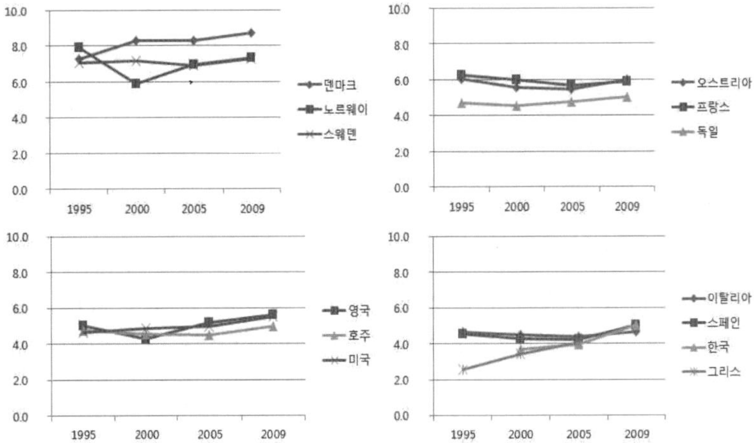

자료: Education at a Glance 2011: OECD Indicators.

〈그림 2-3〉 레짐별 GDP 대비 공공 교육비 지출 비율

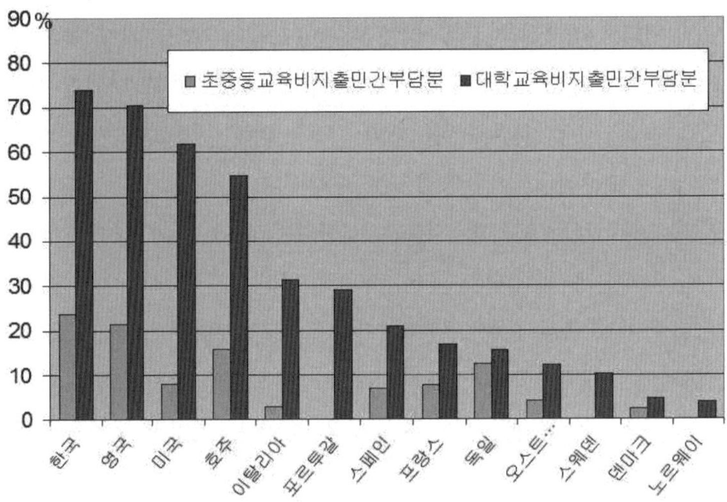

자료: OECD(2009), Education at a glance.

〈그림 2-4〉 초중등 교육비와 대학 교육비 지출 민간 부담금 비교(2009)

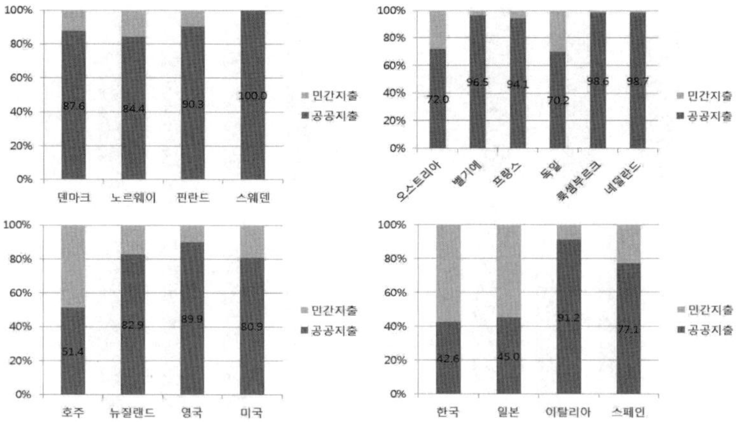

자료: Education at a Glance 2011: OECD Indicators.

〈그림 2-5〉 레짐별 공공 대 민간 유아교육비 지출 비율

의 교육비 부담 비율이 높은 국가는 한국(52.7%), 일본(38.3%), 스페인(22.5%), 호주(48.2%)로, 다른 국가들에 비해 개별 가구가 부담해야 하는 교육비 부담이 크다.

〈그림 2-6〉은 중등교육에서 공공-민간 교육비 부담 비율을 나타내는 것으로, 유아 교육비 부담 비율과 유사한 양상이다. 북유럽 국가들의 민간 교육비 부담 비율은 거의 없으나, 영미권 국가들(호주, 뉴질랜드, 영국)과 한국의 민간 교육비 부담이 큰 것으로 나타나고 있다.

교육비의 민간-공공 부문 지출 비중은 서비스 대상이 이중구조화될 가능성을 유추할 수 있는 실마리를 제공한다. 공공 부문 서비스 공급 비중이 낮은 상태에서 민간 부문의 서비스 공급에 대한 적절한 비용 지원 또는 관리 감독이 이루어지지 않으면, 민간 부문 서비스의 질은 낮아질 수밖에 없고, 충분한 비용 지원이 없으면 저소득층 자녀들은 양질의 서비스를 보장받기 어렵다. OECD(2008a)에 의하면 서

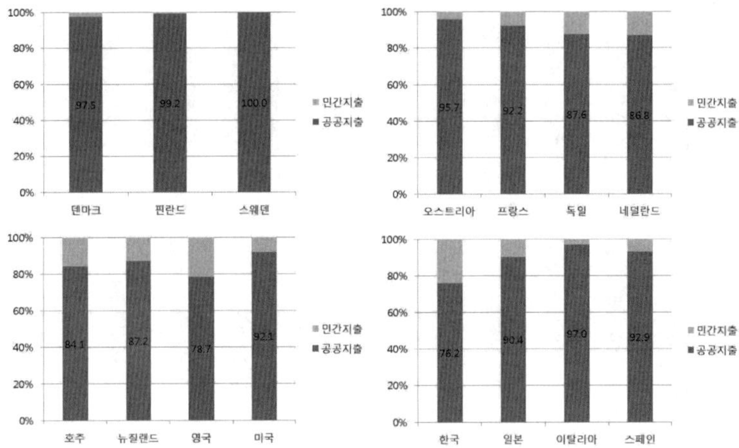

자료: Education at a Glance 2011: OECD Indicators.

〈그림 2-6〉 레짐별 공공 대 민간 중등·고등 교육비 지출 비율

비스 시장화 경향에도 불구하고 보육 및 유아교육 서비스에 대한 공공 부문의 투자와 관리가 보편적인 양질의 서비스 제공과 대상 포괄성을 보장할 수 있다고 평가한다. 서비스 질의 평준화가 어려운 시장화된 서비스 공급 체계에서는 민간 부문 서비스 공급에 대한 규제가 어렵고, 가정보육서비스 비중이 크며, 민간 기관들이 비용 감소를 위해 좋은 교사를 채용하려고 하지 않기 때문에 보편적인 양질의 서비스를 공급하지 않는다는 것이다. 서비스 질의 이중구조화를 막기 위해서는 서비스 공급에 대한 공적 개입이 강하게 요청된다(OECD, 2008a).

초중등교육 서비스에 대해서도 OECD(2010a)는 교육 성과의 평등, 특히 학업 중도 포기를 최소화하기 위해 선행학습을 제한하고 성적순으로 학생 선발하는 것을 최대한 연기하며, 형평성을 해치지 않도록 학교 선택권을 제한하는 등 학교 교육에 대한 공적 관리를 강화하는 정책들을 제안하였다. 또한 저소득층 자녀들에게 고소득층 자녀가 받는 양질의 교육서비스를 받을 수 있도록 지원하는 정책을 제안하였는데, 이 또한 교육비 지출의 공공 부담을 확대해야 가능하다. 이런 점에서 최근 우리나라 보육서비스 및 교육제도에서 나타나고 있는 민간 보육시설 비중 확대, 교육 수월성 제고를 위한 자율형 사립고 도입 등의 정책 상황은 아동・청소년기 불평등을 보다 심화시키는 요인이 될 수 있다.

4. 교육에 따른 불평등: 교육 기회 및 학업성취

아동・청소년기 주요한 발달과업 중 하나는 '교육'이다. 대부분의 복지국가는 공식적이고 보편적인 교육체계 하에서 아동・청소년기 인지 발달이 이루어지고 있고, 교육 성취는 이후 소득, 고용 지위를 넘어서 개인 삶의 질에까지 영향을 미치기 때문에 거의 모든 국가에서 교육은 사회 불평등 해소의 중요한 수단이 되고 있다(OECD, 2012a). 또한 교육 기회나 교육 성취에 따른 불평등이 나타나는지, 이러한 불평등이 가구 소득의 불평등 양상과 동일한지, 교육성취가 가구소득이나 가족 배경의 불평등을 극복할 수 있는지는 중요한 문제이다.

각국 교육 기회 분배 양상이 어떠한지를 알아보기 위해 교육 연수를 비교해 보면, 전체적으로 북유럽 국가들의 평균 교육 연수가 전체 13.3년으로 다소 높고, 영미권 국가들(12.83년)과 중앙유럽 국가들(12.33년)의 평균 교육 연수는 유사하나, 영미권 국가들이 다소 높게 나타난다. 한국(12.0년)도 중앙유럽 국가들과 유사한 수준을 보인다. 반면, 남유럽 국가들은 평균 교육 연수가 10.53년으로 다른 레짐의 국가들에 비해 평균 2~3년 정도 낮게 나타나고 있어, 소득 측면뿐만 아니라 교육성취 측면에서도 낮은 성과를 보인다(OECD, 2012a).

OECD 국가들의 고등학교, 대학교 진학 비율을 살펴보면, 25-34세 고등학교 진학률이 가장 높은 국가는 한국으로 남성 97%, 여성 98%의 진학률을 보인다. 스웨덴도 90% 내외의 높은 고등학교 진학률을 보인다. 레짐별 25-34세 연령의 고등학교 진학률 평균을 보면, 북유럽 국가, 중앙유럽 국가, 영미권 국가들은 레짐별로 큰 차이가 없으나 남유럽 국가들은 레짐 평균 고등학교 진학률이 다른 레짐에 비해 현저히 낮은 수준이다. 남유럽 국가들의 낮은 고등학교 진학률은 45-54세 연령에서도 나타난다. 특히 포르투갈의 45-54세 고등학교 진학률이 남성 20%, 여성 25% 수준으로 매우 낮은 수준이다. 45-54세 연령에서 한국은 남성의 경우 고등학교 진학률이 높은 편이나, 여성의 고등학교 진학률은 낮다. 대학교 진학률도 25-34세 경우 한국이 남성 67%, 여성 64%로 가장 높았고, 다른 국가들의 경우는 15%포인트 이상 낮았다. 25-34세 대학 진학률과 45-54세 대학 진학률이 현격한 차이를 보이는 국가는 한국으로 남성은 27%포인트, 여성은 45%포인트 낮은 것으로 나타났다. 이는 한국의 대학 진학률이 급격히 높아진 양상을 나타내는 것이며 이에 비해 다른 OECD 국가들은 대학 진학률의 세대에 따른 차이가 별로 없다는 것을 나타낸다(OECD, 2012a).

대학교 진학률의 세대 간 차이는 한국을 제외하고는 다른 레짐 국가들도 그렇게 크지 않다. 이는 한국의 대학교 진학률이 특히 높은 기현상을 말해주는 것으로, 다른 국가들의 대학교 진학률은 24-34세 세대라 하더라도 평균 30~40%일 뿐 많아도 50%를 넘지 않는데, 한국은 대학교 진학률이 성별에 관계없이 60%를 넘고, 세대 간 차이도 다른 국가들에 비해 크게(남성 31%포인트, 여성 46%포인트) 나타난다.

〈표 2-2〉 OECD 국가들의 중등, 고등교육기관 이수 비율(2010)

국가명	고등학교				대학교			
	25-34세		45-54세		25-34세		45-54세	
	남	여	남	여	남	여	남	여
노르웨이	81	85	79	76	39	56	31	36
덴마크	77	83	75	73	31	44	28	34
스웨덴	90	92	85	89	35	49	25	35
평균	82.7	86.7	79.7	79.3	35.0	49.7	28.0	35.0
독일	87	86	89	84	25	27	30	23
오스트리아	83	86	72	66	19	23	22	15
프랑스	83	85	69	65	38	47	21	23
평균	84.3	85.7	76.7	71.7	27.3	32.3	24.3	20.3
영국	83	83	77	71	44	44	35	34
미국	87	90	89	90	37	48	38	42
호주	83	86	72	66	39	50	32	37
평균	84.3	86.3	79.3	75.7	40.0	47.3	35.0	37.7
이탈리아	68	74	51	52	16	25	12	12
포르투갈	45	59	20	25	18	31	8	12
그리스	75	83	63	60	26	36	26	20
평균	62.7	72.0	44.7	45.7	20.0	30.7	15.3	14.7
한국	97	98	81	66	67	64	36	18

자료: OECD(2012a). Education at a glance.

교육 기회에 이어 교육 성과를 나타내는 PISA(Program for International Student Assessment) 점수를 살펴보면 먼저, 읽기 영역의 경우 남성과 여성 모두 한국의 점수가 다른 국가들에 비해 매우 높다. 이에 비해 이탈리아, 그리스, 스페인 등 남유럽 국가들의 읽기 점수는 다른 국가들에 비해 매우 낮은 편이고, 남유럽 외에는 레짐별 평균 점수 차이는 크지 않았다. 수학 영역의 점수를 보면, 남유럽 국가들의 평균 점수가 다른 레짐 평균 점수에 비해 낮은 수준을 보였다. 과학 점수도 한국의 점수가 다른 국가들에 비해 매우 높았으나, 다른 과목과는 달리 국가 간 편차가 크지 않았다. 그럼에도 불구하고 남유럽 국가들의 평균 점수는 다른 국가들에 비해 일정 정도 낮은 수준으로 나타나 아동의 경제적 기회, 교육 기회, 교육 성과 모든 측면에서 남유럽 국가들은 낮은 수준을 보여 준다(OECD, 2012a).

Esping-Andersen(2009)에 의하면 PISA 국가 평균 점수 수준보다는 국가의 전반적인 학력 불평등 수준이 향후 그 사회의 불평등 수준을 가늠하는 데 중요한 지표가 된다. 국가의 평균 PISA 점수가 높을지라도 소수의 엘리트 학생 점수가 국가 평균 점수를 높이고 다수 학생 점수 수준이 낮은 것보다는 국가 평균 점수는 다소 낮을지라도 대다수 학생들의 학력이 일정 정도 이상 되는 것이 더 중요하다는 것이다. 〈그림 2-7〉을 보면, 북유럽 국가들과 남유럽 국가들의 최상위, 최하위 득점자 비율 분포가 극명하게 대비된다. 스칸디나비아 국가들의 최하위 득점자 비율 차이는 핀란드를 제외하고는 0.5%포인트 이내이지만, 남유럽 국가들의 최하위 득점자 비율은 포르투갈을 제외하고는 1.2%포인트~1.4%포인트나 된다. 한국은 최하위 득점자 비율과 최상위 득점자 비율 차이가 0.8%포인트이다.

지금까지 아동·청소년기 불평등의 국가 간 비교에서는 아동·청소년기의 소득불평등을 나타내는 아동·청소년 가구의 상대 빈곤율, 아동·청소년기 교육 불평등 수준을 가늠할 수 있는 교육비 지출과 민간부문 교육비 부담, 부모 세대 학력이 자녀 세대에 미치는 영향을 분석하고, 교육 기회와 학업성취의 차이를 국가별, 레짐별로 비교분석해 보았다. 북유럽 국가들의 아동·청소년기 빈곤율이 낮게 나타났고, 영미권 국가들과 남유럽 국가들의 아동 빈곤율이 매우 높아 레짐별 아동·청소년기 소득불평등의 차이가 복지 전략의 차이에서 비롯

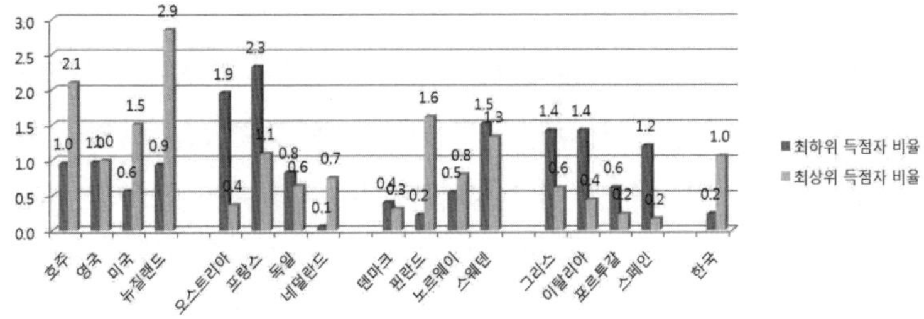

자료: www.pisa.oecd.org(OECD. 2011a).

〈그림 2-7〉 PISA 최상위, 최하위 득점자 비율

될 수 있음을 알 수 있었고, 실제로 북유럽 국가들은 가족에 대한 복지지출 수준이 매우 높고, 특히 서비스 지출 비율이 높게 나타났다. 교육 기회와 교육성취는 레짐별 차이가 크지 않았으나, 남유럽 국가들의 교육 기회, 교육성취가 다른 레짐 국가들에 비해 낮아 이들 국가들의 제도적 특수성이 교육 기회와 교육성취에도 어느 정도 반영되는 것으로 보였다. 특히 남유럽 국가들의 교육비 지출 수준이 다른 국가들에 비해 낮고, 민간 부문 교육비 부담 수준이 높은 것은 이러한 특성을 어느 정도 반영하는 지표라 할 수 있다.

제4절 한국의 아동·청소년기 불평등과 제도적 이중구조

4절에서는 한국 사회의 다차원적 아동·청소년기 불평등 현황을 살펴보고, 아동·청소년을 대상으로 한 사회정책이 이러한 불평등을 완화시키는지, 혹은 불평등 현상을 변화시키지 못하거나 오히려 계층간 간격을 더 확대시켜 아동·청소년기부터 이중구조를 더욱 공고히

하는지를 분석해 보고자 한다.

아동·청소년기 불평등은 크게 두 가지 차원에서 논의할 수 있다. 먼저, 아동·청소년기 경제적 불평등으로 아동·청소년의 가구(부모)의 소득 또는 소비 불평등에 해당하는 것이다. 아동·청소년기 불평등의 두 번째 차원은 아동·청소년기의 가장 중요한 발달 과업이라 할 수 있는 교육 성과의 불평등으로서 이러한 교육 성과의 불평등이 개인의 능력과 자질의 차이에 의한 것인지, 아동·청소년을 둘러싼 가족, 사회, 구조적 배경의 차이의 영향을 받는지가 또한 중요하다.

그런데 지금까지 아동·청소년기 불평등에 대한 논의에서는 주로 아동기 경제적 빈곤에 대한 연구를 통해 아동·청소년기 소득불평등의 현황, 원인, 영향 등을 파악할 수 있었다. 그러나 아동·청소년기의 불평등에 대한 논의는 소득불평등을 넘어서는 다차원적인 접근이 필요하다. 지금까지 아동기 빈곤이 학업성취도에 미치는 영향에 대한 연구가 많았는데 학업성취도에 미치는 영향에서 소득의 불평등보다는 문화적, 사회적 자본의 불평등이 아동·청소년에게 미치는 영향력이 더 클 수 있음을 밝힌 연구들(Guo & Harris, 2000; Eamon, 2002)을 통해 다차원적인 불평등 고찰의 필요성을 알 수 있다.

이에 4절에서는 한국사회의 아동·청소년기 불평등에서 나타나는 양상을 소득뿐만 아니라 소비, 사회적·문화적 자본의 불평등까지 그 범위를 확대하고, 관련 논의를 비판적으로 검토하며, 아동·청소년기에 나타나는 다차원적 불평등 양상을 비교 분석한다. 또한 불평등을 완화하기 위한 여러 사회정책들이 과연 아동·청소년기 불평등을 완화시킬 수 있는지, 오히려 제도를 통해 이중구조를 공고히 하는 것은 아닌지에 대한 제도 분석을 하고자 한다.

1. 경제적 자본의 불평등

아동·청소년기 경제적 자본의 불평등 양상을 분석하기 위해서는 아동이 있는 가구의 소득과 소비를 통해 나타나는 상대적 빈곤 양상을 살펴볼 필요가 있다. 〈그림 2-8〉에 나타난 바와 같이 소득을 기준으로 한 아동 가구의 상대 빈곤율(중위소득 50%)의 추이를 살펴보면, 지난 20여 년간 아동빈곤율은 꾸준히 증가하는 추세로, 1997년 외환위기 이후 7.1%에서 11.1%로 급격히 증가하였다가, 1999년 다시 예년 수준을 회복한 이후 2007년까지 꾸준히 증가하였으며, 2007년 이후 조금 주춤하는 양상이다. 시장소득 빈곤율과 경상소득 빈곤율의 차이가 2002년 이후 조금씩 벌어지는데, 이는 아동에 대한 지원(보육료 지원 등)이 이전에 비해 늘어났기 때문일 것이다. 보육료 지원은

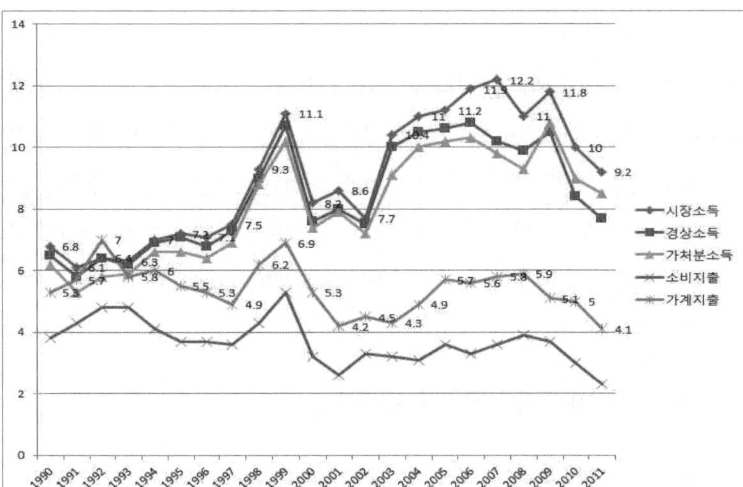

자료: 한국보건사회연구원(2012). 빈곤통계연보.

〈그림 2-8〉 아동빈곤율 추이(1990-2011)

1992~2003년도에는 차상위계층까지만 대상으로 하였으나, 2004년 이후부터 점차 그 대상과 지원 수준을 상향 조정하였다. 2008년에는 차상위계층까지 100%, 3층에 80%, 4층에는 60%, 5층에는 30%까지 지원하였고(서문희 · 최혜선, 2010), 2013년부터는 소득 계층에 상관없이 전액 지원하고 있다(류연규, 2012).

반면, 소비를 기준으로 한 아동 빈곤율은 1990년 이후 5~6% 내외를 유지하여 소득 기준 빈곤율에 비해 매우 낮은데, 이는 아동이 있는 가구의 소비지출이 그만큼 소득에 비해 높다는 의미일 수 있다. 위의 국가 간 비교에서 살펴본 바와 같이 한국의 교육에 대한 기대와 열망이 다른 국가들에 비해 훨씬 강하고, 이러한 기대와 열망은 개별 가구의 교육비 지출을 통해 드러난다. 다른 국가에 비해 사적 교육비 부담, 특히 개별 가구의 교육비 부담이 큰 상황에서 아동 · 청소년기 자녀를 둔 가구의 소비를 기준으로 한 상대적 빈곤은 소득의 상대적 빈곤에 비해 낮아질 수밖에 없다. 통계청(2013)에서 발간한 2012년 「사교육비조사보고서」에 의하면, 2012년 우리나라 초중고등학교 사교육비 총액은 약 19조원으로 추정되었으며, 초중고교 학생(사교육을 받지 않은 학생 포함) 1인당 월평균 사교육비는 23만6천원, 사교육 참여율은 69.4%로 나타났다. 가구의 소득 수준이 높을수록 사교육비 지출과 사교육 참여율이 높게 나타났다(통계청, 2013).

2. 문화적 자본과 소득의 관계[2)]

앞에서 살펴본 경제적 자본(소득과 소비)의 불평등은 시계열 자료가

2) 문화적 자본과 사회적 자본 분석은 한국아동·청소년패널조사2010 초4, 중1 패널 2차년도 데이터를 활용한 것이다.

있어 1990년부터 2011년까지의 20여 년에 걸친 변화 추이를 살펴볼 수 있었으나, 문화적 자본은 국가적으로 표준화한 개념이 아니거니와 문화적 자본에 대한 경험적 조작화는 연구마다 달라서 표준화된 시계열 변화를 분석하기 어렵다. 이에 본 연구에서는 본서가 집필된 2013년 시점에서 활용할 수 있는 가장 최근의 한국 아동・청소년패널 2010[3] 자료 중 2011년 자료(초등학교 5학년과 중학교 2학년)를 기초로 하여 경제적 자본과 문화적 자본의 불평등이 중첩적으로 나타나는지를 분석하고자 한다.

문화적 자본을 조작화한 연구들에서는 대체적으로 미술, 음악, 문학 등 문화 활동에 대한 관심, 정보, 활동 등을 문화 활동의 지표로 사용한다(DiMaggio, 1982). 여기에서는 국내외 문화적 자본 지표를 활용한 경험적 연구들에서 공통적으로 사용하고 있는 변수 중 본 연구에서 사용하는 아동・청소년패널조사 자료에 수록되어 있는 변수를 문화적 자본을 측정하는 지표로 활용하고자 한다. 아동・청소년패널조사 자료에는 아동의 독서 시간, 문화 활동 빈도, 해외여행 및 연수 경험 등이 문화적 자본의 지표로 활용할 만한 변수라고 볼 수 있다.

먼저, 문화적 자본으로 조작화될 수 있는 초등학교 5학년 아동의 독서 시간, 문화 활동 빈도, 해외여행 경험, 외국 연수(교육) 경험의 기술 통계를 살펴보면, 독서 시간은 평균 주당 100.81분이고, 문화 활동 빈도는 연 4.36회였으며, 해외여행 경험이 있는 학생의 비율은 전체 응답자(n=603,247)의 12%, 외국 연수 경험은 해당 항목 응답자

3) 한국 아동・청소년패널 2010은 2010년 기준 전국의 초1, 초4, 중1 학년생을 대표하는 패널표본(각 코호트 2,200여 명)을 대상으로 향후 7년 간 매해 1회 개인의 성장・발달(신체, 지적, 사회・정서)과 개인을 둘러싼 환경(가정, 또래, 교육, 지역사회, 매체) 등에 관하여 반복・추적 조사하는 종단면조사(longitudinal survey)이다 (한국청소년정책연구원 한국아동・청소년데이터 아카이브 소개자료).

(n=72,437)의 39%였다. 중학교 2학년 청소년은 주간 독서 시간과 문화 활동 빈도가 초등학생보다 낮았는데, 주간 독서 시간은 평균 82.86분이었고, 연간 문화 활동 빈도는 평균 4.06회였다. 해외여행 경험이 있는 학생은 응답자(n=644,092)의 10.8%였고, 외국 연수 경험이 있는 학생은 해당 항목 응답자(n=69,866)의 46.2%였다.

이러한 문화적 자본이 경제적 자본의 분배와 어느 정도 중첩적 관계에 있는지, 아니면 전혀 상관성 없이 독립적으로 분포되어 있는지 알아보기 위해 상관관계 분석을 해 보았다. 상관관계 분석 결과 문화 활동 경험 빈도, 해외여행 경험 여부, 외국 연수 경험 여부, 주간 독서 시간 등 문화적 자본의 구체적 항목들과 소득이 어느 정도 통계적으로 유의미한 상관관계가 있었으며, 중학생들에게서 그 상관관계는 조금 더 높게 나타났다.

3. 사회적 자본과 소득의 관계

Coleman(1988)은 사회자본이 인적 자본이나 경제자본과는 달리 개별 행위자나 생산 수단 그 자체에 존재하는 것이 아니라 특정한 사회구조 및 다른 사람과의 관계 속에서 신뢰감, 정보 획득의 채널, 규범의 형태로 존재한다고 주장하였다. 학업성취와 관련하여 Coleman (1988)은 학생의 발달에 대한 부모의 관심, 부모나 지역사회에 의해 인지되는 사회적 규범과 믿음, 부모 외의 가족 내 다른 성인들의 존재 및 그들과의 유대감, 주변 사람들이 주는 신뢰감 등을 사회자본의 구체적인 형태로 지적한다(백병부 · 김경근, 2007에서 재인용).

Wu, Palinkas와 He(2011)는 가족 사회자본을 '부모가 자녀와 상호작용하고 그들의 행동을 모니터링하기 위해 사용하는 시간과 관심에 반영되는 부모-자녀 간의 유대'로 정의하였다. 이 장에서는 가족 내 사회자본 중 '부모-자녀 간의 유대'를 나타낼 수 있는 지표로서, 아동·청소년패널데이터에서 제공하는 부모의 양육 방식(방임, 학대), 친구들에 대한 부모의 태도와 관심, 방과 후 보호자 없이 지내는 시간을 분석한다.

지역사회 사회자본에는 지역에 거주하는 성인과 청소년들 간의 사회적 관계 형성, 규범, 신뢰, 지역사회 소속감, 시민 참여 등이 포함된다. 선행 연구자들이 지역사회 사회자본으로 제시한 변인은 공동체 의식(Coleman, 1988; Putnam, 1993), 지역사회의 거주 지역에 대한 인식(이경님, 2008; Coleman, 1988; Putnam, 1993; Elliott et al., 2006) 등이 있다(서정아·조홍식, 2012에서 재인용). 이 장에서는 지역사회 사회자본 중 지역사회소속감, 공동체 의식 등을 나타낼 수 있는 지표로서 아동·청소년패널데이터에서 제공하는 척도를 활용한다.

먼저, 가족의 사회적 자본에 해당하는 것은 부모 양육 방식[4], 친구들에 대한 부모의 태도[5], 방과 후 보호자 없이 지내는 시간(일/주)이다. 초등학교 5학년의 경우 방임은 1.56점, 학대는 1.77점으로 학생과 부모의 관계가 전반적으로 좋은 편인 것으로 나타났다. 친구들에

---

4) 부모 양육 방식은 '학대'와 '방임'으로 나누어 '방임'에는 〈① 부모님(보호자)께서는 다른 일(직장이나 바깥일)보다 나를 더 중요하게 생각한다 ② 부모님(보호자)께서는 내가 학교에서 어떻게 생활하는지 관심을 갖고 물어보신다 ③ 부모님(보호자)께서는 내 몸이나 옷, 이불 등이 깨끗하도록 항상 신경 쓰신다 ④ 부모님(보호자)께서는 내가 많이 아프면 적절한 치료를 받게 하신다〉, '학대'에는 〈① 내가 무언가 잘못했을 때 부모님(보호자)게서는 정도 이상으로 심하게 혼내신다 ② 내가 잘못하면 부모님(보호자)께서는 무조건 때리려고 하신다 ③ 내 몸에 멍이 들거나 상처가 남을 정도로 부모님(보호자)께서 나를 심하게 대하신 적이 많다 ④ 부모님(보호자)께서는 나에게 심한 말이나 욕을 하신 적이 많다〉 등의 척도로 측정하였다.

5) 친구들에 대한 부모의 태도는 부모님께서 내 친한 친구들이 누구누구인지 알고 계시는지에 대한 4점 척도로 측정하였다.

대한 부모의 태도는 3.11점으로 부모가 친구들에 대해 대체적으로 잘 알고 있는 것으로 나타났다. 한 주간 방과 후에 보호자 없이 보내는 시간은 평균 2.09일이었다. 이에 비해 중학생은 방임은 1.86점, 학대는 1.89점으로 초등학생에 비해 점수가 좀 더 높아 학생과 부모의 관계가 전반적으로 좋지 않은 편인 것으로 나타났다. 친구들에 대한 부모의 태도는 3.01점으로 부모가 친구들에 대해 대체적으로 잘 알고 있는 것으로 나타났다. 한 주간 방과 후에 보호자 없이 보내는 시간은 평균 2.12일이었다. 다음으로, 지역사회 사회적 자본에 해당하는 거주 지역에 대한 인식[6]과 공동체 의식[7] 점수를 보면, 초등학교 5학년의 경우 거주 지역에 대한 인식은 3.07점으로 높은 편이었고, 공동체 의식은 3점 수준이었다. 중학교 2학년은 거주 지역에 대한 인식이 2.75점, 공동체 의식이 2.74점으로 초등학생에 비해 낮은 수준이었다.

그리고 이러한 아동·청소년의 사회적 자본 분포가 소득 분포와 어느 정도 중첩되는지 살펴보기 위해 소득과 사회적 자본의 상관관계를 분석했다. 사회적 자본 수준과 소득은 초등학생, 중학생 모두 통계적으로 유의미한 상관관계가 있는 것으로 나타났다. 다만, 방임·학대 수준이 높을수록 소득은 낮은 것으로 나타나 저소득층 아동·

6) 거주 지역에 대한 인식은 〈①나는 우리 동네 사람들 대부분을 알고 있다 ②나는 거리에서 우리 동네 사람을 만나면 인사를 한다 ③우리 동네에서는 이웃끼리 서로 경계한다 ④나는 우리 동네가 안전하다고 느낀다 ⑤나는 우리 동네 사람들과 지내는 것이 좋다 ⑥나는 우리 동네에서 계속 살고 싶다〉의 척도로 구성되며, 점수가 높을수록 거주 지역에 대한 인식이 높다.

7) 공동체 의식은 〈①주변에 어려움에 처해 있는 친구가 있다면 적극적으로 도울 수 있다 ②공휴일에 쉬지 못하더라도 복지기관에서 자원봉사 활동을 할 수 있다 ③우리나라보다 경제적으로 어려운 나라를 돕기 위해 기부금을 낼 수 있다 ④지구를 보호하기 위해 물자 절약, 쓰레기 분리수거, 재활동 등에 적극적으로 참여할 수 있다〉의 척도로 구성되며 점수가 높을수록 공동체 의식 수준이 높다.

청소년이 사회적 자본 수준도 낮은 것으로 나타났다. 그러나 방과 후 보호자 없이 지내는 시간은 소득이 많을수록 짧은 것으로 나타나 다른 사회적 자본 내용들과 다른 방향의 상관관계를 보였다.

4. 경제적, 문화적, 사회적 자본과 학업성취의 관계

아동・청소년기에 나타날 수 있는 불평등의 다양한 차원인 경제적, 사회적, 문화적 자본의 불평등과, 아동・청소년기 발달과업이면서 미래 소득에 영향을 미치는 요인이라 할 수 있는 학업성취의 관계를 분석하고, 경제적, 사회적, 문화적 자본의 요소 중 어떤 요인이 학업성취의 대리변수인 성적[8]에 가장 영향력 있는 요인인지를 살펴보기 위해 회귀분석을 실시하였다.

초등학교 5학년의 경우 경제적 자본인 가구소득이 높을수록 성적이 좋고, 사교육비가 높을수록 성적이 오히려 낮아지는 것으로 나타났다. 문화적 자본인 독서 시간이 길수록 본인이 평가하는 성적이 낮은 것으로 나타났고, 문화 활동을 많이 할수록 성적이 높았으며, 외국 연수 경험이 있을수록 성적이 낮은 것으로 나타났다. 사회적 자본인 방임과 학대 수준이 높을수록 성적이 낮았고, 친구에 대한 부모의 태도의 영향은 통계적으로 유의미하지 않았으며, 부모 없이 보내는 시간이 길수록 성적이 오히려 좋은 것으로 나타났다. 또한 거주 지역에 대한 인식과 공동체 의식 수준이 높을수록 성적이 좋은 것으로 분석되었다.

8) 초등학교 5학년 자료에서 성적은 국어, 수학, 영어, 과학, 사회, 도덕, 실과, 음악, 미술, 체육 각각에 대한 본인의 상대평가(친구들에 비해 본인이 이 과목에서 어느 정도 잘했다고 생각하는가)에 대한 5점 척도 변수들의 평균값을 성적으로 나타냈다. 중학교 2학년 자료에서는 마찬가지로 10과목에 대한 성적을 10점 척도로 나타낸 변수들의 평균값으로 측정하였다.

중학교 2학년의 경우 가구 소득이 높을수록, 사교육비 수준이 높을수록 성적이 좋은 것으로 나타나 경제적 자본 수준과 학업성취가 매우 밀접한 관련성을 보였으며, 독서 시간이 길수록, 문화 활동 빈도가 높을수록, 외국 연수 경험이 있을수록 성적이 좋은 것으로 나타나 중학생의 경우 문화적 자본도 학업성취에 강한 영향력이 있는 것으로 보였다. 방임과 학대 수준이 높을수록 성적은 낮게 나타났고, 부모 없이 보내는 시간이 길수록 오히려 성적이 안 좋은 것으로 나타났다. 이는 보다 심층적인 분석이 필요하겠으나, 우리나라 아동·청소년들이 방과 후 부모와 시간을 보내기보다는 학원, 방과 후 활동 등 다양한 활동으로 시간을 보내기 때문인 것으로 보인다.

각 요소들 간 성적에 미치는 상대적 영향력을 알아보기 위해 표준

〈표 2-3〉 아동·청소년 성적에 영향을 미치는 경제적, 문화적, 사회적 자본

		초등학교 5학년			중학교 2학년		
		B	t	β	B	t	β
상수항		3.536**	134.675		2.983**	40.121	
경제적 자본	가구소득	0.000**	12.371	0.051	0.000**	36.760	0.169
	사교육비	-0.002**	-16.223	-0.067	0.008**	26.337	0.122
문화적 자본	독서 시간	0.000**	-21.420	-0.080	0.004**	39.023	0.158
	문화 활동	0.003**	7.091	0.027	0.033**	30.317	0.117
	외국 연수	-0.037**	-7.879	-0.030	0.147**	9.762	0.039
사회적 자본	방임	-0.166**	-30.864	-0.126	-0.662**	-60.064	-0.244
	학대	-0.065**	-16.541	-0.068	-0.106**	-9.928	-0.040
	부모-친구 태도	0.005	1.366	0.006	0.005	0.419	0.002
	부모 없이 보내는 시간	-0.010**	-11.169	-0.043	-0.120**	-39.223	-0.156
	거주 지역 인식	0.123**	24.116	0.105	0.141**	9.128	0.040
	공동체 의식	0.155**	34.965	0.149	0.619**	49.478	0.212

**$p < .01$

화된 회귀계수(β)값을 비교해 보면, 초등학생의 경우 다른 요인보다 사회적 자본의 영향력이 상대적으로 크게 나타나는 것으로 나타났다. 공동체 의식의 영향력이 계수값 0.149로 가장 크게 나타났고, 방임의 부정적 영향력이 -0.126으로 크게 나타났다. 반면 경제적, 문화적 자본의 성적에 대한 영향력은 상대적으로 낮게 나타나, 초등학생의 경우 사회적 자본의 불평등을 완화시키는 것이 다른 요인들의 중첩적 영향력을 완화시키는 데 효과적일 것이라는 것을 예상할 수 있다. 중학생의 경우 성적에 상대적으로 높은 영향력을 보이는 변수가 공동체 의식(0.212) 가구소득(0.169), 독서 시간(0.158), 부모 없이 보내는 시간(-0.156), 사교육비(0.122)로 나타나, 다양한 차원의 중첩적 불평등이 청소년기 학업성취에 심각한 부정적 영향을 미치리라 예상할 수 있었다.

5. 아동 · 청소년 대상 사회서비스 정책의 이중구조

1) 보육서비스

생애주기상 아동 · 청소년기를 대상으로 하는 보편적인 사회서비스 정책은 대표적으로 보육서비스와 방과 후 교육서비스를 들 수 있다. 먼저, 보육서비스는 영유아기 아동을 대상으로 돌봄서비스를 제공하는 정책으로, 직접 보육서비스를 제공하거나, 보육서비스를 이용하는 아동에게 보육료를 지원하기도 하고, 최근에는 보육시설을 이용하지 않는 영유아를 돌보는 가구에 양육수당을 지급하는 정책으로까지 확대되었다.

영유아보육법 제정 이후 보육서비스에 대한 공적 지원이 대폭 확대된 계기는 2004년 보육 및 육아교육 지원의 공공성 확대 대책을 발표하고, 2005년 새로마지플랜이 발표되면서부터이다. 보육서비스에 대한 공적 지원은 크게 세 가지 방향으로 이루어지는데, 보육료 지원, 어린이집 지원, 서비스 규제 및 품질관리가 그것이다(김영미, 2013). 보육서비스의 이중구조는 이 세 분야에 대한 공적 지원의 배분이 어떻게 이루어지는가에 따라 달라진다. 우리나라의 보육서비스 공적 지원 확대는 주로 보육료 지원의 확대 중심으로 이루어져 왔다는 데 그 한계를 드러낸다.

보육료 지원은 1992~2003년도에는 차상위계층(기초수급자의 120% 수준 소득자)까지만 대상으로 하였으나, 2004년 이후부터 점차 그 대상과 지원 수준을 상향 조정하였다. 2006년부터는 차상위계층까지 100% 정부에서 지원하였으며, 이후 지원 대상이 더욱 확대되어 2008년에는 차상위계층까지 100%, 3층에 80%, 4층에는 60%, 5층에는 30%까지 지원하였다(서문희 · 최혜선, 2010). 2009년 7월부터는 소득분위를 기준으로 보육료 지원 계층이 구분되었다. 영유아가구 소득 하위 50%까지 보육료 정부 지원 단가 전액을 지원하고, 하위 소득 분위별로 기준 단가의 일부를 지원하였다. 2011년부터는 보육료 전액 지원 대상을 영유아가구 소득 하위 70%까지 확대하였고, 2012년 3월부터는 0~2세, 만 5세아 보육료는 소득계층에 상관없이 전액 지원하였으며, 2013년부터는 모든 영유아에게 보육료를 지원하는 보편적 서비스를 실시하게 되었다.

보육료지원정책만 놓고 봤을 때 정책 초기에는 서비스 대상을 저소득층에 한정함으로써 서비스 대상의 표적화에 따른 이중구조가 형성되었을 수 있지만, 2013년부터는 어린이집을 이용하는 모든 영유아에게 보육료를 전액 지원함에 따라 서비스 대상의 이중구조 문제는 해소되었다고 볼 수 있다. 그러나 대상의 보편화는 이뤄졌을지라도 공

〈표 2-4〉 소득수준별·연도별 보육료 지원 (단위: %)

구분	소득수준 (도시근로자 평균소득기준)	2003	2004	2005	2006	2007	2008 ~ 2009.6	2009.7 ~ 2010	2011	2012.3 ~	2013
1층	법정	100	100	100	100	100	100	100	100	0~2세, 만 5세 전 계층 지원	모든 영유아 전 계층 지원
2층	차상위계층	40	50	80	100	100	100	100	100		
3층	50% 까지	-	40	60	70	80	80	100	100		
4층	60% 까지	-	-	30	40	50	60	100 (하위소득 50%)	100		
	70% 까지	-	-	-				60 (하위소득 60%)	100		
5층	100% 까지	-	-	-	-	-	-	30 (하위소득 70%)	100		

자료: 서문희·최혜선(2010:17)에 2011~2013년도 자료 추가.

급 주체에 따른 서비스 격차가 크기 때문에 여전히 모든 영유아가 비용의 부담 없이 양질의 보육서비스를 받을 수 있는 구조라고 보기는 어렵다.

양질의 영유아 돌봄 서비스는 아동·청소년기의 인지적 능력을 향상시키고, 경제적·문화적 자본 취약성의 아동 학업성취에 대한 영향을 약화시킨다. 스칸디나비아 국가들의 보편적 영유아 돌봄서비스는 아동에 대한 투자보다는 일·가정 양립을 목적으로 시작되었지만, 영유아 돌봄서비스 수준을 중산층 가족이 만족할 만한 양질의 서비스로 제공하여 아동의 인지적 능력을 전반적으로 향상시켰다. 미국, 영국, 독일에서도 영유아기 보육·교육서비스를 받은 아동은 15세에 측정하는 인지능력 검사인 PISA(와 유사한) 검사에서 서비스를 받지 않은 아동보다 높은 점수를 받았다. 양질의 영유아 돌봄서비스를 제공하는 스칸디나비아 국가들은 아버지의 교육 수준이 낮더라도 고등교육기관에 입학할 확률이 더 높은 것으로 나타나, 그만큼 보편적인 양질의 보육서비스가 아동의 학습능력에 미치는 영향이 큰 것으로 나타났다(Esping-Andersen, 2009).

이와 같은 외국 사례에 비추어 볼 때, 우리나라의 보육서비스는 보육료만 보편적으로 지원하는 정책에서 더 나아가 보육서비스, 유아교육서비스의 질을 보편적으로 상향 평준화시킬 것이 요구되며, 보육서비스의 질이 상향 평준화될 때 서비스가 꼭 필요한 아동이 보육서비스를 이용할 수 있고, 보육서비스가 아동의 인적 자본을 향상시킬 수 있다.

2) 방과후 돌봄서비스

방과후 돌봄서비스는 아동 및 청소년들의 학교 수업 시간 이후 일상생활을 통해 해결해야 하는 욕구를 보완해주는 서비스이다. 공적 방과후 돌봄서비스는 이러한 아동·청소년의 방과 후 돌봄에 대해 국가 및 지방자치단체가 우선 책임지는 것을 의미한다(조영희, 2012: 139). 교육부에서 제공하는 방과후 학교 프로그램은 '돌봄'보다는 '교육'을 목적으로 도입되었으며 정규 교육과정 보완, 교육복지 구현, 사교육비 경감, 학교의 지역사회화라는 정책 목표를 가지고, 2006년부터 학교 현장에서 적용되어 방과후 학교는 전국의 거의 모든 학교에서 실시되고 있다(김홍원·양애경, 2011).

방과후 돌봄서비스는 방과후 아동 돌봄 수요가 증가함에 따라 아동들에 대한 안전한 보호와 계층 간 지역 간 교육격차 해소, 사교육비 부담 완화, 학습 욕구 해소 등을 목표로 사업이 추진되었지만, 현재 제공되는 방과후 돌봄서비스의 양은 수요에 절대적으로 미치지 못하는 공급 부족 상태라고 할 수 있다. 맞벌이 가정 초등학생 138만 명

중 방과 후 기관에 다니고 있는 아동은 약 21만 명 수준에 불과하다(조영희, 2012). 지역아동센터는 주요 대상이 저소득층 초등학생이고, 2011년 현재 저소득층 아동 비율이 이용 아동의 65%에 가까우며, 일반 아동은 13.7%에 불과하다(지역아동정보센터, 2011; 조영희, 2012: 144에서 재인용).

초등돌봄교실은 2012년까지 한 학교당 대체로 20명 내외로 제한하다 보니 저소득층 아동, 맞벌이 가정의 저학년 아동을 우선 선발 대상으로 하였고, 일반 맞벌이 가정 아동의 경우 서비스를 이용하기 쉽지 않았다. 청소년 방과후 아카데미사업 역시 일반 가정 청소년들이 이용할 수 있는 일반형 혹은 혼합형 모델은 거의 운영되지 않고 주로 저소득층을 위한 지원형이 대부분이었다(조영희, 2012: 144). 그러나 초등돌봄교실에 대한 수요가 증가하다 보니 정부는 2014년부터 초등학교 1, 2학년 학생에 한해 소득에 관계없이 초등돌봄교실을 이용할 수 있도록 소득 기준을 없애 대상을 확대시켰다. 그러나 이 과정에서 초등학교 3~6학년 학생들의 방과후 돌봄교실 혜택이 축소되는 부작용을 낳기도 하였다.

영유아 및 초중고등학생을 대상으로 불평등 완화를 꾀하는 사업에는 아동통합지원서비스(드림스타트 사업)와 교육복지우선지원사업이 있다. 드림스타트 사업은 0~12세 취약계층 아동(국민기초수급 및 차상위계층 가정, 법정 한부모 가정(조손 가정 포함). 학대 및 성폭력 피해 아동 등에 대한 우선 지원 원칙)에게 아동통합서비스를 지원하는 것으로 아동의 양육 환경 및 아동 발달 영역별 서비스(신체/건강, 인지/언어, 정서/행동, 부모의 양육)를 제공한다. 교육복지우선지원사업은 초중고등학교 학생들을 대상으로 하는 사업으로, 주로 국민기초생활보장수급자, 법정 한부모 가정, 차상위계층, 담임 추천(위기 및 결손가정 등)의 저소득층 자녀, 북한이탈주민, 다문화가정 등 교육소외 계층 자녀, 기초 학력 미달 학생을 대상으로 실시한다. 이 사업에서는 사업 지원 대상 학생에게 학습, 문화 체험, 심리 정서·보건복지 프로그램을 실시함으로써 교육복지 지원망을 구축하여 교육 격차를 해소하려는 사업이다. 이 사업 역시 주로 저소득층 초중고등학교 학생이 지원 대상이다.

이상의 방과후 교육/돌봄서비스에서 방과후 학교와 1~2학년 대상 초등돌봄교실을 제외하고는 방과후 돌봄서비스를 제공받는 대상은 거의 저소득층에 한정되어, 공적으로 제공되는 방과후 돌봄서비스를 이용하는 아동과 이용하지 않는 아동 사이에 '저소득층' 아동과 '일반' 아동이라는 대상의 이중구조를 형성하고 있다. Connell(1994)은 특히 취약 집단을 위한 각종 교육적 보상 정책들도 특정 기준에 의해 타깃 집단을 구분함으로써 취약한 소수 집단의 이미지를 '만들어 냈다'고 비판한다(김정원, 2012에서 재인용). 또한 방과후 아동 돌봄서비스의 실질적인 정책 수급 대상을 '저소득층'에 한정함으로써 공적 돌봄 서비스 혜택을 받을 수 없는 일반 아동들은 고비용의 사교육 시스템에서도 공적 방과후서비스 돌봄 체계에서도 배제된다. 방과후 돌봄서비스의 이중구조는 '취약한 빈곤층 아동·청소년'을 대상화하고, 사회보험 제도에서 흔히 말하는 '사각지대'와 같이 방과후 돌봄서비스로부터 배제되는 아동·청소년' 집단을 광범위하게 양산하게 된다.

Esping-Andersen(2009)은 빈곤층에게만 한정하여 제공했던 아동복지서비스인 미국의 Head Start와 영국의 Sure Start를 스칸디나비아 국가의 보편적 돌봄 서비스와 비교하며, 스칸디나비아 국가의 보편적 돌봄서비스가 아동의 교육 성과에 더 효과적이라고 역설했다. 빈곤층 아동의 위험은 소득 외에도 다양하게 존재하는데, 그러한 경제적 욕구 이외의 위험을 판별하기가 쉽지 않은 상황에서 서비스가 필요한 아동을 정확하게 선별해 낼 수 없다. 오히려 모든 아동에게 동일한 수준의 양질의 서비스를 제공하는 것이 가장 높은 성과를 거둘 수 있다는 것이다. Hanushect와 Luque(2003)의 미국 아동정책 평가 연구에서는 취약한 아동들이 취약하지 않은 아동들과 함께 있을 때 더 좋은 성과를 낸다고 평가하였다(Esping-Andersen, 2009에서 재인용). 가장 취약한 아동들이 추가적인 자원과 관심이 필요하다면, 보편적 서비스를 실시하되 가장 취약한 아동에게 적극적 조치를 취하는 것도 방법이다(Esping-Andersen, 2009). 이를 방과후 아동 돌봄서비스에 적용한다면, 모든 아동들에게 방과후 아동 돌봄 서비스를 적용하고, 취약계층 아동에게 방과 후 시간대에 특화된 서비스를 제공하는 방식도 고려해 볼 수 있을 것이다.

제5절 소결

2장에서는 한국 사회의 다차원적 불평등과 이중구조의 한 측면인 아동·청소년기 불평등과 사회정책의 이중구조에 대해 논의하였다. 생애주기별 불평등을 다룬다는 것이 그 자체로 다차원적인 불평등에 대한 논의일 수 있겠으나, 이 장에서는 더 나아가 아동·청소년기에 나타날 수 있는 다차원적 불평등에 대해 논의하고 국가 간 비교분석, 한국의 아동·청소년기 불평등 양상과 정책 내용을 분석하면서 구체적으로 살펴보았다.

비교분석 결과를 통해 아동·청소년기 소득불평등을 완화하기 위해서는 아동·청소년 가족에 대한 사회지출 수준을 높이고, 아동이 있는 가구에 직접적인 현금급여나 세제 혜택을 주는 '급여 전략'보다는 보육서비스 등 서비스 정책과 육아휴직 등 근로를 지속할 수 있는 제도적 환경을 조성하여 아동·청소년 가구주의 근로소득을 높이는 전략이 더욱 필요하다는 것을 알 수 있었다. 또한 교육 기회와 성과의 비교분석을 통해 미래 소득불평등에 영향을 줄 수 있는 아동·청소년기 학업성취 수준을 높이기 위해서는 교육비의 공적 부담 수준을 높이고, 개별 가구의 교육비 부담을 낮출 필요가 있다는 것을 확인하였다.

또한 국내 아동·청소년기 경제적, 사회적, 문화적 자본의 수준과 각 수준 간 관계, 학업성취와의 관계를 분석해 봤을 때 아동·청소년기 경제적, 사회적, 문화적 자본의 불평등은 아동·청소년기에 어느 정도 중첩적으로 나타날 수 있고, 각 요소들이 또한 학업성취에 영향을 미치기 때문에, 아동·청소년기 불평등 완화를 위해서는 다양한 차원의 전략이 필요한 것으로 나타났다. 경제적 자본의 불평등을 완화할 수 있도록 아동·청소년 가구의 소득불평등을 완화하고, 사교육비 부담을 완화시키는 정책에 더하여 문화적 자본 불평등을 완화할 수 있도록 저소득층 자녀들에게 문화적 자본의 수준을 높일 수 있는 교육 프로그램 혜택을 확대할 필요가 있다. 또한 사회적 자본 불평등을 완화할 수 있도록 부모-자녀 관계를 개선할 수 있는 노동시장과 지역사회 환경 변화를 위한 제도 개혁이 필요하다.

2000년대 이전까지 우리나라의 아동·청소년에 대한 사회서비스는 저소득층을 주요 대상으로 전개되었다. 아동·청소년에 대한 사회서비스는 아동·청소년의 인적 자본 향상뿐만 아니라 아동·청소년을 자녀로 둔 가구의 보호자에 대해서는 이를 통해 근로 활동 지속에도 기여할 수 있다. 즉 아동·청소년에 대한 사회서비스는 미래 소득불평등 완화뿐만 아니라 현재 가구소득의 불평등 완화를 위한 정책이라는 점에서 중요하다.

아동・청소년을 대상으로 하는 대표적 사회서비스인 보육서비스는 다른 정책에 비해 정책 대상이 보편화되어 사회정책의 이중구조 현상이 덜하지만, 대상의 보편화는 이뤄졌을지라도 공급 주체에 따른 서비스 격차가 크기 때문에 여전히 모든 영유아가 비용의 부담 없이 양질의 보육서비스를 받을 수 있는 구조라고 보기는 어렵다. 보육료 지원 대상이 확대되었지만, 양질의 보육서비스를 공급하는 어린이집의 비율은 높지 않고, 양질의 보육서비스를 받지 못할 바에는 집에서 부모나 조부모가 직접 돌보려 하는 경향이 높기 때문에 보육서비스 공급 주체 및 서비스 질 관리 수준에 따라 아동・청소년 대상 서비스가 이중구조화될 수 있다는 것을 보여 주는 예이다.

보육서비스와 달리 방과후 돌봄서비스는 방과후학교와 초등학교 1~2학년 초등돌봄교실을 제외하고는 서비스 대상이 거의 저소득층에 한정되어, 공적으로 제공되는 방과후돌봄서비스를 이용하는 아동과 이용하지 않는 아동 사이에 '저소득층' 아동과 '일반' 아동이라는 정책 대상의 이중구조를 형성하고 있다. 방과후돌봄서비스의 실질적인 정책 수급 대상을 '저소득층'에 한정함으로써 서비스 대상에서 배제되는 일부 아동들은 고비용의 사교육 시스템에서도, 공적 방과후서비스 돌봄 체계에서도 배제되어 '사각지대'를 광범위하게 양산할 가능성이 크다.

이상에서 살펴본 아동청소년기 불평등에 대한 논의를 토대로 향후 아동청소년기 불평등 완화를 위한 정책 개혁 방향은 크게 세 가지로 제안할 수 있다. 첫째, 아동・청소년 가구의 소득불평등 완화를 위해서는 아동・청소년 가구에 대한 현금급여를 통한 직접적 소득 보장보다는 보육서비스, 육아휴직 등 근로소득 감소를 최소화할 수 있는 서비스, 고용 중심 접근이 필요하다. 둘째, 아동·청소년의 미래 소득 불평등에 영향을 미칠 수 있는 학업성취 수준을 높이기 위해 국가의 교육비 지출 수준이 더 높아지고, 개별 가구의 사적 교육비 부담 비중이 더 낮아져야 한다. 특히 우리나라의 높은 사교육비 지출을 낮추기 위해서는 공교육제도뿐만 아니라, 공적 돌봄서비스, 교육서비스가 강화되어야 한다. 셋째, 아동·청소년 대상 사회서비스의 이중구조 현상을 배제하기 위해 서비스 대상을 확대하고, 서비스 공급과 관리에 대한 투자가 더욱 확대되어야 한다.

2000년대 이후 보육서비스가 대폭 확대되었지만, 주로 보육료 지원의 확대 위주로 이루어지고 서비스 공급과 관리에 대한 투자는 상대적으로 소홀하여 보편적인 양질의 보육서비스 이용이 제한되고 있다. 방과후 돌봄서비스는 여전히 저소득층 중심으로 제공되고 있어 서비스가 필요한 다수의 아동·청소년이 방임되고 있는 현실이다. 아동·청소년기 경제적, 사회적, 문화적 자본의 불평등이 중첩적으로 발생하고 있는 상황에서 아동·청소년을 대상으로 하는 사회서비스의 질 관리와 대상 보편성은 한국 사회의 건강한 미래를 준비하는 밑거름이 될 것이다.

제3장 성인기 노동시장의 불평등과 이중구조

제3장 성인기 노동시장의 불평등과 이중구조[1)]

백 승 호(가톨릭대학교)

제1절 들어가며

1970년대 복지국가 위기 이후의 정치·경제·사회적 변화로 인해 사회보험 중심의 전통적 복지국가 시스템은 제대로 작동하고 있지 못해왔다. 가장 중요한 경제적 변화는 산업구조가 서비스 산업 중심으로 전환되는 서비스 경제화 현상이다. 서비스 경제화란 경제활동인구의 측면이나 부가가치 생산 측면에서 서비스 산업의 비중이 지속적으로 확대되어 서비스업 중심의 경제 체제로 변화하는 것을 말한다(신광영 등, 2008; Lee, 2010). 1970년대 이후 대부분의 선진자본주의 국가는 이러한 과정을 경험하게 된다.

서비스 경제로의 전환이 가져온 사회 경제적 변화의 가장 큰 특징 중 하나는 소득불평등과 양극화의 확대라 할 수 있다(Esping-Andersen,

1) 3장의 내용은 2013년 한국사회정책학회 춘계학술대회에서 발표된 백승호(2013)의 내용을 상당 부분 수정하여 작성되었음.

1993). 특히 제조업에 비해 서비스업의 임금과 고용의 질은 이질성이 매우 크기 때문에, 서비스업의 확대는 서비스업 내의 임금 불평등을 양산하였고, 이는 전체 불평등의 확산에 가장 크게 기여하는 요인으로 작용하고 있다(신광영 등, 2008; Lee & Baek, 2012). 또한, 비정규 고용의 증가, 장기 실업의 증가, 여성의 노동시장 참여 확대는 서비스 경제로의 전환과 함께 변화되어 온 노동시장 구조의 대표적인 현상들이다.

또 다른 특징으로 계급구조의 변화를 언급할 수 있다. 19세기 초반 산업화 과정에서 노동자 계급이 형성되고, 1890년대 이후 노동의 동질화, 탈숙련화가 진행되면서(Braveman, 1979) 노동자 계급은 비슷한 이해관계를 가지고 있었으며, 그 결과 연대와 단결이 가능했고, 이를 통해 복지국가가 발전하는 데 큰 영향을 주었다(Esping-Andersen, 1985). 이와 동시에 노조를 중심으로 노동자들의 조직적인 저항이 점증해가는 상황에서 자본가 계급은 노동자들을 분할 지배하기 위해 한편으로는 인위적으로 기업 내부의 위계적 노동조직 체계를 만들고(Gordon, Edwards & Reich, 1982), 다른 한편으로는 정규직 남성 노동자 중심의 사회보험을 수용하는 전략을 통해 노동시장을 분할하는 전략을 구사하였다(백승호, 2013). 하지만 전통적 산업사회에서는 자본의 노동시장 분할 전략에도 노동의 동질화 경향과 노조가 노동 계급을 단일한 이해관계 속에 묶어 냄으로써, 노동시장의 이중구조화 현상은 두드러지지 않았다.

그러나 서비스 사회에서의 계급구조는 전통적 산업사회의 계급구조와는 다른 양상으로 재구조화되게 된다(Oesch, 2003; Standing, 2009). 전통적 산업사회에서 노동 계급은 대공장의 정규직 남성이 주류였으며 노동 자체를 안정적으로 지속해 갈 수 있었던 반면, 서비스 경제로의 전환과 함께 진행된 비정규 고용의 증가, 장기 실업의 증가, 노동시장의 급속한 유연화, 여성의 노동시장 참여의 확대는 노동 자체가 불안정한 노동자인 프리케리아트(precariat)[2)]를 양산시켰고, 노동자 계급을 단일한 이해관계 속에 더 이상 머물지 못하도록 하는 동인으로 작용하였다.

이와 관련하여 노동시장에서의 계급구조에 대한 논의도 변화해 왔다. 기존의 계급 분류를 그대로 차용하여 전체 계급을 자본가 계급, 프티부르주아, 중간 계급, 노동 계급으로 구분하던 논의들에서(Wright, 1997), 서비스 경제의 특징을 반영하는 논의들이 발전해 왔다(신광영 등, 2008). 그중 하나는 서비스 노동자를 새로운 계급으로 분류하는 논의들이고(Gouldner, 1979; Goldthorpe, 2000), 다른 하나는 전통적 계급 분류의 한계를 지적하면서 새로운 계급 범주를 제시하는 논의들이다(Esping-Andersen, 1993; Oesch, 2006; Standing, 2009). Standing(2009)은 기존의 계급들이 분화되는 현상에 주목하면서 계급 구분을 엘리트 계급, 엘리트가 되기를 원하는 안정된 직장인 샐러리아트, 시장에서 팔리는 일련의 기술을 소유한 고소득층 프로피션(profician), 줄어들고 있는 기존 노동자 계층, 그리고 이들 집단 밑에 존재하면서 사회의 찌꺼기를 먹고사는 프레카리아트, 실업자 군단 그리고 격리된 사회적 병자 계층으로 구분하고 있다. Oesch(2006)는 작업 방식과 숙련도를 중심으로 자본 축적가, 혼합서비스 기능직, 사회문화 전문가, 생산직 노동자, 저숙련서비스 기능직으로 구분하고 있다(백승호, 2013).

---

2) Precariat는 불안정한 이라는 의미의 이탈리아어 프레카리(precari)와 노동자 계급을 뜻하는 프롤레타리아트(proletariat)의 합성어임. 시간 강사처럼 고학력자인 경우 등을 포함한 비정규직 노동자로 불안정한 생활을 하는 사람을 통틀어 프레카리아트라 함(백승호, 2013).

그러나 한국의 노동시장 이중구조에 대한 연구에서는 이러한 변화된 계급구조의 특성을 반영한 연구는 드물다. 기존의 이중구조와 소득불평등에 대한 연구들은 주로 시계열 자료를 활용하여 빈곤 및 소득불평등 지수의 추이를 정하거나(김진욱, 2002), 요인분해 방법을 통하여 가구 특성, 소득 원천 등에 따른 소득불평등을 분석하고 있을 뿐이다(정진호 등, 2002; 여유진 등, 2005; 정의철・김진욱 2007; 김영미, 2007).

이 장에서는 노동시장[3]의 이중구조와 불평등 현상을 서비스 경제에서의 계급 구분에서 출발하여 분석한다. 여기에서 주목하고 있는 다차원적 불평등 현상은 소득, 고용, 사회적 보호, 복지에 대한 인식 등에서 발견되는 사회구성원들 사이의 격차를 의미한다. 이러한 영역들에서의 일상적인 경험들은 계급적 지위에 따라 명료하게 구분되어질 수 있다. 그리고 서비스 경제 사회에서의 계급구조는 산업사회와는 다르기 때문에 이를 반영한 분석이 필요하다.

사회적 보호의 예를 들어보자. 전통적 산업사회에서 정규직 남성 노동자계급은 사회보험이라고 하는 사회적 보호시스템을 통해 소득불안정의 문제에서 어느 정도 자유로울 수 있었다. 그러나 서비스 경제로의 전환과 함께 사회보험 제도가 포괄할 수 없는 다양한 사회적 위험이 확대되어 왔다는 것은 주지의 사실이다. 그리고 새로운 사회적 위험에 노출된 사람들은 정규직 남성 노동자라기보다는 여성, 불안정 노동에 종사하는 사람들이었다. 정규직 남성 노동자들을 주로 포괄했던 전통적 사회보험제도는 새로운 사회적 위험에 처한 인구 계층을 충분히 포괄하지 못하는 '제도적 지체' 현상을 보이고 있다.

---

3) 노동시장이란 노동력이 가변자본으로서 노동시장에 투입되는 공간을 의미한다(박종식, 2004: 2). 따라서 노동 연령기에 대한 분석은 노동시장에 대한 분석을 의미한다 해도 틀리지 않다. 즉 노동 연령기의 불평등은 노동시장의 불평등이다.

이러한 상황에서 우리가 주목해야할 것은 누가 전통적 산업사회의 사회적 보호 시스템으로부터 배제되는 위험을 경험하고 있느냐하는 것이다. 이 장에서 노동시장에서의 다차원적 불평등을 논의할 때, 그 출발을 서비스 경제에서의 새로운 계급구조에서 시작할 필요성을 제기한다. 그 이유는 서비스 사회에서 전통적 산업사회와는 다른 계급구조의 분화가 나타나고 있고, 그에 따른 노동시장에서의 다차원적인 불평등에 대한 경험이 상이하기 때문이다. 서비스 경제에서의 다차원적 불평등 현상은 전통적 계급구조보다는 새롭게 변화된 계급구조를 적용할 때 정확한 분석이 가능하다.

또한 다차원적 불평등 현상을 분석하면서 주목하고자 하는 것은 노동시장 지위와 위험에서의 분할, 사회적 보호에서의 분할, 정치적 통합에서의 분할이다. 기존의 노동시장 불평등에 대한 논의들은 경제적 자원의 불평등에 대한 논의에서부터, 취향이나 기호의 불평등, 사회적 인정의 불평등, 건강 불평등에 이르기까지 다양하다(신광영, 2013: 22). 하지만, 이 연구들은 다차원적인 불평등 현상이 서비스 경제에서 계급구조와 어떤 연관성을 갖고 전개되고 있는지를 보여주고 있지 못함으로써 지나치게 결과(outcome)에만 초점을 맞추는 경향이 있다. 이 장에서는 Emmenegger 등(2012)의 논의에 기반을 두어 한국 사회에서 노동시장 이중구조가 정치, 제도적 이중구조화와 어떠한 양상으로 관련을 맺고 있는지를 분석하고자 한다. 이를 위해 2절에서는 노동시장 이중구조와 불평등에 대한 이론적 논의들을 살펴보고, 3절에서는 노동 연령기의 불평등을 노동시장, 사회적 보호, 정치적 통합의 이중구조화로 구분하여 복지 체제별로 이들의 전개 양상이 어떻게 다른지를 살펴볼 것이다. 그리고 4절에서는 한국 사회에서 위 세 영역에서의 이중구조화가 어떻게 전개되어왔으며, 정책적 대응은 어떠했는지를 살펴보고 마지막 절에서는 노동 연령기의 불평등을 완화하기 위한 정책적 대안들을 제안할 것이다.

제2절 성인기 노동시장의 불평등과 이중구조에 대한 논의

노동시장의 분절 또는 이중구조와 관련된 논의는 1960년대 후반부터 이미 미국의 도시 노동시장에 대한 분석에서 시작되어 왔다(Rosenberg, 1991). Piore(1970)의 이중노동시장론에서 출발된 이중구조 논의는 Doeringer & Piore(1971)의 노동시장 분절론으로 발전하였고, 그 이후 다양한 논의가 전개되어왔으며, 최근에 다시 노동시장의 이중구조에 대한 논의(Emmenegger 등, 2012)가 주목을 받고 있다. 이 절에서는 이들 논의들에 대해 자세히 살펴볼 것이다.

1. 이중노동시장론(dual labour market)

이중노동시장이론은 1960년대 중반 미국 민주당 정부의 대빈곤 정책에도 불구하고 소득불평등이 축소되지 않는 이유를 설명하면서 등장하였다(이정우, 2011: 137). 이중노동시장 이론가들은 노동시장을 1차 노동시장과 2차 노동시장으로 구분하여 설명하고 있는데, 1차 노동시장과 2차 노동시장의 특징은 다음과 같이 정리할 수 있다.

1차 노동시장은 상대적으로 높은 임금, 양호한 근로조건, 다양한 내부 승진 기회, 고용의 안정성 등이 보장되고, 승진, 보수, 책임, 권한 및 지위 등이 경력과 함께 향상되고 시장의 안정성은 강력한 노동조합에 의해 강화된다. 2차 노동시장은 저임금, 낮은 부가 급여, 열악한 근로 조건, 고용의 불안정성, 승진 기회의 결여 등을 특징으로 갖고 있다. 또한 현장 훈련의 기회가 거의 없으며 사적 이해관계가 개입될 여지가 많고 노동자와 감독자의 관계가 매우 개인적이다. 그리고 여성, 소수민족, 연소 노동자, 도시 빈민층으로 구성되어있고, 노동조합의 조직 수준이 낮다. 따라서 작업 원칙이 가혹하고 변덕이 심하며 직무의 안정성이 매우 낮다. 또한 이 부문의 노동자들은 노동이동률과 지각 및 결근율이 높고, 1차 노동시장에는 부적합한 불법적인 성향의 생활 양식을 가지고 있어서 1차 노동시장으로의 상향 이동이 어렵다(이정우, 2011: 137-138).

Piore(1970)에 의해 주장된 초기 이중노동시장론을 발전시키면서 Doeringer와 Piore(1971)는 대기업에서 노동력 할당 방식에 주목하였다. 이들은 '내부노동시장'(internal labor market)에서 노동력 할당 방식이 외부노동시장과 독립적으로 다르게 진행되는 현상에 주목하여 이중노동시장론을 발전시켰다. 내부노동시장에서 승진은 외부노동시장과의 경쟁 없이 독립적으로 이루어지며, 입직 수준에 따라 승진 가능성이 규정되며 임금구조도 결정된다는 것이다. 반면 2차 노동시장의 대부분은 중소기업들로 구성되어 있고, 기업이 살아남기 위한 경쟁이 매우 심하다. 이러한 2차 노동시장에서 일하는 노동자들은 1차 노동시장으로 진입하고자 하는 의도가 매우 높지만, 이들 구분된 두 노동시장 사이에는 넘기 어려운 장벽이 존재하기 때문에, 그러한 전환은 사실상 불가능하다는 것이 이중노동시장론의 주장이다(박종식, 2004). 이중노동시장론에 의하면 노동시장의 분절이야말로 빈곤과 소득불평등이 항구적으로 존재하는 주요 원인이다(이정우, 2011).

2. 노동시장 분절론

노동시장 분절론은 노동시장이 단일한 구조를 가졌고, 시장원리에 따른 자유경쟁이 이루어진다고 주장하는 전통적 노동시장론을 비판하면서 등장하였다. 노동시장 분절론은 1970년대 미국의 급진파 경제학자들이 1960년대 주류를 이루었던 인적 자본론에 대한 반론을 제기하면서 제시되었다. 1960년대 미국에서 대빈곤 전쟁을 선포하면서 빈곤문제를 해결하기 위해 교육에 대한 투자가 많이 이루어졌음에도 불구하고 그 성과가 나타나지 않는 원인을 탐색하는 과정에서 노동시장 분절론이 제기되었다(이정우, 2011: 128). 이들 연구들은 빈곤의 원인이 빈곤층의 낮은 인적 자본에서 기인하는 것이 아니고, 빈곤층이 주로 불안정하고 열악한 노동 조건, 저숙련 저임금 직종, 낮은 승진 기회를 특징으로 하는 2차 노동시장에 주로 분포하고 있기 때문에 빈곤을 벗어나기 어렵다는 것을 보여줌으로써 노동시장 분절론을 제기하였다.

노동시장 분절론은 내부노동시장과 외부노동시장에서의 서로 다른 승진, 임금 결정 방식, 그리고 이동성의 차이로 인해 노동시장 불평등이 구조화 되고 있다고 본다. 임금 결정 방식을 보면 교육, 기술, 경력 등 인적 자본의 수준에 따라서 임금이 결정되는 것이 아니라 동일한 인적 자본 소유자가 어느 노동시장에 속해 있느냐에 따라 임금 수준이 결정되기 때문에 노동시장 불평등이 발생된다는 것이다(이인재, 2009; 이시균, 2006; 송일호・신경수, 2003; 황수경, 2003; 이건, 2001; 송호근, 1989). 또한 내부노동시장과 외부노동시장 간의 낮은 이동성은 실업과 저임금 노동을 고착화시키는 역할을 하고 있어 내부시장과 외부시장 간의 분절과 불평등을 강화한다는 것이다(김태기・남재량, 2000;

이시균, 2006; 장지연·양수경, 2007; 한준·장지연, 2000).

노동시장 분절론은 또한 자본가계급의 노동시장 분할 전략에 주목하였다. Gordon, Edwards와 Reich(1982)은 노동시장의 역사적 발전을 50-60년 주기로 나타나는 장기파동과 결부시켜 설명하고 있다(이정우, 2011: 140). 즉, 1840년대 노동자계급의 형성, 1890년대 노동의 동질화와 탈숙련화 그리고 제2차 세계대전 이후의 각 단계에 따라 자본가 계급의 노동자 통제 전략이 달라진다는 것이다. 마지막 3단계인 제2차 세계대전 이후 새로운 노동자 통제 전략으로 나타난 것이 바로 노동시장 분절이라는 것이다. 이들 노동시장 분절론자들은 생산과정의 외부와 내부에서 노동자들에 대한 계급 지배와 통제를 용이하게 할 수 있도록 노동조직이나 직무 구조를 설정하는데 이 과정에서 노동시장 분절이 형성되고, 독점자본의 강화와 관료적 통제, 독점 기업과 주변 기업으로 산업이 이중구조화 되면서 노동시장의 분절이 진전된다는 것이다(이정우, 2011: 142).

이들은 노동시장을 계급적 사회 관계가 만나고 형성되는 장(場)이라고 보면서, 자본가 계급이 노동자 계급에 대한 착취와 노동 통제를 강화하기 위해 노동시장을 끊임없이 계층화하고 분절하려고 시도한다고 본다(심윤종 외, 2005: 194-195). 즉, 독점 자본가들이 노동자들 사이에 계급의식이 싹트는 것을 막고 생산과정에 대한 노동 통제를 유지하기 위해 노동시장을 의도적으로 분단시켜 내부노동시장을 형성한다는 것이다(이정우, 2011: 140-141). 그리고 이들은 노동시장을 이중구조화된 구조로 보지 않고 다양한 계급들로 분할되어 있다고 보며, 자본가 계급의 '노동 과정에 대한 통제'에 주목한다(Edwards, 1979; 심윤종 외, 2005: 193 재인용). 노동시장의 분절 구조를 '계급' 개념에서 찾고 계급에 따른 불평등에 주목하는 것이다.

3. 노동시장 이중구조화론(dualisation)

1) 주요 내용

이중노동시장론과 노동시장 분절론은 인적 자본이론과 달리 노동공급 측면이 아니라 노동수요 측면의 요인으로 노동시장 불평등을 설명한다는 공통점을 가지고 있다. 또한 이들은 노동시장의 분절화에 대해 2차 노동시장 또는 외부 노동시장의 특성을 1차 노동시장 또는 내부 노동시장의 특성과 비교하면서 노동시장이 구조적으로 분절되어 있음을 보여주고 있다. 그리고 노동의 이질화가 확대되고 있는 서비스 경제에서의 노동시장 이중구조화를 분석하는 데 유용한 설명을 제공하고 있다.

그러나 이 두 이론적 접근은 노동시장 분절을 임금, 고용 안정성 등 노동수요 측면에서 노동 조건의 차이나 직무 구조, 승진 등 상이한 노동 과정의 적용 그리고 독점 기업과 주변부 기업으로 산업 자체가 이중구조화 됨으로써 발생하는 결과에 집중하고 있을 뿐이다. 즉, 노동시장 분절의 경제적 결과를 설명하는 데는 유용할 수 있으나, 노동시장 분절의 정치적 측면을 설명하는 데는 한계가 있다. 노동시장 분절은 노동시장에 대한 규제의 정치 뿐 아니라, 국가의 사회정책을 통한 사회적 보호의 정치에 따라서 다른 양상으로 전개될 수도 있는데(Emmenegger 등, 2012), 이중노동시장론과 노동시장 분절론은 이러한 정치적 과정으로서의 이중구조화를 설명하는 데는 한계가 있다.

이렇게 정치적 과정을 통해 새로운 형태의 제도적 이중구조가 형성될 수 있음에 주목하고 있는 이론이 노동시장 이중구조화론(dualisation)이다. 노동시장 이중구조화론은 기존의 양극화, 분절화, 주변화와 관련된 논의들이 결과(outcome)에만 집중하고 있을 뿐 변화의 정치(politics of change)를 간과하고 있다고 지적하면서, 정치적 변화에 따른 제도적 이중구조에 대한 논의와 새로운 불평등 양상(결과)의 발생을 분리해서 논의할 필요가 있음을 지적하고 있다(Emmenegger 등, 2012: 13).

그리고 기존의 이중노동시장이론이나 노동시장 분절론에서 개념화하고 있는 노동시장 이중구조는 기업의 태도와 노동시장의 특성에 따른 미시사회학적 구분에 기초해서 내부자와 외부자를 규명하고 그들의 태도 논리를 분석하는 데 주력하고 있을 뿐이라고 비판하고 있다. 이러한 비판을 넘어, 거시 정치적 관점에서 내부자-외부자 정치를 강조하는 이론이 노동시장 이중구조화론이다. 이들은 실업자와 비정규 노동자가 양산되는 메커니즘과 과정을 이해하는 것에서 출발하여 노동시장 분할이 지속되거나 새롭게 형성되는 데 기여한 고용 보호(Rueda, 2005; Emmenegger, 2009), 노동시장 정책(Rueda, 2006)등의 역할을 조명하고 있다. 그뿐만 아니라 노동시장 이중구조화론에서는 사회적 보호시스템에 의한 빈곤층과 그 외 계층으로의 이원화(Weir 등, 1988), 사회보험 제도에 의한 계층화(Esping-Andersen, 1990; Korpi와 Palme, 1998) 등 사회정책의 계층화 효과에 따른 산출(output) 차원에서의 이중구조화에 주목할 필요성을 제기하고 있다.

마지막으로 노동시장 이중구조화론에서는 기존의 이중노동시장론이나 노동시장 분절론은 외부 자성이라는 단일 차원에만 초점을 맞출 뿐, 노동정책을 통한 이중구조화 과정과 사회정책을 통한 이중구조화 과정 간의 상호관계는 주목하고 있지 못하다고 비판하고 있다. 노동시장에서 내부자-외부자 분할은 세 가지 유형으로 구분할 수 있는데, 소득 능력과 훈련 접근성에서의 이중구조화로서 '노동시장 분할', 복지 적용 범위 및 급여 수준에서의 이중구조화로서 '사회적 보호의 분할', 민주적 의사결정 과정에서의 이중구조화로서 '정치적 통합 분할'이 그것이다(Emmenegger 등, 2012: 39). 노동시장 이중구조화론에서는 이들 노동시장 이중구조화 과정은 서로 연관되어 있고, 결과에 미치는 영향은 복지 체제별로 차이가 있다고 보고 있다.

2) 계급구분과 외부자

(1) 기존의 외부자 정의

외부자 개념에 대한 합의된 정의는 존재하지 않는다. 노동시장의 고용 안정성에 주목하기도 하고(Rueda, 2005, 2012; Tomlinson & Walker, 2012), 서비스 경제에서의 새로운 계급구조에 주목하기도 한다(Häusermann & Schwander, 2009, 2010, 2011). Tomlinson과 Walker(2012: 74-75)는 내부자와 외부자를 다음과 같이 정의한다.

> 내부자는 상용직에 고용되어 있으며 그 일자리가 다음 특징의 하나 또는 모두를 갖춘 경우로 정의한다. 첫째, 매년 점진적 임금 인상을 포함하는 임금 구조, 응답자의 자기 보고에 의한 실질적 승진 가능성. 외부자는 다음 중 하나의 일자리를 가진 자로 정의된다. 둘째, 상용직이 아닌 계약, 상용직이기는 하지만 내부자에게 적용되는 조건이 적용되지 않는 일자리, 실직자, 미취업 상태이나 구직 중이지 않은 자.

이러한 정의는 이중노동시장론이나 노동시장 분절론의 논리에 근거하고 있으며, 노동시장 외부자를 비정규 고용 또는 실업 위험이 높은 개인으로 규정하는 기존의 논의들과 맥을 같이하고 있다(Rueda, 2006, Emmenegger, 2009). 이들은 내부자를 고용 안정성의 혜택을 받는 집단으로 간주하여 전일제(full-time), 정규 계약직(regular contract)을 내부자로 규정하고, 시간제(part-time), 유기 계약(fixed-term), 임시직(temporary work)을 외부자로 간주한다. 그러나 이렇게 고용 형태에 기반을 두어서 외부자를 측정하는 방식은 특정 시점의 외부자들을 현재 시점에서 범주화하는 방식인데, 이는 오분류의 위험을 안고 있다고 평가된다(Emmenegger, 2009; Häusermann & Schwander, 2009).

비정규직과 불안정성이 상관관계가 높지만 비정규직을 프레카리아트로 국한하는 것은 프레카리아트의 다양한 범주들을 드러내는 데 한계가 있다. 이러한 접근은 특정 시점에서의 고용 불안정성을 일반화하여 비정규직을 프레카리아트로 범주화하는데, 이는 비정규직 이외에 불안정성에 노출되어 있는 중요한 집단들을 제대로 포착해내지 못하게 할 뿐 아니라, 비정규직을 모두 동질적인 집단으로 간주하는 오류를 범하게 하는 경향이 있다(Häusermann & Schwander, 2009: 8-9).

고용 불안정의 관점에서 볼 때, 비정규직이 불안정 노동 집단의 다수를 구성하고 있다 하더라도, 이 둘은 반드시 일치하지 않을 수도 있다(성재민 · 이시균, 2007: 98). 임금 불안정성의 관점에서 보면, 정규직 숙련 노동자의 임금과 비정규직 중간 계급의 임금에 큰 차이가 없을 수도 있고(신광영 등, 2008: 247), 고용의 안정성이 보장되어 비정규직에서 벗어났지만, 직무 안정성이 보장되지 않아서 갑작스런 직무 이동이 빈번하게 발생한다면 삶이 안정적일 수 없는 경우도 존재한다(Standing, 2011: 11). 따라서 노동시장에서의 고용 형태를 통해 누가 외부자에 속하는지를 규정하는 것은 한계가 많다.

그리고 현재의 고용 형태를 통해 외부자로 규정하게 되면 비정규직을 벗어나게 될 경우 불안정성은 소멸된다고 가정하는 것인데, 노동 불안정성이 일상화되어 있는 서비스 경제사회에서는 그렇게 볼 근거도 충분하지 않다(이진경, 2012: 197). 예를 들면, 비정규직에서 무기

계약직으로 전환된 경우처럼, 비정규직은 아니지만 기간을 정하지 않고 계약을 했기 때문에 기간제법상 차별 시정의 대상에서 배제됨으로써 유사 업무에 종사하는 정규–무기 계약직과 차별적 처우가 발생할 수 있는 등 여전히 불안정한 노동 상태에 있는 경우가 많다(김훈 등, 2013: 153). 현대사회의 불안정성은 어디에나 존재한다(Candeias, 2008: 125, 곽노완, 2013에서 재인용; Standing, 2011). 그리고 그러한 노동의 불안정성은 한 시점에서의 고용 형태나 개인의 속성이 아니라 계급에서의 위치로 가장 잘 설명될 수 있다(신광영, 2004: 128). 동일한 계급에 속한 사람들은 생애과정에서 비슷한 생애경험을 공유할 가능성이 높기 때문이다(Häusermann and Schwander, 2012: 9).

또한 비정규직이 잠재적으로 불안정 노동 집단인 것은 맞지만, 사회경제적 맥락에 따라 불안정성은 달라질 수 있다는 것도 고려할 필요가 있다(Häusermann and Schwander, 2009: 7). 최상위 계급을 제외한 나머지는 항상 외부자화 될 가능성에 노출되어 있기 때문에(이광일, 2013; Häusermann and Schwander, 2012), 노동의 불안정성은 고용 형태로 평가하기 보다는 불안정한 속성을 가지고 있는지 여부로 평가하는 것이 더 타당하다. 관리직이라고 해도 외부자의 속성에 노출되어 있을 수 있다(Standing, 2011: 16-17).

(2) 서비스 경제 사회에서의 계급 구분

고용 형태로만 외부자를 규정하는 논의에 대한 대안으로 Häusermann과 Schwander(2009, 2012)는 비정규 고용과 실업의 위험을 외부자 구분 기준으로 사용하면서도, 이들 위험에 노출된 개인이 아닌, 이들 위험의 영향을 전형적으로 받는 직업상 집단에 속한 사람으로 외부자를 정의한다. 이렇게 외부자를 정의하는 것은 사람들의 정체성과 선호도가 직업상 준거집단에 기초해서 형성된다는 논리에 근거하고 있다(Häusermann & Schwander, 2012: 41). 이렇게 준거집단의 정체성에 기초하여 노동시장의 계급 구조를 분류하는 접근들은 서비스 산업으로 이행하면서 팽창되고 분화되는 다양한 고용 관계 속에서 나타나는 새로운 계급적 관계를 조명하기 위해 노력해 왔다. 이러한 논의는 19세기 산업사회라는 새로운 사회적 변화를 설명하려 했던 칼 마르크스(Karl Marx)와 막스 베버(Max Weber)에서 시작된 계급 논의에서 그 뿌리를 두고 있다(Kitschelt & Rehm, 2005).

그러나 노동시장 이중구조화론자들은 전통적 계급 구분이 수정되어야 할 필요가 있다고 주장한다. 산업구조가 서비스 경제로 전환되면서 계급구조도 전통적 산업사회와 달라지고 있다는 것이다. 따라서 이들은 유사한 직종에 속한 사람들은 유사한 고용 경력을 지니는 경향이 있기 때문에 직업 프로파일을 바탕으로 계급을 분류해야 한다는 주장(Erikkson & Goldthrope, 1993; Oesch, 2006)을 수용하고 있다(Häusermann & Schwander, 2009, 2011; Emmenegger 등, 2012).

가장 대표적으로 Oesch(2006)는 Goldthorpe의 계급 구분(class schema)에서 아이디어를 얻어 계급이란 노동시장에서 처한 특정한 상황을 공유하는 직업 집단을 가리키며, 이러한 특정 상황은 그 집단의 자원과 선호도를 형성한다고 보고 15가지의 새로운 계급모형을 만들었다. 이것은 Goldthorpe가 제안한 시장과 노동의 상태를 결합한 모형으로 현대사회의 계급을 이해하는 데 있어서 '서비스업의 증가'와 '여성의 노동시장 참여 증가'라는 노동시장의 변화를 반영하여 계급을 포착하기 위한 시도였다. Oesch(2006)는 이러한 서비스 경제사회의 특성을 반영하기 위해 수직적 위계 구조 기준에 수평적 계급 구분 기준으로 작업 방식(work logic)을 추가하여 계급을 구분할 것을 제안하고 있다.

〈표 3-1〉 세 가지 작업 방식과 특징

구분	기술적 작업 방식	조직적 작업 방식	대인적 작업 방식
업무/일의 진행 (setting of work process)	규격화된 기술 (technical parameters)	관료적 업무 분장 (Bureaucratic division of labour)	대면 접촉 서비스 (face-to-face exchange)
권력 관계 (relations of authority)	고위직: 명령 체계 외부에서 작업 하위직: 명령 체계 내에서 작업	관료적 명령구조 내에서 작업	주로 명령 체계 밖에서 작업
1차적 관심 대상 (primary orientation)	전문직 공동체	고용한 기관	클라이언트, 학생, 환자
숙련 요건 (skill requirements)	고위직: 과학적 전문성 하위직: 기술, 육체적 숙련	고위직: 조정과 통제 기술 하위직: 판매 기술	고위직: 전문성, 사회성 기술 하위직: 사회성 기술

자료: Oesch(2006: 64), 백승호(2014) 재인용.

Oesch(2006)는 작업 방식을 기술적(technical), 조직적(organizational), 대인적(interpersonal), 독립적(independent) 작업 방식으로 구분하고, 수직적 차원에서 숙련 수준을 결합하여 계급을 분류하고 있다. 본 연구에서는 Oesch(2006)의 계급 도식(class schemas)을 활용하고자 한다.

(3) 계급 구분과 외부자

Häusermann와 Schwander(2012) 등의 외부자 구분 절차를 살펴보면 다음과 같다. 첫째, 앞서 설명한 것처럼 Oesch(2006)등이 제시한 서비스 경제에서의 계급 구분을 자본축적가(Capital Accumulators, CA), 사회문화전문가(Socio-cultural professionals, SCP), 복합서비스 기능자(Mixed service fuctionaries, MSF), 하위서비스 기능자(low service fuctionaries, LSF), 블루칼라 노동자(Blue collar worker, BC)의 5가지 계급 집단으로 재분

〈표 3-2〉 탈산업사회의 새로운 계급 구분

<table>
<tr><th colspan="4">작업 방식(work logic)</th><th colspan="2" rowspan="2"></th></tr>
<tr><th>독립적</th><th>기술적</th><th>조직적</th><th>대인적</th></tr>
<tr><td>대기업 사용자/
자영 전문가
(CA)</td><td>기술전문가
(CA)</td><td>고위
관리자(CA)</td><td>사회문화
전문가
(SCP)</td><td>전문/
관리직</td><td rowspan="4">숙
련
도</td></tr>
<tr><td>피용자가 있는
고용주(CA)</td><td>기술자(MSF)</td><td>중간
관리자(CA)</td><td>사회문화
준전문가(SCP)</td><td>준전문/
관리직</td></tr>
<tr><td>비용자가 없는
고용주(MSF)</td><td>숙련장인</td><td>숙련
사무직(MSF)</td><td rowspan="2">숙련 및
비숙련
서비스(LSF)</td><td>일반/
직업적 숙련</td></tr>
<tr><td></td><td>일상적 작업원/
농업종사(BC)</td><td>정규
사무직(MSF)</td><td>낮은/
비숙련</td></tr>
</table>

자료: Hảusermann & Schwande(2009).

류한다.

둘째, 성과 연령이 비정형 고용 기록과 강하게 관련되어 있다는 기존의 논의들(성과 관련해서는 Esping-Andersen, 1999: 308; Davidsson & Naczyk, 2009:5, 연령과 관련해서는 Esping-Andersen, 1999)에 기초해서 성과 연령(핵심 노동 연령층인 40세 기준으로 연령 구분)을 새로운 계급 구분의 기준으로 도입한다.

셋째, 자본축적가(CA) 계급은 성, 연령에 상관없이 명확한 내부자 계급으로 분류하고, 육체 노동자(BC), 복합서비스 기능직(MSF), 저숙련서비스 기능직(LSF), 사회문화 전문직(SCP)의 네 개 계급과 성(남성과 여성 두 그룹), 연령(청년과 장년 이상 두 그룹)의 조합을 통해서 CA를 포함한 17개의 집단을 구분한다(Oesch, 2006).

넷째, 이들 17개 각 집단의 집단별 실업률과 비정규 고용률을 산출하고, 해당 국가의 전체 평균과 비교한다. 이러한 비교를 통해 실업률과 비정규 고용률이 전체 집단의 평균보다 통계적으로 유의미하게 높은 집단을 외부자 집단으로 정의하고 이 집단에 속하는 모든 개인들을 외부자로 구분한다(Häusermann & Schwander, 2012).

3) 본 장에서의 적용

우선 이 장에서는 Häusermann과 Schwander(2009, 2012)의 외부자 구분 절차를 우리나라에 적용하여 외부자를 구분하고, 노동시장 분절, 사회적 보호의 분절, 정치적 분절의 관점에서 노동시장 이중구조화를 분석할 것이다.

계급 분류를 위해 한국복지패널에서 제공하는 직종 구분 정보를 활용한다. 한국복지패널의 직종 구분은 한국표준직업분류(KSCO) 5차 개정(한국복지패널 1-3차)과 6차 개정(한국복지패널 4-7차)을 따르고 있다.[4)]한국복지패널의 경우 3차 자료까지는 ISCO-88과, 4차 자료부터는 ISCO-08과 연계된 한국표준직업분류가 적용되어 있다. 본 연구에서는 기본적으로 Häusermann과 Schwander(2009, 2012)의 계급 구분을 따르지만, 자영업의 경우 10인을 기준으로 계급을 구분한 Oesch(2006)의 논의를 따랐다.

---

4) 국제노동기구(ILO)는 2007년 정보화 사회로의 변화, 기존의 직업 기술 수준과 작업 수행의 속성 변화를 반영하기 위해 기존의 ISCO-88을 개정하여 ISCO-08이라는 새로운 직업 분류표를 제시하면서 몇 가지 직종을 추가하거나 축소 재배치하였다(ILO, 2007). 교사(teacher)의 경우 고등교육 기관의 교사와 유치원 교사, 초등학교 교사에 대한 기술 수준이 다르기 때문에 일부는 전문가 집단으로 보다 세분화되었고, 작가를 저널리스트와 같은 계열로 추가하거나 클라이언트에게 정보와 서비스를 제공하는 업종의 분류가 3개에서 8개로 늘어나는 등 크고 작은 변화가 생겼다(ILO, 2007). KSCO 5차는 ISCO-88과 KSCO 6차는 ISCO-08 직종 분류에 기초하고 있다.

제3절 성인기 노동시장 불평등의 국가 간 비교

이 절에서는 본격적으로 한국의 노동시장 이중구조화를 분석하기에 앞서, 노동시장 이중구조화와 관련된 거시적 변화를 살펴 볼 것이다. 그리고 체제별 불평등의 변화 양상들을 검토하고, 노동시장, 사회적 보호의 측면에서 이중구조화의 양상이 체제에 따라 어떻게 달라지는지를 기존 연구들을 재구성하였다.

1. 노동시장의 거시적 변화와 이중구조화

1) 산업구조의 변화와 이중구조화

현대 자본주의의 특징 중 하나는 서비스 경제로의 전환이다. 서비스 경제화란 거의 대부분의 나라들에서 서비스업의 비중이 70%에 이를 정도로 서비스업이 증가하는 것과 관련된다. 도소매·음식·숙박업 등 전통적 서비스업뿐 아니라 정보·금융서비스업에서의 일자리 등 새로운 서비스 산업이 확대되고 있다. 〈그림 3-1〉은 제조업 고용의 변화와 서비스업 고용의 변화를 보여주고 있는데, 대부분의 나라들에서 제조업 고용의 비율이 1980년 30% 이상에서 2010년에는 20% 중반 이하로 급격하게 하락하고 있음을 알 수 있다. 반면에 서비스업 고용 비율은 1980년 50% 전후에서 2010년에는 대부분의 나라들이 70% 수준으로 증가하고 있다. 그뿐만 아니라 1980년대 서비스업 고용률의 분산은 2010년에는 상당 수준 축소되는 현상을 관찰할 수 있다. 대부분의 나라들에서 서비스업으로의 전환은 속도와

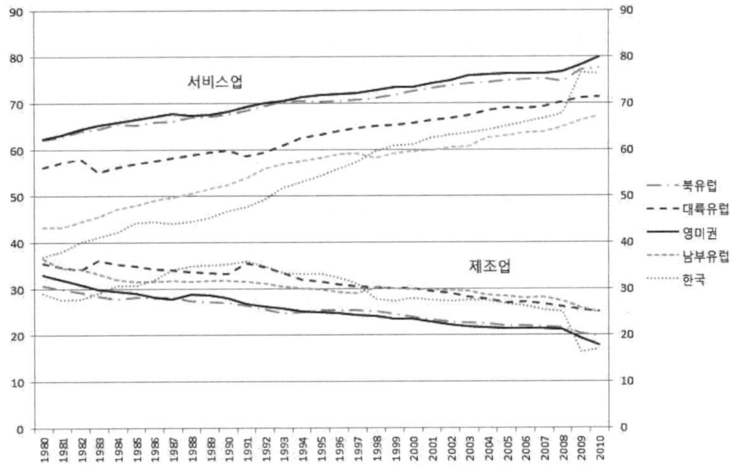

〈그림 3-1〉 제조업과 서비스업 고용의 변화 경향

강도에서 상당한 수렴현상이 관찰된다고 하겠다.

이렇게 산업사회에서 서비스 경제로의 전환이 진행되는 이유는 주로 네 가지 관점에서 설명된다. 기술의 발전으로 인한 제조업과 서비스 부문의 생산성 격차, 재화에서 서비스로의 소비 패턴 변화, 경영혁명 그리고 서비스 부문 노동수요의 증대가 그것이다(신광영 등, 2008; Esping-Andersen, 1999 등). 먼저 기술의 발전은 제조업에서 서비스업으로 고용이 확장되는 주요한 원인이었다. 기술의 발전에 따라 제조업에서의 노동력 수요는 줄어들게 되고, 이렇게 제조업에서 방출된 노동력은 서비스 부문에 고용됨으로써 서비스업 고용 증가의 원인으로 작용하는 것이다(Oecsh, 2006: 29). 또한 제조업과 서비스업에서의 생산성 격차는 서비스 부문 고용을 증대시키는 요인으로 작용한다(Lee, 2010: 43). 그런데 서비스 부문에서의 생산성은 매우 느리게 증가하는 반면, 제조업에서의 생산성은 기술 진보로 인해 급격히 증가한다. 따라서 서비스 부문이 제조업과 동일한 수준의 생산성을 유지하기 위해서는 제조업에 비해 생산성이 낮은 서비스업에서 상대적으로 더 많은 노동력을 필요로 하게 된다. 결국 서비스업에서는 주로 저숙련 저임금을 특징으로 하는 고용 패턴을 갖게 된다(Esping-Andersen, 1993). 이는 서비스업에서 고용 및 소득 불안정성으로 이어진다.

다음으로 서비스에 대한 수요 자체의 증가이다(Lee, 2010: 44; Oesch, 2006: 29). 자동차나 가전제품과 같은 제조업 생산품은 소득이 증가하면 어느 정도까지는 수요가 증가하다가 더 이상은 증가하지 않는 정체 현상을 보인다. 예를 들면, 아무리 소득이 높아진다 해도, 한 집에서 세탁기를 여러 대 구입하지는 않는다. 결국 증가된 소득으로 제조업 생산품을 구매하는 것은 무한정으로 늘어나지 않고, 나머지 소득은 주로 여행, 가사 등 서비스 상품의 소비로 이어진다. 소득이 늘어나고 생활수준이 향상되면 사람들의 서비스에 대한 수요는 더 증가하는 것이다. 이뿐만 아니라 물건을 구매할 경우에도 사후 서비스가 잘되는 기업의 물건을 구매하는 방향으로 소비자들의 소비 패턴이 변화됨으로써, 재화만을 생산하던 기업들도 고객들에게 서비스를 제공하기위한 고용을 늘리게 됨으로써 서비스업으로의 전환은 가속화되는 경향이 있다. 이러한 외주화는 저임금, 고용의 불안정성을 야기하는 원인으로 작용한다.

세 번째로 1차와 2차에 걸친 경영 혁명의 결과로 서비스 부문의 팽창이 이루어졌다(백승욱, 2008). 1차 경영 혁명은 법인 자본주의의 등장과 유통 혁명을 특징으로 하고, 2차 경영 혁명은 서비스 노동과정에 대한 내적 통제의 강화와 고객서비스의 확대 및 감정노동의 중요성 부각을 특징으로 하는데, 이들 2차에 걸친 경영 혁명의 과정에서 서비스 부문이 급격하게 팽창하였다는 것이다. 그리고 이러한 서비스 경제화의 진전은 일부 전문화된 생산자 서비스를 제외하면 주로 아웃소싱된 저임금 저숙련 분야에서 주로 나타남으로써 하위 서비스 부문의 고용 불안정성을 일상화하고 있다는 것이다(백승욱, 2008).

마지막으로 서비스 부문 노동수요가 증가함으로써 복지국가에서 이들 노동수요를 흡수한 결과이기도 하다(Lee, 2010: 4; Oesch, 2006: 29). 전통적으로 복지국가는 사회서비스 제공을 위해 공공 부문에서 여성들의 고용을 확대해 왔다. 또한 민간 뿐 아니라 공공 부문 주도로 서비스 부문에서 여성들의 노동시장 참여가 확대되는 것은 동시에 여성들이 전통적으로 전담해 왔던 가사서비스 및 돌봄서비스의 수요를 늘리는 방향으로 작동하게 된다. 이는 또한 서비스 부문의 증가로 이어지는 것이다(김현정, 2006: 51).

이렇게 서비스 경제로의 산업구조 변화는 기업 간 관계, 고용 형태, 노사 관계 그리고 소득불평등에 많은 영향을 미친다(윤윤규, 2007). 전통적 서비스업에서는 일용직이나 파트타임 고용이 지배적이며, 금융·통신·교육·문화 산업 등 최근 부각되는 서비스업에서도 노동유연화가 확산되면서 비정규직을 채용하거나 외부노동력을 일시적으로 활용하는 사례가 증가함으로써 전반적인 소득불평등에 영향을 미치고 있다(이성균, 2004). 최근 좋은 일자리 논쟁은 산업구조 변화로 인한 노동시장의 변화와 관련된 전형적인 논쟁이라 할 수 있다(Morris & Western, 1999). 서비스 경제로의 전환은 새로운 형태의 노동시장 분절화(segmentation) 또는 이중구조화(dualism)를 강화시키는 주요한 요인으로 작동하고 있는 것으로 평가되기도 한다(Esping-Andersen, 1993; Emmenegger et al, 2012; Oesch, 2006; Standing, 2009 등).

도소매 음식업 등 전통적인 서비스업은 가구의 소비 활동이 시장화 된 산업으로(Kutscher, 1987), 여성 노동시장의 참여가 늘어나면서 여전히 중요한 서비스업으로 남아 있다. 그런데 이러한 전통적 서비스업은 규모도 영세하고, 생산성도 낮아 저임금이 일반화된 산업이다. 결국 이러한 서비스업은 저임금 취업자를 양산해 노동시장 불평등에 기여하게 된다. 또한 이들 서비스업은 시장의 규모에 비해 서비스 생산자들 사이의 경쟁이 심해, 개별 서비스 생산자들이 영세한 규모에서 서비스를 제공하고, 기술 발전보다는 노동력에 기초해서 서비스를 제공한다(Kassba, 1992). 결국 숙련된 기술인력 보다는 저숙련 단순 노무직이 이들 서비스업에 고용되어 저숙련 노동시장을 형성하게 된다. 따라서 임금 수준이 일정한 수준이었던 제조업에서 저임금이 일반화된 나쁜 일자리를 특징으로 하는 서비스업 고용이 확대되면서 소득불평등은 확대된다(Kutscher, 1987).

그러나 또 한편으로는 소득의 증가로 인해 새로운 욕구들이 생겨나고 이러한 욕구들을 충족시키기 위한 새로운 생산자 서비스 산업이 확대되기도 한다(Bell, 1981). 이들 산업은 일부 제조업체들이 신상품의 연구, 설계 등을 외부 서비스 전문가 집단에 의존하거나, 전자·유전공학 등 새롭게 성장하는 산업에 인력과 자본이 집중되는 새로운 생산자서비스 산업이 등장하기도 한다(김장호, 1999: 49). 이들 서비스 산업의 고용은 전통적 서비스 산업과 달리 새롭게 성장한 서비스업종에서는 고임금, 고숙련 노동자들로 채워지면서 전통적 서비스업과 생산자 서비스업 사이의 노동시장 불평등과 이중구조가 확대된다고 할 수 있다.

또한 서비스업의 증가는 고용 형태의 변화를 가져왔는데, 제조업에 비해 서비스 산업에서 비정규직 고용 형태가 빠르게 증가하는 현상들이 관찰된다(이성균, 2004). 고용주들은 노동비용을 줄이기 위해 무기한 계약, 전일제, 종속 고용에서 벗어난 고용 계약을 선택하거나 저임금 노동자들을 활용하는 전략을 통해 엄격한 해고 규제와 실업급여 제도를 우회하는 고용 전략을 통해 다양한 유형의 비정규 고용을 창출한다(Eichhorst & Marx, 2012). 또한 소프트웨어 개발, 정보 처리 등 새로운 서비스 업무들에 대해서는 외주를 활용하는데 이는 일시적으로 업무를 처리하는 불안정 고용을 증가시키는 요인으로 작용하기도 한다(윤윤규, 2007: 83). 이러한 불안정 고용 상태에 놓여있는 비정규직들은 정규직들에 비해 임금, 고용 안정성, 직업 훈련, 사회적 보호 등에서 차별적 처우를 받게 되는데, 이러한 과정에서 노동시장 이중구조는 강화되고 있다(Eichhorst & Marx, 2012).

물론 기존의 서비스 경제에서 소득불평등에 관한 연구들 중 일부는 서비스 고용의 확대가 저임금 비정규직 고용을 증가시키거나 소득불평등을 확대했다는 증거가 없다고 주장하기도 한다(Raffalovich, 1990). 그러나 대부분의 연구들은 서비스 산업의 일자리 증가가 소득불평등을 증가시킨다는 데 동의한다(Tilly, Blustone & Harrison, 1986 등). 특히 소득불평등의 차이가 서비스업과 제조업의 차이보다는 서비스업 내에서의 차이에 기인한다는 연구들도 다수 존재한다(Lee & Baek, 2012 등). 이들 연구들은 서비스업 내부의 숙련분화가 서비스업의 임금 불평등을 설명하고 있음을 보여주고 있다(Lee & Baek, 2012).

2) 여성의 노동시장 참여 증가와 이중구조화

여성들의 노동시장 참여 증가 또한 지난 30-40년간 서구 국가들에서 뚜렷하게 관찰되는 거시적 변화의 한 장면이다. 대부분의 나라에서 여성경제활동 참가율은 1980년 이후 적게는 5% 수준(북유럽 국가군)에서 많게는 16%(대륙유럽 국가군)까지 극적으로 증가했다. 특히 전통적으로 보수주의 국가군으로 분류되는 대륙유럽과 남부유럽에서 여성경제활동 참가율은 지난 30여 년 동안 각각 16%와 14%의 급격한 성장을 보였다. 북유럽 국가들에서 여성경제활동 참가율은 이미 1980년대 60%로 높은 수준이었고, 2011년에는 65% 수준이었는데, 이는 앞서 설명했듯이, 공공 서비스 부문에서 고용주로서 복지국가가 여성 고용을 대폭 확대했기 때문이다.

또한 여성들의 경제활동 참여가 늘어나게 된 것은 공급 측면에서 여성들의 높아진 교육 수준, 사회서비스에 대한 집합적 수요의 증가, 여성 평등 인식의 확대 등으로 설명할 수 있다(Oesch, 2006: 33). 수요 측면에서 보면 서비스 일자리의 증가로 인해 여성들의 일자리 기회가 확대된 것에서도 그 원인을 찾을 수 있다(Esping-Andersen, 1993).

그러나 여성들의 경제활동 참여는 서비스 경제로 산업구조가 변화되는 원인이자 결과라고 할 수 있을 정도로 주로 서비스 부문에 집중되는 경향을 보이고 있다. 특히 기술 발전과 서비스 부문의 수요가 늘어나면서 서비스 부문에 적합한 여성의 경제활동 참여가 확대되었다. 한국의 경우 1980년에 여성 서비스업 고용이 남성 서비스업 고용보다 5%정도 많은 것에 불과 했지만, 1990년대 중반 이후로 여성 서비스업 고용이 크게 늘어나면서 2011년에는 남성 제조업 고용보다 여성 서비스업 고용이 60% 더 많았다. 이는 남성 제조업 고용이 줄어든 측면도 있으나, 여성 서비스업 고용이 큰 폭으로 늘어난 것에 더 기인한다. 실제로 1980년과 2011년 사이에 한국의 남성 제조업 고용은 10% 정도 줄어드는 데 그쳤지만, 여성 서비스업 고용은 같은 시기에 40% 가까이 증가한 것으로 나타났다.

이렇게 저숙련 저임금, 불안정 고용을 특징으로 하는 서비스 부문의 확장이 주로 여성 고용을 통해서 진행된다는 것은 여성 노동시장의 불안정성이 그만큼 확대되고 있음을 의미한다. 노동시장의 성 분절화, 저임금 노동시장의 여성화 현상 등은 서비스 경제로의 전환과 불가분의 관계에 있다고 하겠다. 예를 들어, 임정준(2010)과 최민식(2007)은 여성의 경제활동이 지속적으로 증가하고 있음에도 불구하고 성별 임금격차는 여전히 크게 좁혀지고 있지 못하는 현상을 통해 한국 노동시장에 성차별이 존재함을 지적하였는데, 특히 최민식(2007)은 업종별로 살펴볼 때 서비스업이나 제조업에서의 성별 임금격차가 크게 줄어들지 않고 있으며, 외환위기 때 가장 큰 변화를 겪은 금융보험업에서는 그 격차가 더욱 커진 현실을 지적하고 있다.

김우영・권현지(2008)는 비정규직 상태의존성[5])을 조사하여 여성의 경우 남성보다 비정규직 상태의존성이 2배 가까이 높다는 분석 결과를 통해, 여성의 정규직 진입을 저해하는 요인이 노동시장에 존재하며, 남녀 간 산업과 직종에 따른 구조적 차이가 존재한다고 지적하고 있다. 성 분절지수(index of sex segregation)를 사용하여 성별 직종 분절의 정도를 분석한 정상진(2005)의 연구는 '기능, 기계 조작, 조립, 단순 노무직' 직종과 '전문, 기술, 행정관리직' 직종의 성 분절지수가 상대적으로 크게 나타난다고 밝혔다. 여성과 남성의 승진률 차이를 한국 기업문화에 존재하는 성별 직무 분리 관행으로 설명한 박기남(2001)은 한국 대기업의 경우 남성은 핵심 부서에서 제너럴리스트로, 여성은 지원 부서에서 스페셜리스트로 육성되는 식의 성별 직무 분리의 관행으로 인해 여성이 조직의 상위 계층(관리직)으로 진입하고자 할 때 승진의 제약이 되는 문제를 야기한다고 지적하였다.

---

5) "상태의존성이란 전기의 취업 형태가 이번 기의 취업 형태에 미치는 정도를 말한다. 즉, 전기에 비정규직으로 있는 사람일수록 이번 기에도 비정규직으로 있을 가능성이 높으면 상태의존성이 높다고 말할 수 있다" (김우영・권현지, 2008)

2. 노동시장의 이중구조화 양상들

1) 소득불평등의 심화

〈그림 3-2〉는 세 후-이전 후 가처분소득으로 측정된 지니계수를 체제별로 보여준다. 영미권과 남부유럽의 지니계수가 가장 높은 것으로 나타나고 있고, 1980년대 이후로 지니계수가 증가하고 있는 것으로 나타나 전반적으로 불평등이 심화되고 있음을 알 수 있다. 소득 상위 10%를 소득 하위 10% 값으로 나누어 측정된 10분위 분배율을 통해 살펴본 불평등의 변화 양상도 비슷하게 나타나고 있었다. 영미권 국가들에서 10분위 분배율이 1980년대에 비해 2000년대에 낮아진 것으로 나타나고 있지만, 이들 국가들은 여전히 다른 국가들에 비해 가장 불평등한 것으로 나타났다. 영미권 국가들에서는 1980년대 소득상위 10%의 소득이 소득하위 10% 소득의 5배나 더 높았고, 2000년대에는 4.5배로 약간 낮아졌다. 반면에 북유럽 국가의 경우는

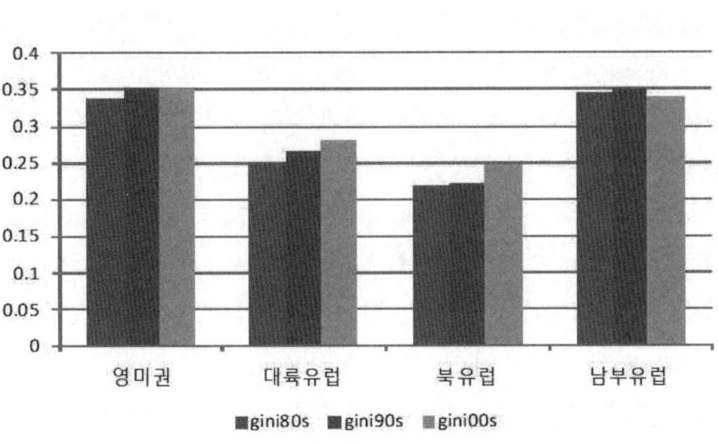

〈그림 3-2〉 체제별 가처분 소득 지니계수의 변화

1980년대 소득 상위 10%가 소득하위 10% 소득의 2.6배 정도 높았으나, 2000년대에는 2.9배로 높아졌다. 영미권 국가들에서의 불평등은 여전히 높고, 대륙유럽과 북유럽에서의 불평등 수준은 1980년대 이래로 증가하고 있다고 할 수 있겠다.

2) 노동시장의 이중구조화

먼저, 외부자 지위에 따른 비정형 노동의 구성비는 다음과 같다.

외부자 계급의 비정형 고용 비율은 체제에 따라 다른 양상으로 전개되고 있었다. 영미권과 대륙유럽의 경우 북유럽과 남부유럽의 두 배 가까이 되는 것으로 나타났다. 이러한 경향은 시간제 노동의 비율에서도 마찬가지였다. 비정형 고용과 시간제 노동의 내부자와 외부자 사이의 차이를 살펴보면, 영미권과 대륙유럽 국가에서는 외부자의 비정형 고용 비율이 내부자에 비해 17% 전후로 높게 나타났고, 북유럽과 남부유럽 국가들에서는 13% 정도 높게 나타나고 있었다.

다음으로 주관적으로 인식하고 있는 직무 안정성의 체제별 차이이다. Häusermann과 Schwander(2009)는 직무 안정성을 2005년 ISSP 설문 중 '일자리 상실 가능성에 대해 걱정'을 하고 있는지의 여부로 측정하였다. 이에 따르면, 영미권과 남부유럽의 경우 직무 불안정성에 대해 걱정하고 있는 비율이 북유럽과 대륙유럽보다 낮게 나타나고 있다. 이는 영미권 국가의 경우 노동시장 유연성이 매우 높기 때문에 일자리 상실에 대한 걱정이 크지 않고, 대륙유럽의 경우 고용 보호 수준이 높기 때문일 것으로 해석된다(Häusermann & Schwander, 2009: 17). 그러나 내부자와 외부자 간의 격차 양상은 다르게 나타나고 있다. 영미권 국가가 내부자와 외부자 사이의 격차가 가장 적고, 남부

〈표 3-3〉 계급과 비정형 고용과 시간제 노동 비율

		영미권	북유럽	대륙유럽	남부유럽
비정형 고용	외부자 지위	41.0	24.1	44.6	23.1
	내부자 지위	25.0	14.0	26.1	13.3
	내 · 외부자 격차	16.0	10.1	18.4	9.8
시간제 노동	외부자 지위	19.1	11.4	22.4	11.6
	내부자 지위	11.0	5.3	9.1	4.1
	내 · 외부자 격차	8.1	6.1	13.3	7.4
직무 불안정성	외부자지위	46.1	73.3	61.9	51.8
	내부자지위	45.8	71.8	58.1	46.7
	내 · 외부자격차	0.3	1.5	3.7	5.0
저임금 수용의사	외부자지위	37.4	62.1	28.5	9.6
	내부자지위	38.6	60.3	30.0	9.9
	내 · 외부자격차	-1.2	1.8	-1.5	-0.4
평균소득	외부자지위	2,134.7	2,547.2	1,636.8	1,102.2
	내부자지위	2,584.3	2,756.7	1,899.3	1,061.3
	내 · 외부자격차	-449.7	-209.6	-262.5	40.9

자료: Häusermann & Schwander(2009) 재구성.

유럽의 경우가 내부자와 외부자 사이의 격차가 가장 크게 나타나고 있다. 이는 고용 보호가 주로 내부자에게 적용되기 때문으로 해석된다. 또 한 가지 특이한 사항은 숙련 수준과 관계없이 직무 불안정성이 비슷하게 나타나고 있다는 점이다. 높은 외부자 지위는 저숙련, 중간 외부자 지위는 중간 숙련, 내부자 지위는 고숙련이 주로 분포하고 있는데, 이들 사이에 직무 불안정성에 대한 인식에는 차이가 없는 것으로 나타나고 있다. 이는 노동시장의 불안정성에 대해 모든 노동자들이 일반적으로 공유하고 있기 때문이라고 볼 수 있다(Häusermann & Schwander, 2009: 17).

세 번째로 '일자리를 유지하기 위해 저임금 일자리를 수용할 의사가 있는지'로 측정된 직무 불안정성에 대한 인식이다. 저임금 일자리 수용 의사와 관련된 패턴은 일자리 상실 가능성에 대한 인식 패턴과 약간 차이를 보였다. 북유럽 국가들의 경우 저임금 일자리 수용 의사가 가장 높았고 남부유럽이 가장 낮았다. 대륙유럽의 경우 일자리 상실에 대한 걱정 수준은 높았지만, 저임금 일자리 수용 의사는 낮은 것으로 나타났다.

네 번째로 평균 소득의 이중구조이다. 이들 연구에서의 소득은 EURO로 측정되었지만, 구매력지수가 반영되지 않았기 때문에 체제별 비교보다는 체제 내 비교에 집중할 필요가 있다(Häusermann & Schwander, 2009: 19). 표에 따르면 내부자와 외부자의 소득격차는 영미권 국가에서 가장 크게 나타났다. 특히 높은 외부자 지위를 가진 집단의 소득은 내부자 집단 소득의 77% 수준에 불과하였다.

3) 사회적 보호 및 복지 인식에서의 이중구조화

Schwander(2011)는 영국, 스위스, 스웨덴의 연금제도에서 이중구조화를 〈표 3-4〉와 같이 보여주고 있다. 연금제도의 포괄 범위에서 외부자와 내부자의 차이는 영국이 가장 컸으며, 스웨덴은 내부자와 외부자 사이에 차이가 없었다.

또한 Schwander(2011)는 European Social Survey 4(2008)를 이용하여 복지국가에 대한 선호를 분석하였다. 회귀분석 결과를 바탕으로 내부자와 외부자 사이의 복지 인식 차이를 예측한 값이 〈표 3-5〉에 제시되어 있다. 〈표 3-5〉에 따르면, 외부자의 경우 사회는 공정해야 하고 소득격차는 작아야 한다는 인식의 비율이 내부자보다 높았고, 일자리 제공 및 아동돌봄서비스 제공이 정부의 책임이라는 인식 수준

〈표 3-4〉 연금 포괄 범위의 이중구조

연금 coverage	영국			스위스			스웨덴
	A	B	C	A	B	C	C
외부자	65.4	6.2	68.1	89.5	85.4	89.5	100.0
내부자	76.8	16.7	80.9	92.9	91.1	92.9	100.0
격차	-11.4	-10.5	-12.8	-3.4	-5.7	-3.4	0

A: Occupational pension coverage, B: Private pension coverage C: Coverage with any pension scheme.
자료: Schwander(2010) 재구성.

〈표 3-5〉 복지에 대한 인식의 이중구조

복지에 대한 인식	내부자	외부자	비고
사회는 공정해야 하고 소득격차는 작아야 한다	53.4	58.4	%
일자리 제공에 대한 정부 책임	5.8	6.2	0-10점
아동돌봄서비스 제공에 대한 정부 책임	7.8	8.1	0-10점
실업보험은 기여한 만큼 급여가 제공되어야 한다	68.9	67.7	%
재능과 노력에 따른 소득격차는 정당하다	67.0	61.6	%

자료: Schwander(2011) 재구성.

이 내부자보다 높게 나타났다. 그러나 내부자 집단은 실업보험에서 기여한 만큼 급여가 제공되어야 하며, 재능과 노력에 따른 소득격차는 정당하다고 생각하는 경향이 외부자 집단보다 높았다.

제4절 한국의 성인기 노동시장 불평등과 제도적 이중구조

앞서 이론적 논의에서 이중구조가 노동시장에서의 이중구조화, 사회적 보호 제도에 의한 이중구조화 및 정치적 과정에서의 이중구조화에 의해서 만들어지고 그것이 노동시장에서 다차원적 불평등의 고착화 및 지속화와 어떻게 관련되는지를 설명하였다. 이 장에서는 노동시장의 이중구조를 파악하기 위해 내부자와 외부자의 이중구조화가 비정형 고용, 소득, 사회적 보호 등에서 어떻게 고착화되는지를 살펴볼 것이다.

1. 한국 노동시장의 변화와 이중구조화

1997년 IMF 경제 위기 이후 한국에서 노동시장의 이중구조는 급속하게 확대되었다. 가장 전형적으로 나타난 현상이 표준적 고용 관계의 해체와 그로 인한 비정규직의 증가를 꼽을 수 있다. 비정규직 비율에 대한 통계는 측정 방식에 따라 다양한데, 통계청의 공식 통계에 따르면, 2002년 27.4%였던 비정규직의 비율은 2012년 33.3%까지 증가한 것으로 나타났다. 임금노동자 3명 중 한 명은 비정규직인 셈이다.

이러한 비정규직의 문제는 여성에게 특히 집중되어 있다. 2002년 남성 중 비정규직 비율은 50.5%, 여성 중 비정규직 비율은 49.5%이던 것이, 2012년에는 그 비율이 각각 46.6%와 53.4% 수준이 되었다. 남성 중 비정규직의 비율은 감소한 반면 여성 중 비정규직의 비율은 4%포인트 정도 증가하였으며, 여성 임금근로자 중 절반 이상이 비정규직이었다. 다음으로 비정규직들은 고용에서의 불안정성 뿐 아니라 사회적 보호에서의 배제 수준 또한 높다. 현 직장에서 사회보험 가입률은 정규직이 84-99% 수준인데, 비정규직은 34-40% 수준에 불과하다. 또한 퇴직금, 상여금 등에서 비정규직은 19-38% 수준만 적용되고 있다(김유선, 2013: 26).

그리고 비정규직들의 저임금 노동 비율도 높다. 2013년 월 임금총액 기준으로 볼 때 전체 임금근로자 중에서 중위임금 2/3 이하인 저임금 노동자의 비율은 26.8%에 달했고, 비정규직은 46.6%가 저임금이었다(김유선, 2013: 21). 정규직과 비정규직의 임금격차 또한 확대되어 왔다. 2000년 8월 월 임금총액 기준 비정규직의 임금은 정규직의 54% 수준이었으나 그 이후 임금격차는 지속적으로 확대되어 2010년에 비정규직의 임금은 정규직의 46% 수준으로 그 격차가 확대되었다. 2012년 정규직과 비정규직의 임금격차는 50%수준으로 축소되기는 했지만, 비정규직의 임금은 여전히 정규직 임금의 절반 수준에 불과한 상황이다(강남훈, 2013; 김유선, 2012).

이러한 상황의 변화는 노동소득 분배율에서도 확인할 수 있다. 전체 평균소득 상위 0.1%의 소득배율을 살펴보면, 1960년대 말 상위 0.1%의 소득은 전체 근로자 평균소득의 10배 정도였는데, 2011년에는 20배 이상으로 확대된 것으로 나타났다(김낙연, 2013). 김낙연(2013)은 이러한 현상이 나타난 이유 중의 하나를 고소득자에게 유리한 조세 구조에서 찾고 있다. 즉, 한국의 최고 세율은 1970년대에 70%까지 도달했으나, 그 이후 지속적으로 떨어졌다는 것이다. 한계세율의 지속적인 하락은 고소득자들의 저축 여력을 높여 자본소득이 늘어나는 효과가 있는데, 한국의 경우 근로소득의 집중도가 상승했지만 자본소득의 집중도가 더 빨리 상승해서 소득배율의 불평등이 심화되었다(김낙연, 2013).

2. 한국 노동시장의 이중구조화 양상들

1) 고용 및 소득의 이중구조화

먼저 내부자와 외부자로 구분하여 노동시장의 이중구조화가 어떻게 형성되고 있는지를 살펴보기 위해 Emmenegger 등(2012)의 논의에 기초하여 서비스 경제에서의 계급을 17개로 구분하고 이들이 비정규 노동의 위험에 어느 정도 노출되어 있는지를 확인하였다. 이를 통해 내부자와 외부자로 계급을 구분하였다. 분석 자료는 한국복지패널 1차년도부터 7차년도까지의 자료를 활용하였다. 분석 결과는 〈표 3-6〉에 제시되어 있다.

분석 결과를 보면, 저숙련서비스 기능직(LSF)이 주로 외부자인 것으로 나타났다. 성별과 연령까지 고려하여 보다 자세히 살펴보면, 여성 LSF는 연령과 관계없이 외부자 지위에 있는 것으로 분석되었다. 또한 LSF 중에는 고연령 남성이 외부자 지위를 지속적으로 유지하고 있었다. 또한 생산직 노동자(BC)의 경우에는 고연령 여성이 외부자 지위를 지속하고 있었고, 고연령 남성의 경우에는 2-4차년도까지 통계적으로 유의미하게 외부자 지위를 유지하고 있었다.

서구의 국가들과 달리 사회문화 전문직(SCP)과 복합서비스기능직(MSF)의 경우에는 모두 내부자 지위를 유지하고 있었다. 이는 흥미로운 결과라 할 수 있다. 이들 계급에서 외부자 지위를 가지고 있지 않다는 것은 한국에서의 내부자와 외부자 구분이 숙련 수준의 구분과 일치할 수 있음을 보여주는 결과라 할 수 있다. 즉 저숙련은 외부자 지위를 고숙련은 내부자 지위를 가질 가능성이 높다는 것이다.

보다 자세히 내부자와 외부자 구성을 살펴보면, 외부자의 비율은 2005년도 18% 수준에서 증가 추세를 보이고 있었으며, 2008년 30%

〈표 3-6〉 노동시장의 이중구조화

계급/연령/성별		복지패널						
		1차	2차	3차	4차	5차	6차	7차
LSF	저연령, 남성	47.1	42.2	40.2	45.7	50.0	40.8	45.1
	고연령, 남성	66.4	59.9	60.4	65.6	66.7	65.3	67.8
	저연령, 여성	80.2	59.8	64.9	80.7	68.1	69.9	72.0
	고연령, 여성	86.7	71.7	69.6	80.5	82.0	79.7	79.7
SCP	저연령, 남성	22.7	29.6	23.1	22.3	21.8	24.3	22.4
	고연령, 남성	14.8	26.2	20.5	18.5	16.8	16.5	17.7
	저연령, 여성	34.9	37.3	29.4	33.7	37.7	37.2	32.9
	고연령, 여성	34.7	39.0	33.9	36.0	42.5	35.4	40.1
MSF	저연령, 남성	14.5	22.6	12.0	13.1	17.8	11.1	17.1
	고연령, 남성	11.4	31.4	10.8	11.4	19.9	14.0	12.7
	저연령, 여성	31.8	33.7	26.2	27.8	26.6	25.8	31.8
	고연령, 여성	38.6	34.8	43.4	46.2	46.3	40.0	41.3
BC	저연령, 남성	44.2	40.8	34.1	36.4	38.2	32.4	30.6
	고연령, 남성	44.4	57.8	52.5	53.4	49.4	43.8	46.7
	저연령, 여성	43.7	46.0	31.5	44.8	48.7	42.5	45.2
	고연령, 여성	59.3	65.4	57.2	62.6	63.1	61.1	58.9
CA		12.3	27.4	14.6	13.9	18.6	16.5	23.6
전체 비정규직(%)		43.0	47.6	42.2	46.5	47.8	44.7	46.0
외부자(%)		18.2	29.1	29.5	29.4	19.9	20.6	20.1
외부자 중 여성(%)		75.5	50.1	53.1	51.5	79.1	78.1	77.3
여성 중 외부자(%)		35.4	37.8	39.0	37.2	38.2	38.0	36.6
외부자 중 저연령(%)		23.0	15.0	16.7	15.1	22.7	21.2	20.1
저연령 중 외부자(%)		9.0	9.9	11.0	10.1	10.6	10.6	10.0

LSF(Low Service Functionaries): 저숙련서비스 기능직, SCP(Socio-cultural Professionals): 사회문화 전문직, MSF(Mixed Service Functionaries): 복합서비스 기능직, BD(Blue-Collar Workers): 생산직, CA(Capital Accumulators): 자본 축적가.

주: 음영은 해당 계급에서 비정규 노동의 위험에 노출된 외부자를 의미함.

수준까지 증가하다가, 고연령 남성 생산직 노동자들이 외부자 지위에서 벗어남에 따라 2009년에 감소하였으나, 다시 증가 추세를 보여

2011년에는 20% 수준으로 증가하였다. 그러나 성별을 고려하였을 때, 외부자 중에서 여성의 비중은 2005년도 76% 수준으로 매우 높았으며, 2006년부터 다소 감소 추세를 보이다가 2009년도에 80% 수준까지 증가하였고 이후 그 추세가 유지되는 것으로 나타났다. 이는 2009년부터 고연령 남성 생산직 노동자(BC)들이 외부자에서 내부자 지위로 변동된 것이 영향을 미친 것으로 보인다. 여성들 중 외부자의 비중은 30% 후반에서 비슷한 수준을 유지하였다. 또한 외부자 중 저연령의 비중은 2005년 23% 수준이었으며, 이후에도 15-20% 수준을 유지하고 있었다.

이러한 결과들을 종합해보면, 한국 사회에서 연령에 따른 내부자 외부자의 차이보다는 성별의 차이가 전체 노동시장 이중구조화에 영향을 주고 있는 것으로 판단된다. 특히 남성의 경우 LSF와 BC 계급에서 외부자에서 내부자로 전환되는 현상이 발견되는 반면, 여성의 경우는 그러한 변화 없이 외부자 지위를 지속하고 있었다.

또한 소득에서의 이중구조를 살펴보면(〈표 3-7〉), 내부자와 외부자의 가구균등화 가처분소득의 차이는 매우 큰 폭으로 증가하고 있음을 알 수 있다. 2005년의 경우 내부자와 외부자의 가처분소득 차이가 500만원 수준이었으나 2011년에는 약 800만원으로 증가한 것으로 나타났다. 소득에서 내부자와 외부자의 이중구조가 매우 크게 확대되

〈표 3-7〉 소득의 이중구조화

가구균등화 가처분소득	2005년	2006년	2007년	2008년	2009년	2010년	2011년
외부자	2,369	2,820	3,080	3,446	3,399	3,691	3,882
내부자	2,869	3,451	3,811	4,026	4,256	4,440	4,652
차이	-500	-631	-731	-581	-857	-750	-770

주: 소득은 가구균등화 가처분소득임.

고 있음을 알 수 있다.

2) 사회적 보호의 이중구조화

사회적 보호의 이중구조화는 사회보험의 배제를 통해서 살펴보았다(〈표 3-8〉).

먼저 국민연금의 미납비율은 2006년 20% 수준이었으나 그 비율이 2010년 25.3%까지 증가하다 2011년에는 22.5% 수준으로 낮아지고 있었다. 하지만 여전히 내부자와 외부자의 국민연금 미납비율에서의 격차는 5%포인트 수준을 유지하고 있어 내부자와 외부자 사이의 국민연금 이중구조가 형성되고 있는 것으로 보인다.

다음으로 외부자의 고용보험 미가입 비율은 2005년 66%로 외부

〈표 3-8〉 사회보험 미가입(미납)비율

		2006년	2007년	2008년	2009년	2010년	2011년
국민연금	외부자	19.96	24.16	23.98	23.98	25.34	22.53
	내부자	14.35	17.87	17.36	18.66	18.4	17.61
	차이	5.61	6.29	6.62	5.32	6.94	4.92
고용보험	외부자	56.57	56.02	51.38	59.24	58.56	54.75
	내부자	23.48	26.45	21.82	26.93	26.14	25.52
	차이	33.09	29.57	29.56	32.31	32.42	29.23
산재보험	외부자	59.41	55.47	48.64	58.58	56.6	53.58
	내부자	36.27	37.75	23.05	27.04	28.01	27.17
	차이	23.14	17.72	25.59	31.54	28.59	26.41
국민건강보험	외부자	8.57	5.66	6.04	3.35	2.56	1.44
	내부자	4.4	3.39	2.91	2.24	1.54	0.92
	차이	4.17	2.27	3.13	1.11	1.02	0.52

주: 국민연금과 국민건강보험은 미납비율임.

자의 절반 이상이 고용보험에 미가입된 것으로 분석되었다. 그리고 그 비율은 2008년 51.4%까지 하락하였으나, 2009년 다시 60% 수준으로 증가하였다. 2010년 58% 이상의 외부자들이 고용보험에 가입되어있지 않은 것으로 나타났으나, 2011년에는 54% 수준으로 다소 미가입 비율이 다소 하락하였다. 내부자와의 격차도 30% 수준으로 매우 높은 것으로 나타나 고용보험에서의 내부자와 외부자 간 이중구조는 매우 심각함을 알 수 있다.

다음으로 외부자의 산재보험 미가입 비율은 고용보험과 패턴이 비슷했다. 2005년 66% 수준으로 외부자의 절반 이상이 산재보험에 미가입된 것으로 분석되었다. 그리고 그 비율은 2008년까지 감소 추세였으나, 2009년 다시 59% 수준으로 증가하였다. 2011년에는 외부자의 산재보험 미가입 비율은 53% 수준으로 나타났다. 고용보험과 달리 산재보험의 경우 내부자의 미가입 비율은 높은 수준이었다. 물론 2005년 37% 수준에서 2011년에는 27% 수준으로 크게 하락하고 있었다. 외부자와 내부자 사이의 격차는 2005년 28% 수준에서 2011년 26% 수준이었다.

마지막으로 외부자의 건강보험 미납경험은 2005년 10% 수준에서 2011년 1.4% 수준으로 크게 감소한 것으로 나타났다. 내부자들의 건강보험 미납경험 또한 2005년 6% 수준에서 2011년 1% 수준으로 낮아졌다. 그리고 내부자와 외부자 사이의 미납경험 격차도 2005년 5% 수준에서 2011년 0.5% 수준으로 낮아진 것으로 나타나 건강보험에서 내부자와 외부자의 이중구조는 나타나고 있지 않았다고 할 수 있다.

제5절 소결

3장에서는 서비스 경제의 특성을 반영하는 계급구조를 이론적으로 재구성하여 내부자와 외부자로 구분하고, 내부자와 외부자 사이에 노동시장 및 사회적 보호 시스템에서 분절 구조가 발견되는지를 확인하고자 하였다. 서구 국가들에 대한 분석 결과들에서 내부자와 외부자 지위는 특정 계급에 집중되어 있긴 하지만, 그 양상은 복지 체제마다 다르다고 보고되어 왔다(Emmenegger 등, 2012 등). 한국 사회의 이러한 이중구조화 현상에 대한 분석 결과 서구 국가들과는 약간 다른 형태의 내부자 및 외부자 지위가 발견되었다. 우선 한국복지패널 1차년도부터 7차년도까지의 자료를 활용하여 계급, 성, 연령(40세 기준)을 기준으로 17개 집단으로 구분하고 이들 각 집단의 비정규직 고용 비율이 전체 비정규직 고용 비율보다 통계적으로 유의미하게 높은 집단들을 외부자로 분류하였다.

그 결과 한국에서의 전형적인 외부자 지위는 여성 저숙련서비스 기능직(LSF)과 고연령 남성 저숙련서비스 기능직, 그리고 고연령 여성 생산직 노동자로 나타났다. 특히 외부자 중에서 여성의 비율은 최근 80% 정도로 급격하게 증가하고 있는 것으로 나타났다. 반면 고연령 남성 생산직 노동자들이 2009년 이후로 내부자 지위로 전환되는 현상이 발견되고 있었다. 이러한 현상은 서비스 경제의 전형적인 특징인 노동시장 성 분절화가 한국의 노동시장에서 전형적으로 발견되고 있음을 보여주는 결과라 할 수 있다. 노동시장 정책을 수립할 때, 젠더 친화적인 노동시장 정책적 접근이 필요함을 말해주는 대목이라 하겠다.

한국이 서구 국가들과 외부자 집단 구성에서 차이를 보이는 부분은 사회문화 전문직이다. 서구 국가들에서는 여성 사회문화 전문직이 외부자 집단으로 분류되는 경향을 보였으나, 한국의 분석 결과에서 사회문화 전문직은 모두 내부자 집단으로 분류되고 있었다. 그러나 여성, 특히 고연령 사회문화 전문직의 경우 그 비율이 2005년 이후 꾸준히 증가 추세를 보이고 있고, 2011년에는 40% 정도가 비정규직에 종사하고 있었다. 이러한 분석 결과는 한국 노동시장의 서비스 경제화 현상이 진행될수록 이들 집단이 외부자로 전환될 가능성이 높음을 보여주는 결과라 할 수 있다. 또한 이들 집단 이외에도 여성들은 사회문화 전문직과 복합서비스 기능직에서도 비정규직의 비율이 꾸준히 증가하는 현상이 관찰되고 있었다. 이러한 변화를 추동한 주요한 원인 중의 하나는 최근 한국 사회에서 요양보험, 사회서비스 바우처 사업 등 사회서비스 분야의 일자리 창출정책이 저임금 저숙련 노동시장을 확대하는 방향으로 작용한 것에서도 찾을 수 있을 것이다. 이제 사회서비스 일자리 창출 사업은 일자리 '창출'보다는 '질 좋은' 사회서비스 제공에 초점이 맞추어져야 하며, 그러기 위해서는 사회서비스 분야에 질 좋은 일자리를 만들어 내는 정책들이 매우 중요하다. 이러한 변화들을 고려한 정책적 접근이 현 시기 매우 중요한 과제로 제기될 필요가 있다.

다음으로 사회적 보호의 이중구조화 현상을 살펴보면, 고용보험과 산재보험에서 외부자들의 미가입 비율이 50%를 훨씬 넘어서는 심각한 수준이며, 내부자와의 격차도 30% 수준으로 매우 높게 나타나고 있었다. 이 역시 전통적 산업사회의 정규직 남성 노동자 보호를 중심으로 구성된 사회보험의 한계를 여실히 드러내는 장면이라 할 수 있다. 서비스 경제화와 함께 노동시장의 성 분절화 그리고 사회보험에서의 이중구조화는 매우 밀접하게 연결되어 있는 것이다. 따라서 외부자들의 고용보험과 산재보험 가입을 촉진할 수 있는 제도적 장치들이 심각하게 고민될 필요가 있어 보인다. 최근 논의되고 있는 사회보험 가입 준수를 위한 감독의 강화(황덕순 등, 2012: 545-546)나 두루누리 사업과 같은 저소득층 사회보험료 지원 사업이(이병희 등, 2012) 그 대안이 될 수 있을 것이다.

하지만 이러한 제도적 장치들은 사회보험이 법제도적으로는 완비되었으나, 사회보험 행정에서 관리 감독을 소홀히 하였다거나, 가입자들이 적극적으로 기여 회피를 하고 있다는 것을 전제로 한다(이병희 등, 2012). 하지만 한국 사회에서 사회보험 사각지대의 문제가 관리 감독이나 기여 회피 때문인지에 대해서는 세밀하게 검토할 필요가 있다. 실제 사회보험의 법제도적 사각지대를 분석한 결과에 따르면, 근로자의 15% 정도는 법제도적 차원에서 원천적으로 사회보험에서 배제하고 있는 것으로 나타나고 있다(서정희 · 백승호, 2014). 이는 서비스 경제사회에서 노동시장 구조는 전통적 산업사회와는 달라졌음에도 불구하고, 여전히 전통적 사회보험시스템을 통해 노동시장에서의 사회적 위험을 해결하려고 하는 과정에서 나타날 수 있는 '사회보장의 제도적 지체' 현상이 반영된 결과라 할 수 있다(백승호, 2014).

따라서 위험과 불안정성, 고용 없는 성장, 사회보험 배제가 일상화되어가고 있는 서비스 경제사회의 특성을 반영하여, 전통적인 사회보험 방식이 아닌 새로운 패러다임의 사회보장 시스템에 대한 논의가 적극적으로 진행될 필요가 있다. 이행노동시장이론에서 논의되고 있는 노동보험이나 생산적 노동 뿐 아니라, 자원봉사 등 사회적으로 유용한 일들에 대한 참여를 조건으로 제공되는 참여소득, 심사와 근로조건 없이 모든 개인에게 매월 일정액의 현금을 무조건 지급하는 기본 소득, 노동시장 진입 연령에 도달한 청년들에게 일시금의 현금을 지급하는 사회적 지분급여 등 다양한 형태의 소득 보장 프로그램들에 대한 진지한 논의가 시작 될 필요가 있다. 물론 복지국가의 지속가능성을 위해서는 이러한 복지정책과 동시에 보다 근본적으로 외부자 집단에 속하는 사람들의 숙련 수준을 향상시키기 위한 노동공급 측면에서의 적극적 노동시장정책, 직업 훈련 정책 내실화와, 노동수요 측면에서 고임금의 질 좋은 일자리를 창출하기 위한 노동시장정책이 통합적으로 고려될 필요가 있다.

제4장 성인기 젠더 불평등과 이중구조

제4장 성인기 젠더 불평등과 이중구조

김 영 미(동서대학교)

제1절 들어가며

압축적 경제성장과 90년대 말 경제위기를 지나 현재까지 한국 사회는 정치 · 경제 · 사회 · 문화 모든 측면에서 급격한 변화를 겪었고, 그 과정에서 젠더 관계와 가족에 대한 가치 역시 많은 변화를 겪었다. 1960, 70년대 아들의 학업을 위해 고등교육을 포기해야 했던 딸들은 이제 더 이상 존재하지 않는다. 통계청 자료에 따르면, 1975년 한국 여성들의 77.1%가 초졸 이하였지만, 2009년 여성 대학 진학률은 82.4%로 남성(81.6%)을 넘어섰다. 여성은 일단 결혼하게 되면 가사와 육아에 전념해야 한다는 가부장적인 성역할 통념이 강력했지만, 지금은 여성의 취업과 맞벌이가 자연스럽게 수용되고 있다.

그렇다면, 한국 사회에서 젠더 불평등은 사라지고 있는가? 에스핑 안데르센(Esping-Andersen, 2009)은 그의 최근 저서 『끝나지 않은 혁명 *The Incomplete Revolution*』에서 '전업주부'에서 '평생 고용'으로 여성의 역할이 전환된 과정을 '혁명적'이라고 표현하였다. 그의 표현대로 한국 사회 역시 여성과 남성의 삶에 '혁명적인 변화'가 일어났는가? 여성에 대한 차별, 남성과 여성 간의 격차는 해소되었는가? 그래서 남성과 여성이 함께 꿈을 꿀 수 있는 그런 사회로 나아가고 있는가? 한국의 사회정책은 이를 위해 적극적인 역할을 수행하고 있는가?

현재 여성 고용, 남녀고용평등은 단순한 여성정책, 가족정책을 넘어 지속적인 경제성장, 지속가능한 복지국가 체제를 위한 핵심 요소로 간주되고 있다. 하지만 이러한 필요성과 중요성에도 불구하고 젠더 불평등 개선을 위한 정책적 노력에는 상당한 국가별 편차가 존재한다. 현재 한국은 1990년대 말 경제위기를 겪으면서 소득불평등, 양극화가 점차 심화되고 있고, 노동시장 불안정성, 고용 불안정성은 증가하고 있다. 2000년대 이후에는 OECD 국가들 중 최하의 저출산 상황에 놓여 있고 급속하게 인구가 고령화되고 있다. 이러한 상황을 개선하기 위해서는 여성 고용, 남녀의 일·가정 양립, 젠더평등이 중요한 한국 복지국가 전략이 되어야 한다는 인식하에 그동안 많은 정책적 노력을 기울여 왔다. 2008년에는 고질적인 문제인 여성 경력단절 문제를 해결하기 위해 「경력단절여성 등의 경제활동촉진법」을 제정했고, 배우자 출산휴가, 육아기 근로시간 단축제도, 가족돌봄 휴직 청구권 제도, 가족친화인증제 도입 등 남녀 근로자의 일·가정 양립 지원을 위한 제도 개혁을 실시하였다(김종숙·김영미, 2014). 2000년대 중반 이후 지속적으로 확대되어 온 보육서비스는 2013년 보육시설을 이용하는 모든 아동에게 비용을 지원함으로써 보편적 사회서비스가 되었다.

그렇다면 이러한 정책적 노력들은 젠더 불평등을 완화하는 데 어떤 역할을 하였는가? 4장에서는 한국 사회에서 젠더 불평등 현상이 완화되고 있는지 혹은 강화되고 있는지, 이 과정에서 사회정책은 어떤 역할을 수행하고 있는지 살펴본다. 먼저, 1990년대 후반 노동시장의 불안정성 증가, 여성 노동시장 참여 증가 등 노동시장의 변화는 성별에 따른 노동시장 이중구조에 어떤 영향을 미쳤는지 살펴본다. 다음으로, 복지국가가 여성의 삶, 젠더 관계에 개입하는 제도적 전략에 주목하여, 복지국가가 제도를 통해 젠더 불평등을 완화하는 데 어떤 역할을 수행했는지 살펴본다. 이때 '제도적 이중구조'라는 개념에 주목한다. 복지국가가 제도적으로 남성과 여성에게 상이한 이중 전략을 사용하고 있는지 여부에 따라, 그 전략의 수준에 따라 젠더 불평등은 완화될 수도 혹은 강화될 수도 있다. 따라서 4장에서는 한국의 사회보장제도, 특히 2000년대 이후 확대된 일·가정 양립 지원정책들과 경력 단절 여성을 위한 일자리정책이 기존의 젠더 이중구조에 어떻게 작용했는지 살펴본다. 이를 통해 한국 사회에서 젠더 이중구조와 불평등을 해소하기 위해 필요한 대안적 복지 전략의 방향을 제안하고자 한다.

제2절 젠더 불평등과 제도적 이중구조 논의

1. 젠더 불평등의 원인에 관한 논의

젠더 불평등은 노동시장 내에서, 가족 내에서, 그리고 사회정책 내에서 전 생애주기에 걸쳐 존재하는 구조적 현상이다. 특히, 가부장제에 의해 구조적으로 억압받고 있는 여성의 현실을 강조한 페미니즘 이론들은 성별 위계질서와 젠더 불평등 구조를 유지하기 위한 여러 구조적 요인들을 규명하고자 노력해 왔다. 그 대표적인 학자인 올로프(Orloff, 1996)는 가부장적 성별 위계를 유지하기 위한 기제로 노동의 성별분리, 가족임금체계, 전통적 결혼과 이중적인 성도덕 기준을 들었다.

노동의 성별 분리란, 남성은 가정의 경제적 책임자이며 여성은 자녀출산과 돌봄 노동, 가사 노동의 책임자라는 역할 분리를 의미한다. 가족 임금체계는 가족부양이라는 이유로 남성에게는 우월한 임금과 세제상 혜택을 주고, 여성은 노동시장으로부터 배제하거나 유리한 지위에 접근할 수 없게 만들어 경제적으로 남성에게 의존하게 만드는 것이다. 과거 완전 고용에서부터 단체 협상, 노동시장 규제, 사회적 보호에 이르기까지 복지 자본주의의 토대는 표준적 남성 생계 부양자인 노동자를 보호하는 것이었다. 경제와 가족, 생산과 소비의 연계를 이루는 사람은 바로 남성이었으며, 남성에 대한 보장은 곧 모두에 대한 보장이라고 여겨졌다(Esping-Andersen, 2002). 1950년대와 1960년대 여성의 남성에 대한 경제적 의존도는 거의 절대적이었다(Sorensen and McLanahan, 1987). 하지만 과거 2~30년에 걸쳐 여성 교육 수준 향상, 노동시장 참여 증가 등의 변화를 통해 한국 사회의 젠더 격차는 감소해 왔다. 그럼에도 불구하고 취업・승진・임금 등 직장에서의 차별과 육아 등 돌봄 노동이 전적으로 여성의 책임으로 지워져 있는 젠더 이중구조 양상은 여전하다.

그리고 최근 선진국의 여성 노동시장에 대한 분석들은 여성 노동시장의 변화가 동시에 여성 노동력의 양극화와 분화 혹은 분절을 초래했다고 지적하고 있는데, 단순 사무직, 생산직, 서비스직 등 노동시장의 하위직에 속한 여성들이 경험하는 성별 직종 분리나 성별 임금 격차의 정도가 약화되지 않으며, 오히려 격차가 심화되는 현상이 나타나고 있다고 지적한다(Rubery, Fagan and Maier, 1996; Power, 1988). 이러한 현상은 특히 저학력, 고연령, 유색인 기혼 여성들에게 두드러지게 나타나는데, 월비(Walby, 1997)는 이를 '여성들 내부의 세대 간 격차로 인한 이중구조'로, 파워(Power, 1988)는 '새롭게 출현하는 여성 엘리트와 주변적 여성 사이의 이중구조'로 규정하였다.

많은 여성들은 노동시장에 참여해 소득 활동을 함에도 불구하고, 여전히 가사 노동과 양육 노동의 주된 책임자로 여겨지고 있고 그로 인해 노동시장 참여 형태가 남성과 상이한 경향을 보인다. 대표적인 예가 파트타임 노동이다. 물론 국가별로 파트타임 노동 비율, 그 내에서의 여성비율, 파트타임에 대한 처우는 다양하게 나타나지만, 이러한 고용 형태가 주로 기혼 여성들에게 집중적으로 나타난다는 것은 공통적인 현상이다. 노동 시간이 짧다는 것은 낮은 소득으로 이어질 수밖에 없고, 이는 가구 내 소득불평등의 문제로 이어질 수 있다. 오랜 기간에 걸쳐 남성과 여성의 성역할 태도가 보다 평등한 방향으로 전환해 왔음을 보여주는 많은 연구에도 불구하고(Ciabattari, 2001; Fan and Marini, 2000; Loo and Thorpe, 1998; Stickney and Konrad, 2007), 가정 내의 가사 노동과 양육 노동의 상당 부분은 여전히 여성의 몫으로 남겨져 있는 것이 사실이다. 즉, 유급노동의 세계는 혁명적인 전환과정을 겪고 있는데, 무급노동의 세계는 '지연된 혁명(stalled revolution)'의 상태가 지속되고 있는 것이다(Hochschild and Machung, 1989). 이는 여성이 일을 함에도 불구하고, 남성들은 가사와 양육 책임을 분담하지 않고 있기 때문이다.

2. 복지국가의 제도적 이중구조와 젠더 불평등

복지국가는 여성의 삶과 사회적 지위 전반에 직간접적으로 영향을 미친다. 복지국가 제도가 젠더 관계를 규정하는 방식은 고정적인 것이 아니며, 정치·경제적 조건의 변화 과정을 통해 제도의 구성 방식은 변화할 수 있고, 변화된 제도는 기존의 젠더 관계 변형을 초래하고 여성의 삶을 변화시킬 수 있다. 즉, 복지국가의 제도 구성 방식에 따라 기존의 젠더 관계를 재생산하는 억압 기제가 될 수도, 기존의 젠더 관계를 변형하는 해방의 기제가 될 수 있는 '이중성'을 가진다고 할 수 있다(김영미, 2012). 노르웨이 정치학자 헬가 헤르네스(Helga Hernes)는 저서 『복지국가와 여성 권력 *Welfare State and Women Power*(1987)』에서 북유럽 국가 사례를 통해 복지국가들이 여성 친화적일 수 있는 가능성을 주장했다. 출산, 양육 등 재생산과 관련된 이슈가 공적 문제가 되어 있는 현실을 근거로 들었다. 여성 친화적 복지국가는 여성에게 남성보다 더 힘든 선택을 강요하지 않을 것이고, 모성을 강요하기보다는 자아실현을 위한 다른 대안들을 열어둘 것이라고 하였다(Hernes, 1987: 15).

복지국가가 여성의 삶에 개입하는 방식을 제도 수준에서 보다 구체적으로 논의하기 위해 이 글에서는 '제도적 이중구조'라는 개념을 사용한다. 이중구조(dualism)라는 개념은 본래 이중노동시장이론에서 사용되었는데, 이 이론에 따르면 노동시장 내 이중구조는 양호한 근로 조건, 높은 임금, 안정적 일자리, 승진 가능성을 특징으로 하는 1차 노동시장과 저임금의 불안정하고 열악한 근로 조건을 특징으로 하는 2차 노동시장을 의미하며, 노동시장 간 사회적 이동성이 낮아 2차 노동시장에 위치할 가능성이 높은 청년, 여성, 이민자 등은 1차 노동시장으로 상승 이동할 가능성이 낮다(Piore, 1980). 1970년대 이후 서비스업의 비중이 증가하고, 여성의 노동시장 진입이 주로 서비스 부문을 중심으로 이루어짐에 따라 성별에 따른 노동시장 분할의 가능성은 높아지고 있는 것으로 보인다.

노동시장 이론 외에 비판적 복지국가 분석에서도 '이중 복지체제 dual welfare system'라는 개념(Tussing, 1975)을 사용하였는데, Leibfried와 Tennstedt(1985)는 독일이 빈곤층 대상 정책과 노동자 대상 정책이라는 이원적 복지 체제로 구분된다고 주장하였다(Emmenegger et al., 2012). 이와 유사하게 젠더 관점에서 미국 복지정책에 대한 비판적 분석을 실시한 연구들은 미국 복지체제가 남성들 중심의 사회보험과 여성들 중심의 공공부조 정책이라는 '이중 체계(two-tier system)'로 구성되어 있다고 하였다(Pearce, 1978, 1983, 1986; Fraser, 1989; Orloff, 1993 재인용). 이러한 논의는 복지국가가 젠더에 따라 차별적으로 제도화되었고 그 과정에서 여성들은 이등 시민권을 부여받았다는 Daly(2000)의 주장이나, 남성들이 노동시장 참여를 전제로 노동자의 지위에 근거해 복지급여에 대한 권리를 갖는 반면, 여성들은 주로 남편에게 의존적인 아내, 자녀를 돌보는 어머니의 지위에 근거한 파생적 권리(derived right)를 갖는다는 Pateman(1992)과 Sainsbury(1996, 1999)의 주장과도 연결될 수 있다.

위의 두 가지 접근이 노동시장, 복지제도 각각의 이중구조 분석에만 초점을 맞추었다면, Palier와 Thelen(2010)은 노동시장 이중구조와 복지제도의 이중구조가 서로 관련되어 있고, 사회정책이 노동시장 내, 사회 내 분할과 불평등에 영향을 미칠 수 있음을 주장하였다. 예컨대 일과 가정생활의 양립을 지원하는 복지국가 제도는 여성이 남성과 보다 동등한 조건으로 노동시장에 참여할 수 있게 함으로써 노동시장 내 젠더 불평등을 완화시킬 수 있다(Emmenegger et al., 2012). 이러한 논의들을 종합하여 Emmenegger et al.(2012)은 복지국가의 급여, 서비스에 대한 권리 자격이 내부자와 외부자에게 차별적으로 부여되는 것을 '제도적 이중구조'라고 보고, 기존의 이중구조가 심화되거나 새로운 형태의 이중구조가 생겨나는 과정을 '이중구조화(dualization)'라고 하였으며, 그 결과 격차, 양극화, 주변화 등 사회적 분절과 불평등이 발생한다고 보고 있다. 하지만 이중구조화가 반드시 격차를 크게 하는 것은 아니며, 외부자를 대상으로 하는 정책이 관대하다면 격차는 커지지 않을 수 있다는 점을 지적하고 있다.

Williams(2000)는 우리의 경제가 '어머니들'과 '어머니가 아닌 사람들'로 구성되어 있다고 하면서, 미국의 남녀 간 임금격차는 줄고 있지만 어머니와 어머니가 아닌 사람들 사이의 임금격차는 더욱 커지고 있다는 연구 결과를 발표했다. 이는 젠더 이중구조가 특히 '어머니' 역할을 중심으로 존재하고 있음을 의미한다. 대부분의 국가에서 정도의 차이는 있지만 출산·양육 시기 여성들의 경력 단절 가능성이 가장 높고, 이는 이후 고용 기회와 임금 소득 수준에 부정적인 영향을 끼친다는 수많은 연구 결과들이 이를 뒷받침해 준다. 이는 결국 여성들이 남성에게 경제적으로 의존하게 하며, 가족 관계가 해체되었을 경우 경제적 취약성 혹은 빈곤으로 이어지게 만듦으로써 젠더 불평등 체계의 중요한 기제로 작용한다(Barrett, 1980; Smith, 1984; Sørensen, 2001; Sørensen and McLanahan, 1987). 또한 여성의 빈곤은 아동의 빈곤으로까지 이어질 수 있고, 이는 아동의 성장과 발달에 영향을 미침으로써 미래 세대에까지 영향을 미칠 수 있음을 의미한다.

그리고 서유럽 국가들의 경우 기혼 여성 상당수가 파트타임 노동을 하고 있는데, 이는 소위 '마미 트랙(mommy track)'이라는 남성과 다른 별도의 노동시장 진입 경로가 존재함을 의미한다. 사회서비스 일자리들 역시 여성들을 노동시장에 통합하기 위한 수단으로 주로 활용된다. 이는 여성들을 이차 소득자(secondary earner)로 취급하기 때문인데, 그렇다고 하더라도 네덜란드와 같이 풀타임 노동자와 동등한 권리(노동권, 사회보장 수급권)를 보장받는 양질의 파트타임 일자리, 또는 스웨덴과 같이 공공 부문에서 적절한 임금과 동등한 권리를 보장받는 괜찮은(decent) 사회서비스 일자리라면, 이중구조로 인한 격차는 완화될 수 있을 것이다.

제도적 이중구조를 복지국가의 급여, 서비스에 대한 권리 자격이 내부자와 외부자에게 차별적으로 부여되는 것이라고 정의한 Emmenegger et al.(2012)의 주장은, 복지국가 시민권(citizenship), 특히 사회권 논의로 거슬러 올라간다. 젠더 관점에서 복지국가와 사회권을 조명한 연구들은 이 개념이 내포하고 있는 남성 중심성과 그로 인한 여성의 배제를 지적해 왔다. 사회권의 자격과 내용이 성별에 따라 다르게 형성되는 것은 공/사 분리 개념과 관련되는데, 남성들이 노동시장 참여를 전제로 노동자의 지위에 근거해 사회권을 보장받는 반면, 여성들은 아내로서, 어머니로서, 노동자로서 이중 삼중의 역할을 수행하면서 남성과 다른 생애주기를 살아가고 있다(황정미, 2007). 이와 같이 아내, 어머니, 노동자라는 권리 자격에 따라 갖게 되는 사회권의 성격은 상이하며, 그에 따라 상이한 사회정책들이 실시되고 있다.

아내로서의 사회권은 가부장적인 결혼제도 안에서 남편의 피부양자, 취약한 보호의 대상이라는 지위에 근거하는데, 이런 이유로 독립적인 개인을 전제로 하는 시민권 개념과 맞지 않고 사회권의 독자적인 근거가 될 수 없다는 비판을 받아왔다. '개인주의(individualism)'가 사회정책의 주요 원칙으로 제도화되면서 아내로서의 사회권은 약화되고 있는 추세이다. 어머니로서의 사회권은 양육수당과 같이 돌봄 수행 자체에 대해 보상하는 것과 출산휴가, 육아휴직과 같이 어머니 역할 수행을 위해 노동시장에서 퇴장하는 것에 대한 소득 상실을 보상하는 것으로 구분되는데 후자의 경우 노동자로서의 사회권을 보장하는 성격도 갖는다(김영미, 2009).

남성과 여성의 주된 역할이 유급 노동과 무급 노동으로 구분되어 있고, 여성이 노동시장에 참여하더라도 가사와 돌봄이라는 무급 노동을 병행해야 하며 2차 노동자라는 것이 전제되어 있는 소위 남성 생계 부양자 모델이 유지되는 사회에서는, 여성의 노동자로서의 권리와 어머니로서의 권리는 상충되는 것일 수밖에 없다. 이는 소위 '울스톤크래프트 딜레마(Wollstonecraft's Dilemma)'와 연결되는데, 여성의 노동시장 참여를 용이하게 함으로써 경제적 독립성을 획득하게 한다는 '평등' 전략과 여성의 양육 노동에 대한 가치를 인정하고 보상하는 복지급여를 통해 경제적 독립성을 획득하게 한다는 '차이' 전략으로 구분된다.

이때 제도적 이중구조는 국가가 여성들에게 '차이' 전략을 구사할 때 유지된다고 할 수 있을 것이다. 가족수당이나 양육수당 등 '차이' 전략을 통해 제도가 남성과 여성을 달리 취급하고 다른 삶의 궤적을 따라 가게 한다고 하더라도, 보장 수준이 높다면 혹은 출산·양육의 특정 시기가 지난 이후 노동시장 복귀 등 다시금 다른 선택을 할 수 있도록 보장한다면, 젠더 불평등과 격차는 완화될 수 있을 것이다. 그리고 만약 한 사회 안에서 '평등' 전략과 '차이' 전략 중 한 가지를 선택하는 것이 학력, 계급, 계층 등의 요인과 결합되어, 고학력 상층 여성들이 평등 전략을 주로 택하는 반면 저학력 하층 여성들은 차이 전략을 택한다면 여성 내부의 격차라는 새로운 이중구조가 발생할 수 있을 것이다.

한편 여성의 노동시장 참여가 대세가 되고 있는 현재 상황에서 노동자로서의 권리와 어머니로서의 권리는 대립, 상충되는 것이라기보다는 통합되어야 하는 것으로 여겨지고 있다. 그리고 돌봄에 참여하는 것은 여성만의 책임이 아니라 남성과 분담되어야 한다는 인식 역시 증가하고 있다. 현재 많은 복지국가들은 여성 노동자들이 노동권과 모성권을 잘 조화시킬 수 있도록, 나아가 남녀가 동등하게 노동시장에 참여하고 부모로서 양육에 참여할 수 있도록 지원하는 것을 중요한 역할로 인식하고 관련 지출을 늘리고 있는 추세이다. 국가가 여성, 나아가 부모의 일·가정 양립을 얼마나 충분히 지원하는가에 따라 제도적 이중구조가 유지될 수도 완화될 수도 있을 것이다. 하지만 일·가정 양립의 책임이 여전히 개별 가족, 그리고 여성에게 지워져 있다면 이중구조는 유지될 것이고, 국가가 돌봄을 사회화하고 남성에게도 아버지로서의 권리와 책임을 부여함으로써 기존의 젠더 구조를 완화하고자 노력한다면 이중구조는 완화될 수 있을 것이다. 또한 일·가정 양립을 지원하는 제도가 임금노동자, 그 중에서도 안정적이고 보호된 1차 노동시장 내의 노동자들을 주로 지원한다면 새로운 이중구조와 불평등을 초래할 수 있을 것이다.

제3절 복지국가의 상이한 젠더 평등 전략과 양상

그렇다면 복지국가의 이중성, 제도적 이중구조는 실제로 각 국가에서 어떻게 나타나고 있는가? 제3절에서는 서구 복지국가들이 어떤 전략과 제도적 장치를 통해 젠더 불평등 문제에 대응하고 있는지 살펴본다. 분명한 것은 현재 많은 국가들이 출산·양육 시기 여성(가족)들을 지원함으로써 젠더 불평등을 완화하고자 적극적인 노력을 수행하고 있다는 사실이다. 특히, 여성 고용을 지원하는 것을 강조하고 있다. 유럽 복지국가들의 경우, 2000년 유럽 이사회가 '성장과 고용을 위한 리스본 전략Lisbon Strategy for Growth and Jobs'으로 2010년까지 모든 회원국의 여성 고용률을 60% 이상으로 향상시키는 것을 정책 목표로 공식화하였다. 2010년에는 새로운 10년을 위한 새로운 전략으로 '창의적이고 지속가능하고 통합적인 성장을 위한 유럽 전략(A European strategy for smart, sustainable and inclusive growth)'을 제시하면서 고용과 관련해서 20-64세 고용 비율을 75% 이상으로 높이는 것, 특히 여성들을 노동시장에 더 많이 포함하는 것을 중요한 목표로 제안하였다. 이를 위해 경제협력개발기구(OECD)와 유럽연합(EU)은 회원국들에게 '아동(양육)에 대한 투자'를 강조하는 방향으로 사회정책 개혁과 사회경제 재조직을 권고하고 있다(Daly, 2011).

1. 복지국가의 가족정책 수준과 전략

복지국가의 가족정책은 정책 목표와 성평등 전략에 따라서 '평등' 전략과 '차이' 전략으로 구분된다고 앞서 이론적 논의에서 언급한 바 있다. 정책들 중 보육 등 사회서비스에 대한 지출이 많다는 것은 돌봄의 탈가족화를 통해 여성의 유급 노동 접근성을 높이고, 이를 통해 제도적 이중구조와 젠더 불평등이 완화될 수 있다는 것을 의미한다. 반면에 가족수당, 양육수당은 전업 주부 지원의 성격이 강해 이 정책의 지출 비중이 높다는 것은 젠더 역할에 따른 제도적 이중구조가 유

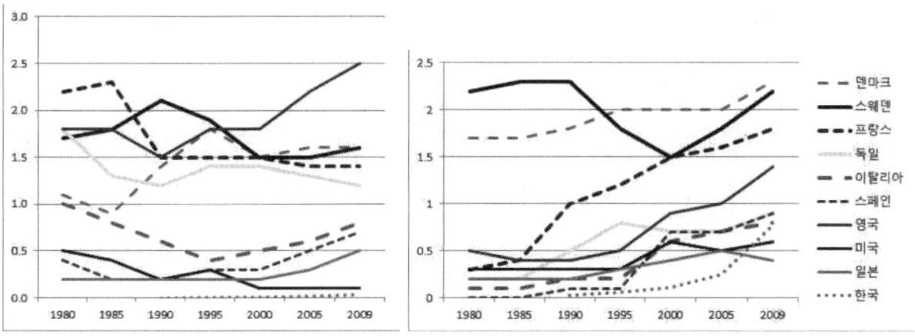

자료: OECD, Social Expenditure Database.

〈그림 4-1〉 국가별 가족정책 현금급여/서비스 지출 추이(1980-2009)

지, 강화될 수 있음을 의미한다. 출산휴가, 육아휴직의 경우 그 성격이 중간적이다. 그렇다면, 상이한 수준의 젠더 격차 수준과 양상을 보이고 있는 각 복지국가들은 어떤 정책적 전략과 수단을 가지고 이 문제를 해결해 왔는가? 〈그림 4-1〉은 1980년부터 현재까지 가족정책에 대한 현금급여와 서비스 지출 추이를 GDP 대비 지출 수준으로 제시하고 있다.

서비스 지출의 경우(우측 그래프), 1970년대부터 공공 부문을 통해 돌봄의 사회화를 추진해 온 북유럽형의 수준이 가장 높았다. 덴마크는 30년 동안 꾸준히 높은 수준을 유지했고, 스웨덴은 1990년대 중반 경제 위기를 겪으면서 지출이 감소했으나 2000년대 이후 다시 회복세를 보인다. 서비스보다 현금급여 중심의 정책을 강조하는 유럽대륙형에 속하는 프랑스와 독일은 1980년에는 각각 GDP 대비 0.3%, 0.2%로 유사했으나, 30년의 시간이 흐른 후 프랑스는 북유럽 국가들과 유사한 지출 수준을 보인다. 〈그림 4-1〉에 제시된 10개 국가들 중 프랑스의 서비스지출 증가 폭이 가장 큰데, 같은 시기 현금급여 지출은 오히려 감소했음을 볼 때, 이는 여성 고용과 일·가정 양립

지원을 강화하기 위한 프랑스 정부의 정책적 의지와 노력이 반영된 것이라 할 수 있다.

스웨덴을 제외한 모든 국가들의 가족서비스 지출이 증가세를 보이고 있고, 특히 서비스 지출 수준이 미미했던 영미형, 남유럽형, 동아시아 국가들의 경우 '돌봄 위기 혹은 공백care deficit'이라는 새로운 사회적 위험에 대처하기 위해 서비스정책 확대를 위한 지속적인 정책적 노력을 하고 있다. 한국도 1990년 서비스에 대한 지출이 GDP 대비 0.03%에 불과했지만, 2000년대 저출산 위기담론의 확산으로 돌봄 서비스에 대한 공적 관심 증대와 정책 지원이 확대되면서 2009년 현재는 GDP 대비 0.77%로 25배 증가하였다.

현금급여의 경우(좌측 그래프), 1980년에는 다양한 가족수당제도가 발달한 프랑스의 현금급여 지출 비중이 가장 높았고, 루이스와 오스트너(Lewis and Ostner, 1991)가 '강한 남성 생계 부양자 모델'로 분류한 영국과 독일 역시 높았고, 가족에 대한 관대한 이전급여가 이루어진 스웨덴도 높았다. 하지만 이후 프랑스와 스웨덴의 현금급여 지출 비중은 감소세를 보였고, 영국은 서비스 지출과 마찬가지로 현금 지출에서도 증가하는 추세를 보여 2009년 현재 현금급여 지출 비중은 영국이 가장 높게 나타났다. OECD 전체 국가들 중에서도 영국은 뉴질랜드와 함께 GDP 대비 2.5%의 지출 수준으로 가장 높다. 2009년 현재 북유럽 국가들과 유럽대륙 국가들은 GDP 대비 1.5% 내외의 중간 정도로 수렴하는 것으로 보인다. 그 다음 중간 하위 그룹에 남유럽 국가들이 있고, 미국과 동아시아 국가 특히, 한국의 경우 현금급여 수준이 매우 낮다.

다음으로 현재 각 국가들은 가족급여에 대해 공적 지출을 얼마나 하고 있는지, 현금급여, 서비스, 조세혜택 세 가지로 구분하여 살펴보

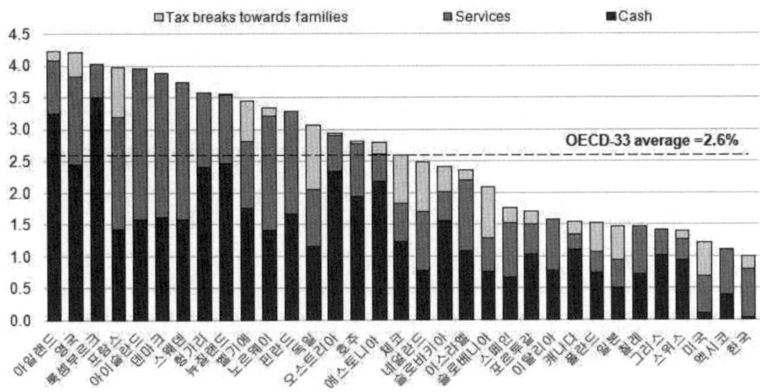

자료: OECD, Social Expenditure Database

〈그림 4-2〉 국가별 가족급여에 대한 공적 지출수준(2009) (GDP 대비 %)

자. 〈그림 4-2〉에 따르면, 아일랜드, 룩셈부르크, 오스트리아 등 유럽 대륙 국가들과 그리스는 현금급여 비중이 훨씬 높은 반면, 아이슬란드, 덴마크, 스웨덴 등 북유럽 국가들은 서비스 비중이 훨씬 높았다.

2009년 전체 가족급여에 대한 공적 지출은 아일랜드가 GDP 대비 4.24%로 가장 높았지만, 대부분이 현금급여이고 서비스 지출은 1% 정도에 불과하다. 한국은 2000년대 중반 이후 가족에 대한 지출이 급속하게 확대되었음에도 불구하고 GDP 대비 1.01%로 33개 OECD 국가들 중 가장 낮은 지출 수준을 보이고 있다. 아동수당의 부재로 현금급여 비중이 매우 낮고 상대적으로 서비스 지출 비중이 매우 높지만, 전체적인 지출 수준이 낮아 한국의 경우 젠더 이중구조와 불평등이 해소되기에는 역부족임을 알 수 있다. 반면, 아이슬란드, 덴마크, 스웨덴, 노르웨이, 핀란드 등은 전체 가족정책에 대한 지출 수준도 높지만 그중에서도 서비스 지출이 상당히 높은 국가들이다. 이 국가들의 경우 보편적인 공공서비스 지원과 아동수당, 부모휴가급여 등

가족에 대한 관대한 지원을 통해 제도적 이중구조를 완화하고 젠더 불평등을 완화하고 있음을 알 수 있다.

서비스 지출의 대부분을 차지하는 아동돌봄서비스 지원 수준을 보다 구체적으로 살펴보기 위해 보육서비스 등록 비율을 국가별로 살펴보면, 〈그림 4-3〉과 같다.

0-2세 아동에 대한 보육서비스는 여성의 유급 노동 접근성을 높이는 데 보다 중요한데 덴마크가 약 65%로 가장 높았다. 아이슬란드, 노르웨이, 스웨덴 역시 높은 비율을 보였는데, 이들 국가들의 경우 생후 1년 동안은 대개 부모휴가를 통해 부모가 직접 아이를 돌보기 때문에 상대적으로 비율이 낮다. 핀란드는 다른 사민주의 국가들에 비해 그 비율이 저조한데, 공보육시설을 이용하지 않는 것을 조건으로 지급되는 가정양육수당(home care leave allowance)의 효과라고 할 수 있다. 핀란드에서는 2012년 의회 내에서 여성 고용 증진과 예산 절감 차원에서 기간을 1년으로 단축하자는 제안을 둘러싸고 치열한 논쟁이 벌어진 바 있는데, 실제 2009년 핀란드에서 3세 미만 어린 자녀를 둔 어머니의 고용률은 51%로 저조하다. 이는 양육수당 제도

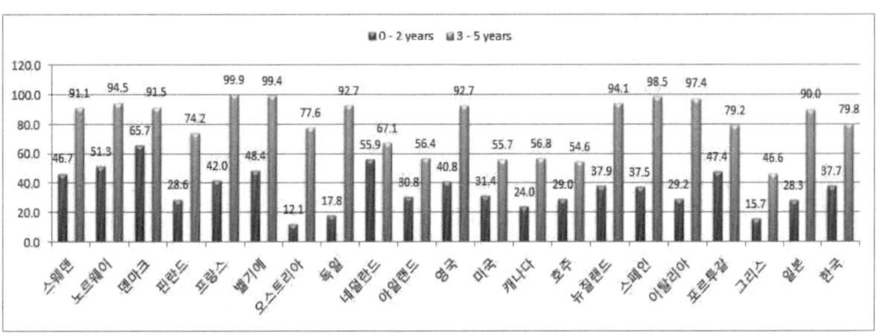

자료 : OECD, Family Database.

〈그림 4-3〉 국가별 0-2세/3-5세 아동 보육서비스 등록 비율(2008)

를 통해 젠더에 따른 이중구조가 유지되고 있음을 알 수 있다. 독일, 오스트리아는 보육서비스 등록 비율이 매우 저조한데, 이들 국가들의 여성들은 노동권에 상당한 제약을 받고 있음을 유추할 수 있다. 0-2세 아동에 대한 보육서비스가 국가별로 상당한 수준의 편차를 보인 반면, 3-5세 아동에 대한 보육서비스의 경우 대부분의 국가에서 비율이 높은 것으로 나타났다. 유럽대륙 국가들의 경우 '조기 교육'의 차원에서 3-5세 아동에 대한 보육서비스 지원을 보편적인 권리로 인정하고 있는 경향성이 반영된 결과라 할 수 있을 것이다.

다음 〈그림 4-4〉는 각국의 출산휴가와 육아휴직 지원 현황을 한눈에 보여주는데, 1인당 GDP 대비 출생 아동당 지급되는 출산휴가와 육아휴직급여의 수준을 제시한다. 북유럽 4개 국가가 단연 가장 높은 수준을 보였고, 다른 국가군들은 뒤섞여 있다. 유럽대륙 국가들 중에서는 룩셈부르크, 독일이 높은 수준이고, 남유럽 국가들 중에서는 포르투갈, 스페인 순이고, 영미형 국가들 중에서는 영국이 가장 높으며, 전체 국가 중 한국이 가장 낮다.

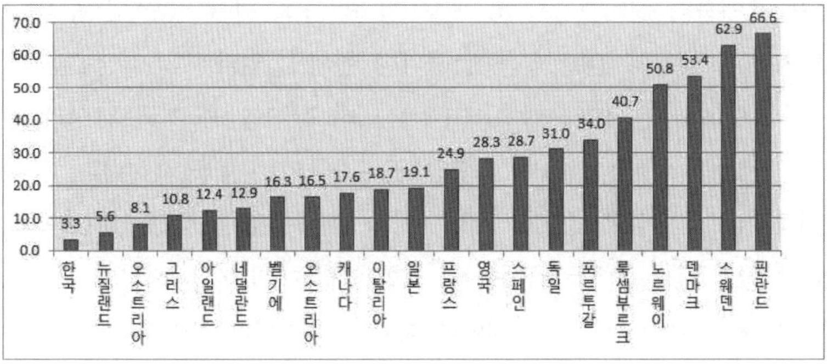

자료: OECD, Social Expenditure Database.

〈그림 4-4〉 출생 아동 1인당 출산 · 육아휴가급여 수준(2009) (1인당 GDP 대비 %)

2. 복지국가의 젠더 불평등 양상 비교

다음으로 여성들이 노동시장에 통합되는 수준이 어떠한지, 그로 인해 남녀 간의 고용격차가 얼마나 줄어들었는지, 남녀 간의 임금격차가 얼마나 줄어들었는지, 특히 자녀가 있는 기혼 여성들에 초점을 맞추어 국가별로 비교 분석하였다. 또한 이러한 젠더 격차가 소득계층이나 교육 수준 등의 요인들과 결부되어 어떠한 새로운 불평등을 만들어내는지 살펴보았다.

1) 고용과 소득의 젠더 격차와 불평등 양상

〈그림 4-5〉는 OECD 18개 국가의 18세 미만 자녀를 둔 20-54세 기혼 남녀의 고용 비율과 격차를 제시한다. 아일랜드를 제외한 모든 국가에서 자녀를 둔 남성의 고용률은 90% 이상으로 남성들의 일과 삶에는 자녀 양육이 아무런 영향을 미치지 않음을 볼 수 있다. 반면, 여성들의 경우 여성의 생애주기가 남성화되었다 할 수 있을 정도로 고용률에서의 젠더격차가 5.9%로 미미한 스웨덴이 있는 반면, 여성 고용률이 남성의 절반 수준에 불과한 한국도 있다.

〈그림 4-6〉은 18개 국가의 18세 이하 자녀를 둔 기혼 남성의 연간 근로소득 대비 기혼 여성 연간 근로소득의 비율을 제시한다. 한국이 41.6%로 가장 낮았고, 이탈리아가 84.1%로 가장 높았다. 독일, 네덜란드 등 유럽대륙 국가들은 기혼 남성 대비 기혼 여성의 근로소득 비중이 평균 44.7%로 절반에 불과한 수준이다. 이는 다양한 이유로 설명할 수 있겠지만, 가장 주요하게는 이 국가들의 높은 기혼 여성 파트타임 비율과 관련될 수 있다.

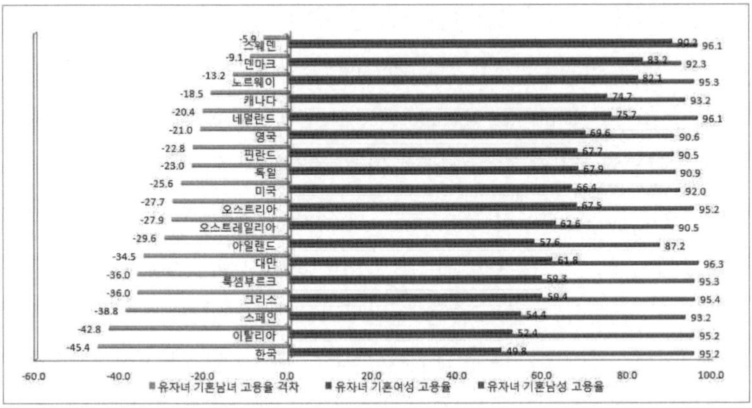

자료: LIS Key Figures, Wave Ⅵ(2004-6).

〈그림 4-5〉 국가별 유자녀 기혼 남녀의 고용 비율 및 격차(단위: %)

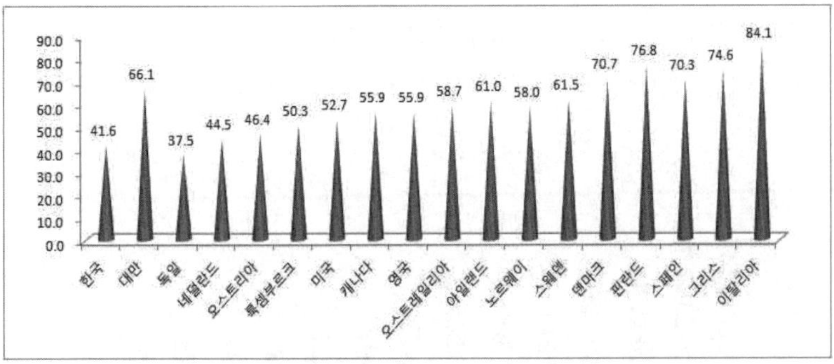

자료: LIS Key Figures, Wave Ⅵ(2004-6).

〈그림 4-6〉 국가별 유자녀 기혼 남녀의 연간 근로소득격차(단위: %)

노동시장에서의 젠더 격차와 불평등은 결국 여성들의 가구 내 의존성으로 이어진다. 많은 페미니스트 이론가들은 이 사회에서 젠더 불평등이 지속적으로 유지되는 데에, 여성이 배우자 남성에게 경제적으로 의존하는 것이 핵심적인 역할을 수행하고 있음을 주장해 왔다(Barrett, 1980; Smith, 1984; Sørensen and McLanahan, 1987 등). 룩셈부르크 소득 조사(Luxembourg Income Study, 이하 LIS) WaveVI(2004-2006년) 자료를 이용해 '가구 총소득에서 여성 총소득이 차지하는 비중'을 측정한 결과, 16개 OECD 국가들의 '기혼 여성의 가족 내 경제적 의존/독립성 수준'은 〈그림 4-7〉과 같이 나타났다(김영미 · 백승호, 2013). 기혼 여성의 경제적 독립 수준은 핀란드가 가장 높았는데, 전체 가구소득 중 여성소득이 차지하는 비중이 평균 36.5%로 나타났다. 파트타임 여성 고용 비율이 높은 네덜란드, 독일, 오스트리아와 여성 고용 비율이 낮은 남유럽 국가들과 한국은 기혼 여성의 경제적 의존 수준이 매우 높았다. 복지국가 체제별로 살펴보면, 북유럽형 사민주의 복지체제(35.22%), 영미형 자유주의 복지체제(27.91%), 유럽대륙형 보수주의 복지체제(24.62%), 남유럽형(20.26%), 한국(15.35%) 순으로 나타났다. 이는 수십 년에 걸쳐 여성의 노동시장 참여가 증가하고 생애주

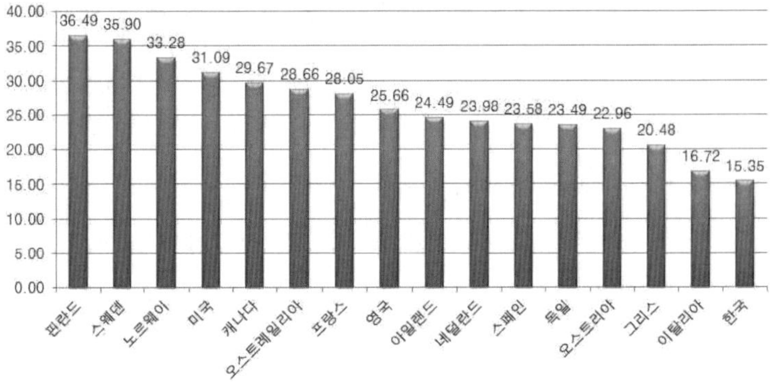

자료: 김영미 · 백승호(2013).

〈그림 4-7〉 국가별 기혼 여성의 경제적 독립성 수준

기가 남성화되었지만 여전히 젠더 불평등이 존재하고 있고, 이러한 격차는 국가별로 상당한 차이를 보이는데 그 차이는 복지국가 제도의 차이로 설명될 수 있음을 의미한다.

2) 새로운 불평등의 등장? 젠더 불평등과 소득불평등의 결합 양상

그렇다면, 젠더 불평등과 소득불평등이 결합된 양상은 국가별로 어떻게 나타나고 있는가? 이는 젠더 불평등을 완화하기 위해 국가별로 채택한 정책 전략들이 계급 불평등을 줄이는 방향으로 나아가는지, 아니면 확대하는 방향으로 가고 있는지를 볼 수 있을 것이다. 〈표 4-1〉은 임금 분위별 젠더 임금격차가 국가별로 어떻게 나타나는지 보여준다.

전체 풀타임 임금노동자를 대상으로 했을 때 남녀 간의 임금격차가 가장 큰 국가는 한국(38.9)이고 가장 작은 국가는 뉴질랜드(7.8)이다. 이러한 임금격차는 고임금 집단과 저임금 집단 간에 상이하게 나타나는데, 그 정도는 국가별로 다르다. 하위 20% 노동자의 젠더 임금격차 역시 한국이 28.8%로 가장 컸고, 일본, 오스트리아, 독일 순으로 나타나 저임금 집단의 젠더 임금격차는 남성 생계 부양자 모델이 강하게 유지되는 국가들일수록 큰 것을 알 수 있다. 상위 20% 노동자의 젠더 임금격차의 경우도 한국이 41.4로 가장 큰 것으로 나타났고, 일본, 핀란드, 미국, 독일, 스위스, 오스트리아가 그 뒤를 이었다. 이들 국가에서는 여성들이 최고 수준의 임금을 받는 일에 종사하는 것을 방해하는 소위 '유리천장(glass ceiling)'이 존재한다는 것을 의미한다. 이탈리아, 스페인, 포르투갈, 그리스 등 남유럽 국가들의 경우, 상위 20%의 남녀 임금격차보다 하위 20%의 임금격차가 상대적

〈표 4-1〉 임금분위별 젠더 임금격차(2009)

국가		중위 50%	하위 20%	상위20%	상위20% -하위20%
동아시아	한국	38.9	28.8	41.4	12.6
	일본	28.3	26.3	35.5	9.2
대륙유럽형	독일	21.6	25.0	22.5	-2.5
	오스트리아	19.4	25.9	22.4	-3.5
	벨기에	8.9	11.9	9.8	-2.1
	네덜란드	16.7	18.5	18.9	0.4
	프랑스	13.1	9.3	17.3	8.0
영미형	영국	19.8	17.3	20.8	3.5
	미국	19.8	14.4	24.2	9.8
	캐나다	19.7	21.1	19.9	-1.2
	뉴질랜드	7.8	6.7	13.9	7.2
남유럽형	포르투갈	15.6	14.2	9.2	-5.0
	스페인	11.8	12.7	4.7	-8.0
	이탈리아	11.8	6.7	-3.9	-10.6
	그리스	9.6	8.7	5.3	-3.4
북유럽형	노르웨이	8.7	5.4	15.6	10.2
	핀란드	19.7	16.4	24.7	8.3
	덴마크	12.1	14.1	14.9	0.8

참고: 풀타임 노동자 임금의 중위값을 기준으로 '(남성 임금-여성 임금)/남성 임금'으로 계산한 것임.
자료: OECD Employment Outlook 2012.

으로 더 작았는데, 이는 이들 국가의 노동시장에서는 가장 유능한 여성들만이 남게 된다는 선발효과(selection effect)를 반영한다고 할 수 있다(De la Rica et al.,2008; Olivetti and Petrongolo, 2008, OECD, 2012b 재인용).

제4절 한국의 제도적 이중구조와 젠더 불평등

4절에서는 한국의 젠더를 둘러싼 제도적 이중구조와 젠더 불평등 양상을 검토한다. 한국은 최근 다른 어떤 국가들보다 급속하게 노동시장과 가족구조의 변화를 경험하고 있는데, 1997년 IMF 금융위기는 중요한 계기가 되었다. 1990년대 말 경제위기 이후 발생한 노동시장의 급격한 변화는 성별에 따른 노동시장 이중구조에 어떤 영향을 미쳤는가? 성별 직종 분리와 성별 임금격차를 줄임으로써 완화되고 있는가, 아니면 강화되고 있는가? 새로운 이중구조나 불평등이 등장하고 있지는 않는가? 한국의 사회보장제도는 성별에 따른 노동시장 이중구조를 완화시키는 방향으로 나아갔는가? 2000년대 이후 저출산 담론에 힘입어 일·가정 양립을 지원하는 정책이 대폭 확대되었고, 여성들을 노동시장에 편입시키고자 하는 정책 전략들이 중요하게 구사되고 있다. 한국의 노동시장과 가족 안에서의 젠더 격차와 불평등 수준은 OECD에 포함된 선진산업국가들 중 가장 낮은 수준이다. 현재 시행되고 있는 가족정책, 노동시장정책, 복지정책들은 이중구조를 완화하는 방향으로 가고 있는가, 아니면 강화하는 방향으로 가고 있는가? 그 과정에서 새로운 이중구조와 불평등이 발생하고 있지 않은가?

1. 노동시장 내 젠더 불평등은 감소하고 있는가?

여성의 교육 수준이 증가함에 따라 노동시장 참여율이 꾸준히 증가해 왔음에도 불구하고, 〈그림 4-8〉에 제시된 바와 같이 한국의 남성과 여성의 경제활동참가율 격차는 좀처럼 줄어들지 않고 있다. 여

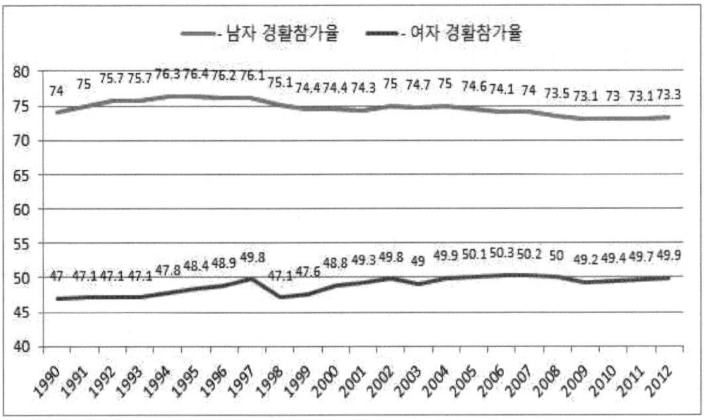

자료: 통계청 「경제활동인구조사」.

〈그림 4-8〉 **남녀 경제활동 참가율 추이**(단위: %)

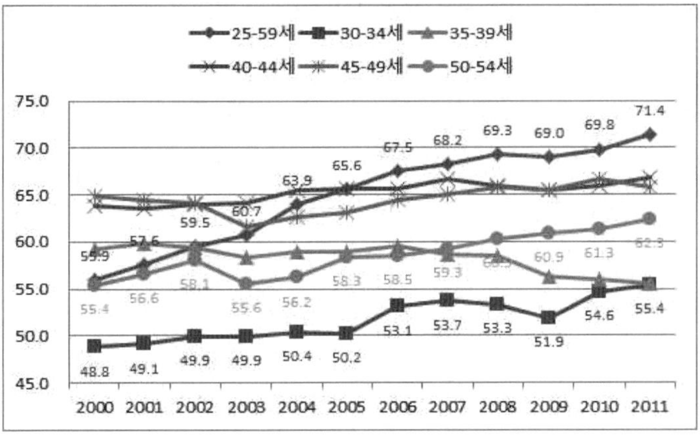

자료: 통계청 「경제활동인구조사」.

〈그림 4-9〉 **연령대별 여성경제활동 참가율 추이**(단위: %)

성 경제활동 참가율을 연령대별로 살펴보면, 〈그림 4-9〉에 제시된 것처럼 다소 역동적인 모습을 확인할 수 있다. 20대 여성의 경제활동 참가율은 55.9%에서 71.4%로 급격하게 증가하였다. 이는 여성의 대학 진학률 증가에 기인한다고 볼 수 있다. 50대 이상 여성들 역시 가파른 증가세를 보이고 있다. 40대 여성들 역시 참가율이 높은 상태로 유지되고 있는데, 이는 자녀 교육, 노후 준비, 주택 마련 등 추가 소득 마련이나 배우자의 실직 혹은 저소득, 이혼·별거로 인한 경제적 필요에 의한 취업의 성격이 강하다고 볼 수 있다.

평균적인 수준에서 여성 경제활동 참가율이 그동안 지속적으로 증가한 것은 이들 20대 여성과 50대 이상 여성들임을 짐작할 수 있다. 모든 연령대가 시간이 지남에 따라 경제활동 참가율이 증가하는 가운데, 유일하게 30대 후반 여성들만이 이러한 추세에 역행하고 있다. 30대 전반 여성들도 꾸준히 증가하고 있긴 하나 여전히 55.4%로 낮아 출산·양육 시기 여성의 경력 단절 문제가 여전히 해소되지 못하고 있음을 보여준다. 이는 2000년대 이후 지속적으로 확대되어 온 일·가정 양립지원정책이 여성의 출산·양육으로 인한 불이익을 해소하고 이들을 지원함으로써 경력단절 해소에 얼마나 도움이 되었는지 그 효과성에 의구심을 갖게 한다.

그렇다면, 30대를 제외한 여성들의 경제활동 참가 증가는 노동시장 내 젠더 격차를 해소하는 데 기여하고 있는가? 이는 남녀 간의 고용 형태 격차와 임금격차를 통해 확인할 수 있다. 과거 노동시장 내부자와 외부자 구분은 내부/외부 노동시장의 피용자로 구분되었으나, 외환위기 이후 이는 정규직과 비정규직의 고용 형태로 구분되기 시작했다(신광영, 2013: 138). IMF 외환위기 이후 노동관계법 개정을 통해 노동시장 유연화가 합법화되었고, 그에 따라 한국 사회에서 비정규직 고용 형태 증가는 비단 여성만의 문제는 아니었다. 하지만 남성의 경우 2004년 이후 비정규직 비율이 감소하고 있는 반면, 여성은 별다

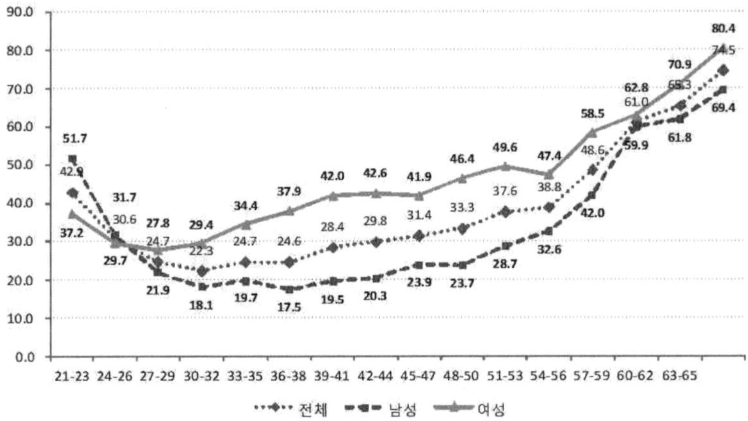

자료: 통계청 「경제활동인구조사 근로형태별 부가조사(2011.8)」, e-나라지표 참조.

〈그림 4-10〉 연령대별 남녀 비정규직 비중(단위: %)

른 변화가 없이 여성 임금근로자의 절반에 가까운 40% 이상이 비정규직이다.

연령대별로 구분해 살펴보면, 〈그림 4-10〉에 제시된 것처럼 핵심 근로 연령층인 30, 40, 50대 남성의 비정규직 비율은 20% 내외인 반면 여성은 30-50%로 상당히 높고 심지어 50대 이상 여성의 경우 절반 이상이다. 즉, 50대 이상 여성들이 노동시장 참가 수준을 견인하고 있기는 하나, 대부분 비정규직이라 성별 임금 불평등과 같은 젠더 격차를 완화시키는 데 기여하는지, 오히려 악화시키는지 검토할 필요가 있다.

그렇다면, 경제위기 이후 남녀 간의 임금격차는 줄어들고 있는가? 여성 비정규직의 증가는 남녀 간 임금격차가 늘어날 것으로 예측케 하지만, 동시에 여성 전문·관리직 종사자 비율도 가파르게 증가하고 있어 성별 임금격차가 오히려 줄어들 것이라 예측해 볼 수도 있다.

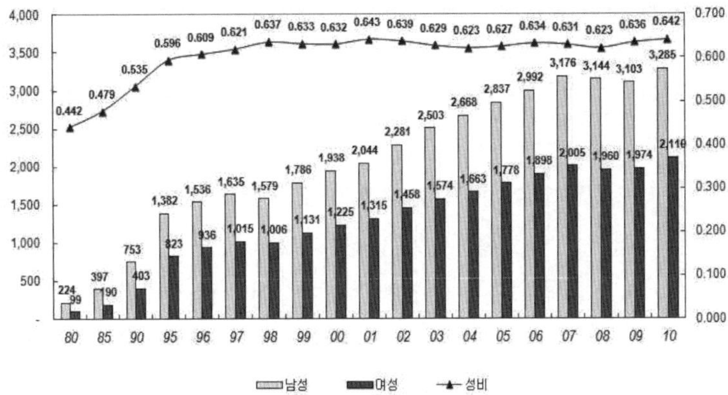

주: 10인 이상 사업체 기준. 월 평균 급여(천 원) 기준.
자료: 고용노동부, 「매월노동통계조사보고서」, 2007년 이전 각호; 고용노동부(2008), 「고용 형태별 근로 실태조사」.

〈그림 4-11〉 남녀 월평균 임금과 성비(여성/남성) (단위: 천 원/%)

실제로 여성 전문·관리직 종사자 비율은 1995년 11.4%에 불과했지만, 경제위기 이후에도 꾸준히 증가해 2012년에는 21.6%에 이르렀다. 〈그림 4-11〉을 보면, 1997년 IMF 외환 위기까지 성별 임금격차는 급격하게 줄어들어 1980년 여성 임금은 남성의 44.2%에 불과했지만 1997년 63.7%까지 증가했다. 하지만 경제 위기를 거치면서 정체되었고 오히려 격차가 늘어나기도 했다.

2007년 경제활동인구조사 부가조사 자료를 이용해 성별 임금격차를 분석한 신광영(2013)의 연구는, 여성들은 낮은 임금분위에 몰려 있는 반면 남성들은 높은 임금분위에 몰려 있음을 보여주었다. 저임금의 1분위와 2분위 집단에서는 여성의 비율이 70% 이상인 반면, 고임금의 9분위와 10분위에서는 여성의 비율이 17.5%와 12.9%에 불과했다. 남녀 모두 비정규직 고용이 증가해 저임금 집단에서 성별임금격차가 줄었다고 해도, 임금 상층에 속한 여성 비율이 여전히 남성보다 낮고(소위 유리천장이 존재하고) 고임금 집단의 성별 임금격차가 저임금 집단보다 훨씬 크다면, 전체적인 성별 임금격차는 커질 수 있을 것이다.

남성과 여성의 실근로시간의 차이가 크지 않음을 감안할 때, 월평균임금의 차이를 근로시간으로 설명하기도 어려운 상황이다. 1998-2008년 한국노동패널조사 자료를 이용해 이 시기 성별 임금격차가 정체된 원인을 분석한 금재호·윤자영(2011)의 연구에 따르면, 교육기간과 근속 기간의 차이가 성별 임금격차를 각각 14.7%, 14.4%를 설명하는 주요한 원인이었다. 여성의 교육 수준이 높아지고 있어 교육기간의 격차가 성별 임금격차에 미치는 부정적 효과가 점차 줄어들고 있는 상황에서, 결국 근속 기간이 중요함을 알 수 있다. 또한 출산·양육 시기 여성의 경력 단절은 향후 노동시장에 재진입했을 때 임금수준을 떨어뜨리는 결정적인 요인이 될 수 있음을 예측할 수 있다.

2. 사회보장제도는 노동시장 젠더 이중구조를 완화하고 있는가?

한국 노동시장의 이중구조는 사회보장제도를 통해 완화되고 있는가, 유지 혹은 강화되고 있는가? 여성들이 주로 비정규, 저임금 일자리에 있다고 하더라도, 실업, 질병, 은퇴 등 다양한 사회적 위험이 발생했을 때 정규직과 동등하게 사회보장을 받을 수 있다면, 이러한 이중구조는 다소 완화될 수 있을 것이다. 남성과 여성은 사회보장제도에 동등하게 포괄되고 있는가? 다양한 사회적 위험으로부터 동등하게 보호받고 있는가?

〈표 4-2〉에 따르면, 여성은 남성에 비해 고용보험과 국민연금, 국민건강보험의 직장 가입자 가입률이 전반적으로 낮다. 함께 제시된 정규직과 비정규직의 사회보험 적용 비율은, 한국의 사회보장제도가 노동시장 이중구조를 완화하기보다는 유지, 강화하는 쪽에 가까움을 보여준다. 이는 정규직/비정규직 간의 제도적 이중구조가 남성/여성 간 이중구조에도 반영되고, 사회보험 적용에서의 여성 내부 격차를 유발할 수도 있음을 시사한다.

여성 임금근로자의 56%만이 고용보험에 가입되어 있고, 국민연금 직장 가입자와 국민건강보험 직장 가입자는 각각 57.4%, 59.3%에 불과했다. 고용보험의 경우, 자영업자 등 비임금 근로자는 원천적으로 배제되어 있는데, 전체 여성 취업자 중 20% 정도가 자영업자인

〈표 4-2〉 성별/연령별 임금근로자의 사회보험 가입률

구분		고용보험	국민연금			국민건강보험			
			소계	직장 가입	지역 가입	소계	직장 가입	지역 가입	기타
모든 임금근로자		64.6	71.0	65.1	5.9	97.5	68.3	16.3	12.9
남성		71.0	77.1	70.9	6.2	98.1	76.1	14.8	8.2
여성		56.0	62.9	57.4	5.5	97.0	59.3	18.4	19.3
연령별 여성	15~19세	13.2	7.0	2.7	4.3	91.2	13.0	29.4	48.8
	20~29세	71.4	74.6	72.7	1.9	96.4	72.7	11.8	11.9
	30~39세	68.0	75.8	72.3	3.5	98.5	72.2	13.3	13.0
	40~49세	54.4	64.6	57.1	7.5	97.6	57.3	22.7	17.6
	50~59세	45.8	58.2	47.3	10.9	96.3	47.7	23.9	24.7
	60세 이상	17.0	6.4	1.6	4.8	95.3	23.0	25.2	47.1
정규직		94.9	96.1			96.4			
비정규직		53.5	48.1			50.6			

주: 건강보험에서 '기타'는 의료수급권자와 직장가입자 피부양자를 합한 값임.
자료: 통계청(2011. 8), 「경제활동인구조사 근로형태별 부가조사」.

점을 감안할 때 고용보험 사각지대는 더 확대될 것이다. 더욱이 현행 우리나라의 출산휴가, 육아휴직제도는 고용보험 가입자에게만 적용되고 있기 때문에, 고용보험 사각지대에 놓인 자영업자, 영세사업장 노동자, 비정규직 노동자들은 실업뿐만 아니라 출산, 양육이라는 사회적 위험으로부터도 적절히 보호받지 못하는 상황이다. 연령별로 살펴보면, 여성은 20대와 30대를 정점으로 연령이 증가할수록 가입률이 낮아지고 있다. 이는 여성들의 경우 소규모 영세사업장, 비정규직 일자리에서 주로 일하기 때문인 것으로 보인다. 사회보험 가입에서 남녀 격차가 존재할 경우 여러 가지 사회적 위험으로부터의 보장에서도 격차가 발생할 수밖에 없다. 「국민연금 통계연보」에 따르면, 2011년 전체 가입자 14,986,354명 중 남성이 9,054,739명(60.4%)이고 여성이 5,931,615명(39.6%)이었다. 가입자 유형별로 사업장가입자, 지역가입자, 임의가입자, 임의계속가입자 중 여성 비율은 각각 37.8%, 42.3%, 82.6%, 69.7%로, 낮은 여성경제활동참가율이 유형별 여성연금 가입자 비율에 영향을 미침을 알 수 있다.

실제 연금 수급자 수에서의 성별 차이를 살펴보면, 전체 수급자 중 여성은 40%이지만 노령연금 수급자 중에서는 30.7%에 불과하고 유족연금의 경우 92%가 여성이었다. 남성의 경우, 전체 수급자의 90%가 노령연금 수급자인데 반해, 여성은 노령연금 수급자가 60%, 유족연금이 33%였다(국민연금 통계연보, 2011). 노령연금에 비해 유족연금의 수령액이 적은 점을 감안할 때, 이러한 상황은 경제활동을 하지 않고 있는 상황에서 배우자가 사망할 경우 경제적으로 상당히 취약해질 수 있음을 의미한다.

그리고 노동시장에서의 성별 임금격차는 이후 연금 수급액에도 영향을 미치는데, 국민연금 기준소득월액별로 전체 가입자 중 여성의 비중을 살펴보면, 〈그림 4-12〉와 같다. 기준 소득월액이 높아질수록 여성가입자의 비율이 줄어들고 있는데, 325,000-355,000원 구간에는 여성 가입자가 59.5%인데 반해, 345만 원 이상 구간에는 15%에 불과하다. 이는 이후 여성 노인의 경제적 취약성으로 이어질 가능성이 높다. 실제로 60세 이상 국민기초생활보장 수급자들의 절반 이상이 여성이고, 연령이 증가할수록 여성 수급자 비율이 늘어나고 있다. 30세부터 50세까지도 공공부조 수급자 중 여성비율이 더 높게 나타나는데, 육아로 인해 노동시장참여에 제약을 받는 여성들 역시 빈곤에 취약함을 보여준다 하겠다.

요컨대 미국의 복지체제가 남성들 중심의 사회보험과 여성들 중심의 공공부조 정책이라는 '이중 체계(two-tier system)'로 구성되어 있다고 한 지적들과 유사한 양상이 한국에서도 나타나고 있다. 이러한 이중체계를 완화하기 위해서는 우선 여성의 경제활동 참여를 증가시키고, 여성이 비정규직, 영세사업장, 영세자영자 등에 집중된 노동시장 이중구조를 해결하기 위한 방안이 필요하다. 동시에 열악한 노동시장 지위가 사회보장제도에도 이어지지 않기 위해서는, 노동시장 지위와

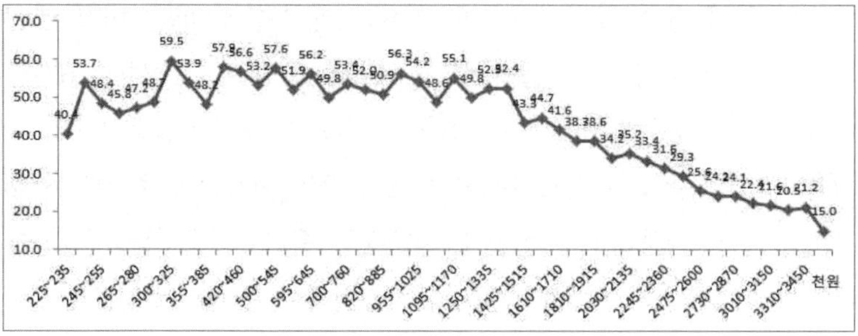

자료: 국민연금 통계연보(2011년).

〈그림 4-12〉 국민연금 기준 소득월액별 여성 가입자 비율(단위: %)

사회보장 권리 간의 연계를 다소 느슨하게 하고, 사회적 위험이 발생했을 때 고용 지위와 무관하게 충분히 보호받을 수 있도록 하는 방안이 필요할 것이다.

3. 일·가정 양립지원정책은 젠더 이중구조를 완화하고 있는가?

2000년대 이후 저출산 담론에 힘입어 한국에서는 일·가정 양립을 지원하는 정책들이 대폭 확충되었다. 이러한 정책들은 젠더 이중구조를 완화하는 방향으로 가고 있는가, 아니면 강화하는 방향으로 가고 있는가?

1) 출산휴가와 육아휴직정책

최근 여러 차례 법률 개정을 통해 출산휴가와 육아휴직정책은 상당한 제도적 개선을 이루어왔다. 현재 육아휴직은 자녀가 초등학교에 들어가기 전까지 최대 1년까지 남녀 근로자에게 제공되는 것으로, 급여액은 월 통상 임금의 40%(상한액 100만원, 하한액 50만원)이고 급여의 15%는 노동시장 복귀를 위해 육아휴직 종료 후 복직하여 6개월 이상 근무한 경우에 지급하고 있다. 그리고 2008년 6월부터 육아휴직을 신청할 수 있는 근로자에게 육아기 근로 시간을 단축(주당 15-30시간)을 신청 가능하도록 했는데, 이 경우 육아휴직급여를 지급하지 않았으나 2011년 9월부터 '육아휴직급여액×(단축된 소정근로시간/단축 전 소정근로시간)'만큼 급여를 지급하기 시작했다.

그렇다면, 한국의 출산휴가와 육아휴직은 젠더 이중구조를 완화하고 여성의 경력 단절 해소와 젠더 불평등 해소에 기여하고 있는가? 그동안 출산휴가급여의 사회화, 육아휴직 급여수준 향상, 육아휴직의 분할 사용으로 유연성 확보 등 제도가 개선되었지만, 근본적으로 제한적인 적용 범위 때문에 그 효과가 한계적인 상황이다. 앞서 언급했듯이 출산휴가와 육아휴직은 고용보험 피보험기간이 180일 이상인 사업장근로자에게만 적용된다. 2011년 7월 고용보험통계 현황에 따르면, 고용보험 피보험자 비율은 전체 취업자 대비 42.6%(10,483천 명)에 불과하다. 2012년 3월 기준으로 보면, 고용보험 가입률은 적용 제외자(임금근로자의 16%)를 제외한 전체 임금근로자 대비 72.3%에 불과하며, 미가입자는 27.7%에 이른다. 그리고 자영자 등 비임금 근로자는 전체 취업자의 16%에 이른다. 이런 상황에서 고용보험에 근거한 출산휴가, 육아휴직정책은 출산, 양육이라는 보편적인 위험에 대처하기에 한계적일 수밖에 없다. 또한 고용보험 틀 내에서 상대적으로 고용안정성이 높은 여성 근로자들 중심으로 출산휴가와 육아휴직이 적용되고 사용된다면, 여성들 내부에 제도적 이중구조가 형성될 수 있다. 결국 고용 안정성이 높은 여성 취업자들은 경력 단절이 예방되고, 고용안정성이 낮은 여성 취업자들은 경력 단절 문제에 더 노출될 수밖에 없어, 향후 소득과 경력 전망에서 여성 내부 격차가 확대될 가능성이 높다.

또한 제도의 낮은 활용률로 인해, 제도가 실제 여성의 경력 단절을 예방하고 부모의 일·가정 양립 부담을 해소하는 데 한계적인 상황이다. 급여를 신청할 수 있는 자격 요건을 갖추었다고 해도 사업장 근로자들에게도 아직까지 출산 전후 휴가와 육아휴직 사용은 보편화되어 있지 않다. 〈표 4-3〉에 따르면, 2011년에 출산 전후 휴가자는 90,290명으로 2011년 출생아 수(471,265명)의 19%에 불과하다. 육

〈표 4-3〉 연도별 출산휴가와 육아휴직 현황 (단위: 명, %)

연도	출산휴가		육아휴직			
	신규 지급자	전체 지급액	합계	여성 근로자	남성 근로자	지급액
2003	32,133	33,522	6,816	6,712	104	10,576
2004	38,541	41,610	9,304	9,123	181	20,803
2005	41,104	46,041	10,700	10,492	208	28,242
2006	48,972	90,886	13,670	13,440	230	34,521
2007	58,368	132,412	21,185	20,875	310	60,989
2008	68,526	166,631	29,145	28,790	355	98,431
2009	70,560	178,477	35,400	34,898	502	139,724
2010	75,742	192,564	41,733	40,914	819	178,121
2011	90,290	232,915	58,137	56,735	1,402	276,261

자료: 고용노동부(고용보험 DB자료), e-나라지표 참조.

아휴직자는 매년 증가하고 있으나 2011년 현재 58,137명으로 출산 전후 휴가자의 64%에 불과하다. 물론 만 6세 초등학교 취학 전까지 사용할 수 있어 즉각적으로 비교하기는 어려우나, 대체로 육아휴직의 활용 비율은 낮은 편이다.

이는 급여의 소득대체 수준이 낮고, 대체 인력이 부족하며, 출산휴가와 육아휴직을 당연한 권리로 자유롭게 사용하지 못하는 직장 분위기에 기인한다. 앞서 고용보험 가입률이 정규직이 94.9%인데 반해 비정규직은 53.5%였음을 고려할 때, 출산휴가와 육아휴직 제도를 충분히 활용할 수 있는 것은 고용 안정성이 높은 대기업 정규직일 가능성이 높을 것이다. 육아휴직 급여 수준은 2011년부터 기존 월 50만원의 정액 급여에서 월 통상 임금의 40% 정률 급여로 바뀌면서 다소 개선되었지만, 여전히 상한선 100만 원으로 제한되어 있고, 소득 대체율인 40% 역시 다른 국가들과 비교할 때 높지 않아 개선이 필요하다.[1)]

마지막으로 육아휴직 사용에서의 젠더 불균형으로 인해 젠더 이중구조는 여전히 유지되고 있다. 2011년 전체 사용자 중 남성은 2.4%에 불과한 실정이다. 현행 육아휴직제도는 남녀 모두 1년의 육아휴직을 사용할 수 있도록 하고 있지만, 낮은 급여 수준, 암묵적 승진상의 불이익 등과 같은 장애 요인으로 이를 제대로 사용하지 못하고 있는 현실이다. 이와 같은 육아휴직 사용에서의 젠더 불균형은 돌봄의 책임과 부담을 여전히 여성에게 둠으로써 기존의 젠더 이중구조와 불평등을 강화할 것이다.

2) 보육서비스

현재 한국의 보육서비스는 보편적 사회서비스가 되었다. 2000년대 이후 점진적으로 대상과 지원 수준을 확대해 오던 보육서비스는 2012년 총선과 대선을 전후로 0-2세와 만5세 보육료 지원이 모든 소득 계층으로 확대되었다. 2013년부터는 만 3-4세 보육료 지원까지 전면 확대되어 어린이집과 유치원에 다니는 만 0세에서 5세까지의 아동이 있는 가구는 소득 수준에 관계없이 보육료를 지급받을 수 있게 되었다. 그리고 보육시설을 이용하지 않을 경우 가족 내의 돌봄 제공자에게 수당을 지급하는 양육수당 제도가 2009년부터 도입되었는데, 영아에 한하여 최저생계비 120% 이하 가구에 대해서만 지급되던 양육수당은 영아의 시설보육에 대한 우려와 보육시설 이용자 중심의 보육지원정책에 대해 형평성 문제를 제기하면서 2013년 대상층이 전 소득계층으로 확대되었다.

---

1) 덴마크는 100%, 노르웨이는 기간에 따라 80-100%, 스웨덴은 80%, 독일은 67%, 일본은 50%이다.

그 결과, 2013년 보육예산은 4조 131억 원에 이르고 있다. 이 중에서 영유아보육료 지원비는 2조 5,980억 원으로 전체 보육 예산의 63%에 달한다. 그렇다면, 보육서비스에 대한 이러한 예산 투입은 젠더 이중구조를 완화하고 여성의 경력단절 해소와 젠더 불평등 해소에 기여하고 있는가? 보육료 지원 대상의 확대로 보육시설에 등록된 아동의 수는 급격하게 늘어났다. 그 결과, 〈표 4-4〉에 제시된 바와 같이 2012년 어린이집과 유치원을 이용하는 만 0세부터 5세까지 아동의 수는 208만 명으로 전체 아동수의 75.2%에 이른다.

연령대별로 보면, 만 0세의 39%, 만 1세의 66.7%가 어린이집을 이용하고 있고, 만 2세가 넘으면 80% 이상의 아동이 어린이집이나 유치원을 이용하고 있는 것으로 나타났다. 하지만 어머니의 취업률은 평균 38.7%로 보육료 지원을 받는 아동비율인 75.2%의 절반 정도에 불과하다. 한국에서 영아의 보육시설 등록률은 63.1%로 상당히

〈표 4-4〉 보육료 지원 아동 비율과 모의 취업률 (단위: 명, %)

연령	어린이집 이용 아동 (a)	유치원 이용 아동 (b)	a+b	전체 아동 수 (c)	지원비율 (a+b/c)	모의 취업률	
						취업자	휴직자
만 0세	177,757	-	177,757	455,708	39.0	16.8	12.2
만 1세	321,716	-	321,716	482,230	66.7	35.0	1.4
만 2세	372,811	-	372,811	445,632	83.7	41.7	1.2
만 0-2세 합계	872,284	-	872,284	1,383,570	-	31.2	
만 3세	259,112	130,986	390,098	451,642	86.4	44.3	0.6
만 4세	194,413	229,911	424,324	485,687	87.4	47.0	-
만 5세	149,522	251,897	401,419	456,913	87.9	47.6	0.5
만 0-5세 합계	1,475,331	612,794	2,088,125	2,777,812	75.2 (평균)	38.7 (평균)	

주: 모의 취업률은 최연소 영유아 연령별 취업률임. 5세 모의 취업률은 5세 이상의 것임.
자료: 2012년 보육통계 & 모의 취업률은 서문희 외(2012), 전국보육실태조사 보고서.

높은데, OECD 국가들 중 영아의 보육시설 등록률이 가장 높은 국가는 덴마크로 65.7%이다. 다음으로 네덜란드가 55.9%, 노르웨이가 51.3%로 높은데, 2012년 현재 한국의 영아 보육시설 등록률은 이보다도 높다. 그런데 영아보육시설 등록률이 높은 덴마크의 영아를 둔 어머니의 취업률은 71.9%[2])로 한국과 약 40%의 격차를 보인다. 스웨덴은 71.9%, 네덜란드는 77.8%에 달한다.

영아에 대한 시설 보육 중심의 지원 확대는 영아의 발달이라는 목적에도 부합하지 않는다. 스웨덴은 보통 생후 1년까지는 부모휴가(480일)를 사용하면서 부모가 직접 아이를 돌보는 것이 아이의 정서발달에 가장 좋다는 사회적 합의에 따라 부모가 부담 없이 육아휴직을 쓸 수 있도록 보장하고 있다. 그리고 그 이후부터는 공보육 체계를 통해 아동 보육, 아동 발달, 교육을 통합적으로 지원하고 있다(김종숙 · 김영미, 2014).

이는 보육료 지원 대상이 부모의 취업 여부 등 보육서비스가 반드시 필요한 집단에 대한 고려 없이 확대된 점, 현행 보육료 지원 체계가 보육 욕구와 무관하게 종일제를 기준으로 이루어져 있다는 점에 기인한다. 물론 어린이집 입소 우선순위에 맞벌이 부모를 두는 등 맞벌이 부모를 적극 지원하고자 하나, 현행 보육료 지원 체계하에서는 이는 한계적일 수밖에 없다. 종일제 보육료 지원 방식은 맞벌이 부부의 보육시설 이용에 불리하게 작용할 수 있는데, 동일한 비용을 지원받는 상황에서 서비스 제공자 입장에서는 보육 시간이 긴 취업 여성 자녀보다 짧은 전업 주부 자녀를 선호할 가능성이 높기 때문이다(김영미, 2013). 실제로 2012년 전국보육실태조사 결과에 따르면, 영아의

---

2) OECD Family Database 참조. 2000년대 중 · 후반 가장 어린 자녀의 연령에 따른 모의 취업률이다.

어린이집 평균 이용 시간이 취업모 아동은 8시간 15분, 모가 휴직중인 아동은 7시간 12분, 미취업모의 아동은 6시간 41분이었다. 만 0세 아동의 이용 시간의 경우, 취업모는 8시간 9분, 휴직 중인 모는 6시간 37분, 미취업모는 5시간 51분이었다(서문희 외, 2012).

2013년부터 시설 미이용 아동에게 지급하는 양육수당을 전 계층으로 확대 실시하였다. 양육수당제도의 확대는 가뜩이나 낮은 여성 고용 수준을 더 낮추는 역효과가 발생할 수도 있다는 우려가 존재한다. 실제 여성경제활동 참가율이 높고, 노동자로서의 여성상이 오랫동안 확립되어 온 핀란드에서조차 보육시설 미이용을 전제로 아동 양육수당은 여성 고용을 저해하는 효과가 있었다(Sipilä and Korpinen, 1998). 물론 월 10~20만원으로 그 지원 수준이 높지 않고, 일을 하고 있더라도 어린이집에 보내지 않고 가족이나 베이비시터가 아이를 돌볼 경우에도 양육수당을 받을 수 있다는 점에서 여성 고용에 대한 부정적인 효과는 크지 않을 수 있다. 하지만 제도는 금전적 인센티브만을 제공하는 것이 아니라, 그 사회가 바람직하다고 규정한 규범을 전달하는 역할을 수행한다. 이런 점에서 볼 때 양육수당 제도는 아이는 가정에서 엄마가 돌보아야 한다는 전통적 성역할 통념을 강화할 수 있다. 특히, 취업모에 대한 부정적 인식이 강한 한국 사회에서는 더욱 그러할 것이다. '취학 전 아동의 엄마가 일을 할 경우 아동에게 부정적인 영향을 줄 수 있다'는 주장에 대해 73.9%가 동의하고, '일을 갖는 것도 좋지만 대부분의 여성들이 진정으로 원하는 것은 가정과 아이들이다'는 주장에 대해 62.4%가 동의한 2003년 성 역할 인식 분석 결과는 이를 뒷받침한다. 같은 질문에 대해 스웨덴에서는 각각 23.7%, 25.6%만이 동의했고, 보수적 성 역할 가치가 강한 독일에서도 전자에 대해서는 56%, 후자에 대해서는 24.3%가 동의했다(김영미 · 류연규, 2013).

4. 여성 일자리 지원정책은 젠더 이중구조를 완화하고 있는가?

젠더 불평등을 유지시키는 강력한 요인인 여성 경력 단절 현상을 해소하기 위해 정부는 그동안 앞서 살펴본 출산·휴가정책의 개선, 보육서비스 확대와 함께 여성 일자리 지원정책을 추진해 왔다. 2008년에는 「경력단절여성 등의 경제활동촉진법」을 제정하였고, 이를 기반으로 경력 단절 여성의 노동시장 재진입을 위한 직업 상담·훈련, 취업알선 및 취업 후 사후 관리 등을 종합적으로 지원하기 위한 여성새로일하기센터를 2009년부터 설치·운영하였다. 가족친화인증제를 도입하였고, 경직적인 근로 관행을 개선하기 위해 유연 근무제 확산을 지원하였다. 유연 근무제의 경우, 2010년 공공기관 31개소 시범운영에서 2011년 모든 공공기관으로 확대되었고, 10개 민간 기업에 대한 유연근로시간제 컨설팅 및 교육 지원이 이루어졌다(여성가족부, 2013). 그리고 2013년 6월에는 정부가 「고용률 70% 로드맵」을 발표하면서 일자리 창출을 위해 양질의 시간제 일자리, 소위 '시간선택제 일자리' 확대 정책을 추진하겠다고 발표하였다(김영옥 외, 2013).

그렇다면 이러한 일자리정책은 젠더 불평등을 해소하는 데 어떻게 작용하고 있는가? 지금까지의 경력 단절 여성 대상의 일자리 정책들은 경력 단절을 해소하는 데 얼마나 기여했는가? 2000년대 중반 이후 적극적으로 도입한 사회서비스 일자리 확대 정책은 젠더 이중구조를 완화시켰는가 혹은 강화하였는가? 최근 도입된 시간선택제 일자리 정책은 경력 단절 현상과 젠더 불평등을 해소하는 데 얼마나 기여할 것인가? 후자의 경우, 아직 평가를 하는 것은 시기상조이나 이 정책이 갖는 의미와 한계는 짚어볼 수 있을 것이다.

첫째, 현재의 경력 단절 문제는 임신·출산·양육 시기에만 초점을 맞춘 정책으로는 매우 한계적이다. 왜냐하면 임신·출산 이전에 이미 결혼과 함께 일을 그만두는 여성들이 상당수이기 때문이다. 2012년 15~54세 기혼여성 중 비취업 여성은 404만 9천 명으로 41.5%인데, 이 중 경력 단절 여성은 190만 8천명으로 20.3%였다. 경력 단절 여성이 일을 그만 둔 사유를 보면, 결혼이 46.9%, 육아가 24.9%, 임신·출산이 24.2%로 이미 결혼을 하면서 상당수가 일을 그만두는 것으로 나타났다. 이는 경력 단절 예방이 단지 출산휴가, 육아휴직 제도의 개선만으로는 한계가 있음을 보여준다. 따라서 경력 단절 문제를 근본적으로 해결하기 위해서는 노동시장 진입 이전인 10대, 20대부터 정책적 개입이 필요하며, 노동시장 진입 촉진을 위한 전략뿐만 아니라 경력을 지속할 수 있도록 지원하는 정책적 개입 또한 필요하다. 특히, 직업에 대한 가치관을 형성하고 진로를 탐구하기 시작하는 10대부터 교육체계 내에 존재하는 성별 고정관념을 없애기 위한 적극적인 노력이 필요하다. 여성 경력 단절이 발생하는 원인으로는, 여성들이 애초에 경력 유지가 어려운 일자리로 진입하기 때문이라고 분석하기도 한다(김종숙·김영미, 2014).

둘째, 경력 단절 여성들은 학력 수준, 소득 수준, 개인 및 가구의 특성에 따라 다양한 취업에 대한 욕구를 갖고 있다. 그럼에도 불구하고 현재 이루어지고 있는 일자리 지원정책들은 주로 저임금의 서비스 판매직이다. 2013년 5월, 전국 25~59세의 결혼·임신 또는 출산 경험이 있는 여성들을 대상으로 조사한 「경력단절여성 등 경제활동 실태조사」에서 나타난 경력 단절 이후 재취업한 일자리 현황을 보면 사무직은 크게 줄고(39.4% → 16.4%), 서비스 판매직은 크게 늘어났으며(14.9% → 37.0%), 전문직은 큰 차이를 보이지 않았다(23.7% → 24.8%).

바꾸어 말하면, 서비스 판매직으로의 하향 취업을 수용하지 않는 여성들은 계속 경력 단절 상태로 남는다는 것을 의미한다. 4년제 대학을 나온 고학력 여성들의 경우 30대 중반 이후 계속 비취업 상태에 머무르는 L자형 고용 패턴을 보이고 있다. 이들의 경우, 배우자의 높은 소득의 영향이나 자녀의 보육·교육에 대한 높은 관심으로 취업을 하지 않는 것도 있지만, 질 낮은 일자리로의 하향 취업을 원하지 않기 때문이기도 하다.

2000년대 중반부터 사회서비스에 대한 관심이 급속하게 증가했고, 사회서비스 정책의 확대는 곧 사회서비스 일자리 확대로 이어졌다. 특히, 노인돌봄, 아동돌봄, 장애인활동지원서비스 등 사회복지서비스 일자리 창출은 관련 주로 정부의 재정 투입을 통해 이루어졌다. 이러한 사회서비스 일자리 확대는 젠더 이중구조와 젠더 불평등에 어떤 영향을 미쳤는가?

교육, 의료, 복지, 공공행정서비스 등 사회서비스 부문 취업자가 전체 취업자에서 차지하는 비중은 2004년 12.9%였지만, 꾸준히 증가해 2011년에는 16.3%에 이르고 있다. 동시에 사회서비스 부문 취업자 중 여성의 비중은 2004년 56.3%였고 2011년 64.1%까지 증가해 '사회서비스업의 여성화'가 이루어졌다. 이를 견인한 것은 주로 보건 및 사회복지서비스 부문 일자리의 급증이었다(정성미, 2012). 2004-2011년 기간 동안 보건업 및 사회복지서비스업에서의 고용 증가는 전체 고용 창출(1,687천 명)의 42.7%(721천 명)에 달하였다. 동 기간 동안 여성의 경우 727천 명이 증가했는데, 88.9%가 보건 및 복지 산업에서 늘어났다. 현재 돌봄 서비스는 노인요양서비스, 간병서비스, 아동보육서비스, 장애인활동보조서비스, 산후조리서비스, 가사서비스 등이다. 2011년 현재 이 영역에서 종사하고 있는 사람은 약 486,518명으로 추정된다(김종숙 · 김영미, 2014). 이러한 사회서비스 일자리들의 고용 안정성, 숙련도와 전문성, 그에 따른 임금 수준이 어떠한가에 따라 사회서비스 일자리는 이중구조를 완화할 수도 있고 강화할 수도 있을 것이다. 하지만 아직까지는 전문성이 낮고 임금 수준이나 고용 안정성 등 근로 조건이 열악하다.

한국의 사회복지서비스 일자리들은 서비스 공급(전달)체계의 특징과 밀접하게 관련되는데, 사회복지서비스가 거의 대부분 민간기관에 의해 생산 · 전달되고 있고, 공익을 추구하고자 하는 비영리기관들보다는 수익을 남기고자 하는 개인 사업자들의 비중이 높은 상황에서 일자리의 질 역시도 낮은 상황이다. 〈표 4-5〉는 사회서비스 부문에 종사하고 있는 여성들의 근로 조건을 보여준다. 고학력 여성 중심의 교육서비스와 특히 보건서비스는 전문성을 토대로 임금 수준도 상대적

〈표 4-5〉 여성 사회서비스 취업자의 근로 조건 (단위: %)

		전체	공공행정 서비스	교육 서비스	보건 서비스	사회복지 서비스
고용 형태	정규직	57.2	51	53.2	78.8	43.9
	비정규직	42.8	49	46.8	21.2	56.1
사회보험 가입	국민연금가입	57.4	66.3	66.1	92.9	74.6
	건강보험가입	59.3	69.7	66.9	93.7	77.1
	고용보험가입	56	47.7	49.5	92.4	76.7
근로복지 수혜	퇴직금	55.2	56.1	62.8	89.8	66.5
	상여금	55.8	55.2	59.5	84.9	56.5
	시간외수당	35	51.3	84.9	50.9	22.2
임금	저임금 근로자 비중	39.8	43.3	19.2	20.5	42.6
	시간당 임금의 상대 수준	100	116.1	139.6	118.9	83.6

참고: 고용 형태, 사회보험 및 근로복지 자료는 2011년 8월 자료, 임금 자료는 2010년 8월 자료임.
저임금 근로자는 임금근로자의 시간당 중위임금의 2/3를 받는 자를 말함.
자료: 통계청, 「경제활동인구조사 부가조사」, 정성미(2012)에서 재인용.

으로 높고 사회보험 가입이나 근로복지 수혜 비율이 높다. 하지만 고연령의 저학력 여성들이 주로 종사하고 있는 사회복지서비스(주로 돌봄서비스) 일자리들은 절반 이상이 비정규직이고, 저임금 근로자 비중은 무려 42.6%에 달했다. 이는 사회서비스 일자리의 증가가 노동시장 이중구조를 강화하고, 동시에 여성 내부의 격차도 확대했을 가능성이 높음을 의미한다.

현재 정부는 장시간 근로가 어려운 여성들을 대상으로 시간선택제 일자리 도입을 적극적으로 추진하고 있다. 이는 별도의 '마미 트랙(mommy track)'을 도입하자는 것으로 보인다. 앞서 이론적 논의에서 살펴본 것처럼 이러한 고용 형태가 여성에게 한정되거나 집중된다는 것은, 기존의 성역할 통념을 강화하는 역할을 할 수 있다는 우려가 분명 존재한다. 하지만 비취업 상태에 계속 머물러 있는 것보다는 취업을 하는 것이 여성 개인이나 가구 측면에서, 그리고 사회적 측면에서 유리하다는 점, 현실적으로 어린 아이를 키우고 있는 여성들의 경우 전일제 근로를 원하지 않는다는 점은 이러한 '마미 트랙' 도입 주장을 뒷받침하는 근거로 작용한다. 앞서 본 「경력단절여성 등 경제활동 실태조사」 결과에서, 현재 비취업 상태인 경력 단절 여성들이 재취업을 위해 정부에 바라는 정책들을 보면 양질의 시간제 일자리 확대가 34.7%로 가장 높은 응답률을 보였다. 그리고 미취업 경력 단절 여성들을 대상으로 초점집단인터뷰를 실시한 김영옥 외(2013)의 연구에 따르면, 이 여성들의 경우 주로 1일 근무 5-6시간의 주당 평균 25-30시간의 시간선택제 일자리를 원하고 있는 것으로 나타났다. 자녀가 보육시설이나 학교에 가 있는 동안 근거리의 지역사회 내에서 일하기를 원했다.

하지만 정부 대책안에 제시된 것처럼 시간선택제에 적합한 일자리를 별도로 만드는 것과 같이 별도의 일자리가 만들어질 경우, 여성 노동력을 주변화할 가능성이 높다는 것은 분명한 사실이다. 현재와 같이 장시간 근로가 만연해 있는 상황에서, 고용주는 시간별 서비스 수요 변동에 대처할 때 시간제 근로자를 신규 채용하는 대신 전일제 근로자들을 초과 근무시키는 선택을 하기 쉽다. 이런 사회에서, 시간제 근로는 고용주들에게 그다지 매력적인 인력 운용 방식이 아니며 따라서 시간제 근로는 활성화되기 어렵다. 스웨덴은 EU 근로 시간 지침과 노동법, 단체 협약에 의해 전일제 근로의 노동시간에 대한 규제가 엄격하게 이루어지고 있어 시간제 근로에 대한 수요가 크고 그와 함께 시간제 근로의 초과 근무를 엄격하게 통제하고 있어 시간제 근로가 실질적으로 안착될 수 있었다고 평가할 수 있다(이주희 외, 2010).

그리고 현재 일부 기업들을 중심으로 장시간 근로 관행을 변화시키고 노동 시간을 줄이기 위한 시도들이 이루어지고 있다. 정시 퇴근율을 인사고과에 반영하거나, 특정 시간에 전체 사무실의 컴퓨터를 끔으로써 퇴근을 유도한다거나 교대근무제 방식을 전환하는 등의 적극적 노력들이 추진되고 있다. 하지만 문제는 대기업에 한정된다는 것이다. 물론 이러한 대기업의 선도적 역할이 전체 사회적으로 노동시간의 단축이나 가족 친화적 근로 환경 개선에 기여할 수도 있을 것이다. 하지만 중소기업의 변화를 견인하기 위한 보다 적극적인 노력이 없다면, 대부분의 여성들이 중소기업에서 일을 하고 있다는 점을 감안할 때 이러한 변화는 오히려 여성 내부의 격차를 확대할 수 있을 것이다.

제5절 한국 사회의 젠더 불평등 해소를 위한 전략

4장에서는 한국의 젠더 불평등 양상과 젠더를 둘러싼 제도적 이중 구조 양상을 살펴보았다. 한국 사회에서 여성의 노동시장 참여는 지속적으로 증가하고 있지만 여전히 절반의 여성은 노동시장에서 배제되어 있고, 특히 출산·양육으로 인한 경력 단절은 여전히 나타나고 있다. 이러한 경력 단절은 이후 비정규직과 같은 불안정한 고용 형태로의 재진입, 짧은 근속 기간과 비정규직 고용 형태로 인한 임금 차별과 저임금에 영향을 미쳐 결국 노동시장 내 젠더 불평등을 지속시키고 있다. 경제 위기 이후 여성 취업자의 40% 가량이 비정규직이고 비경제활동 인구까지 상당한 정도의 여성들이 노동시장 외부자의 위치에 놓여 있다. 정규직과 비정규직 간의 격차가 성별 임금격차로도 이어지고 있다.

이러한 문제를 해결하기 위해서는 단기적이고 단발적인 한두 가지의 정책만으로는 결코 해결할 수 없다. 단기적으로 출산·양육 시기에 한정해 '경력 단절' 현상을 해결하고자 하는 정책으로도 매우 한계적이다. 여성 고용, 경력 단절, 일·가정 양립 등의 문제는 한국 사회의 정치·사회적 맥락과 경제적 생산·분배 구조, 가족 구조와 노동시장 구조, 젠더 규범 등과 연결된 복잡한 문제임을 이해할 필요가 있다. 물론 출산율 제고, 여성 고용률 제고라는 정책 목표를 달성하는 것도 중요하나, 결국 이러한 문제들은 우리 사회에 존재하고 있는 여성에 대한 차별적 고정관념을 없애고 양성평등을 지향해 갈 때, 그래서 각 여성들이 갖고 있는 일에 대한 열망, 일·가정 양립에 대한 열망을 제도가 지원해주고 그 과정에서 부닥치는 장애물들을 제거해

주고자 할 때 결국 해소될 수 있다. 양육의 책임과 부담을 여성에게 전적으로 지운다면, 엄마가 일을 할 경우 아이에게 부정적이라는 인식이 팽배하다면, 아이의 학업성취가 곧 엄마(부모)의 성과이자 행복인 교육 풍토가 유지된다면, 기업이 남녀 노동자의 일·가정 양립을 지원하는 것을 소모적 비용이자 손해로 여긴다면, 여성 고용 증대도 출산율 제고도 계속 한계적일 수밖에 없을 것이다. 따라서 아동 양육을 위한 보육서비스, 출산·육아휴가정책, 취업지원정책 뿐만 아니라 전체 사회정책의 틀 안에서 교육정책, 조세정책, 노동시장정책 및 기업문화, 사회복지정책(연금정책, 빈곤정책, 사회서비스정책 등)과의 연계를 통한 통합적 접근이 필요하다.

먼저, 일차적으로 노동시장 내 젠더 이중구조를 해결하기 위해서는 정규직과 비정규직 간의 임금 차별 및 격차를 줄일 필요가 있다. 이차적 분배기제인 사회보장제도 이전에 노동시장 내에서의 정규직-비정규직 간, 남성-여성 간 차별과 격차를 해소하는 것이 우선적인 과제라 하겠다. 그리고 앞서 여성 내에서 전문직·사무직과 단순 노무직이 동시에 증가하면서 내부 격차가 확대될 수 있음을 지적했는데, 그런 현상이 나타나긴 하나 여전히 임금 상위 집단에 속한 여성 비율은 남성보다 현저히 낮다. 따라서 보다 많은 여성들이 임금 상층으로 진입할 수 있도록 유리천장을 없애는 방안을 모색할 필요가 있다. 노르웨이는 2003년 세계 최초로 '여성 임원 할당제'를 제정하여, 정부 기관 및 모든 기업의 남녀 임원 비율을 각각 40% 이상으로 하는 것을 의무화 하였는데, 남녀 임금격차를 줄이고 양성평등을 달성하기 위한 노력의 결과였다. 동시에 여성 내부 격차 확대의 주요 원인인 저임금·저기능직에 속해 있는 여성들의 임금 수준을 끌어올릴 필요가 있다. 이를 위해 '동일노동 동일임금' 원칙을 실현할 필요가 있고, 사회서비스 일자리의 낮은 임금 수준을 개선할 필요가 있다.

다음으로 한국 노동시장의 이중구조가 사회보장제도를 통해 완화되고 있는지 살펴보았는데, 남성과 여성은 동등하게 사회보장제도에 포괄되고 있지 못했다. 여성들은 60% 미만의 임금근로자만이 고용보험, 국민연금과 건강보험의 직장 가입자에 해당해 정규직-비정규직이라는 이중구조가 남녀 간 이중구조로 이어지고 있음을 알 수 있었다. 더욱이 현행 우리나라의 출산휴가, 육아휴직제도는 고용보험 가입자에게만 적용되고 있기 때문에, 고용보험 사각지대에 놓인 자영업자, 영세사업장 노동자, 비정규직 노동자들은 실업뿐만 아니라 출산, 양육이라는 사회적 위험으로부터도 적절히 보호받지 못하는 상황이었다. 이를 위해 현재 고용보험 가입자 중심의 출산휴가와 육아휴직의 틀을 바꿀 필요가 있다.

그리고 2000년대 중반 이후 사회서비스(특히, 돌봄서비스) 일자리가 급증했는데, 주로 여성들의 비중이 높은 이들 일자리의 낮은 임금과 열악한 노동 조건은 기존의 노동시장 이중구조와 젠더 이중구조를 강화하고 있다고 볼 수 있다. 향후 여성 고용 증대를 위해서는 사회서비스 부문의 일자리가 계속 늘어날 것인데, 사회서비스 일자리 증가가 불평등 확대에 기여하지 않기 위해서는 사회서비스 일자리의 임금 수준을 높이고 열악한 근로 조건을 개선해야 할 것이다. 이를 위해 사회서비스 종사자 고용 표준을 확립하는 것이 필요하다. 단기적으로는 서비스 제공 기관들이 종사자들에게 「근로기준법」, 「근로자퇴직급여보장법」, 「사회보험법」들에 따른 근로 조건과 사회보험 가입 등의 법률 적용을 잘 준수하고 있는지 관리·감독을 강화할 필요가 있을 것이다. 하지만 보다 근본적으로는 사회서비스 종사자 고용 표준을 수립해 업무 내용, 근로 시간, 임금, 휴일·휴가 규정 등 구체적인 근로 조건을 규정함으로써 처우를 개선해 나가야 할 것이다. 향후 사회서비스의 양적·질적 발전을 위해서는 모든 사회서비스 노동을 공식 노동화 하고 이들의 근로자성을 인정하는 작업이 선결되어야 할 것이다(김종숙·김영미, 2014).

무엇보다 장시간 근로 관행을 없애고 전반적인 노동 시간 단축이 필요하다. 긴 노동시간은 일·가정 양립과 결코 '양립'할 수 없고, OECD 국가들 중 최장 노동시간을 기록하고 있는 한국 사회에서는 더욱 그러하다. 표준 노동 시간 및 초과 노동 시간 제한을 통해 기준 노동 시간을 단축하고, 유급 휴가를 확대하고 단시간 노동의 활용을 제고하는 것은 일·가정 양립 가능성을 높이기 위한, 그래서 노동세계를 중심으로 생활세계가 맞춰지던 것에서 두 세계의 균형을 회복하고 그 속에서 사람들의 고유의 삶의 리듬과 행복을 찾을 수 있기 위한 의미 있는 출발이자 조건이 될 것이다(주은선·김영미, 2012). 누구나 자유롭게 일하고 자신의 능력을 발휘할 기회를 가지며, 필요에 따라서는 자녀의 돌봄이나 여가를 위해, 혹은 자기 개발을 위해 시간을 사용할 수 있는 권리를 갖고, 이러한 일들이 여성과 남성 사이에 적절히 배분될 수 있도록 하기 위해 우리에게 필요한 것은, 보다 인간적인 노동시장, 보다 평등한 가족, 돌봄의 부담을 사회화하는 복지국가이다.

제5장 성인기 건강 불평등과 이중구조

제5장 성인기 건강 불평등과 이중구조

유 조 안(서울대학교)

제1절 들어가며

한국 사회의 이중구조 현상은 생애주기에 따라 다양한 형태로 여러 분야에 걸쳐 나타나고 있다. 특히 양극화는 생애주기에 따라 아동기에는 교육격차, 성인기에는 임금격차, 그리고 노령기에는 생활격차 등 다양하게 나타난다. 이렇듯 다양한 영역에서 경험하는 사회적 이중구조와 이로 인해 발생되는 사회적 격차는 전 생애주기에 걸쳐 끊임없이 연결고리를 형성하며 서로 영향을 미친다. 예를 들어, 아동기에 경험하는 가족의 소득격차는 교육격차를 야기하며, 이러한 교육격차는 성인기에서는 노동시장에서의 직업격차와 임금격차 등으로 나타나고, 이는 누적적으로 노후생활의 불평등 현상으로 나타나게 된다. 이러한 과정에서 지속적으로 영향을 받는 것은 바로 개인의 신체적 · 심리적 건강이라고 볼 수 있다. 개인의 건강수준은 태어나기 전부터 부모의 사회경제적인 요인과 사회적인 제도의 영향을 받으며, 성장을 하면서도 지속적으로 이러한 요인들의 영향을 받고 있다. 특히 아동기의 사회경제적 지위는 성인기의 사회경제적 지위뿐만 아니라, 성인기의 건강에 독립적인 영향을 미칠 정도로 그 영향력은 크고 오래 지속된다.

특히 불평등한 사회에서 사는 국민들의 건강수준은 평등한 사회에서 사는 사람들보다 안 좋으며, 이러한 건강 격차는 의료 제도와 의료복지 정책의 영향보다 더 큰 것으로 보고되고 있다. 이러한 결과들의 지속적인 발표는 사회적 불평등이 건강에 미치는 영향에 대한 사회적 관심을 증대시키고 있으며, 주로 유럽 국가연합(EU)과 세계보건기구(WHO)를 중심으로 건강에 대한 사회적 결정 요인들을 파악하고, 이를 토대로 건강 불평등을 해소시키기 위한 적극적인 노력들을 추진하고 있는 상황이다. 그러나 한국에서는 상대적으로 사회적 불평등으로 인한 건강격차 문제에 대해 사회적인 관심이 적은 편이며, 여전히 국민들의 건강과 관련된 논의들은 의료제도 및 의료복지 정책에 초점을 맞추어 진행되고 있다. 물론 이러한 논의도 매우 중요하며, 국민 건강을 증진시키기 위한 매우 중요한 방안 가운데 하나이지만, 보다 광범위하고 다각적인 측면에서 건강 불평등에 대한 논의가 필요하다.

따라서 본 장에서는 이중구조 현상의 결과로서 다차원적으로 나타나는 이중구조 현상이 건강 불평등에 어떠한 영향을 미치는지 살펴보기 위해 먼저 건강 불평등이 무엇인지, 그리고 왜 나타난다고 보고 있는지 등에 대해 이론적으로 살펴보고, 비교 관점에서 국가별 건강 불평등 현상이 어떻게 나타나는지 분석한 다음, 한국 사회에서 다차원적으로 나타나는 이중구조 현상과 관계를 분석하고자 한다. 마지막으로 이러한 분석 내용을 바탕으로 건강 불평등 문제를 해결하기 위한 정책적 대안을 제시하고자 한다.

제2절 성인기 건강 불평등과 이중구조에 대한 논의

본 절에서는 먼저 건강 불평등이란 무엇인지, 어떤 메커니즘을 통해 건강 불평등 현상이 발생하고 있다고 보는지에 대한 개념적·이론적 검토를 진행하려고 한다. 먼저 건강 격차와 관련하여 건강 불평등(health inequality)이나 건강 비형평성(health inequity)의 개념들을 어떻게 정의하는지 살펴보고, 건강 불평등이 왜 일어난다고 보는지 그 메커니즘에 대한 이론적 논의를 하고자 한다. 현재 사회적 이중구조를 형성할 수 있는 다양한 사회적 요인들 가운데, 소득격차로 인한 건강 불평등, 노동시장의 이중구조화와 건강 불평등, 그리고 제도적인 측면에서 복지국가 유형과 건강 불평등에 관한 이론들을 중심으로 논의를 진행하고자 한다.

1. 건강 불평등의 개념적 논의

지난 삼십년 동안 여러 학자들은 소득과 같은 사회경제적 지위에 따라 개인의 건강이 다르게 나타나는 현상을 건강 불평등(health inequality), 건강 비형평성(health inequity), 그리고 건강 부등(health disparity) 등 여러 개념을 이용하여 그 현상을 파악하고 설명하려고 하였다(Braveman, 2006). 각각의 개념들은 공통적으로 특정한 사회경제적 지위를 가진 사람들이 그렇지 못한 사람보다 더 건강하거나 질병이 있을 때 그 예후가 더 좋게 나타나는 사회적 현상을 기술하기 위해 사용되고 있다. 그러나 이 분야에 관한 많은 연구들이 이루어졌음에도 불구하고, 각각의 개념에 대한 정의가 명확하지 않다.

특히 건강 불평등과 건강 비형평성이 가장 많이 사용되고 있는 개념이며, 이 둘에 대한 구분이 명확하지 않다. 그럼에도 불구하고, 이 개념들의 정의를 살펴보면 다음과 같다. 먼저 Kawachi와 그의 동료들은 건강 불평등(health inequality)을 서로 다르게 분포되어 있는 개인 혹은 집단의 건강상태라고 포괄적으로 정의하였다(Kawachi, Subramanian, & Almeida-Filho, 2002). 반면에, 건강 비형평성(health inequity)은 그러한 건강 불평등 현상이 부정의(injustice)한 원인으로부터 발생하거나 불공정하다고 판단되는 경우라고 정의하였다(Kawachi et al., 2002). 또 다른 학자는 건강 불평등이란, 사회적으로 혜택 받은 집단과 그렇지 못한 집단의 건강 차이를 의미하며, 이 차이는 잠재적으로 정책을 통해 그 차이를 줄여나갈 수 있는 것들을 주로 의미한다고 정의하였다(Braveman, 2006). 반면에, 건강 형평성은 모든 사회적 집단이 건강한 삶을 누릴 수 있는 동등한 기회를 가질 수 있도록 노력하는 행위라고 정의하고 있으며, 구체적으로 더 적은 사회적 기회를 가진 집단이 자신의 건강상태를 개선할 수 있도록 기회를 확충하는 개인적・사회적인 노력들을 의미한다고 하였다(Braveman, 2006).

종합적으로 보았을 때, 건강 불평등은 특정 집단 간에 나타나는 건강상의 차이를 '기술'할 때 주로 사용되는 개념이며, 이러한 차이에 대한 사회적 가치나 이데올로기적 의미를 크게 부여하지 않는 경향이 있다. 반면에 모든 사람들이 건강한 삶을 누릴 수 있는 동등한 기회를 가져야 함에도 불구하고, 사회구조적 특성으로 인하여 건강상의 차이가 나타나고, 이렇게 발생한 건강 격차를 부조리한 사회적 현상으로 규정하여 이를 줄이기 위한 이데올로기적・정책적인 노력들을 포함하는 개념을 나타낼 때 건강 비형평성이라는 개념을 사용하고 있다. 본 연구에서는 여러 가지 사회구조적인 특성으로 인하여 나타나게 되는 건강상의 차이를 살펴보는 데에 초점을 두고 있으므로, 건강 비형평성보다는 건강 불평등이라는 용어를 사용하고자 한다.

2. 소득불평등과 건강에 대한 이론적 논의

소득분포에 따른 건강 격차에 관한 연구는 가장 먼저 OECD 국가들을 중심으로 소득 및 사회계층 간의 불평등 수준이 그 나라 국민의 건강에 미치는 영향에 대한 국가별 비교연구에서부터 출발하였다. Rodger(1979)는 전체 56개국의 출생 시 기대여명[1], 5세 기대여명, 그리고 영아사망률이라는 건강 지표들과 지니계수[2]로 측정한 소득불평등 간의 유의미한 관계를 최초로 밝혀냈다. 이 연구를 필두로, 많은 학자들은 저개발 국가에 사는 국민들은 그 나라의 국민소득이 증가함에 따라 건강이 급격히 좋아지지만, 선진국에 사는 국민들의 건강은 국민소득에 크게 영향을 받지 않는다는 사실을 밝혀냈다(Lynch et al., 2004; Subramanian & Kawachi, 2004; Wilkinson & Pickett, 2009). 특히 OECD 국가들의 경우, 경제 규모나 의료비 지출과 건강 변수들(예: 출생 시 기대여명, 영아 사망률 등) 간의 관계는 유의미하게 나타나지 않으며, 소득 및 사회계층 간의 불평등 정도가 그 나라의 국민 건강에 더 큰 영향을 미치는 것으로 나타나고 있다(Lynch et al., 2004).

---

1) 출생한 사람이 앞으로 생존할 것으로 기대되는 평균 생존연수를 출생 시 기대여명이라고 한다(통계청, 2013).

2) 지니계수는 가장 대표적으로 사용되는 소득불평등 측정 지표로서 수치는 0과 1사이의 비율로 나타난다(통계청, e-나라지표 참고). 개념적으로 지니계수 값이 0일 때 완전한 평등, 즉 모든 사람들이 동일한 소득을 가진 상태를 의미하며, 1은 한 사람이 완전한 불평등, 즉 한사람이 모든 소득을 가진 상태를 의미한다. 따라서 지니계수가 낮은 사회일수록 소득 분배는 평등하게 이루어진다고 볼 수 있다.

소득불평등과 건강의 관계가 나타나게 되는 기제 혹은 상황적·인구 구성적 특성들을 설명하기 위해 관련 학자들은 절대소득가설, 상대소득가설, 그리고 소득불평등가설 등 세 가지 가설을 제시하고 있으며, 각 가설에 대한 구체적인 논의는 다음과 같다.

첫째, 절대소득가설(absolute income hypothesis)에 따르면, 소득에 따라 나타나는 건강 불평등 현상은 한 사회의 소득분포와 상관없이 개인의 절대적인 소득과 물질적인 풍요의 정도가 다르고, 소득 자체가 건강에 영향을 미치기 때문에 나타난다고 설명하고 있다(Kawachi et al., 2002). 즉, 개인의 소득이 증가할수록, 건강에 이로운 재화와 서비스를 구매할 수 있는 기회가 늘어나고, 이러한 기회의 증가는 건강에 긍정적인 영향을 미치기 때문에 소득분포와 건강도 유의미한 관계가 나타나는 것으로 보고 있다(Kawachi, Adler, & Dow, 2010). 이들에 따르면, 소득이나 물질적 자원이 건강에 미치는 영향은 모든 소득 분포에서 동일하게 나타는 것은 아니며, 소득이 증가할수록 소득이 건강에 미치는 영향력은 줄어드는 비선형적인 관계를 띤다고 보고 있다(Kawachi et al., 2010; Wagstaff & van Doorslaer, 2000). 따라서 절대소득가설에 따르면, 한 사회의 평균 소득이 상승하고 소득격차가 줄어들면, 상승한 소득 그 자체가 건강에 영향을 미치기 때문에, 그 사회의 건강 상태는 평균적으로 좋아진다고 보고 있다(Wagstaff & van Doorslaer, 2000).

둘째, 상대소득가설(relative income hypothesis)에 따르면, 개인의 건강은 자신이 속한 사회의 소득 분포 상에서 어떤 위치에 있는지, 그리고 그 위치가 평균 소득으로부터 얼마나 멀리 떨어져 있는지에 따라 달라진다고 보고 있다(Wilkinson & Pickett, 2009). 즉, 소득불평등의 심화는 사회적 계층 간의 격차를 심화시키며, 이는 계층 간의 갈등, 상대적 박탈감, 그리고 자신의 사회경제적 위치에 대한 불만족을 증가시킨다(Elgar, 2010). 이는 심리사회적으로 만성적인 스트레스와 생리적·신체적인 변화를 초래하며(Wilkinson & Pickett, 2006), 건강 위험 행동을 유발할 뿐만 아니라 궁극적으로 건강에 악영향을 끼친다고 보고 있다(Wilkinson, 1996).

셋째, 소득불평등가설(income inequality hypothesis)에 따르면, 한 사회의 소득불평등의 정도는 사회적 자본, 사회적 응집력, 또는 사회적 신뢰에 영향을 미치며, 더 나아가 범죄율이나 폭력의 정도에도 영향을 준다고 보고 있다(Adler & Newman, 2002; Kawachi et al., 1997; Wilkinson, 1996, 2005). 사회적 자본[3]이나 응집력의 약화는 교육 및 의료서비스 등 기본적으로 사회의 안전망을 형성하는 공공재에 대한 사회적 투자를 약화시킨다(Kaplan et al., 1996; Wu, Perloff, & Golan, 2006). 최근에 소득불평등가설을 검증하기 위하여 지역 사회의 사회적 자본이나 공공지출이 소득불평등과 건강의 관계를 얼마큼 잘 설명하고 있는가에 대한 연구들이 활발하게 이루어지고 있다(Elgar, 2010; Kawachi & Kennedy, 1997; Kawachi et al., 1997). 이러한 연구들에서는 대인관계 신뢰는 소득불평등과 건강수준의 관계를 매개하며(Elgar, 2010), 평등한 사회일수록 국가 내에서의 사회적 자본과 건강 불평등의 관계가 적은 것으로 나타났다(Islam et al., 2006).

3. 노동시장의 이중구조화와 건강에 대한 이론적 논의

앞에서 논의되었던 건강 불평등은 주로 소득불평등에 따른 건강

3) 세계보건기구에 따르면, 사회적 자본은 '지역사회에 존재하는 사회적 응집력의 정도를 나타내는 개념으로서, 사람들 사이에 네트워크, 규범, 사회적 신뢰를 형성하고 상호 이익을 위해 조직화하고 협력을 촉진하는 과정'을 의미한다(WHO, 1998).

격차에 초점을 맞추고 있었다. 그러나 사회경제적 지위에 따른 건강 불평등 현상 중에는 노동 조건에 따른 건강 불평등 현상 또한 존재한다. 특히 세계화로 인한 노동시장의 변화와 노동시장 내의 이중구조 정착은 건강 불평등을 심화시키는 기제로 파악될 수 있다.

이를 설명하는 이론으로 가장 먼저 직무 요구-통제 모형을 꼽을 수 있다(Karasek, 1979). 이 모형에 의하면, 직무 관련 스트레스는 직무 요구와 직무 관련 통제 수단으로 나누어 살펴볼 수 있다(〈그림 5-1〉 참조). 직무와 관련하여 높은 요구와 높은 의사결정 권한을 부여하는 경우, 사람들에게 새로운 행동양식이나 기술을 배울 수 있는 동기를 부여하며, 이는 자신의 직무 상황뿐만 아니라, 인생 전반에 걸쳐 더 많은 통제권을 제공한다(Karasek, 1979). 다시 말해, 활동적인 직무에 임하는 사람들은 자기효능감이 높아질 뿐만 아니라, 직장 밖에서도 사회적, 문화적, 정치적으로 활동적인 삶을 영위할 수 있는 동기를 부

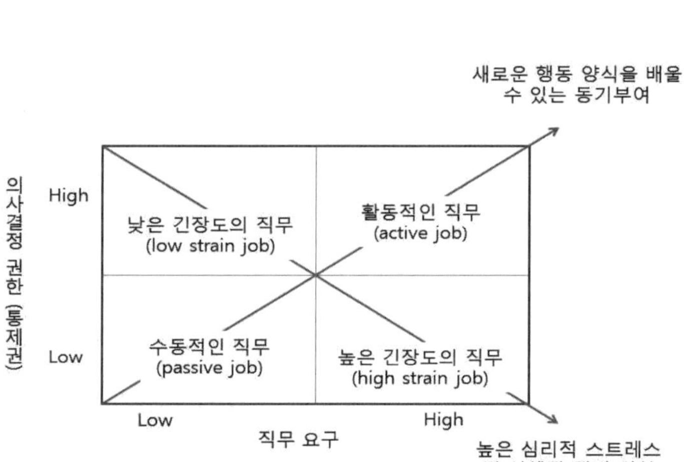

자료: Karasek(1979)에서 재구성.

〈그림 5-1〉 Demand-Control 모형

여해 준다. 따라서 이러한 긍정적인 일-삶(work-life balance)의 균형은 건강과 행복감에도 긍정적인 영향을 미친다(Karasek & Theorell, 1990).

그러나 직무 요구는 많으나 개인이 가지고 있는 의사결정 권한이나 직무 관련 통제가 적으면, 직무 긴장, 소진 등과 같은 부정적인 생리적·심리적 경험을 하게 되며, 결과적으로 높은 심리적인 스트레스와 신체적 질병 현상을 경험하게 된다(Karasek, 1979). 높은 요구와 낮은 통제권을 가진 직무를 수행하는 사람들은 스트레스와 관련된 심혈관계 질환에 걸릴 가능성이 높다(Marmot, Siegrist, & Theorell, 2006). 특히 노동시장의 이중구조에서 저임금의 불안정하고 열악한 근로 조건을 특징으로 하는 2차 노동시장에서 일하고 있는 사람들은 일하는 동안에도 높은 요구와 낮은 의사결정 권한으로 인하여 높은 긴장감을 경험할 뿐만 아니라, 불안정한 지위 및 잦은 실업 또한 건강에 악영향을 미칠 것으로 보고 있다. 더욱이 노동시장 이중구조화의 심화와 노동시장의 유연화는 의사결정 권한이 많은 활동적인 직무와 적은 긴장도 높은 직무의 간극을 더 심화시킬 것으로 예상한다.

노동과 건강 불평등과 관련된 또 다른 이론으로는 노력-보상 불균형 모형(effort-reward imbalance model)을 꼽을 수 있다(Siegrist, 1996). 이 이론은 사회적 상호작용(social reciprocity)을 근간으로 하고 있으며, 일반적으로 사람들이 서로 상호작용을 할 때, 통상적인 규범에 입각하여 자신의 노력에 대한 대가나 보상을 기대한다는 가정에서 출발하고 있다. 그러나 노력-보상 불균형 모형(effort-reward imbalance model)에 따르면, 규범의 불이행으로 인해 사회적 상호작용이 제대로 이루어지지 않았을 때, 사람들은 강한 부적 감정을 경험하게 되며, 이는 스트레스 과정을 통해 건강에 영향을 미치는 것으로 보고 있다(Siegrist, 1996; Marmot et al., 2006).

노동 계약은 이러한 사회적 상호작용의 가장 대표적인 경우로 볼 수 있으며, 사람들은 특정한 직무나 과업을 수행하는 대가로 돈, 커리어, 직업 안정성 등 여러 가지 보상을 얻게 된다. 그러나 노력–보상 불균형 모형에 따르면, 자신이 기대하는 노력의 대가가 제대로 주어지지 않을 때, 혹은 높은 노력이 낮은 보상으로 교환될 때(high cost/low gain) 사람들은 강한 부정적 감정을 느끼며, 이러한 경험은 심리적, 생리적, 그리고 장기적으로는 신체적인 변화를 초래할 수 있다. 이러한 상황은 대체로 1) 노동시장 구조가 제한적이어서 노동자들이 노동시장 내에서 다른 대안이 없을 때, 2) 승진 기회 등의 장기적인 보상을 노리고 오랜 기간 동안 불균형적인 상황을 참고 일을 해 왔으나, 이러한 장기적인 투자의 결과가 예상대로 나타나지 않고 불발이 되었을 때, 3) 그 밖에 다른 심리적인 이유로 인하여 자신이 불균형 상태를 자초했을 때 지속이 되며, 높은 노력/낮은 보상의 불균형 상태의 장기화는 스트레스 관련 질병을 일으키는 요인이 된다(Siegrist, 1996). 이와 관련하여 Vegchel 외(2005)는 논문 45편에 대한 문헌 연구를 실시한 결과, 직장에서 높은 노력과 낮은 보상을 지속적으로 경험한 피고용인들은 건강이 더 안 좋은 것으로 나타났다. 특히 노력–보상 불균형은 심혈관계 질환과 밀접한 관계가 있는 것으로 나타났으며, 담배와 술과 같은 건강위험 행동과 신체화 증상(psychosomatic health symptom)과도 유의미한 관계가 있는 것으로 조사되었다(Vegchel et al., 2005).

4. 복지국가 유형과 건강 불평등의 관계에 대한 이론적 논의

앞에서 소득분포와 건강의 관계를 설명하는 하나의 가설로 제시한 소득불평등 가설을 검증하기 위한 하나의 연구 문제로 복지국가 유형에 따른 건강 불평등의 차이를 살펴본 연구들이 최근에 늘어나고 있다. 가장 먼저 Navarro and Shi(2001)가 그의 연구에서 복지국가 유형에 따라 국민의 건강수준이 달라지며, 이는 복지국가를 이루게 하는 다양한 정치사회적 변수들에 의해 설명될 수 있음을 보여주었다. 특히 소득불평등 가설에서 논의되고 있는 사회적 불평등과 공공재에 대한 사회적 투자의 관계, 그리고 공공재에 대한 사회적 투자의 차이가 건강 불평등에 미치는 영향을 살펴보았다는 점과 지금까지 많이 고려되지 않았던 정치 관련 변수들을 건강 불평등 연구에서 고려하기 시작하였다는 점에서 연구의 의의를 찾을 수 있다(Navarro & Shi, 2001).

복지국가 유형과 건강의 관계를 설명하기 위한 기제로 Dahl 외(2006)는 크게 다섯 가지 경로를 제시하였다. 첫째, 보편주의의 기본 전제는 모든 국민을 포함한다는 것을 의미하며, 이러한 넓은 포용성은 사회적 통합, 사회적 응집성, 사회적 자본 등을 증진시키고, 이러한 소속감은 국민 건강에 긍정적인 영향을 미친다고 보았다(Dahl et al., 2006). 둘째, 노동의 탈상품화를 통한 건강 보존 효과를 꼽을 수 있다. Esping-Andersen(1990)에 따르면, 노동의 탈상품화는 개인이나 가족이 시장에서 제대로 일을 하지 못할 때, 얼마만큼 인간다운 삶을 누리면서 살 수 있는지와 관련이 되어 있다. 노동의 탈상품화가 많이 진행된 사회민주주의 복지국가의 경우, 한 개인이 건강으로 인하여 일을 더 이상 할 수 없게 되더라도 경제적으로나 일상생활의 측면에서 크게 영향을 받지 않으며, 건강이 완전히 회복될 때까지 기다렸다가 다시 재취업을 할 수 있는 기회와 여건이 마련되어 있어 실직을 하더라도 건강에 큰 타격을 입지 않는다(Dahl et al., 2006). 셋째, 공익(public interest)이나 공공재(public goods)에 대한 투자 증대 및 이에 대한 접근성 확대가 건강 불평등의 감소를 가져온다고 보고 있다(Dahl et al., 2006). 앞에서 언급되었듯이 평등한 사회일수록 사회적 자본과 응집력이 높고, 건강을 유지하는 데 필요한 사회적 기반 시설에 대한 투자 및 접근성 확대가 이루어지기 때문에 건강 불평등이 줄어든다고 보았다. 넷째, 강한 노동조합의 활발한 활동은 좋은 직업 환경을 만들며, 이러한 환경 개선은 건강 불평등의 감소를 가져온다고 보고 있다(Dahl et al., 2006). 사회민주주의 복지국가의 노동자들은 다른 나라 노동자들에 비해 신체적 · 정신적으로 좋은 작업 조건을 가지고 있으며(Dragano, Siegrist, & Wahrendorf, 2011), 노동자들의 작업 조건은 직업계층 간에 나타나는 건강 불평등을 일정 부분 설명하고 있다(Bambra et al., 2009). 마지막으로 관대한 복지국가일수록 출생에서 사망까지 전 생애주기에 거쳐 복지 혜택을 제공하고 있다(Dahl et al., 2006). 다양한 사회정책의 도입은 전 생애주기에 걸쳐 사회적 위험으로부터 최대한 개인을 보호하여 건강 위해 요인들의 누적 효과를 최소화시킬 수 있으며, 결과적으로 국민의 전반적인 건강수준을 증진시킬 수 있다. 한 예로, Lundberg 외(2008)는 사회정책의 혜택의 정도(generosity)가 영아사망률과 성인의 초과 사망률에 미치는 영향에 대해 살펴본 연구에서 맞벌이 부부를 지원하는 관대한 가족정책은 영아 사망률을 줄였으나, 전통적인 가족을 지원하는 가족정책은 유의미한 효과가 없다고 하였다(Lundberg et al., 2008). 또한 연금 기반의 기초보장은 성인의 초과 사망률에 영향을 미치는 것으로 나타났으나, 임금 기반의 소득 보장 연금은 그러한 효과가 없었다(Lundberg et al., 2008). 그러나 아직까지는 복지국가 유형이 건강 불평등에 미치는 기제를 실증적으로 검증한 연구들이 많지 않은 상황이다.

제3절 국가 비교를 통한 성인기 건강 불평등

1. 건강 불평등과 국가 비교연구

지금까지 이루어진 건강 불평등과 관련된 연구들 가운데 가장 활발하게 이루어진 연구 영역 중 하나가 건강 불평등에 대한 국가 간 비교연구라 해도 과언이 아닐 정도로 이 분야에서는 국가 비교 연구가 상당히 활발하게 진행되고 있다. 대체로 이러한 연구들은 지니계수 등과 같은 소득불평등 계수와 건강수준의 관계를 국가별로 비교한 연구들이 주를 이룬다. 먼저 선진국뿐만 아니라 저개발 국가까지 모두 포함하여 전 세계의 건강에 대한 국가 비교를 진행한 연구들이 있다(Babones, 2008; Rodgers, 1979). 이러한 연구들은 국가의 경제 규모를 나타내는 GDP를 통제한 상태에서 지니계수는 기대여명과 영아 사망률과 유의미한 관계가 있다는 것을 밝혔다(Babones, 2008; Rodgers, 1979).

그러나 GDP와 소득불평등이 국민 건강에 미치는 영향은 개발도상국이나 저개발국가와 선진국이 다른 양상으로 나타난다고 보고 있어, 최근 연구에서는 선진국들만 비교하는 연구들이 늘고 있다. Wilkinson & Pickett(2009)은 선진국 간의 비교를 통해 1인당 국민소득과 기대여명의 관계가 나타나지 않으며, 이러한 현상은 다른 건강 관련 변수들에서도 유사하게 나타난다고 보고하고 있다. 이러한 결과는 OECD 데이터에서도 나타나고 있다(〈그림 5-2〉 참조). 2010년 OECD 자료에 따르면, 2009년 기대여명이 가장 높은 나라는 일본으로 83.0세이다. 그러나 일본의 1인당 GDP는 OECD 국가들 가운데 중간 정도를 차지하고 있으며($32,431 USD), 일본의 1인당 의료비 지출 또한 $3,000

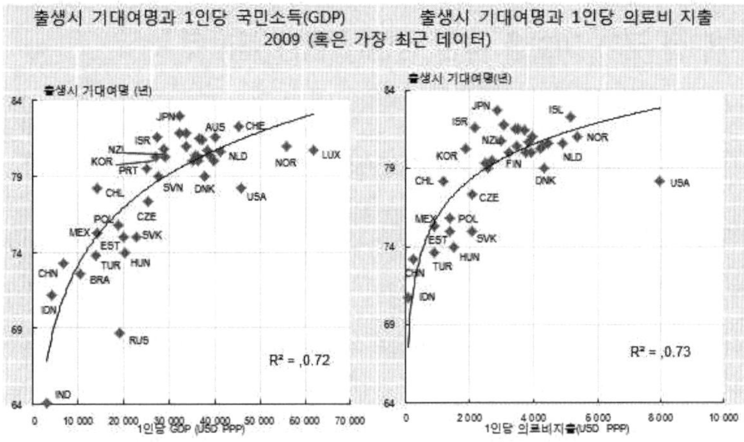

자료: OECD(2011), How's Life: Measuring Well-being.

〈그림 5-2〉 1인당 국민소득, 1인당 의료비 지출과 기대여명의 관계

가 넘지 않고 있어 OECD 평균보다도 낮은 수치를 기록하고 있다. 반면에 미국은 1인당 국민소득($45,797 USD)과 1인당 의료비 지출이 전 세계에서 가장 높은 국가로($7,960) 꼽히지만, 건강 지표들은 상대적으로 낮게 나타나, 선진국에서 GDP와 의료비 지출이 국민 건강에 큰 영향을 미치지 않음을 보여주는 가장 대표적인 사례로 꼽힌다(OECD, 2010b).

2011년 OECD 자료에 따르면, 2009년 한국의 1인당 국민소득은 OECD 국가들 가운데 약 25위인 것으로 조사되었으며(약 $27,150 USD), 한국의 1인당 의료비 지출(약 $1,879 USD)은 OECD 국가들 가운데 28위를 차지하였다. 반면에, 출생 시 기대여명은 80.3세로 OECD 국가들 가운데 16위인 것으로 조사되었다. 우리나라는 1인당 의료비 지출이 $2,000 미만인 국가들 가운데 기대 여명이 가장 높았으며, 미국을 비롯하여 벨기에, 핀란드, 덴마크 등 OECD 국가들 가운데

1인당 국민소득이 $30,000가 넘고, 1인당 의료비 지출이 $3,000가 넘는 국가들보다도 출생 시 기대여명이 높았다(OECD, 2011b).

반면에, 선진국과 같이 경제 규모가 일정 수준 이상이 되면, 추가적인 경제성장이 가져오는 건강상의 이득은 그렇게 크지 않으며, 오히려 이러한 소득이 어떻게 분배되는가가 그 사회의 구성원에게 더 큰 영향을 미치는 것으로 보고 있다(Wilkinson & Pickett, 2006, 2009). Karlsson 외(2010)는 40세 이상의 성인을 대상으로 한 국가 비교 연구에서 선진국에 거주하고 있는 사람들의 경우, 같은 연령대의 평균 소득이 개인의 주관적 건강에 영향을 미친다는 결과를 제시하여 상대소득가설을 검증하였다.

실제로 2008년 OECD에서 발표된 국가별 지니계수와 출생 시 기대여명 및 영아사망률을 봤을 때, 지니계수가 높은 나라, 즉 불평등한 나라일수록 건강지표가 더 안 좋게 보고되고 있으며, 지니계수가 낮은 나라일수록 대체로 건강지표가 좋게 나타나는 것을 볼 수 있다(OECD, 2012c; 〈그림 5-3〉 참조). 특히 영아사망률은 출생 시 기대여명과 비교했을 때 보다 확연하게 지니계수와 선형적인 관계를 갖는 것을 볼 수 있다. 지니계수가 높으면서 건강지표가 안 좋은 나라의 대표적인 예로는 미국을 꼽을 수 있는데, 미국의 2008년 지니계수는 0.38로 OECD 국가들 가운데 터키, 멕시코, 이스라엘 다음으로 높았다. 미국은 건강 지표에서 또한 유사한 결과를 보여주었는데, OECD 국가들 가운데 칠레, 터키, 멕시코 다음으로 영아사망률이 높았고, 출생 시 기대여명도 OECD 국가들 가운데 끝에서 9번째로 낮은 순위를 차지하였다. 반면에 우리나라 2008 지니계수는 0.315로 OECD 국가들 가운데 중간쯤인 것으로 나타났다. 우리나라의 영아사망률은 출생 1000명 당 약 3.5 정도인 것으로 나타나 OECD 국가들 가운데

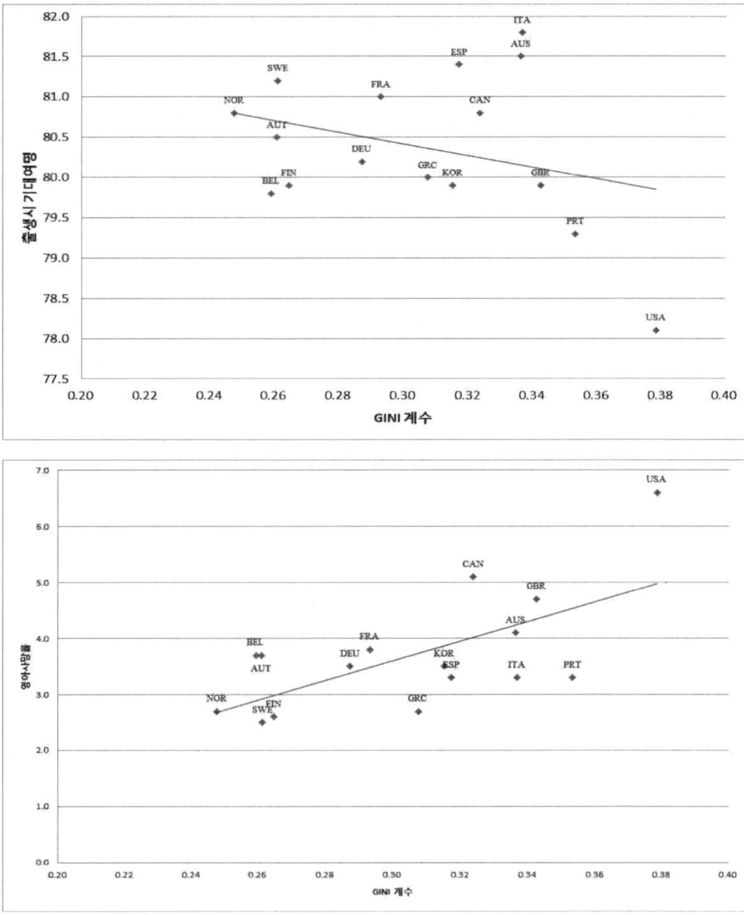

자료: 2012 OECD Health data.

〈그림 5-3〉 지니계수에 따른 출생 시 기대여명과 영아사망률(2008)

6위 정도를 차지했으며, 출생 시 기대여명은 약 79.9년으로 OECD 평균인 79.3과 거의 유사한 수준인 것으로 나타났다(OECD, 2012c).

그러나 이러한 기술적인 연구들은 국가 간 건강수준의 차이가 소득불평등과 관계가 있다는 점을 잘 제시하고 있으나, 앞에서도 언급했듯이 구체적으로 어떤 기제를 통해 건강 불평등이 나타나는지를 설명하지 못하는 한계를 갖는다. 건강 불평등이 나타나는 이유가 불분명하다는 점은 곧 이를 해결하기 위한 정책적 대안 또한 세우기 어렵다는 문제점을 갖는다. 이러한 한계를 극복하기 위해 최근에 복지국가 유형에 따른 건강수준의 차이를 살펴보는 연구들이 활발하게 진행되고 있으며, 이러한 연구들은 소득불평등 가설을 검증하기 위한 하나의 접근방식으로 활용되고 있다.

2. 복지국가 유형에 따른 국가별 건강수준 비교

본 연구에서는 실제로 2008, 2009, 그리고 2010년 OECD Health Data를 이용하여 복지국가 레짐을 북유럽형, 대륙유럽형, 영미형, 그리고 남유럽형으로 나누어 레짐별 그리고 같은 레짐 안에서 건강수준의 차이를 영아사망률과 출생 시 기대여명을 이용하여 살펴보았다. 아울러 이러한 국가들의 건강수준과 한국의 건강수준을 비교하여 우리나라의 건강 불평등 수준을 복지국가 간 비교를 통해 파악하고자 하였다. 〈표 5-1〉에 제시된 바와 같이, 사회경제적 결정요인에 가장 민감하게 반응한다고 알려진 영아사망률의 경우, 북유럽형 국가들의 평균이 가장 낮은 것으로 나타났다. 반면에 영미형 국가들의 영아사망률이 가장 높게 나타났으며, 남유럽형 국가가 대륙유럽형 국가나 영미형 국가들에 비해 영아사망률이 더 낮은 것으로 나타났다. 우리나라의 경우, 영아사망률은 남유럽형 국가들과 거의 유사하게 나타났다.

북유럽형 복지국가의 건강 불평등이 작게 나타난 이러한 결과는

〈표 5-1〉 복지국가 유형별 건강수준 비교

복지국가 유형	국가	영아사망률			출생 시 기대여명		
		2008년	2009년	2010년	2008년	2009년	2010년
북유럽형	덴마크	4.0	3.1	3.4	78.8	79.0	79.3
	노르웨이	2.7	3.1	2.8	80.8	81.0	81.2
	스웨덴	2.5	2.5	2.5	81.2	81.4	81.5
	평균	3.1	2.9	2.9	80.3	80.5	80.7
대륙유럽형	오스트리아	3.7	3.8	3.9	80.5	80.4	80.7
	프랑스	3.8	3.9	3.6	81.0	81.1	81.4
	독일	3.5	3.5	3.4	80.2	80.3	80.5
	평균	3.7	3.7	3.6	80.6	80.6	80.9
영미형	오스트레일리아	4.1	4.3	4.1	81.5	81.6	81.8
	영국	4.7	4.6	4.2	79.9	80.4	80.6
	미국	6.6	6.4	6.1	78.1	78.5	78.7
	평균	5.1	5.1	4.8	79.8	80.2	80.4
남유럽형	그리스	2.7	3.1	3.8	80.0	80.3	80.6
	포르투갈	3.3	3.6	2.5	79.3	79.6	79.8
	스페인	3.3	3.2	3.2	81.4	81.8	82.2
	평균	3.1	3.3	3.2	80.2	80.6	80.9
한국		3.5	3.2	3.2	79.9	80.4	80.7

자료: 2010 OECD Health data.

Esping-Andersen(1999)이 분류한 복지국가의 네 가지 유형을 이용하여 복지국가 유형이 영아사망률과 저체중아 출산율에 미치는 영향을 살펴본 Chung & Muntaner(2007)나 Bambra(2006)의 연구 결과와 일치하고 있다. 한 예로, Chung과 Muntane(2007)는 자신들의 연구를 통해 사회민주주의 국가들이 다른 복지국가 형태에 비해 영아 관련 건강지표가 더 좋으며, 국가 간 나타난 영아사망률 변량의 약 20% 정도, 그리고 저체중 출산율 변량의 약 10% 정도를 복지국가 유형에 의해 설명할 수 있다고 보고하였다(Chung & Muntaner, 2007).

반면에 출생 시 기대여명의 복지국가 유형 간 차이는 두드러지게 나타나지 않았다. 특히 대륙유럽형 국가와 남유럽형 국가의 2009년과 2010년 출생 시 기대여명은 80.6과 80.9로 동일하게 나타났으며, 이들 두 국가 유형이 다른 복지국가 유형과 비교했을 때 가장 높게 나타났다. 그 다음으로 한국과 북유럽국가의 출생 시 기대여명이 2009년에는 각각 80.4와 80.5, 그리고 2010년에 80.7로 매우 유사하게 나타났으며, 마지막으로 영미형 국가에서 가장 낮은 수준의 출생 시 기대여명을 볼 수 있었다. 그러나 실제로 같은 레짐 안에서도 국가 간 편차가 크게 나타나, 실제 복지국가 레짐별 공통점을 찾기 용이하지 않았다. 복지국가 레짐과 상관없이 국가별로 출생 시 기대여명이 높은 순서대로 나열을 해보면, 2010년 남유럽형 국가인 스페인의 기대여명이 82.2로 가장 높았고, 그 다음으로 호주, 스웨덴, 그리고 프랑스 순으로 나타났다.

이렇듯 복지국가 유형에 따른 성인의 건강수준의 차이에 대한 연구 결과는 일관되지 않다. Muntaner 외(2011)는 선행 연구들을 분석한 문헌 연구에서 선행 연구의 약 1/3은 복지국가 유형과 건강의 관계가 미미하거나 부정적인 관계가 있는 것으로 보고하였으며, Brennenstuhl 외(2012)는 선행연구의 약 1/2 정도에서 북유럽형 사회민주주의 복지국가 유형의 건강 불평등 수준이 가장 낮거나, 주민의 건강수준이 다른 나라에 비해 높게 나타났다고 보고하였다. 한 예로, Eikemo 외(2008)는 사회민주주의 국가들과 영미권 국가들에 사는 사람들의 주관적 건강상태가 다른 복지국가 유형들보다 더 좋다고 보고한 반면에, Dahl 외(2006)는 사회민주주의 국가들에서 건강 불평등의 정도가 특별히 작게 나타나는 것은 아니라고 보고하였다.

특히 복지국가 유형과 건강에 대한 상반된 결과는 여성 건강에서

〈표 5-2〉 복지국가 유형별 남녀 출생 시 기대여명

복지 국가 유형	국가	여성				남성			
		2007	2008	2009	2010	2007	2008	2009	2010
대륙 유럽형	오스트리아	83.1	83.3	83.2	83.5	77.4	77.8	77.6	77.9
	벨기에	82.6	82.6	82.8	83.0	77.1	76.9	77.3	77.6
	프랑스	84.4	84.3	84.5	84.7	77.4	77.6	77.7	78.0
	독일	82.7	82.7	82.8	83.0	77.4	77.6	77.8	78.0
	평균	83.2	83.2	83.3	83.6	77.3	77.5	77.6	77.9
영미형	오스트레일리아	83.7	83.7	83.9	84.0	79.0	79.2	79.3	79.5
	캐나다	83.0	83.1	-	-	78.3	78.5	-	-
	영국	81.8	81.9	82.5	82.6	77.6	77.8	78.3	78.6
	미국	80.4	80.6	80.9	81.1	75.4	75.6	76.0	76.2
	평균	82.2	82.3	82.4	82.6	77.6	77.8	77.9	78.1
북유럽형	덴마크	80.6	81.0	81.1	81.4	76.2	76.5	76.9	77.2
	핀란드	83.1	83.3	83.5	83.5	76.0	76.5	76.6	76.9
	노르웨이	82.9	83.2	83.2	83.3	78.3	78.4	78.7	79.0
	스웨덴	83.0	83.2	83.4	83.5	78.9	79.1	79.4	79.5
	평균	82.4	82.7	82.8	82.9	77.4	77.6	77.9	78.2
남유럽형	그리스	81.8	82.3	82.7	82.8	77.1	77.7	77.8	78.4
	이탈리아	84.2	84.5	84.6	-	78.7	79.1	79.4	-
	포르투갈	82.2	82.4	82.6	82.8	75.9	76.2	76.5	76.7
	스페인	84.3	84.5	84.9	85.3	77.8	78.2	78.7	79.1
	평균	83.1	83.4	83.7	83.6	77.4	77.8	78.1	78.1
한국		82.7	83.3	83.8	84.1	76.1	76.5	77.0	77.2

자료: 2010 OECD Health data.

두드러지게 나타났는데, Popham, Dibben & Bambra(2013)은 북유럽 국가에 거주하는 남성과 아동의 건강 불평등은 다른 국가들에 비해 가장 작게 나타나지만, 여성의 건강 불평등은 가장 작지 않았고 보고하였다. 실제로 남녀의 출생 시 기대여명을 OECD 건강 자료를 이용하여 분석해보면, 2010년에 대륙유럽형과 남유럽형에 사는 여성의 출생 시 기대여명이 83.6년으로 가장 높게 나타난 반면, 북유럽형, 영미형은 각각 82.9와 82.6으로 그 다음을 차지하였다. 한국 여성의 출생 시 기대여명은 84.1년으로 유럽 국가들의 기대여명보다 높게 나타났다. 반면에, 남성의 경우, 기대여명이 가장 높은 복지국가유형은 북유럽형이었으며, 영미형과 남유럽형, 그리고 대륙유럽형 순으로 나타났다. 우리나라 남성의 출생 시 기대여명은 77.2년으로 가장 낮은 대륙유럽형보다 낮게 나타나고 있어 여성과 남성의 출생 시 기대여명이 큰 차이를 보이고 있다.

이러한 상반된 결과는 직장인과 실직자의 건강 불평등의 차이에서도 나타났는데, 한 연구에서는 가족주의가 강하게 남아있는 동유럽과 남부유럽 국가에 거주하는 실직자의 건강 불평등 현상이 가장 적게 나타난 반면, 북유럽과 영미권 국가들에서 가장 높게 나타났다(Bambra & Eikemo, 2009). 그러나 만성질환 유무가 실업에 미치는 영향을 살펴본 van der Wel, Dahl & Thielen(2012)의 연구에서는 북유럽 국가가 만성질환을 앓고 있는 사람의 실업을 가장 잘 보호하는 것으로 나타난 반면에, 영미권 국가들에 거주하는 만성질환자들이 실직할 확률이 다른 복지국가 유형보다 유의미하게 높은 것으로 나타났다. 이러한 상반된 연구 결과들은 복지국가의 유형에 따른 노동시장의 탈상품화, 실업, 그리고 건강 불평등의 관계를 살펴본 연구들이 아직 시작 단계에 있으며, 이와 관련하여 더 많은 연구가 필요하다는 점을 여실히 보여주고 있다.

3. 복지국가 유형과 의료비 지출 형태 비교

Brennenstuhl 외(2012)는 복지국가 유형 자체보다는 정치적인 특성이나 복지국가 정책 등을 지표로 이용하여 건강 불평등을 분석하는 것이 더 복지국가 유형론을 지지하는 결과를 더 많이 도출할 수 있다고 제안한다. 특히 탈상품화와 영아사망률과의 부적 관계가 있으며(Bambra, 2006), 맞벌이를 위한 관대한 가족정책은 영유아사망률과 부적 관계가 있고(Ferrarini & Norstorm, 2010; Lundberg et al., 2008), 기초보장 연금정책은 노령 초과사망률과 부적인 관계가 있다는 것을 밝혀냈다(Lundberg et al., 2008; Norstrom & Palme, 2010). 또한 공공의료비 지출은 영아사망률과 주관적 건강상태에 부적인 영향을 미치는 것으로 조사되었다(Borrell et al., 2009; Navarro et al., 2006).

〈표 5-3〉에 제시된 바와 같이 2008년 GDP 대비 공공의료비 지출을 살펴보면, 대륙유럽형 국가가 8.71%으로 가장 높았으며, 그 다음으로 북유럽형, 영미형, 그리고 남유럽형 국가 순으로 나타났다. 반면에, 지난 20년간의 변화폭을 살펴보면, 북유럽형 국가들과 영미형 국가들 모두 꾸준히 증가하여 2009년에는 약 8% 이상 공공의료비 지출을 하고 있다. 우리나라의 경우, 1980년 GDP의 0.80%에서 2009년 4.03%로 증가하였으나, 전체 공공의료비 지출은 여전히 매우 취약한 수준이다.

사적의료비 지출은 영미형 국가가 GDP의 4.7%로 가장 높았으나, 이는 미국의 사적의료비 지출이 9.1%라는 압도적 수치로 높았기 때문이며, 미국을 제외한 나머지 영미권 국가들의 2008년 평균 사적의료비 지출을 살펴보면, GDP의 2.5% 정도인 것으로 나타났다(〈표 5-3〉 참조). 이는 대륙유럽형 국가들의 2.6%와 남유럽형 국가들의 2.3%와 비교적 유사한 수준이며, 북유럽형 국가들의 사적의료비 지출 평균인 1.8%보다는 큰 수치이다. 우리나라의 경우, 사적의료비 지출이 2009년에 2.9%인 것으로 나타나 상대적으로 다른 나라들에 비해 사적의료비

〈표 5-3〉 GDP 대비 의료비 지출 비율 (단위: GDP 대비 %)

복지국가 유형	국가	공공의료비 지출			사적의료비 지출		
		1990년	2000년	2009년	1990년	2000년	2009년
대륙 유럽형	오스트리아	6.12	7.64	8.58	2.2	2.3	2.5
	벨기에	-	6.07	8.17	-	2.1	2.7
	프랑스	6.41	8.00	9.18	2.0	2.1	2.6
	독일	6.32	8.21	8.93	2.0	2.1	2.7
	평균	6.28	7.48	8.71	2.1	2.1	2.6
영미형	오스트레일리아	4.44	5.37	-	2.3	2.7	-
	캐나다	6.61	6.22	8.06	2.3	2.6	3.4
	영국	4.92	5.55	8.23	1.0	1.5	1.6
	미국	4.87	5.87	8.29	7.5	7.8	9.1
	평균	5.21	5.75	8.19	3.2	3.6	4.7
북유럽형	덴마크	6.90	7.30	9.81	1.4	1.4	1.7
	핀란드	6.26	5.15	6.84	1.5	2.1	2.3
	노르웨이	6.32	6.95	8.08	1.3	1.5	1.5
	스웨덴	7.41	6.94	8.16	0.8	1.2	1.9
	평균	6.72	6.58	8.22	1.3	1.5	1.8
남유럽형	그리스	3.55	4.73	-	3.1	3.2	-
	이탈리아	6.13	5.85	7.38	1.6	2.2	2.1
	포르투갈	3.73	6.15	-	2.0	3.2	-
	스페인	5.14	5.17	7.00	1.4	2.0	2.5
	평균	4.64	5.47	7.19	2.0	2.6	2.3
	한국	1.53	2.18	4.03	2.5	2.3	2.9

자료: 2010 OECD Health data.

지출이 높은 것으로 파악되었다.

또한 가구별로 전체 의료비 지출 가운데 의료비의 현금 지출의 비율(out-of-pocket expense)이 얼마나 되는지를 살펴보았다(〈표 5-4〉). 영미형 국가의 의료비의 현금지출비율이 평균 13.4%로 가장 낮았으며, 그 다음으로 대륙유럽형 그리고 북유럽형 국가 순으로 나타났다. 전

〈표 5-4〉 전체 의료비 지출 대비 가구당 현금지출액 비중 (단위: %)

복지국가 유형	국가	2010(or nearest year)
대륙유럽형	오스트리아	15.9
	벨기에	19.4
	프랑스	7.3
	독일	13.2
	평균	14.0
영미형	오스트레일리아	18.6
	캐나다	14.2
	영국	8.9
	미국	11.8
	평균	13.4
북유럽형	덴마크	13.2
	핀란드	19.2
	노르웨이	15.0
	스웨덴	16.8
	평균	16.1
남유럽형	그리스	38.4
	이탈리아	17.8
	포르투갈	26.0
	스페인	19.7
	평균	25.5
	한국	32.1

자료: 2012 OECD Health data.

체 의료비 지출 가운데 의료비의 현금 지출 비율이 가장 높은 복지국가 유형은 남유럽형으로 25.5%였다. 반면에 우리나라는 32.1%로 다른 복지국가들에 비해 약 2배 이상 많은 것으로 나타났다.

4. 복지국가 유형과 건강의 관계에서의 동아시아 연구

복지국가 유형과 건강의 관계를 살펴본 대다수의 연구들은 유럽 국가들과 영미권 국가들을 중심으로 살펴보았으며, OECD 국가들을 중심으로 살펴본 연구들도 동아시아에서는 일본을 포함했을 뿐, 한국을 살펴본 연구들은 거의 없다. 동아시아의 복지국가를 고려한 연구로는 Karim, Eikemo & Bambra(2010)의 연구가 있으며, 이들은 홍콩, 일본, 싱가포르, 한국, 그리고 대만을 동아시아 복지국가로 묶어서 복지국가 유형이 건강에 미치는 영향을 살펴보았다. 이들에 따르면, 복지국가 유형과 영아사망률의 관계는 GDP를 통제한 상태에서는 유의미하지 않았으나, 평균기대 여명은 동아시아 복지국가 유형에서 가장 높은 것은 것으로 나타나 지금까지 논의되어 오고 있던 복지국가 유형과 건강의 관계와는 다른 결과를 제시하고 있다(Karim et al., 2010).

이러한 상이한 결과는 제도적인 차이로 설명하기 어려우며, 문화적 차이나 생활습관의 차이에서 나타나는지에 대한 검토 또한 미미한 상황이다. 그럼에도 불구하고 OECD 국가들 간의 건강 행태의 차이를 살펴보면, 우리나라와 다른 복지국가들과 가장 두드러진 차이는 비만율에서 나타났다. 우리나라의 비만율은 약 4.5%로 매우 낮게 나타난 반면에, 다른 국가들은 20%를 상회하는 수준인 것으로 파악되었다. 반면에 흡연율은 영미권 국가가 17%로 가장 낮았으며, 북유럽형 국가가 18%로 그 다음을 차지하였다. 우리나라 흡연율은 대륙유럽형 국가들과 거의 유사한 수준인 22.9%인 것으로 나타났다. 15세 이상의 인구당 리터 수로 측정한 음주율은 북유럽형 국가들이 8.5리터로 가장 낮았으며, 우리나라의 경우, 인구 당 8.94리터로 북유럽형 국가들보다는 많지만, 다른 나라들보다는 적은 수준인 것으로 나타났다.

〈표 5-5〉 OECD 국가별 건강 행태의 차이

복지 국가 유형	국가	15세 이상		전체 인구
		흡연율 (인구대비%)	음주율 (liters/capita)	비만율
		2010 (or nearest year)	2010 (or nearest year)	2010 (or nearest year)
대륙 유럽형	오스트리아	23.2	12.2	-
	벨기에	20.5	10.8	-
	프랑스	23.3	12	-
	독일	21.9	11.7	-
	평균	22.23	11.68	
영미형	오스트레일리아	15.1	10.3	24.6
	캐나다	16.3	8.2	24.2
	영국	21.5	10.2	26.1
	미국	15.1	8.7	35.9
	평균	17.00	9.35	
북유럽형	덴마크	20	10.3	-
	핀란드	19	9.7	20.2
	노르웨이	19	6.6	-
	스웨덴	14	7.3	-
	평균	18.00	8.48	
남유럽형	그리스	31.9	8.2	-
	이탈리아	23.1	6.9	-
	포르투갈	18.6	11.4	-
	스페인	26.2	11.4	-
	평균	24.95	9.48	
	한국	22.9	8.95	4.1

자료: 2012 OECD Health data.

지금까지의 선행 연구 결과들과 OECD 자료를 통한 기초 분석을 살펴보았을 때, 한국 여성의 출생 시 기대여명이 왜 다른 서구 복지국가들에 비해 높은지, 그리고 남성의 출생 시 기대여명은 왜 낮은지에 대한 명확한 이유를 설명하기 어려운 상황이다.

제4절 한국의 성인기 건강 불평등과 제도적 이중구조

한국 사회의 이중구조 현상은 교육격차, 임금격차, 노동시장의 격차, 생활격차 등 생애주기에 따라 다양한 형태로 나타나고 있다. 본 절에서는 이처럼 다양한 형태로 나타나고 있는 이중구조 현상과 건강의 관계를 분석하고자 한다.

1. 사회경제적 지위와 건강 불평등

다른 나라들에 비해 뒤늦게 시작하기는 하였으나, 국내 건강 불평등에 관한 연구는 최근에 급속도로 증가하고 있는 추세이며, 건강 불평등 현상을 해소하기 위한 정책적 접근에 대한 관심도 늘고 있다(Khang & Lee, 2011). 대다수의 국내 연구들은 지니계수, 상대적 소득수준(the decile ratio) 등을 활용하여 소득불평등과 건강의 상관관계를 분석하거나, 집중지수(Concentration index)나 상대불평등지수(Relative index of inequality)을 활용하여 사회경제적 지표에 따른 건강 불평등의 크기를 계량화하여 분석하였다(김진구, 2011; 김진영, 2007; 신호성, 김동진, 2008; 엄선희, 문춘걸, 2010). 반면에 건강을 측정하는 지표로는 사망률, 유병률, 기대여명, 건강수명(health expectancy), 주관적인 건강 상태 등을 활용하고 있다(김진영, 2007; 박나영, 2010; 정연, 조영태, 오주환, 2007; 이광옥, 윤희상, 2001; Jung-Choi, Khang, Cho, 2011). 이러한 지표들을 활용한 국내 연구에서도 건강의 상대적 격차가 전 소득계층 간에 존재하고 있으며(이미숙, 2005), 우리나라의 건강 불평등은 비교적 약한 편이기는 하나, 건강이 고소득층에 편향되게 나타난다는 점을 밝히고 있다(신호성, 김동진, 2008). 한 예로, 국민건강영양조사에 참여한 30세 이상 남녀 5,607명의 사망 여부를 4년간 추적한 연구에서는 소득 등급을 4등급으로 나누어 각 소득등급의 사망위험을 비교하였을 때, 가장 소득등급이 높은 집단에 비해, 소득등급이 낮은 집단들의 사망위험은 순차적으로 약 1.48배, 2.37배, 그리고 2.44배 높은 것으로 조사되었다(Khang & Kim, 2005).

이와 유사하게 본 연구에서는 전국에 거주하고 있는 가구 가운데 약 7,000가구에 대한 조사를 실시하여 전국 대표성 있는 한국복지패널 데이터를 활용하여 약 7년 동안의 소득과 주관적 건강상태의 관계에 대한 추이를 살펴보았다. 한국복지패널 데이터에서 개인의 주관적 건강상태에 대해 "1=아주 건강하다"부터 "5=건강이 아주 안 좋다"까지 대답할 수 있도록 응답 항목을 제시하고 있다. 소득은 한국 복지패널 연구에 참여한 연구 참여자들을 중심으로 그들의 소득을 5분위인 하위 0-20%부터 81-100%까지 나누어 이들의 집단별 평균 주관적 건강상태를 살펴보았다. 본 연구에서는 패널데이터를 활용하여 개인의 건강수준 변화 추이보다는 각 연도별 소득 수준에 따라 평균 주관적 건강상태가 어떻게 나타났는지, 그리고 소득분위별 건강 격차가 어떤 양상을 띠고 있는지를 기술적으로 살펴보았다. 또한 소득 수준에 따른 건강 불평등 현상은 연령대별로 차이가 있는 것으로 나타나(김진영, 2007; 박나영, 2010; 정연, 조영태, 오주환, 2007), 본 연구에서도 19세-59세 그리고 60세 이상으로 집단을 나누어 소득과 건강수준의 관계를 따로 살펴보았다.

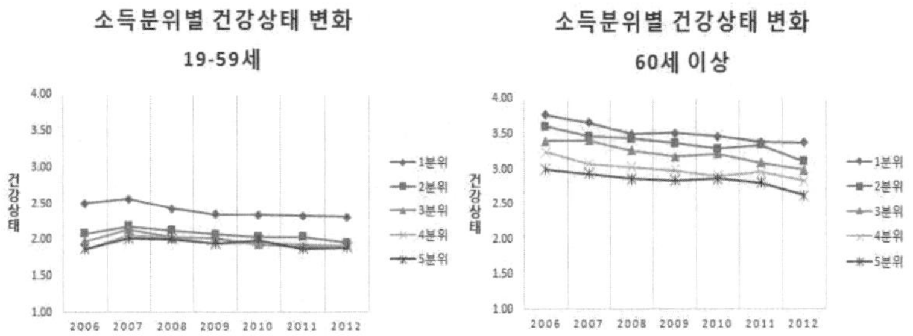

자료: 한국복지패널.

〈그림 5-4〉 소득수준에 따른 성인의 주관적 건강상태

〈표 5-6〉 성인의 10분위 소득수준별 만성질환 유병률

연령대	소득 수준	2006년 만성질환 유병률	2012년 만성질환 유병률	연령대	소득 수준	2006년 만성질환 유병률	2012년 만성질환 유병률
19세-59세	0-20%	28.9%	30.9%	60세 이상	0-20%	72.0%	87.8%
	21-40%	13.5%	17.2%		21-40%	63.1%	80.1%
	41-60%	10.4%	16.8%		41-60%	59.0%	76.5%
	61-80%	8.7%	17.0%		61-80%	60.6%	72.9%
	81-100%	7.7%	14.9%		81-100%	56.0%	69.3%

자료: 한국복지패널.

먼저 19세에서 59세 사이의 성인의 주관적 건강상태의 변화 추이를 살펴보면, 위의 〈그림 5-4〉에 제시된 바와 같다. 2006년에는 거의 대부분의 소득분위들 간의 건강격차는 유의미하여 기존 연구에서 논의되었던 구배효과(gradient effect)가 있는 것으로 나타났다. 구체적으로, 4분위 소득집단과 5분위 소득집단 간의 건강격차만 통계적으로 유의미한 수준에서 차이가 없으며, 이를 제외한 나머지 집단에서는 대체로 소득이 적은 집단의 주관적 건강상태가 소득이 많은 집단에 비해 더 통계적으로 유의미한 수준에서 나쁘게 평가되었다. 반면

에, 점차 조사 년차가 진행됨에 따라 인접 소득집단과의 건강격차가 통계적으로 유의미한 수준에서 다르지 않은 것으로 나타난다. 그러나 1 소득분위는 모든 조사 년차에서 다른 소득 집단과 통계적으로 유의미한 수준에서 다르게 나타나 임계효과(threshold effect)가 더 두드러지게 나타났다. 즉, 저소득층과 중산층 이상의 소득 집단의 주관적 건강상태의 차이는 유의미하게 나타나지만, 중산층 이상의 소득 집단에서는 주관적 건강상태가 유의미한 차이를 보이지 않았다.

60세 이상의 연령층에서 나타난 10분위 소득 수준과 주관적 건강상태의 관계를 살펴보면, 60세 이상의 노인 집단에서도 소득이 낮은 집단의 주관적 건강상태가 소득이 높은 집단에 비해 나쁘게 평가되는 것으로 나타났다. 건강 격차는 저소득층과 중산층 이상의 소득 계층에서 보다 극명하게 나타나지만, 또한 이러한 경향성은 시간이 지나도 비교적 일관성 있게 나타나고 있다.

한국복지패널에서 6개월 이상 투병 혹은 투약을 하고 있는 만성질환이 있는지에 대한 결과를 소득 5분위로 나누어서 분석해보면, 19세에서 59세까지의 집단과 60세 이상의 집단에서 약간의 소득분위별 차이는 있으나, 대체로 소득수준이 낮을수록 6개월 이상 치료를 받고 있는 만성질환을 가진 사람들의 비율이 높았다. 즉, 소득에 따른 건강 불평등 현상이 비교적 뚜렷하게 나타났다.

좀 더 실증적으로 한국의 소득계층별 건강수준의 불평등을 지표로서 계측하고, 이를 다른 나라들의 건강 불평등지수와 비교한 연구들을 살펴보면 다음과 같다. Hong & Ahn(2011)은 국민건강영양조사를 이용하여 한국의 전체 및 지역별 집중지수(Concentration Index; CI) 그리고 건강수준에 영향을 미치는 인구학적 요소로 보정한 표준화 지수인 CI+를 제시하였다. 전체 인구에 대한 CI는 -0.131, 그리고 표준화 지수인 CI+는 -0.059로 소득수준이 낮을수록 건강이 좋지 않은 건강 불평등이 존재함을 밝혔다. 이는 노동패널자료를 이용하여 분석한 엄선희와 문춘걸(2010)의 CI+ -0.03보다는 약간 높게, 그리고 최병호 외(2004)의 CI+ 값 -0.132과 문성현(2004)의 CI+ 값 -0.330보다는 낮게 조사된 결과이다. 또한 덴마크, 네덜란드, 영국, 스페인, 미국, 일본을 대상으로 한 van Doorlaer et al.(1997)의 연구결과와 우리나라의 결과를 비교했을 때, 우리나라의 건강 불평등의 정도는 네덜란드(-0.0660), 스페인(-0.0732), 그리고 스위스(-0.0696)과 비슷한 수준인 것으로 나타났으며, 미국(-0.1360)과 영국(-0.1148)보다는 불평등 지수가 낮은 것으로 보고되었다.

교육 수준에 따른 건강격차를 살펴보겠다. 우선, 19세-59세의 성인의 교육 수준에 따른 건강상태를 살펴보면(〈그림 5-5〉), 교육 수준이 증가할수록 평균 주관적 건강상태가 좋은 것으로 나타나, 교육 수준에 따른 건강격차가 극명하게 나타났다. 이러한 유의미한 건강의 교육 수준별 격차는 시간이 흘러도 지속적으로 나타나고 있다.

반면에 60세 이상 성인의 교육 수준에 따른 주관적 건강상태에 대

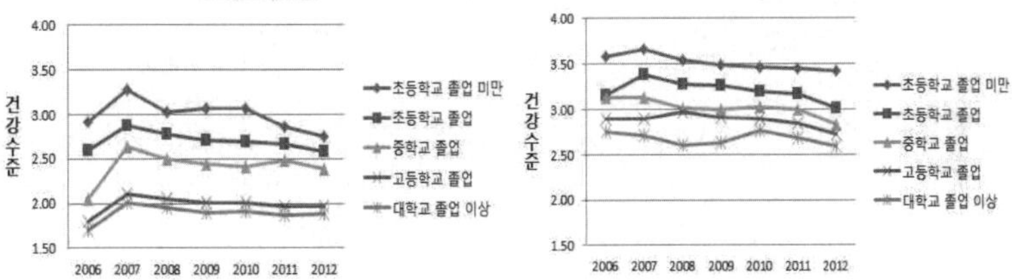

자료: 한국복지패널.

〈그림 5-5〉 성인의 교육 수준에 따른 평균 주관적 건강상태

한 격차도 명확하게 나타나기는 하지만, 19세-59세 성인 집단에 비해 극명한 차이가 나타나지 않는 집단들도 존재하였다. 예를 들면, 2006년 중학교 졸업 집단과 초등학교 졸업 집단의 주관적 건강상태의 차이는 통계적으로 유의미하지 않았으며, 2008년부터 2012년까지 중학교 졸업 집단과 고등학교 졸업 집단의 주관적 건강상태의 차이 또한 유의미하지 않았다. 또한 2010년부터 2012년까지 고등학교 졸업 집단과 대학교 졸업 이상 집단의 주관적 건강상태의 차이가 유의미하지 않았으나, 같은 기간 중학교 졸업 집단과 대학교 졸업 이상 집 단의 주관적 건강상태는 유의미한 차이를 보였다. 즉, 60세 이상의 성인 집단에서 교육 수준에 따라 나타나는 건강 격차는 19세-59세 집단에서 나타나는 건강격차에 비해 그 차이가 더 적은 것으로 나타났다.

교육 수준별 만성질환 유병률을 살펴보면, 19세 이상 59세 이하 집단에서는 학력이 높을수록 6개월 이상 투병 혹은 투약하고 있는 만

〈표 5-7〉 교육 수준별 만성질환 유병률

연령대	교육 수준	2006년 만성질환	2012년 만성질환	연령대	교육 수준	2006년 만성질환	2012년 만성질환
19세-59세	초등학교 졸업 미만	41.6%	50.6%	60세 이상	초등학교 졸업 미만	69.1%	85.4%
	초등학교 졸업	29.3%	52.6%		초등학교 졸업	60.0%	81.3%
	중학교 졸업	11.1%	42.0%		중학교 졸업	60.6%	73.4%
	고등학교 졸업	5.5%	16.9%		고등학교 졸업	58.5%	67.4%
	대학교 졸업 이상	3.4%	14.6%		대학교 졸업 이상	50.0%	70.7%

자료: 한국복지패널.

성질환을 가진 사람의 비율이 낮았다(〈표 5-7〉 참조). 그러나 2006년은 비교적 모든 학력 수준에서 건강격차가 고르게 나타나는 구배효과(gradient effect)를 볼 수 있었으나, 2012년 자료에서는 상대적으로 고등학교 졸업 이상의 학력을 가진 사람들의 건강이 그렇지 못한 사람들의 건강수준보다 월등히 좋은 역치효과(threshold effect)의 경향성이 나타나고 있다. 반면에 60세 이상 성인의 교육 수준에 따른 만성질환 유병률에 대한 격차는 상대적으로 19세-59세 집단에 비해 그 격차가 적게 나타나며, 학력 수준별로 다소 결과의 차이는 있으나, 대체적인 경향성은 19세-59세 집단과 마찬가지로 학력 수준이 높을수록 만성질환을 가진 사람의 비율이 상대적으로 낮게 나타났다. 그러나 한 가지 특이한 결과는 대학교 졸업 이상의 집단의 만성질환 유병률이 2006년에는 50.0%로 다른 교육 수준에 비해 낮게 나타났으나, 2012년에는 70.7%로 고등학교 졸업 이상의 대학졸업 미만의 학력을 가진 집단(67.4%)보다 높게 나타났다.

2. 노동과 건강 불평등

양극화의 결과로서 건강 불평등은 노동시장의 참여 여부 혹은 직업의 종류나 직위 등에 따라서도 나타난다고 보고 있다. 건강의 사회적 결정 요인으로 자주 꼽히는 요인은 바로 실업이다. 특히 불안한 세계 경제로 인하여 대량 실업이 자주 발생하고 있으며, 갑작스러운 실직은 건강에 악영향을 미친다(Dorling 2009). 실업과 건강의 부적 관계는 비교적 실증적으로 잘 확립되었으며, 이는 우리나라에서도 유사한 결과가 나타나고 있다. 한 예로 홍대균 외(2009)는 구조조정으로 인하여 1년 이상의 장기실업을 경험하고 있는 실직자들을 대상으로

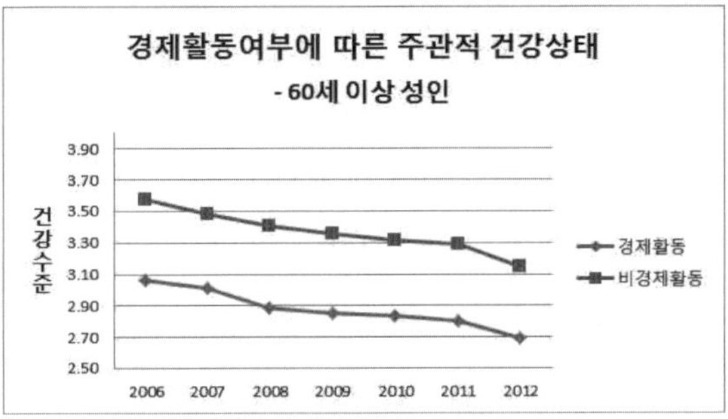

자료: 한국복지패널.

〈그림 5-6〉 경제활동 여부에 따른 주관적 건강상태

이들의 신체적·정신적 건강상태와 건강 행태를 분석하였으며, 그 결과 실직자들의 건강이 취업군에 비해 신체적 역할 제한, 일반 건강, 활력 등의 신체적 건강과 사회적 기능, 감정적 역할 제한, 그리고 정신 건강 등의 정신적 건강이 통계적으로 유의미한 수준에서 낮게 나타났다.

한국복지패널에서 경제활동 여부에 따른 주관적 건강상태의 추이를 살펴본 결과 또한 이와 유사하게 나타났다(〈그림 5-6〉 참조). 19세-59세의 연령대와 60세 이상 성인의 연령대에서 공통적으로 현재 경제활동을 하고 있는 집단이 그렇지 않은 집단과 비교했을 때, 주관적 건

〈표 5-8〉 경제활동 여부에 따른 만성질환 유병률

		2006년 만성질환	2012년 만성질환
19세-59세	비경제활동	16.4%	21.2%
	경제활동	10.7%	18.5%
60세 이상	비경제활동	71.1%	81.4%
	경제활동	58.1%	70.1%

자료: 한국복지패널.

강 상태를 더 좋게 평가하였으며, 이는 조사년도에 관계없이 통계적으로 유의미한 수준에서 지속적인 결과로 나타났다. 결과를 해석함에 있어 한 가지 유의해야 할 점은 비경제활동 집단을 분류함에 있어 데이터 특성상 장기실업자, 가정주부, 경제활동 포기자 등 여러 가지 이유로 경제활동을 하지 않는 사람들을 모두 포함하고 있다.

또한 〈표 5-8〉에 제시된 바와 같이 경제활동 여부에 따라 만성질환을 가진 사람의 비율을 살펴보면, 경제활동을 한다고 응답한 사람들이 그렇지 않은 사람들에 비해 6개월 이상 투병 혹은 투약하고 있는 만성질환을 가지고 있다고 응답한 비율이 낮았으며, 이는 공통적으로 19세-59세 집단과 60세 이상의 집단에서 모두 뚜렷하게 나타났다. 이 결과는 경제활동을 하지 않고 있는 사람들의 건강수준이 경제활동을 하고 있는 사람들에 비해 좋지 않다는 기존 연구들의 결과와는 일치하고 있다.

다음으로 현재 경제활동을 하고 있다고 응답한 응답자들 가운데, 임금노동자와 비임금 노동자로 나누어 이들의 주관적 건강상태의 차이를 살펴보았다. 그 결과, 임금노동자와 비임금 노동자의 건강상태 또한 통계적으로 유의미한 수준에서 지속적인 차이를 보였다. 〈그림 5-7〉에 나타난 바와 같이, 19세-59세 성인의 경우, 임금노동자와 비

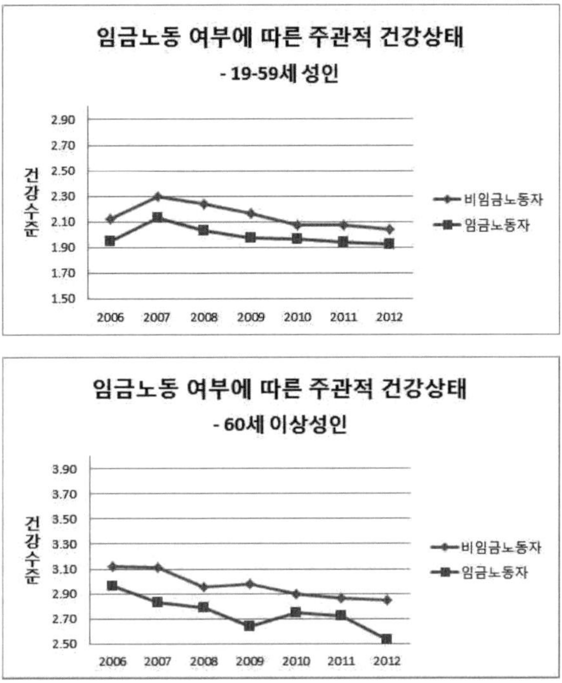

자료: 한국복지패널.

〈그림 5-7〉 임금노동 여부에 따른 만성질환 유병률

임금 노동자의 건강격차는 비교적 일정한 차이를 지속적으로 보이고 있다. 60세 이상 성인의 경우, 그 격차가 좀 더 역동적으로 나타나기는 하나, 통계적으로 유의미한 수준의 차이가 꾸준히 나타났다.

〈표 5-9〉에 제시된 바와 같이, 임금노동자들은 비임금 노동자들에 비해 6개월 이상 투병 혹은 투약하고 있는 만성질환을 가진 비율이 낮았으며, 이러한 경향성은 19세-59세 집단과 60세 이상 집단에서 모두 뚜렷하게 나타났다.

실업과 건강의 상관관계에 관한 연구를 통해 이들의 부적 관계는

〈표 5-9〉 임금노동 여부에 따른 만성질환 유병률

		2006년 만성질환	2012년 만성질환
19세-59세	임금노동자	8.6%	17.2%
	비임금노동자	15.8%	23.7%
60세 이상	임금노동자	54.2%	64.5%
	비임금노동자	60.3%	75.4%

자료: 한국복지패널.

어느 정도 실증적으로 입증이 되었으나, 구체적으로 실업과 건강의 인과관계는 명확하지 않은 상황이다. 그러나 지금까지 진행된 연구들의 논의를 살펴보면 최소한 3가지 이상의 경로를 통해 서로 인과관계를 갖는 것으로 예측하고 있다(Schmitz, 2011). 첫째, 건강하지 않은 사람들이 건강한 사람에 비해 실직될 가능성이 더 높다(Garcia-Gomez 외, 2010). 둘째, 건강이 나쁜 사람들의 실업 기간이 더 긴 것으로 조사되었다(Stewart, 2001). 셋째, 실업 자체가 건강에 미치는 부정적인 영향을 꼽을 수 있다. 이는 실업으로 인한 경제적인 타격이 클수록 건강에 부정적인 영향을 미칠 것으로 보는 경제적 결핍모형(Bambra & Eikemo, 2009), 실직으로 인한 스트레스 메커니즘이 건강을 악화시킨다는 스트레스 모형, 그리고 일 자체가 다양한 잠재적 기능을 제공하나(예: 하루 일과를 구조화, 개인의 정체성 제공, 사회적 관계 형성 기회 제공 등), 실직은 이러한 잠재적 기능을 없애며, 이로 인하여 건강이 악화 된다는 잠재적 기능 모형 등을 이용하여 설명하고 있다(Janlert & Hammarstrom, 2009).

앞에서 논의 하였듯이, 노동시장의 유연성 확대, 노동시장 구조의 이중구조화 또한 개인의 건강과 국민의 건강수준에 유의미한 영향을 미친다. 노동시장의 유연화 정책에서 비롯된 직업 불안정성은 피고용인들로 불안정한 고용 상태로 인하여 스트레스를 받게 하고, 심리적 · 생리적 변화를 경험하게 하는 것으로 나타났다(Bartley, Ferrie, & Montgomery, 2006). 이러한 신체적 · 정신적인 변화는 피고용인들이 불안정성을 느끼게 되는 순간부터 발생하게 되며, 특히 이로 인한 경제적인 손실이 클 것으로 예상할수록 건강에 미치는 영향이 더 큰 것으로 나타났다(Ferrie, 2001). 특히 고용 불안 상태가 장기화 될수록 높은 스트레스 수준이 지속되며, 이는 심혈관계 질병, 소화불량, 비만, 수면장애 등 다양한 질병으로 이어진다.

한국복지패널을 이용하여 비교적 안정적이고 개인의 통제가 어느 정도 보장되는 정규직과 불안정하고, 개인의 통제감이 낮은 비정규직

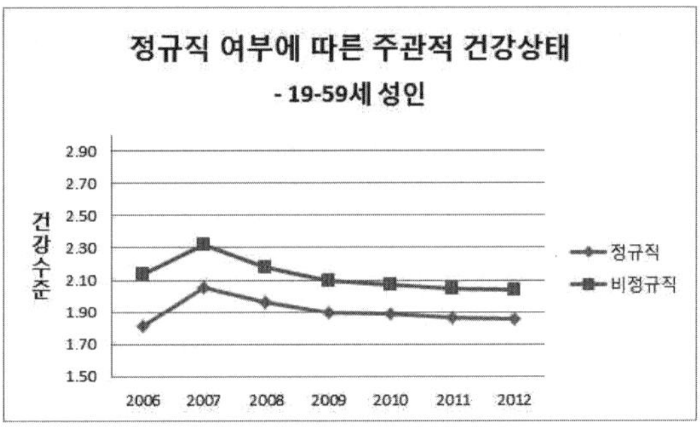

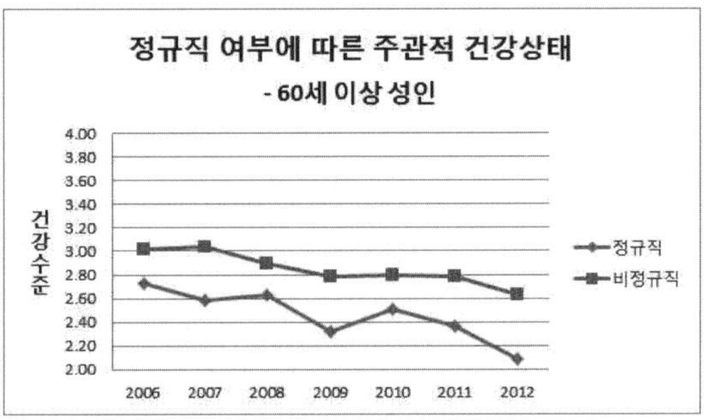

자료: 한국복지패널.

〈그림 5-8〉 정규직 여부에 따른 주관적 건강상태

의 건강수준의 차이를 살펴보았다. 분석을 위해 경제활동 가운데 임금노동을 하고 있다고 응답한 응답자들의 근로형태를 정규직과 비정규직으로 나누어 분석하였다. 그 결과, 정규직에 근무하고 있다고 응답한 근로자들의 건강수준이 비정규직에 근무하고 있다고 응답한 사람들에 비해 통계적으로 유의미한 수준에서 지속적으로 좋게 나타났다(〈그림 5-8〉 참조). 특히, 19세-59세의 성인의 경우, 정규직과 비정규직의 주관적 건강상태의 추이는 비교적 유사하게 나타나나, 그 격차는 지속적으로 유지가 되었다. 반면에 60세 이상 노인의 주관적 건강상태를 살펴보면, 집단별 추이가 다른 양상을 보이기는 하나 정규직 집단의 주관적 건강상태가 비정규직 집단에 비해 훨씬 좋은 것으로 나타났다.

또한 근로 형태에 따른 만성질환 유병률을 살펴보았는데, 〈표 5-10〉과 같다. 표에 제시된 바와 같이 비정규직에서 일하고 있다고 응답한 집단이 정규직에서 일하고 있다는 집단에 비해 6개월 이상 투병 혹은 투약하고 있는 만성질환을 가지고 있다고 응답한 사람의 비율이 높았으며, 이는 공통적으로 19세-59세 집단과 60세 이상의 집단에서 비교적 뚜렷하게 나타났다.

〈표 5-10〉 정규직 여부에 따른 만성질환 유병률

		2006년 만성질환	2012년 만성질환
19세-59세	비정규직	12.6%	20.1%
	정규직	5.7%	15.2%
60세 이상	비정규직	55.0%	66.5%
	정규직	50.6%	56.6%

자료: 한국복지패널.

제5절 소결

지금까지 본 연구에서는 사회적 이중구조의 결과로서 건강 불평등에 대해 살펴보았다. 국가별 비교를 통해 소득 및 사회경제적 격차가 클수록 그 나라에 거주하고 있는 국민들의 건강수준은 더 안 좋은 것으로 나타났으며, 이는 국가별 의료비 지출이나 의료정책 및 제도와 크게 관계없이 비교적 일관되게 나타나고 있다. 복지국가 유형에 따른 건강수준을 살펴보면, 북유럽형 국가들이 다른 복지국가 유형보다 더 나은 것으로 보이나, 아직까지는 연구 결과가 혼재되어 있으며, 특히 대륙유럽형 국가들과 남유럽형 국가들 간의 건강수준이 유사하게 나타난 연구들이 많아 복지국가 레짐에 따라 건강 불평등 현상이 다르게 나타난다고 판단하기에는 무리가 있는 것으로 판단된다. 특히 남유럽형 국가들의 경우, 건강 불평등 이론이나 복지국가이론 등에서 가정하고 있는 사회경제적 변인들과 건강 지표들 간의 관계와는 다르게 나타나고 있어, 이러한 사회경제적 혹은 제도적 특성 외에 다른 사회·문화적 특성들이 국가 간 건강 불평등 수준을 설명하는 데 어떤 역할을 하는지에 대한 파악이 필요하다. 반면에 다른 나라들에 비해 영미권 국가들의 건강수준은 지속적으로 차이가 있는 것으로 보고되고 있어 복지국가 유형에 따른 건강 격차가 가장 뚜렷하게 나타나고 있다.

우리나라의 경우, 북유럽형 국가들에 미치지는 못하나 비교적 대륙유럽형과는 유사한 건강수준을 나타내고 있으며 영미권 국가들보다는 건강수준이 좋은 것으로 나타났다. 이러한 결과는 아시아 국가를 포함한 복지국가 유형별 건강수준에 관한 국가 비교연구 결과들과 비교했을 때, 유사한 결과이며, 이 연구들에서는 아시아 국가들이 다른 나라들에 비해 건강상 우위를 갖는 사회·문화적 특징을 가지고 있다고 보고 있다. 그러나 출생 시 기대여명을 성별에 따라 비교 분석해 보면, 우리나라의 비교적 좋은 건강수준은, 다른 복지국가들과 비교하였을 때, 여성의 기대여명이 높아서 좋게 나타난 것이며, 남성의 경우 다른 복지국가 유형들의 평균 기대여명 보다 낮게 나타나 남성의 건강수준은 상대적으로 안 좋은 것으로 파악되었다. 제도적인 측면을 살펴보면, 우리나라는 다른 복지국가들과 비교했을 때, 공공의료비 지출이 대략 절반 정도 되는 수준에 머무르고 있으며, 의료비 현금지출이 다른 복지국가 레짐별 평균과 비교했을 때 매우 높은 수준인 것으로 나타나 아직까지 개선되어야 할 부분이 많은 것으로 나타났다.

마지막으로 한국의 여러 가지 사회적 이중구조와 건강의 관계를 살펴보기 위해 소득, 교육, 성별, 그리고 근로 특성과 주관적 건강상태 및 만성질환 유병률의 관계를 한국복지패널을 이용하여 기술적으로 살펴보았다. 가장 뚜렷하게 건강격차가 나타난 부분은 바로 근로와 관련된 지표들과 건강수준의 관계에서이다. 근로와 건강의 관계를 살펴봄에 있어서 그 인과관계를 파악하기 어렵다는 한계를 지니고는 있으나, 경제활동을 하는 집단이 그렇지 않은 집단에 비해, 임금노동을 하는 집단이 그렇지 않은 집단에 비해, 그리고 정규직에서 일하는 집단이 그렇지 않은 집단에 비해 더 건강한 것으로 나타났으며, 이는 19세-59세 연령집단과 60세 이상의 연령집단에서 공통적으로 뚜렷하게 나타났다. 이 결과는 노동시장 이중구조의 심화는 궁극적으로 건강불평등 현상을 심화시킬 가능성이 매우 높다는 점을 시사하고 있다.

다음으로 사회경제적 지위와 건강의 관계를 소득수준과 교육 수준,

그리고 주관적 건강상태와 만성질환 유병률을 이용하여 살펴보았다. 약간씩 차이가 있기는 하나 대체로 소득수준과 교육 수준이 높을수록 더 건강이 좋은 것으로 나타났으며, 이러한 경향성은 19세-59세 연령집단이 60세 이상의 연령집단과 비교했을 때 더 뚜렷하게 나타났다.

본 연구에서 분석한 결과들을 토대로 정책적인 제안을 하면 다음과 같다. 가장 먼저 건강 불평등 현상은 국가별 의료정책이나 의료제도에 따른 차이를 넘어서 다른 사회경제적 격차로 인해 나타나는 현상이며, 이에 대한 학자들의 공감대는 비교적 잘 형성이 되어 있다. 이러한 공감대를 토대로 최근에 여러 선진국에서는 건강 불평등 현상을 해소하기 위한 집합적인 노력을 하고 있으며, 이들은 건강 불평등을 해소하기 위한 정책적 제안들을 보건·의료정책에 국한하지 않고, 보다 포괄적인 정책 제안을 하고 있다. 가장 대표적인 예로 WHO에서는 Commission on Social Determinants of Health를 만들어 현재 나타나고 있는 건강 불평등 현상을 다각적으로 살펴보았으며, 이를 토대로 건강 불평등을 없애기 위한 정책적 제안들을 제시하였다.

이들에 따르면(WHO, 2008), 가장 기본적으로 보편적인 의료제도를 지향하고 있다. 우리나라의 경우, 건강보험이 전 국민으로 확대 적용된 이후에는 보편적 의료복지정책을 지향하고는 있으나, 실제 의료서비스의 형평성을 살펴보면, 아직까지 보편적 의료복지제도가 형평성 있게 적용되고 있다고 보기 어려운 상황이다. 특히 전체 의료비 지출 대비 공공의료비 지출이 상대적으로 매우 낮은 수준이며, 개인이 부담해야 하는 의료비 현금지출이 상대적으로 매우 높고, 지역 간 양질의 의료서비스에 대한 격차가 매우 크다. 따라서 보다 형평성 있는 보편적인 의료제도를 확립해 나아가기 위해서는 정부의 공공의료비 지출의 확대, 개인이 부담해야 하는 의료비 현금지출의 축소, 그리고 지역 간 의료서비스의 격차 해소가 필요할 것으로 여겨진다.

그러나 건강 불평등 문제를 해결하기 위한 보다 적극적인 방안의 하나로 WHO(2008)에서는 모든 정부정책에 건강 및 건강 불평등을 주요 성과의 하나로 고려하는 'Health in All Policies'를 강조하고 있다. 즉 건강 및 건강 불평등에 영향을 미치는 사회적 요인들이 매우 복합적인 만큼, 모든 사회정책을 건강정책의 일환으로 고려하고, 국민의 건강과 안녕(well-being)을 정책 개발 및 결정에 고려해야 한다는 것이며, 정부정책들은 일관성 있게 건강과 건강형평성을 향상시킬 수 있는 방향으로 개발되어야 한다는 것이다(WHO, 2008). 예를 들어, 핀란드 남성은 1970년대에 심장질환으로 인한 사망률이 전 세계에서 가장 높았다. 이를 감소시키기 위한 하나의 방안으로 의료분야에 있는 사람들과 다른 분야에 있는 사람들이 질병 감소와 건강 증진으로 위한 협업 체계를 마련하였으며, 심장병 감소를 위한 대대적인 노력들이 이루어졌다(Stahl et al., 2006). 이러한 노력은 의료분야뿐만 아니라, 교육 정책, 농산물 관련 정책, 식품 관련 정책 등에까지 모두 확대 되었으며, 그 결과 2004년에 노동연령 남상의 심장병으로 인한 사망률은 1970년대에 비해 1/5 수준으로 떨어졌다. 이러한 결과들을 바탕으로, 현재 EU를 비롯한 많은 선진국들이 건강 불평등을 해결하기 위한 하나의 정책적 방안으로 실시하고 있다(Stahl et al., 2006).

우리나라에서는 사회적 이중구조의 심화로 나타나고 있는 건강 불평등 문제를 해결하기 위해서는 EU 및 여러 유럽 국가들에서 실시하고 있는 'Health in All Policies'를 통하여 모든 정책 결정에 건강이 주요한 요인으로 고려될 수 있도록 제도적·정책적 방안 마련이 필요할 것으로 여겨진다. 한 예로 본 연구에서는 노동시장 참여 여부 및 참여 형태에 따른 건강수준의 차이가 비교적 명확하게 나타났으며, 이러한 결과는 노동시장 유연화 정책이 근로자들의 건강에는 부정적인 영향을 미친다는 기존 연구들과 비교적 일치하고 있다. 그러나 지금까지 노동시장 정책을 결정함에 있어 이러한 정책들이 노동시장에 참여하고 있는 사람들의 건강에 어떠한 영향을 미칠 것인가에 대한 고려가 전혀 없었고, 그 결과 이러한 부정적인 결과가 나타났다고 볼 수 있다. 특히 부처 간에 장벽이 높은 우리 정부의 특성을 고려해 본다면, 이러한 'Health in All Policies'와 같은 제도의 도입은 건강과 관련된 보다 일관성 있는 사회정책을 수립하는 데에 반드시 필요한 제도적 접근일 것으로 예상된다.

제6장 성인기 주거 불평등과 이중구조

제6장 성인기 주거 불평등과 이중구조

박 종 연(서울대학교)

제1절 들어가며

주거는 생활에 필수적인 재화이다. 면적과 시설 기준을 충족하고 필요한 시설이나 직장에 대한 접근성을 지닌 주거를 감당 가능한 비용을 들여 안정적으로 점유하는 것은 삶의 기본 조건이다. 한편, 주거는 시장에서 거래되는 상품이자 부의 축적과 관련된 자산으로서 불평등하게 분배되는 속성도 지닌다. 그간 정부는 주택 공급을 촉진해 자가 소유율을 높이고 비주택 거주지(비닐하우스, 쪽방, 고시원, 여관 등)에 사는 가구나 월세 가구가 안정적인 전세나 자가로 상향이동(장경석, 2002)하도록 지원하고자 하였다. 하지만 주택보급률이 2000년대 이후 100%를 넘었음에도 불구하고, 절반에 가까운 인구가 세입자이고 자가 소유율은 정체되어 왔다. 특히 근래에는 도시 재개발 활성화로 인해 세입자의 이주가 빈번해지고, 주거가격과 임대료 인상에 따라 저소득층을 중심으로 주거비 부담이 커지고 있다(이태진, 2009: 47).

이 장에서는 주거 상향이동을 가로막고 자가소유자와 세입자 간 격차를 확대하고 고착화하는 사회구조를 주거 관련 이중구조로 규정한다. 노동시장 내부자–외부자 간에 소득수준 및 일자리 안정성의 격차가 커지고 있으며, 이는 주거의 확보를 위한 자산 축적에도 영향을 미친다. 전·월세 비용 증가로 인해 주거비 부담이 커짐에 따라 세입자의 주거 소유 가능성은 더욱 낮아지고 있다. 주택 공급이 확대되더라도 기존 자가 소유자 중 일부가 자산을 담보로 이를 확보하여 오히려 자가 소유자와 세입자 간 격차가 더욱 확대되기도 한다. 한편 자가 소유자와 세입자 각 집단 내부에서도 균열이 나타난다. 또한 주거 불평등에는 일자리와 소득 외에도 지역 및 세대 관련 요인도 영향을 미칠 수 있다. 즉, 주거는 이동이 불가능하므로 입지에 따라 가격 상승률에 차이가 나고, 주택 실질 가격과 주거 비용 증가는 젊은 세대의 주거 획득을 어렵게 만든다.

한편 주거 불평등은 노동시장 및 주거시장의 구조 외에도 각국의 재분배 정책의 영향을 받는다. 각국의 임대주택 시장 구조와 주거 관련 정책 지원에 따라 자가 소유자와 세입자 간 격차가 완화될 수 있다. 따라서 국가 간 비교를 통해 각국의 주거 시장 구조 및 불평등 상황과 이에 대한 주거정책의 영향을 살필 필요가 있다.

이 장에서는 주거 이중구조와 불평등에 대한 이론적 논의를 정리하고, 주요 국가들의 주거 불평등과 정책 현황을 살필 것이다. 이어서 한국 주거 불평등 현황과 정책을 정리한 후 정책 방향을 제시하고자 한다.

제2절 성인기 주거 불평등과 이중구조에 대한 논의

1. 주거 이중구조 개념 설정과 주거 불평등 관련 국내 논의

1980년대 이후 최근까지 서구 선진국에서 다양한 분야의 불평등이 심화되어 왔고, 이를 이중구조화(dualization) 개념을 이용하여 설명한 연구가 있었다. Emmenegger et al.(2012)은 불평등의 결과가 나타나는 데에 노동시장제도를 통한 1차적 분배와 복지제도를 통한 재분배가 중요한 역할을 하고, 이들 제도를 결정하는 데에는 각국의 정치가 작용한다는 점을 지적한 바 있다. 이 논의는 기존의 이중노동시장 이론 및 고용과 실업에서의 내부자–외부자 이론에서부터 시작된다.

내부자–외부자 이론은 주거 영역에도 확장하여 적용할 수 있다. Ball(2009: 315)은 Lindbeck & Snower(2002)의 내부자–외부자 이론을 프랑스 사회주택 임대시장에 적용하여 취약계층에 대한 배제 현상을 설명하였다. 사회주택 임대시장에서 임대주(landlord)는 임대료 손실을 최소화하기 위해 임대료 지급 능력을 갖춘 기존 세입자의 거주를 유지하고자 하고, 기존 세입자들은 임대주와의 협상을 통해 현 상태를 유지한다. 행정관료 역시 관리 문제를 피하기 위해 현 상태를 선호한다. 이에 따라 다자녀 가구, 취약 계층 청년, 소수 인종 등 외부자(homeless outsiders)들은 양질의 사회주택에 입주하기 어렵고(Pleace, 2012: 255-256), 질 낮은 대량 주거나 도심의 불안정하고 주거 기준을 충족시키지 못하는 주거에 집중된다.

Ball(2009)의 논의는 프랑스 사회주택 임대시장에 국한되었지만, 이는 전체 주거시장에도 확대 적용될 수 있다. 자가 소유자는 주거를 담보로 자금을 동원하여 투자를 함으로써 추가적인 소득을 확보할 가능성이 더욱 높다. 반면, 세입자는 자가 소유자에 비해 소득 대비 주거 관련 지출 비중이 크고 자산 축적에 투입할 수 있는 가처분 소득이 낮아 주거 구입이 어려운 상황에 처할 가능성이 높다. 이처럼 주거를 둘러싼 1차적인 사회적·경제적 균열로서 자가 소유자와 세입자 간의 이중구조를 상정할 수 있다. 즉, 주거 시장에는 주택가격과 임대료 수준의 상승에 상반된 이해관계를 가진 자가 소유자·임대가구주와 세입자라는 두 집단이 있고, 주거비 부담으로 인해 세입자의 자가 소유가 어려워짐에 따라 주거 관련 이중구조가 고착화되는 양상이 나타날 수 있다.

한편 주거와 관련된 기존 연구에서는 이중구조 개념을 적용하기보다는 주거 관련 불평등을 다룬 논의가 주를 이루었다. 주거는 가계 자산에서 비중이 가장 크고 임대를 통해 부를 창출해낼 수 있다는 점에서 근로소득 이외의 소득과 자산의 불평등을 야기할 수 있다(Saunders, 1990: 202-203; 허용창, 2007: 109). 국내의 주거 불평등 연구는 주로 관련 국내 현황을 다루었다. 소득계층과 주거 불평등 간 관계를 다룬 윤주현 외(2006)에 따르면, 2000년대 초 한국에서 고소득층은 저소득층에 비해 자가점유율이 높고, 가구 전용 면적이 넓으며, 현재 거주하는 주택 가격이 높고, 주택 구입 부담을 나타내는 연 가구소득 대비 주택 가격 비율(Price to Income Ratio, PIR[1])과 임차가구의 주거비 부담 정도를 나타내는 월 소득 대비 월 임대료 비율(Rent to Income Ratio, RIR)이 낮은 것으로 나타난다. 즉, 소득이 높은 집단이 질 좋은 주거를 안정적으로 점유하는 경향이 나타난다. 한편, 강신욱 외(2006)는 주거의 질[2], 주거 안정성[3], 주거비 부담[4], 주거 형평성[5]이라는

1) 이는 주택 가격 외에도 소득 변동 폭의 영향을 동시에 받는 수치로서, 사람들이 필요한 주거에 대한 접근성을 얼마나 갖고 있는가를 보여준다.

네 영역의 지표를 통해 주거 불평등 현황을 분석하였다. 이에 따르면 2000년부터 2006년까지 자가점유율과 1인당 주거 면적이 증가하는 등 전반적인 주거 상황이 일부 개선되었으나, 주거비 부담과 관련하여 빈곤층의 RIR이 40% 이상으로 높게 나타났고, 빈곤층 가구 중 절반 이상에서 RIR이 30%를 넘고 가구원 수 기준 최저주거비가 소득의 30%를 초과하는 것으로 나타났다. 즉, 우리나라에서는 빈곤층의 주거비 부담이 높은 것이 특징적인 점이다.

2. 주거 관련 불평등 및 이중구조의 주요 측면들

1) 자가-임대 가구 간 이중구조와 각 집단 내부의 분화

기존 연구에 따르면, 주거 소유 여부는 사회 내 균열의 주요 기준으로 작용한다. Saunders(1990: 202-203)에 따르면, 주거 소유자는 소유한 주거의 가격 수준에 관계없이 장기간 지속 가능한 부와 경제적 이익을 확보할 수 있고 이러한 이익은 상속되기도 한다. 즉, 같은 계층에 속하더라도 주거를 소유한 사람은 주거를 소유하지 못한 사람과 구분되는 이해관계를 지닌다. 소득이나 직업을 기준으로 삼는 전통적인 계층 구분과는 별도로 주거소유 여부를 기준으로 한 사회계층의 구분이 가능하고, 특히 이 구분이 주거가격 상승과 주거비 부담 증가로 인해 고착화될 경우 본 연구에서 주목하는 자가소유자와 세입자

---

2) 1인당 주거 면적, 최저주거기준 미달 가구, 전용 시설 미구비 가구율, 3인 이상 단칸방 거주 가구 비율.
3) 자가점유율, 거주 위치.
4) PIR, RIR, 주거비 지불 능력 미달 가구 비율, 최저주거비 부담 과다 가구 비율.
5) 주택자산 분위수 배율 및 점유율, 1인당 주거면적·주택자산 지니계수.

간 이중구조가 형성될 수 있다.

한편, 자가소유 집단과 세입자 집단에서도 세부 이해관계에 따라 내부 분화가 나타날 수 있다. 우선 보유 주택의 규모 및 주택을 활용해 획득할 수 있는 자본 이득의 크기와 주거 관련 부채 크기에 따라 자가 소유자 집단 내부에서도 분화가 나타난다(장세훈, 2007: 215). 평균 가격이 높고 가격 상승 기대가 큰 아파트를 소유한 집단과 그렇지 않은 단독주택을 소유한 집단은 다른 이해관계를 지닌다. 그리고 주거 관련 부채가 큰 집단은 주거 가격이 안정적으로 상승하지 않을 경우, 자가 소유자의 지위를 잃거나 부채로 인해 가처분 소득이 감소되는 영향을 받을 수 있다. 한편, 주거 비소유자 집단 내부에서도 고액의 전세자금을 소유한 집단과 상대적으로 낮은 보증금을 지불하고 높은 월세를 부담하는 집단은 서로 다른 사회경제적 특성을 지닐 수 있다. 그리고 안정적 주거 확보를 위한 공적 제도의 수혜 집단과 비수혜집단 간에도 격차가 나타날 수 있다.

이와 관련하여 손낙구(2008: 288)는 주거 소유 여부와 최저주거기준 충족 여부를 기준으로 우리나라에서 주거와 관련해 1가구 다주택, 1가구 1주택, 유주택 전·월세[6], 보증금 5000만 원 이상 세입자, 보증금 5000만 원 미만 세입자, 주거극빈층과 같은 여섯 개의 집단이 계층화되어 나타난다고 제시한 바 있다. 이는 Rex & Moore(1967)가 제시한 주거 계층 개념을 원용한 것으로, 주거를 기준으로 자가소유자와 세입자 간 구분이 나타남과 동시에 세부 이해관계에 따라 다양한 분화가 나타날 수 있음을 보여 준다.

---

6) 이것은 자신 소유의 주택을 소유하고 있으나, 아직 입주를 하지 않았거나 다른 사정으로 인하여 자신 소유의 주택에서 거주하지 않고, 별도로 주택을 임대하여 거주 중인 가구를 의미한다.

2) 세대 간 균열과 주거 불평등

주거와 관련된 다양한 측면의 불평등은 세대 간 불평등과도 밀접한 연관을 지닌다.

우선, 시간의 흐름에 따라 주거시장의 상황과 주거복지 정책이 달라지기 때문에 각 연령 코호트 별로 생애주기(life course)를 거치며 경험하는 주거 불평등의 양상은 다르게 나타날 수 있다. Abramsson(2008)은 질적 연구를 통해 스웨덴에서 주거복지 정책 발달과 주택시장 상황 변화가 4개의 연령 코호트 별로 주거 이전 선택에 미친 영향을 파악하였다. 나이가 많은 두 코호트는 스웨덴 복지국가 발달 초기에 독립하였기 때문에 주거 확보를 위한 재정 지원이 충분하지 않아 규모가 작고 주거 기준을 충족하지 못하는 주거에서부터 출발한 경험이 나타났다. 한편 젊은 코호트는 높은 주거 비용 문제에 직면하고 있다는 점이 주요하게 지적되었다. 이처럼 서로 다른 세대 간 주거와 관련된 주요한 경험은 달리 나타난다.

그리고 동일한 시점에 서로 다른 생애주기에 놓인 집단 간에도 주거비 부담 수준과 그 영향력이 다르게 나타난다. 가령, 송태정(1997)은 1996년 도시근로자 가계수지 동향 자료를 통해 연령별 주거 비용을 살핀 결과, 20-30대 가구주 가구의 근로소득 대비 가계 주거비 비중(26.7%)이 40-50대 가구주 가구(24.1%)보다 높다는 점을 지적했다. 이는 전세 가격이 급등하여 주거비 부담이 늘어났고 20-30대 가구주 가구의 근로소득이 상대적으로 낮기 때문으로 해석되었다. 한편, Li & Yao(2007)은 시뮬레이션 방식을 통해 주거 가격의 변화가 생애주기별로 비 주거 영역의 소비와 후생 수준에 미치는 영향을 검토하였다. 결과에 따르면 자가 소유 청년 집단과 노인 집단의 비주거 소비는 자가 소유 중년 집단에 비해 주거 가격 변화에 민감하게 반응한다. 그리고 주거 가격이 상승하면 자가 소유자의 소비는 증가하나, 후생 수준 측면에서는 노인 집단만이 긍정적 효과를 얻었고 청년 집단은 오히려 생애주기 전체 주거 비용 증가로 인해 후생 수준이 악화되는 것으로 나타났다.

3) 한국에서 두드러지는 특징으로서 지역 간 주거 불평등 심화

주거가 위치한 지역도 주거 불평등과 연관을 갖고 있다. 특히 한국에서는 주택 가격의 지역 간 불평등이 두드러지게 나타난다. 장세훈(2007: 216-217)이 인용한 조사 결과에 따르면 서울의 평균 주택 가격은 전국 평균 주택 가격의 2배에 이르고, 수도권과 서울 내부에서도 지역 간 주택 가격 격차가 크다. 그리고 주택 가격이 높은 일부 지역에서 가격이 폭등하여 지역 간 격차가 확대되고, 전국적으로 주택가격의 지역 간 서열이 형성되어 하급지에서 상급지로의 거주 이전이 어려워지는 주거지 격리 현상이 나타나기도 했다. 송시형(2009)은 주택보급률이 100%를 넘어섰음에도 무주택 가구 비율이 2005년 기준 45.4%에 이르고, 전체 주택 물량 중 21.2%를 5.03%의 다주택 보유 가구가 가지고 있는 현상을 지적하며, 이는 주택을 투자의 대상으로 여기는 경향이 강하기 때문이라고 설명한다. 그에 따르면 주택 소유의 불균형은 특정 지역을 중심으로 나타나는 주택 가격 폭등과 연계되어 주거 자산을 통한 부의 편중을 심화시키고, 주택 가격의 지역 간 격차 확대는 교육 기회의 지역적 불균등 분포로도 이어져 불평등의 세대 간 이전에도 영향을 미친다. 김준형・최명섭(2011)은 한국노동패널 자료를 분석해 부동산 자산의 불균형에 지역 간 불균형이 미치는 영향력을 검토하였다. 이에 따르면 1999년부터 2009년 사이 서울과 수도권, 수도권과 지방 중소도시 간 거주주택 자산 크기의 불균형이 증가하였다. 또한 수도권 지역 내에서도 거주주택 자산과 그 외 부동산 자산의 불균형이 지속적으로 증가하였다.

한편, 주택가격 외에 집세에 있어서도 지역 간 불평등이 나타나기도 한다. 최두열(2011)은 한국 21개 도시의 소비자 물가지수 중 전세와 월세를 포함하는 집세지수를 분석하여, 1990년부터 2010년 사이의 지역별 집세의 수렴화 현상을 제시하였다. 분석 결과에 따르면 대상 도시들의 집세는 외환위기 이후 하락하였다가 4개의 집단으로 나뉘어 수렴하고, 각 집단 간에는 수렴되는 집세 수준과 수렴 속도에서 차이가 나타난다. 특히 수도권에 위치한 서울, 수원, 성남은 집세가 가장 높은 수준으로 가장 빠르게 수렴하였다.

제3절 성인기 주거 불평등 복지국가 비교

이 절에서는 주거 이중구조와 주거 불평등이 주요 국가들에서 어떻게 나타나는지를 기존 연구와 OECD, EU 등의 통계자료를 통해 살피고자 한다. 비교 대상은 복지국가 레짐 유형별 주요 국가들[7]을

7) 복지국가 유형을 구분한 최근 연구인 안상훈·박찬웅·김형태(2012)의 분류를 따라 국가를 구분하였으나, 자료의 제약에 따라 각 자료에서 나타난 구체적인 국가는 조금씩 차이가 있다. 북유럽형(덴마크, 노르웨이, 스웨덴, 핀란드), 대륙유럽형(오스트리아, 벨기에, 프랑스, 독일, 네덜란드, 스위스), 영미형(호주, 캐나다, 아일랜드, 뉴질랜드, 영국, 미국), 남유럽형(그리스, 포르투갈, 스페인, 이탈리아), 기타(일본, 한국).

중심으로 하고, 국가 간 비교에서 나타나는 주요한 특성을 검토함에 있어서는 김수현(2010: 140)이 Kemeny(1995; 2006)를 참고해 구분한 주택정책 체제 유형을 참고할 것이다.

Kemeny의 분류는 임대시장에서 영리 목적의 민간임대주택과 비영리인 공공임대주택 간 관계를 토대로 유형을 나눈 것이다. 이 중 단일임대시장 시스템(unitary rental system)에서는 자가점유율이 낮고 공공 부문과 민간 부문의 임대주택이 경쟁 관계에 놓여 있다. 반면, 이중임대시장 시스템(dualist rental system)에서는 자가점유율이 비교적 높고 공공임대주택이 주로 빈곤층을 대상으로 제공되어 잔여적 성격을 지니며 민간임대주택과 공공임대주택 간 직접 경쟁이 나타나지 않는다(진미윤, 2011: 91). Kemeny의 유형 분류는 1990년대 중반 이래 주거 관련 국가 비교 유형화의 대표적인 모형으로서 관련 연구의 분석틀로 사용되고 있다. 근래에는 Hoekstra(2009)가 2000년대 초반 자료를 이용해, Kemeny가 분류한 두 유형에 속하는 국가들[8]이 자가점유율, 자가와 사회임대주택 간 주거의 질 차이, 사회임대 부문의 잔여화(residualisation) 정도, 사회임대와 민간임대 주거 간 임대료 차이 정도에서 다른 특성을 가졌음을 제시한 바 있다.

대체로 북유럽형과 대륙유럽형 복지국가는 단일임대시장 유형에 속하고, 영미형과 남유럽형 복지국가는 이중임대시장 유형에 속한다. 하지만 동일한 복지국가 레짐에 속하는 국가에서도 주거 점유 형태 분포와 민간임대－공공임대 간 관계는 각국의 주거정책 유산과 정치적 압력에 따라 달리 나타난다. 가령, Esping-Andersen(1988: 183)은 덴마크, 스웨덴, 노르웨이가 제2차 세계대전 이후 1950년대까지는 보

8) 단일임대시장: 오스트리아, 네덜란드, 덴마크/이중임대시장: 영국, 아일랜드, 벨기에.

편적으로 주택공급을 늘리는 주택정책을 공통적으로 폈으나, 주택부족 문제가 해소된 후 주거 불평등 문제가 제기된 시점부터 각국이 다른 방향으로 주택정책을 폈다고 지적한 바 있다. 실제로 김수현(2010: 140)에 따르면, Kemeny는 스웨덴과 덴마크를 단일임대시장 유형으로, 핀란드와 노르웨이를 이중임대모형으로 분류하였고, 대륙유럽형에 속한 벨기에 역시 이중임대시장 유형으로 분류하였다[9].

아래에서는 각국의 점유 유형별 인구 분포와 주거 자산과 주거비 부담 등 주거불평등 현황을 살피고, 이에 영향을 미치는 요인으로서 소득계층 간 균열, 생애주기별 소득능력과 주거 욕구 간 불균형에 관련된 세대 간 균열의 영향력을 검토할 것이다. 한편, 각 국가의 주거 이중구조와 주거 불평등에는 정부의 정책도 영향을 미친다. 공공주택 공급, 세입자에 대한 주거 보조비 지급, 자가 소유 촉진을 위한 금융제도 관련 규제와 정책, 시장 임대에 대한 정부의 규제 등이 어떻게 나타나고 정책 대상을 어떤 집단으로 상정하는지에 따라 주거 불평등 완화 효과가 달리 나타난다. 따라서 각국의 주거정책의 형태와 그 영향력도 정리할 것이다.

1. 각 국가별 주택시장 현황과 추이

1980년대 이래 주요 선진국에서는 자가 소유를 촉진하기 위한 정책적 노력이 진행되었고, 많은 국가에서 주택 가격이 상승하였다. OECD(2012d: 267)에 따르면 1995년-2011년 중 2007년까지는 독일

---

9) 김수현(2010)이 제시한 유형분류: 단일임대시장(스웨덴, 덴마크, 네덜란드, 스위스, 독일, 오스트리아, 프랑스), 이중임대시장(핀란드, 노르웨이, 벨기에, 아일랜드, 영국, 호주, 뉴질랜드, 캐나다, 미국, 스페인, 그리스, 이탈리아, 포르투갈, 일본, 한국).

과 일본을 제외한 국가들에서 전반적으로 실질 주택 가격이 상승하는 양상을 보였다. 한국은 가격 상승 경향이 두드러지지는 않았으나, 외환위기로 인해 1998년 가격이 급격하게 하락하였다가 2002년에 큰 폭의 상승을 보이고, 2006년과 2007년에도 실질 주택 가격이 소폭 상승하는 것으로 나타났다.

실질 주택 가격의 변화 정도는 국가마다 다르다. 〈표 6-1〉에는 1980년부터 각국이 세계금융위기를 통해 주택가격의 하락을 본격적으로 경험하기 시작한 2008년까지 실질주택가격 변동 정도가 제시되어 있다. 가격이 크게 상승한 국가들에는 주로 이중임대시장 유형에 속하는 국가들이 포함되어 있으나, 이중임대시장 유형 국가 중에서도 일본, 한국, 포르투갈은 가격이 안정적으로 유지되었다. 즉, 전반적인 주택 가

〈표 6-1〉 실질주택가격의 변화(1980-2008)

	매우 크게 증가 (90% 또는 그 이상)		중간에서 큰 정도의 증가 (20%-90%)		안정적이거나 감소 (20% 미만의 증가)	
	국가	임대시장	국가	임대시장	국가	임대시장
대륙유럽형	벨기에	이중	오스트리아	단일	독일	단일
	네덜란드	단일	프랑스	단일	스위스	단일
북유럽형	핀란드	이중	덴마크	단일		
	노르웨이	이중	스웨덴	단일		
영미형	영국	이중	미국	이중		
	아일랜드	이중	캐나다	이중		
	호주	이중				
	뉴질랜드	이중				
남유럽형	스페인	이중	그리스	이중	포르투갈	이중
			이탈리아	이중		
동아시아형					일본	이중
					한국	이중

출처: Andrews et al.(2011), table 1 중 발췌하여 정리.
주: Kemeny의 유형분류는 김수현(2010)을 참고해 저자가 기입.

격 상승 추세 속에서 개별 국가의 주택가격 상승에는 주거시장의 점유 형태 분포와 공공과 민간임대 시장 간의 관계뿐만 아니라, 해당 국가의 주택시장 상황 역시 주요하게 영향을 미친다고 해석할 수 있다. 특히 한국은 전반적인 가격상승률은 낮으나, 이는 한국의 주택이 지속적이고 전반적으로 상승하기보다는, 다른 나라에 비해 가격 폭락과 폭등 간 폭이 크고 강남권 아파트와 같이 특정 지역과 특정 주택유형에서 특히 가격이 높게 올랐기 때문으로 볼 수 있다(신진욱, 2013: 51-52; 지규현 · 김진유, 2006: 26-27). 이와 관련하여 신진욱(2013: 54-55)이 국가 간 2000년대 연 가구소득 대비 주택가격 비율(Price to Income Ratio, PIR) 최고치를 비교한 결과, 한국의 PIR 수치(6.00)는 유럽국가들(스웨덴 5.35, 프랑스 4.75, 덴마크 3.53)과 캐나다(4.60)에 비해서 높게 나타났고, 특히 수도권의 경우는 다른 나라의 대도시에 비해서도 높은 수준을 보이는 것으로 나타났다.

각국의 주거 사정을 파악하는 기본적인 자료로서 주택 점유 형태(tenure type)는 자가 소유(home ownership), 민간임대(private rent), 공공임대(public rent), 기타(예: 일본에서 기업이 제공하는 주택)로 나눌 수 있다. 이외에 협동조합을 통해 공급되는 주택을 별도로 구분하여 표기하는 경우도 있다[10].

---

10) 다만, 협동조합을 통해 공급되는 주거의 경우, 이를 별도로 표기하더라도 각 연구자에 따라서 그 비중에서 차이가 나타나기도 하고, 별도 표기를 하지 않는 경우 이를 사회주택(social housing)의 범주로 넣어 공공임대주택과 함께 포함시키거나, 혹은 국가의 상황에 따라 협동조합을 통해 구입한 주거를 자가소유에 포함시키는 경우도 있다. 가령, Dol and Haffner(2010: 64-65, table 3.5)에 제시된 스웨덴의 경우, 협동조합 주택은 세입자의 소유에 바탕을 둔 주택협동조합을 주로 의미하고, 협동조합 주택 중 일부(전체 주택물량의 1% 미만)만이 임대 형태로 제공된다. 그런데, Andrews et al.(2011: 16, fig. 5)은 스웨덴의 협동조합 소유 주거를 자가 소유에 포함시킨다. 따라서 서로 다른 통계자료를 파악함에 있어서 유의할 필요가 있다.

〈표 6-2〉 국가 간 점유 형태 비율 비교 (주거 물량 대비 비중, 2009)

국가		임대시장유형	자가 소유	민간 임대	공공 임대	협동 조합	기타
대륙유럽형	오스트리아	단일	59.0	20.0	21.0	-	0.0
	벨기에	이중	68.0	24.0	7.0	-	1.0
	독일	단일	43.0	49.0	8.0	-	0.0
	프랑스	단일	57.0	22.0	18.0	0.0	3.0
	네덜란드	단일	57.0	8.0	35.0	-	0.0
북유럽형	덴마크	단일	49.0	17.0	21.0	7.0	6.0
	스웨덴	단일	56.0	23.0	21.0	-	0.0
	핀란드	이중	59.2	13.8	16.0	0.0	11.0
	노르웨이	이중	63.0	19.0	4.0	14.0	0.0
영미형	캐나다	이중	68.0	32.0	0.0	-	-
	아일랜드	이중	79.5	9.9	10.6	-	0.0
	호주	이중	69.8	24.2	5.1	-	0.9
	뉴질랜드	이중	67.0	27.5	5.5	-	0.0
	영국	이중	70.0	13.0	17.0	-	0.0
	미국	이중	68.0	26.4	5.0	0.6	-
남유럽형	그리스	이중	87.0	13.0	0.0	-	0.0
	이탈리아	이중	71.4	14.8	5.2	-	8.6
	포르투갈	이중	76.0	15.5	2.5	-	6.0
	스페인	이중	80.6	13.2	0.0	3.9	2.3
기타	일본	이중	61.2	35.8	0.0	-	3.0

자료: Andrews et al.(2011: 16), fig. 5 발췌. 일본은 자가와 민간임대 비중이 바뀐 것으로 판단되어 저자가 수정.

〈표 6-2〉에 따르면, 단일임대시장 유형에서는 자가 소유 비중이 이중임대시장 유형에 비해 낮고 공공임대의 비중이 상대적으로 높다. 이중임대시장 유형 국가 중 영국과 아일랜드는 예외적으로 공공임대의 비중이 높게 나타나는데, 영국의 경우 대처 정부의 신자유주의적 정책이 나타나기 전까지 공공주택을 포함한 사회주택의 공급에 주력했던

〈표 6-3〉 주요 OECD 국가들의 총 자가 소유율

		임대시장유형	1990년대 경	2004년(별도 년도)
대륙유럽형	오스트리아	단일	46.3 (1987)	51.6
	벨기에	이중	67.7 (1995)	71.7 (2000)
	독일	단일	36.3 (1994)	41.0 (2007)
	프랑스	단일	55.3 (1994)	54.8 (2000)
	네덜란드	단일	47.5 (1994)	55.4 (1999)
	스위스	단일	33.1 (1992)	38.4
북유럽형	덴마크	단일	51.0 (1992)	51.6
	핀란드	이중	65.4 (1995)	66.0
영미형	호주	이중	71.4 (1995)	69.5 (2003)
	캐나다	이중	61.3 (1994)	68.9
	아일랜드	이중	79.6 (1995)	81.4 (2000)
	영국	이중	67.5	70.7
	미국	이중	66.2 (1997)	68.7 (2007)
남유럽형	그리스	이중	83.1 (1995)	73.2
	이탈리아	이중	64.2 (1991)	67.9
	스페인	이중	77.8 (1990)	83.2

자료: Andrews & Sánchez (2011), table 1. 인용된 자료는 OECD, Luxembourg Income Study (LIS), GSOEP and the American Housing Survey를 토대로 작성됨.

역사적 유산이 남아 있는 것으로 해석할 수 있다(서원석, 2012: 116).

한편 〈표 6-3〉에 따르면 1990년대부터 2000년대 초·중반 사이에 주요국에서는 1990년대와 비교하여 전반적으로 자가 소유율이 증가한다. 하지만 단일임대시장 유형 국가와 이중임대시장 유형 국가 간 자가 소유율의 차이는 유지되는 양상을 보인다.

한편, 주거 자산 관련 각국의 현황은 다음과 같다. 〈표 6-4〉에 의하면, 주 거주지 외에 투자부동산을 갖고 있는 가구의 비율이 노르웨이, 핀란드, 이탈리아에서 높게 나타난다. 이들은 모두 이중임대시장 유형의 국가들로, 같은 유형의 영국, 미국에 비해서도 더 높은 투자

〈표 6-4〉 주요국의 종류별 가구자산 참여율

자산변수	캐나다	핀란드	독일	이탈리아	노르웨이	스웨덴	영국	미국	미국
	이중	이중	단일	이중	이중	단일	이중	이중	이중
	SFS 1999	HWS 1998	SOEP 2002	SHIW 2002	IDS 2002	HINK 2002	BHPS 2000	PSID 2001	SCF 2001
비금융자산	64	68	43	72	72	57	70	65	70
-주 거주지	60	64	40	69	64	53	69	64	68
-투자부동산	16	27	12	22	30	14	8	-	17
금융자산	90	92	49	81	99	79	80	83	91
부채	68	52	32	22	80	70	59	68	75
-주택담보	41	28	-	10	-	-	39	-	46
	자산과 부채는 2500 유로 초과 시에만 기록								
비금융자산	64	68	43	72	72	-	70	65	70
금융자산	48	53	49	70	70	-	58	56	60
총부채	58	45	32	17	74	-	49	59	65

자료: OECD(2008b), table 10.1. 인용된 자료는 LWS database를 이용하여 계산됨.

부동산 소유율을 보인다. 그리고 OECD(2008b: 259, table 10.2)에 제시된 총자산 대비 세부자산 비중에 따르면, 대상 국가들에서 공통적으로 주 거주지를 포함한 부동산 자산의 비중이 절대적으로 크게 나타난다.

한편 총 자산에서 부채를 제외한 순 주거 자산과 관련하여 동일한 이중임대시장 유형에 속하는 국가들 중에서도 미국이 유럽 국가들에 비해 더욱 불평등한 것으로 나타난다(〈표 6-5〉). 이와 비교하면, 한국 주택자산의 지니계수는 유사한 시점인 2000년 조사 자료를 기준으로 주 거주지는 0.57, 부동산자산 전체를 포함하면 0.62이다(정의철, 2012: 312). 이는 부채를 계산하지 않은 총자산의 개념이기 때문에 〈표 6-5〉와 직접 비교는 어렵지만, 한국의 주택자산 불평등 수준이 전체적으로는 다른 국가에 비해 심각하지 않다고 볼 수 있다. 하지만 신

〈표 6-5〉 순 주거 자산(net housing wealth) 관련 LWS 주요국 불평등지표 비교

	전체 대상				주거소유자 대상			
	P90/50	Top10%	Top1%	Gini	P90/50	Top10%	Top1%	Gini
영국(2000)	4.5	43.9	10	0.65	3.1	35.3	7.5	0.49
핀란드(1998)	3.7	42.4	11.6	0.64	2.7	34.2	9.5	0.47
이탈리아(2002)	3.4	41.3	10.1	0.61	2.8	34.5	8.2	0.46
미국(SCF, 2001)	7.3	61.2	25.2	0.76	4.2	53.7	21.2	0.66
미국(PSID, 2001)	6.9	56.3	20.5	0.74	3.7	46.9	16.9	0.61

자료: Cowell, et al.(2012a): 26, table 4. 발췌.

진욱(2013: 61)이 지적하였듯이, 한국에서의 자산 불평등 수준은 지속적으로 높아졌고, 한국은 자산 불평등 수준이 유사한 국가와 비교하여 소득불평등 수준 역시 가장 높은 편에 속하기 때문에, 자산의 불균등한 분포를 완화할 수 있는 여지가 낮다. 이러한 상황에서는 오히려 소득계층 간 격차가 주거시장에서의 자가소유자–세입자 간 분절과 자산 불평등의 심화로 이어지고, 이것이 자산소득의 격차로 인해 불평등을 재생산함으로써 주거 관련 이중구조가 공고화되는 양상이 나타날 가능성이 높다.

2. 주거 이중구조와 불평등 검토: 소득계층, 세대, 점유 형태를 중심으로

다음은 주거 이중구조와 불평등에 영향을 미치는 요인으로서 소득계층과 세대 간 균열의 영향력을 살피고, 점유 형태 집단 간 주거와 관련된 격차가 어떠한 양상으로 나타나는지 검토하고자 한다.

1) 소득 계층 간 균열과 주거 불평등

소득계층 간 주거 점유 형태의 차이로 나타나는 주택시장에서의 이중구조는 Andrews and Sánchez(2011: 11, fig. 2; 33, fig. b2)에서 확인된다. 소득을 4분위로 나눈 경우 최하위 1분위에 속하는 사람들의 자가 소유율은 최상위 4분위에 속하는 사람들의 자가 소유율에 비해 매우 낮은 수준으로 나타난다. 특히 미국, 오스트리아, 네덜란드, 덴마크, 핀란드에서는 1990년대에 비해 10년 뒤인 2000년대에 소득 최하위 분위의 자가 소유율은 감소한 반면, 소득 최상위 분위의 자가 소유율은 증가하여, 소득계층 간 격차가 더욱 커졌다. 미국과 핀란드는 이중임대시장 유형에, 나머지 국가들은 단일임대시장 유형에 해당된다. 그러므로 소득계층 간 주거 점유 형태의 양극화 심화는 두 주택정책 체제 유형에서 공통적으로 나타나는 현상이라 볼 수 있다.

한편 〈표 6-6〉은 EU가 회원국 국민들의 소득과 생활 조건에 대해 표본을 추출하여 조사한 결과 중 일부이다. 중위소득의 60%를 기준으로 고소득층에서는 자가 소유 비중이 높다. 반면 저소득층의 경우, 핀란드, 아일랜드, 영국에서는 감면된 가격 혹은 무상임대 주택 거주 비중이 높고, 그 외에는 시장가격 임대주택 거주 비중이 높다. 임대주택에 대한 임대료 규제나 별도의 주거 급여 혹은 자가 소유 지원 방안이 없을 경우, 시장가격 임대주택에 거주하는 저소득층은 높은 비용부담으로 인해 자가 소유로 진입이 어려울 가능성이 크다. 특징적인 국가들로서 독일과 스위스는 고소득층과 저소득층에서 공통적으로 시장가격 임대 주거 거주 인구 비중이 가장 높게 나타났다. 이는 두 국가가 공통적으로 강한 국가조합주의 전통과 중도우파 정권의 장기 집권이라는 배경하에, 민간임대를 정부의 보조를 통해 장려하고

〈표 6-6〉 유럽 주요 국가들의 소득계층 간 주거 점유 유형별 인구분포 차이

(단위: %, 2011년 기준)

국가			소득구분	자가 (주거부채 有)	자가 (주거부채 無)	시장가격 임대	감면된 가격 혹은 무상임대
대륙유럽형	오스트리아	단일	중위소득 60% 이하	10.3	18.8	49.8	21.2
			중위소득 60% 이상	27.9	33.7	22.8	15.6
			전체	25.7	31.8	26.2	16.3
	벨기에	이중	중위소득 60% 이하	14.1	26.4	39.0	20.6
			중위소득 60% 이상	47.0	30.5	15.2	7.3
			전체	41.9	29.9	18.9	9.3
	독일	단일	중위소득 60% 이하	9.7	16.1	62.0	12.2
			중위소득 60% 이상	31.6	27.1	35.7	5.7
			전체	28.1	25.3	39.9	6.7
	프랑스	단일	중위소득 60% 이하	12.8	21.3	37.0	28.9
			중위소득 60% 이상	32.1	35.6	16.3	16.0
			전체	29.4	33.7	19.1	17.8
	네덜란드	단일	중위소득 60% 이하	23.3	9.0	65.6	2.1
			중위소득 60% 이상	64.1	7.4	28.3	0.3
			전체	59.6	7.6	32.4	0.5
	스위스	단일	중위소득 60% 이하	24.8	7.6	56.8	10.9
			중위소득 60% 이상	42.0	3.8	50.5	3.6
			전체	39.4	4.4	51.4	4.7
북유럽형	덴마크	단일	중위소득 60% 이하	20.2	22.6	56.9	0.2
			중위소득 60% 이상	57.6	13.1	29.1	0.1
			전체	52.7	14.4	32.8	0.1
	핀란드	이중	중위소득 60% 이하	14.9	31.4	18.1	35.6
			중위소득 60% 이상	46.2	32.3	9.0	12.6
			전체	41.9	32.2	10.2	15.7
	스웨덴	단일	중위소득 60% 이하	32.0	6.1	61.0	0.9
			중위소득 60% 이상	71.4	3.4	25.0	0.2
			전체	65.9	3.7	30.0	0.3
	노르웨이	이중	중위소득 60% 이하	22.6	22.8	36.7	17.8
			중위소득 60% 이상	67.7	20.8	7.4	4.1
			전체	63.0	21.0	10.5	5.5
영미형	아일랜드	이중	중위소득 60% 이하	17.2	28.3	19.5	35.0
			중위소득 60% 이상	37.7	37.0	14.1	11.3
			전체	34.6	35.7	14.9	14.9
	영국	이중	중위소득 60% 이하	20.2	30.2	14.9	34.7
			중위소득 60% 이상	46.1	25.1	13.0	15.7
			전체	41.9	26.0	13.3	18.8
남유럽형	그리스	이중	중위소득 60% 이하	7.5	61.6	20.8	10.1
			중위소득 60% 이상	18.0	59.7	16.3	6.0
			전체	15.7	60.1	17.2	6.9
	스페인	이중	중위소득 60% 이하	24.8	47.9	14.8	12.5
			중위소득 60% 이상	35.2	50.3	7.4	7.1
			전체	32.9	49.8	9.0	8.2
	이탈리아	이중	중위소득 60% 이하	7.8	48.4	21.3	22.5
			중위소득 60% 이상	17.5	59.4	11.4	11.7
			전체	15.6	57.3	13.3	13.8
	포르투갈	이중	중위소득 60% 이하	19.3	42.9	16.9	21.0
			중위소득 60% 이상	37.3	40.6	11.2	11.0
			전체	34.0	41.0	12.2	12.8

자료: EUROSTAT(2013), 「ilc_lvho02」 발췌.

〈표 6-7〉 주거비용이 부담이 된다고 여기는 가구의 비중 (단위: %)

국가		임대시장유형	2005			2008		
			재정부담심함	재정부담있음	재정부담없음	재정부담심함	재정부담있음	재정부담없음
대륙유럽형	오스트리아	단일	14.1	61.4	24.5	15.6	59.0	25.5
	벨기에	이중	31.2	34.8	34.0	31.0	35.3	33.6
	독일	단일	24.1	59.3	16.6	23.8	59.8	16.4
	프랑스	단일	20.9	30.8	48.4	29.5	25.2	45.3
	네덜란드	단일	17.7	47.1	35.1	11.7	47.1	41.2
북유럽형	덴마크	단일	6.3	20.5	73.2	7.4	23.0	69.6
	핀란드	이중	19.7	56.3	24.1	20.1	56.8	23.1
	스웨덴	단일	13.3	36.4	50.4	10.4	36.9	52.7
영미형	아일랜드	이중	23.1	52.1	24.8	24.0	54.9	21.1
	영국	이중	na	na	na	28.5	45.2	26.3
남유럽형	그리스	이중	23.7	69.4	7.0	30.7	64.7	4.5
	스페인	이중	53.7	45.0	1.3	58.6	40.4	1.1
	이탈리아	이중	23.5	58.2	18.3	37.8	48.6	13.6
	포르투갈	이중	46.4	50.1	3.5	51.5	45.3	3.3

주: 주거비 지출(housing costs)은 모기지 혹은 주택관련 대출 이자 지급(자가 소유자) 혹은 임대료(세입자)을 포함하여, 수도, 전기, 가스, 난방 등의 설비관련 비용과 주거의 안정적 유지를 위해 정규적으로 지불되는 모든 비용을 포함.

자료: Dol and Haffner(2010), table 4.9 발췌.

동시에 임대차 규제를 강하게 시행하여 상대적으로 자가 소유에 혜택이 없는 제도적 요인이 나타나기 때문이다(김수현, 2010: 129-130). 한편 남유럽 국가들에서는 부채가 없는 자가 소유자의 비중이 가장 높게 나타난다. 남유럽 국가들에서 대출 없이 주택을 구매하는 경향이 지배적으로 나타나는 것은 주로 가족 간의 결속을 바탕으로 세대 간에 주택 또는 자산을 상속하는 방식이 주요하게 나타나기 때문이다(신진욱, 2011: 122). 따라서 이들 국가에서는 가족의 도움을 통해 안정적인 자가를 소유할 수 있는 집단과 그렇지 않은 집단 간에 넘기 어

〈표 6-8〉 유럽 주요국 소득계층별 주거비 과부담 인구 비중 (단위: %, 2011년)

국가		임대시장 유형	균등화 중위소득 60% 미만 집단	균등화 중위소득 60% 이상 집단	전체 인구
대륙 유럽형	오스트리아	단일	25.7	1.7	4.8
	벨기에	이중	42.7	4.8	10.6
	독일	단일	46.3	10.5	16.1
	프랑스	단일	22.4	2.5	5.3
	네덜란드	단일	42.8	11.1	14.5
	스위스	단일	52.2	6.2	13.1
북유럽형	덴마크	단일	73.7	11.9	19.9
	핀란드	이중	15.3	2.7	4.4
	스웨덴	단일	43.2	2.2	7.9
	노르웨이	이중	49.3	5.9	10.4
영미형	아일랜드	이중	27.3	2.3	6.1
	영국	이중	52.8	9.5	16.4
남유럽형	그리스	이중	78.8	9.4	24.2
	스페인	이중	41.7	3.9	12.1
	이탈리아	이중	30.9	2.9	8.4
	포르투갈	이중	26.4	3.0	7.2

주: 주거비 지출 과부담 인구 비율은 주택수당을 제외한 총 주거비 지출이 주택수당을 제외한 가처분소득의 40%를 넘는 가구에 사는 인구의 비중을 의미.

자료: EUROSTAT(2013), [ilc_lvho07a] 발췌.

러운 진입 장벽이 존재한다고 해석할 수 있다.

또한 EUROSTAT(2013, ilc_lvho05a)에 따르면 저소득 집단은 고소득 집단에 비해서 과밀한 가구[11]에 속한 인구 비중이 높았다. 이는 소득이 낮은 경우, 가구에 속한 개별 구성원에게 필요한 개별 공간을 부여할 수 있는 방 수를 갖춘 주택을 구입하거나 임차하기 위한 비용

11) 가구당 최소한 방 하나는 갖추되, 18세 이상 성인 커플당 방 하나, 커플이 아닌 성인 1인당 방 하나, 12-17세 동성 2인당 방 하나(이성은 1인당 방 하나), 12세 이하 2인당 방 하나를 제공하지 못하는 가구.

을 부담하는 것이 상대적으로 어렵기 때문이다.

한편 〈표 6-7〉을 통해 단일임대시장 유형에 속하는 국가들에서는 주거비 지출 부담이 심각하다고 느끼는 사람의 비중이 이중임대시장 유형 국가들에 비해 상대적으로 낮다는 점을 알 수 있다. 즉, 단일임대시장 유형의 주택시장 구조가 주관적으로 느끼는 주거 비용 부담을 완화해 주는 효과를 갖고 있다고 할 수 있다.

〈표 6-8〉은 객관적 수치로서 소득 대비 주거비용 비중을 기준으로 한 자료이다. 이에 따르면 저소득층이 고소득층에 비해 주거비 과부담 인구 비중이 높다. 하지만 이 비중은 임대시장 유형 간에 뚜렷한 차이를 보이지는 않았다. 특징적인 국가로서 덴마크의 경우 주관적으로 주거비용 재정 부담이 심하다고 느끼는 가구의 비중은 낮았으나, 객관적으로 주거비를 과부담하는 인구비중은 높게 나타났다. 이는 덴마크가 중위소득 60% 기준 상대빈곤율이 0.123(OECD, 2008b: 127)으로 빈곤율이 낮은 데 비해, 빈곤층 중에서는 소득 대비 주거비 지출 비중이 높은 사람들의 비율이 높기 때문으로 보인다. 반면 이중임대시장 유형 국가들에서는 객관적인 주거비 과부담 인구 비중에 비해 주관적으로 주거비 부담을 크게 느끼는 사람들의 비중이 더욱 높아, 주거비 부담에 대한 체감 수준이 높게 나타남을 확인할 수 있다.

2) 세대 간 균열과 주거 불평등

Andrews and Sánchez(2011: 10, fig. 1, 32, fig. b1)가 연령 그룹별 자가 소유율을 각국 미시자료를 활용해 계산한 결과를 살피면, 25세-34세에서는 자가 소유율이 매우 낮고, 연령대가 높아짐에 따라 점차 자가 소유율이 증가하다가, 55-64세 혹은 65-74세 연령대에서 자가

〈표 6-9〉 유럽 주요국 연령대별 주거비 과부담 인구 비중 (단위: %, 2011년)

국가		임대시장 유형	18-24세	25-29세	18-64세	65세 이상	전체 인구
대륙유럽형	오스트리아	단일	6.8	7.5	5.3	5.3	4.8
	벨기에	이중	9.6	14.4	10.0	12.9	10.6
	독일	단일	15.2	17.9	15.7	20.5	16.1
	프랑스	단일	11.4	7.5	6.2	3.3	5.3
	네덜란드	단일	18.4	21.1	15.4	11.4	14.5
	스위스	단일	9.9	13.3	10.8	24.9	13.1
북유럽형	덴마크	단일	42.1	34.0	19.7	28.8	19.9
	핀란드	이중	9.5	5.5	5.1	4.2	4.4
	스웨덴	단일	15.8	11.3	6.9	15.0	7.9
	노르웨이	이중	30.2	17.8	12.1	7.6	10.4
영미형	아일랜드	이중	13.9	6.8	6.7	4.0	6.1
	영국	이중	19.7	19.7	16.6	16.0	16.4
남유럽형	그리스	이중	35.2	24.8	23.5	23.4	24.2
	스페인	이중	13.0	14.8	12.8	4.4	12.1
	이탈리아	이중	9.1	13.4	8.6	5.7	8.4
	포르투갈	이중	9.3	7.7	7.3	2.7	7.2

주: 주거비 지출 과부담 인구 비율은 주택수당을 제외한 총 주거비 지출이 주택수당을 제외한 가처분소득의 40%를 넘는 가구에 사는 인구의 비중을 의미.
자료: EUROSTAT(2013), [ilc_lvho07a] 발췌.

소유율이 가장 높게 나타난 후, 이후에는 자가 소유율이 약간 감소한다. 이는 근로 연령대 시기에 소득을 축적하여 자가 구입을 위한 자산을 만든 사람들이 자가를 소유하였다가, 퇴직 후 소득이 감소할 경우 일부 사람들이 자가를 처분하는 것으로 해석할 수 있다.

한편, 〈표 6-9〉와 같이 연령대별로 집단을 나누어 주거비 과부담 인구 비중을 살핀 결과, 스위스를 제외하고는 대부분의 유럽 국가에서 18세-29세 사이의 젊은이들 사이에서 주거비 과부담 인구 비중이 가장 높게 나타났다. 이는 본격적으로 노동시장 참여를 시작한 청년 시기에 소득 수준이 상대적으로 높지 않고, 노동시장에서 불안정한 지위를 갖는 비중이 높은 점이 영향을 주었기 때문으로 보인다.

가구주 연령 집단을 나눠 각 집단 내에서의 주거 자산 실제 값의 불평등을 살핀 Cowell et al.(2012b: 41, table 7)에 따르면, 각 국가의 주거 자산 불평등 정도는 가구주 연령이 16-24세인 집단 내에서 가장 크고, 연령이 높아짐에 따라 집단 내 불평등 수준이 낮아지다가 55-64세 이후 연령 집단에서는 다소 불평등 정도가 높아진다. 다만 미국은 65세 이상 집단에서도 연령대가 높아질수록 집단 내 불평등 정도가 낮아진다. 이에 따르면, 주요국에서 공통적으로 청년기 가구주 집단 내에서 주거 자산을 획득한 사람과 그렇지 않은 사람 간의 불평등이 상대적으로 크게 나타난다. 이러한 청년기 주거 자산 불평등이 이후 생애주기 과정에서 더욱 심화되는 것을 막고, 청년들의 안정적 주거 획득을 돕기 위한 정책적 지원이 공통적으로 요구된다고 할 수 있다.

3) 점유 형태 집단 간 주거 관련 격차

EUROSTAT(2013, ilc_lvho05c)에 의하면 과밀 주택에 거주 인구 비율은 자가 소유 집단에서는 낮으나 시장가격 임대주택과 감면된 가격 혹은 무상임대 주택에 거주하는 집단에서는 높다. 특히 영국과 아일랜드에서는 시장가격 임대주택보다 감면된 가격 혹은 무상임대 주택에 거주하는 경우 과밀주택 인구 비율이 더욱 높게 나타났다. 이는 이들 국가에서 사회주택이나 임대료가 법의 규제를 받은 주택 혹은 무상임대 주택의 경우, 시장에서 거래되는 임대주택에 비해 면적 측면에서 상대적으로 더욱 열악하다는 점을 보여준다.

〈표 6-10〉 유럽 주요국 점유 형태별 주거비 과부담 인구 비중 (단위: %, 2011년)

국가		임대 시장 유형	자가 (주거 부채 有)	자가 (주거 부채 無)	시장 가격 임대	감면된 가격 혹은 무상임대	전체 인구
대륙 유럽형	오스트리아	단일	1.4	1.9	11.3	5.0	4.8
	벨기에	이중	3.3	2.4	38.1	14.9	10.6
	독일	단일	13.6	10.5	21.4	16.5	16.1
	프랑스	단일	1.4	0.6	16.0	9.4	5.3
	네덜란드	단일	14.0	3.4	18.2	6.6	14.5
	스위스	단일	7.1	11.8	17.7	15.7	13.1
북유럽형	덴마크	단일	12.2	9.8	36.9	na	19.9
	핀란드	이중	2.3	2.8	12.5	8.3	4.4
	스웨덴	단일	3.1	10.9	17.5	46.5	7.9
	노르웨이	이중	8.2	7.1	27.7	18.2	10.4
영미형	아일랜드	이중	3.3	2.0	19.9	8.4	6.1
	영국	이중	8.8	9.1	45.0	23.9	16.4
남유럽형	그리스	이중	11.9	21.4	42.7	30.6	24.2
	스페인	이중	13.8	4.8	48.1	10.1	12.1
	이탈리아	이중	6.3	2.9	33.3	9.3	8.4
	포르투갈	이중	8.5	2.0	25.5	3.1	7.2

주: 주거비 지출 과부담 인구 비율은 주택수당을 제외한 총 주거비 지출이 주택수당을 제외한 가처분소득의 40%를 넘는 가구에 사는 인구의 비중을 의미.
자료: EUROSTAT(2013), 「ilc_lvho07c」 발췌.

그리고 주거 점유 유형별로 주거비 과부담 인구 비중을 비교(〈표 6-10〉)하면, 대부분의 국가에서 시장가격 임대 주택에 거주하는 집단에서 비율이 가장 높다. 시장가격 임대 주택은 자가 소유에 따른 이점을 누릴 수도 없고 공적 지원도 부족해 상대적으로 불안정한 상황에 놓여 있다. 한편, 네덜란드에서는 주거관련 부채를 소유한 자가 소유자 중에서도 시장가격 임대 주택 거주자와 유사한 수준으로 과부담 인구가 나타난다. 이는 네덜란드가 주거와 관련된 금융대출이 활성화되어 있기 때문[12]으로 보인다(Schwartz & Seabrooke, 2009: 17). 덴마크와 독일 역시 부채를 가진 자가 소유 집단 중 주거비 과부담 인구 비중이 높은 편이다. 이들 세 국가는 Schwartz & Seabrooke(2009: 9)이 주택소유 비율과 GDP 대비 모기지 규모를 기준으로 나눈 네 유형 중 주택소유 비율이 낮고 모기지 규모가 높은 조합주의적 시장 유형의 국가에 속한다(신진욱, 2011: 120).

3. 주거 관련 각국 정책 비교

아래에서는 각국의 주거 정책수단이 어떠한 특성을 가지고 있고 어떠한 효과를 거두는지 살필 것이다.

1) 주거 개발 및 공급 측면 정책: 지출 및 공공주택

우선, OECD(2013)의 구분에 따르면 일반 정부 지출의 기능별 분류 범주에는 주거 및 공동체 편의시설(Housing and community amenities) 관련 지출이 포함된다. 이 항목에는 주거 개발, 공동체 개발, 수원 공급, 가로 조명, 관련 R&D 등이 속한다(OECD, 2011c: 195). 아일랜드, 영국, 미국, 스페인, 프랑스, 한국이 일반 정부 지출 대비 주거 관련 지출 비율이 상대적으로 높은 국가에 속한다. 하지만 임대시장 유형에 따른 지출 수준의 일관된 차이는 나타나지 않는다. 즉, 주거 개발 관련 정부 지출은 임대시장 구조보다는 개별 국가의 주택시장 상황 및 신규 공급의 필요성에 따라 결정된다고 해석할 수 있다.

---

12) 네덜란드는 GDP 대비 모기지 부채 비중이 111.1%(2004년), 가구 가처분소득 대비 모기지 부채 비중이 207.7%(2003년)에 이른다.

〈표 6-11〉 기능별 일반 정부 지출 중 주거 관련 지출

(단위: GDP 대비 비율, %, 2010년 기준)

국가		임대시장 유형	전체 일반정부 지출 (A)	주거 및 공동체 편의시설 지출 (B)	B/A (%)
대륙유럽형	오스트리아	단일	52.5	0.7	1.3
	벨기에	이중	52.7	0.4	0.7
	독일	단일	47.5	0.7	1.4
	프랑스	단일	56.5	1.9	3.3
	네덜란드	단일	51.2	0.7	1.3
북유럽형	덴마크	단일	57.6	0.4	0.6
	핀란드	이중	55.8	0.5	0.9
	노르웨이	이중	45.5	0.7	1.6
	스웨덴	단일	52.2	0.7	1.4
영미형	아일랜드	이중	66.4	1.8	2.7
	영국	이중	50.2	1.3	2.5
	미국	이중	42.7	1.0	2.4
남유럽형	그리스	이중	51.4	0.4	0.8
	이탈리아	이중	50.4	0.7	1.5
	포르투갈	이중	51.4	0.6	1.2
	스페인	이중	45.7	1.2	2.6
기타	일본	이중	40.7	0.8	2.0
	한국	이중	30.1	1.1	3.5

자료: OECD(2013), table 17.1. 발췌.

주거의 공급 측면 지원과 관련하여, 공공주택의 분배는 저소득층에 집중되는 경향이 있으나, 단일 임대시장 유형 국가들에서는 공공주택이 중간 수준의 소득계층까지를 대상으로 삼고 시장에서 소비자 선호와 수요를 다양화(진미윤, 2011: 91)하기 위한 점유 중립적인 수단으로 사용된다. 그래서 〈표 6-12〉에서도 오스트리아, 스웨덴은 소득 5분위 중 최상위 인구도 전체 공공주택 거주가구 중 15% 안팎을 차지

〈표 6-12〉 소득 5분위별 공공주택 분배(2007)

국가		임대시장유형	1분위(하위)	2분위	3분위	4분위	5분위(상위)	전체
대륙유럽	오스트리아	단일	22.9%	21.7%	18.1%	19.3%	17.9%	100%
	벨기에	이중	59.6%	23.0%	9.7%	5.8%	1.9%	100%
	독일	단일	34.3%	26.9%	16.7%	14.2%	7.9%	100%
	프랑스	단일	33.8%	25.0%	20.1%	16.8%	4.4%	100%
북유럽	핀란드	이중	37.3%	26.1%	14.3%	15.4%	6.9%	100%
	스웨덴	단일	37.2%	17.4%	14.9%	15.5%	14.9%	100%
	노르웨이	이중	31.9%	33.4%	16.7%	10.8%	7.2%	100%
영미	아일랜드	이중	49.8%	28.1%	13.0%	6.3%	2.4%	100%
	영국	이중	44.1%	30.5%	18.3%	5.5%	1.6%	100%
남유럽	스페인	이중	41.7%	16.2%	18.9%	14.1%	9.0%	100%
	이탈리아	이중	35.2%	33.5%	16.0%	11.5%	3.7%	100%
	포르투갈	이중	28.4%	30.6%	14.4%	16.4%	10.2%	100%
	그리스	이중	20.5%	14.1%	24.7%	29.6%	11.1%	100%
OECD-21		-	37%	23%	16%	14%	9%	100%

자료: OECD(2011d: 324).

하는 것을 확인할 수 있다.

한편, 공공주택의 정책 효과는 다음과 같다. 가구의 가처분소득에 공공주택이 미치는 영향을 계산한 OECD(2011d: 314)에 따르면 공공주택은 소득을 평균 0.4% 증가시키는 효과를 갖는다. 가구 균등화 소득에 따라 소득 5분위를 나누면, 공공주택의 소득 증가 효과는 전체 인구 대상으로 분석할 경우 하위 1분위 1.8%, 2분위 0.7%, 3분위 0.4%, 4분위 0.2%, 상위 5분위 0.1%로, 주로 저소득계층에 효과가 있다. 집세가 실제 감소한 세입자들로 분석 대상을 한정할 경우, 공공주택은 가처분소득을 평균 9% 증가시키고, 특히 영국, 아일랜드, 벨기에, 스페인, 이탈리아에서는 공공주택 세입자 가처분 소득의 10%

이상을 증가시킨다(OECD, 2011d: 323). 이들은 이중임대시장 유형에 속하는 국가들로, 공공주택의 입주 대상이 저소득층이나 사회 취약계층에 국한되어 소득증가 효과가 상대적으로 크게 나타난다.

2) 주거 수요 측면 정책: 수요 지원 지출

〈표 6-13〉은 OECD의 사회지출 자료(OECD Social Expenditure Database, OECD SOCX)에 제시된 주거 관련 지출 수준이다. 이는 주로 주거 수요에 대한 지원과 관련된다. OECD SOCX에서 주거 지출은 임대료 보조와 주택수당과 같이 개인에게 주거비용을 보조하는 다른 급여를 의미한다(Adema et al., 2011: 90). 이는 주거 형태의 현물 지원을 의미하나, 주거 용도로 사용되는 것이 명시된 현금 지급도 포함된다. 노인, 장애인, 긴급지원이 필요한 사람 등에게 지급되는 주거 현물 급여는 다른 영역에 포함된다. 또한 주택 융자 이자에 대한 세금 경감, 건설 관련 자본 보조금 등은 지원의 범위와 측정 방식에 대한 국가 간 합의가 없어서 OECD SOCX에 포함되지 않는다. 표에 따르면 영국이 주거 관련 사회 지출의 GDP 대비 비중이 가장 높으나 국가 간 차이가 크지 않고 두 임대시장 유형 간 뚜렷한 차이가 발견되지는 않는다. 단, 단일임대시장 유형에 속하는 국가들이 상대적으로 더 높은 수준의 지출을 하는 집단에 밀집해 있다는 점에서, 이 유형의 국가가 주택 수당 및 임대료 보조를 통해 다양한 민간 영역에서의 임대주택에 거주할 유인을 제공하는 경향이 있다고 해석할 수 있다.

〈표 6-13〉 OECD 주요국 사회 지출 대비 주거 관련 지출

(단위: 2009년 기준, GDP 대비 비율, %)

국가		임대시장 유형	공공사회지출	housing 지출
대륙유럽형	오스트리아	단일	29.1	0.1
	독일	단일	27.8	0.6
	프랑스	단일	32.1	0.8
	네덜란드	단일	23.2	0.4
	스위스	단일	20.0 (2010)	-
북유럽형	덴마크	단일	30.2	0.7
	핀란드	이중	29.4	0.5
	노르웨이	이중	23.3	0.2
	스웨덴	단일	29.8	0.5
영미형	호주	이중	17.8	0.3
	캐나다	이중	19.2	0.4
	영국	이중	24.1	1.5
	미국	이중	19.2	-
남유럽형	그리스	이중	23.9	0.5
	이탈리아	이중	27.8	0
	포르투갈	이중	25.6	0
	스페인	이중	26.0	0.2
기타	일본	이중	22.4	-
	한국	이중	9.60	-

자료: OECD SOCX.

3) 간접적 지원 정책: 세금 감면 및 임대료 통제

주택시장과 관련하여 간접적 지원정책으로 세금 감면을 통한 자가 소유 지원과 임대료 통제를 통한 민간임대주택 거주자 부담 감소 지원이 있다.

우선, Andrews et al.(2011: 41, fig. 17)이 제시한 주거 관련 금융비용에 대한 세금 감면 지수는 모기지 부채에 대한 이자가 과세소득에

〈표 6-14〉 민간임대시장 임대료 통제 지수(2009)

(단위: 0-6. 높을수록 통제수준 증가)

국가	모기지 규모	임대시장 유형	임대료 통제지수	국가	모기지 규모	임대시장 유형	임대료 통제지수
핀란드	낮음	이중	0.6667	스페인	낮음	이중	1.5
뉴질랜드	높음	이중	0.6667	그리스	-	이중	1.6667
영국	높음	이중	0.6667	프랑스	낮음	단일	2
미국	높음	이중	0.6667	노르웨이	높음	이중	2
호주	높음	이중	1	포르투갈	낮음	이중	2
일본	낮음	이중	1	오스트리아	낮음	단일	2.5
아일랜드	낮음	이중	1.1667	덴마크	높음	단일	3
한국	낮음	이중	1.3333	독일	높음	단일	3.5
벨기에	낮음	이중	1.5	네덜란드	높음	단일	3.8333
캐나다	높음	이중	1.5	스웨덴	낮음	단일	4.3333
이탈리아	낮음	이중	1.5				

자료: Andrews et al.(2011), fig. 19. 중 민간임대시장 관련 지수와 주요 국가 자료만 발췌. (한국은 신진욱(2011)에 의해 모기지 규모가 낮은 상태로 설정됨).

서 공제(deduction) 가능한지, 공제 기간이나 액수에 제한이 있는지, 대출에 대한 세액공제(tax credits)가 이용 가능한지를 고려하여 만든 것이다. 주거 관련 부채의 금융비용에 대한 세금 감면이 없으면 0이고, 세금 감면 수준이 높을수록 지수 값이 커진다. Kemeny가 제시한 임대시장 유형은 세금 감면 수준과는 높은 상관성을 보이지 않는다. 다만, 이 지수는 자가 촉진을 위한 금융 지원과 관련된 것이기 때문에, GDP 대비 모기지 규모가 높은 국가들에서 세금 감면지수도 높게 나타나는 경향을 보였다.

한편, 〈표 6-14〉는 민간임대시장 임대료에 대한 통제지수를 제시한다. 지수 값이 클수록 통제 수준이 높음을 뜻한다. Andrews et al. (2011: 47)에 따르면 이 지수는 임대료 통제 정도, 임대료 상승이 결정되는 과정, 임대료에 대한 비용전가 허용 수준을 종합하여 만든 지수이다. 이 지수는 주택 임대시장과 밀접하게 연관된 것으로서, Kemeny가 분류한 주택임대시장 유형분류와 높은 상관성을 보인다. 이중임대시장 유형 국가에서는 임대료 통제지수가 낮고, 단일임대시장 유형 국가에서는 임대료 통제 수준이 상대적으로 높다. 단일임대시장 유형의 국가에서는 민간임대시장의 과도한 비용 상승을 억제함으로써 주택시장에서 공공임대와 민간임대가 유사한 임대료 수준에서 경쟁할 수 있도록 하는 정책 개입이 나타난다. 따라서 이들 국가에서는 이중임대시장 유형의 국가와는 달리, 자가점유 시장이 우세하지 않은 점유의 중립성(tenure neutrality)이 나타난다.

제4절 한국의 성인기 주거 불평등과 이중구조

아래에서는 한국에서 자가 소유 집단과 세입자 집단 간의 이중구조와 주거 관련 불평등이 어떻게 나타나는지 현황을 살피고, 주거 불평등에 경제적 계층, 연령, 지역 간 불평등이 미치는 영향력을 검토한 후, 정부의 주거 관련 주요 정책 현황과 주거 불평등에 미친 영향력을 점검하고자 한다.

1. 한국 주택시장 현황과 추이

한국의 주택시장 현황과 관련해 가장 먼저 주목할 지표는 주택보급률이다. 주택보급률은 국가나 지역의 주택 재고 과부족을 총체적으로 나타내주는 지표로 주택 수를 가구 수로 나누어 산정하는데, 총

〈표 6-15〉 신주택보급률 (단위: %, 천 가구, 천 호)

연도	전국			수도권			서울		
	보급률	주택 수	가구 수	보급률	주택 수	가구 수	보급률	주택 수	가구 수
'05	98.3	15.663	15,887	96.0	7,165	7,462	93.7	3,102	3,310
'06	99.2	15,978	16,105	95.7	7,302	7,628	94.1	3,151	3,350
'07	99.6	16,295	16,634	95.0	7,419	7,813	93.2	3,172	3,403
'08	100.7	16,733	16,619	95.4	7,625	7,994	93.6	3,232	3,454
'09	101.2	17,071	16,862	95.4	7,796	8,169	93.1	3,258	3,501
'10	101.9	17,672	17,339	99.0	8,173	8,254	97.0	3,400	3,504

자료: 국토해양부(2011): 441.

〈표 6-16〉 주택유형별 주택매매가격지수 (단위: %)

	전국				수도권 (서울, 경기, 인천)				5대 광역시 (부산, 대구, 광주, 대전, 울산)			
	전체	아파트	단독	연립	전체	아파트	단독	연립	전체	아파트	단독	연립
1990	61.6	44.4	98.8	71.9	-	-	-	-	-	-	-	-
1995	60.3	45.4	94.3	69.9	-	-	-	-	-	-	-	-
2000	56.9	47.1	81.4	61.6	49	42.8	61.7	56.1	-	-	-	-
2005	76.9	74.6	87.5	71.1	73.3	74.3	77.6	66.9	81.6	76.5	94.1	87.7
2010	94.9	92.9	98.5	98.1	100.4	100.8	99.4	100	88.7	85.1	97.7	92.3
2011	100	100	100	100	100	100	100	100	100	100	100	100
2012	103	104	101.9	101.2	98.6	98.2	100.4	99.2	108.1	109.9	103.3	107.4

주: 2011년 6월을 기준으로 산출한 백분율 지수.
자료: 통계개발원(2012) : 143. (국민은행, 전국주택가격동향조사, 각 년도).

주택 수는 사용 주택 수에 빈집 수를 더한 값이고, 보통 가구 수는 가족을 구성해 거주하는 혈연 가구 수를 의미한다(국토교통부 홈페이지 내 국토교통용어사전[13] 참고). 기존 주택보급률이 1인 가구와 다가구주

13) http://www.molit.go.kr/USR/dictionary/m_65/lst.jsp.

〈표 6-17〉 전체 가구의 점유 형태 (단위: 천 가구, %)

구분	1985년		1990년		1995년		2000년		2005년		2010년	
	가구	비율	가구	비율	가구	비율	가구	비율	가구	비율	가구	비율
자가	5,127	53.6	5,667	49.9	6,910	53.3	7,753	54.2	8,828	55.6	9,390	54.2
전세	2,202	23.0	3,157	27.8	3,845	29.7	4,040	28.2	3,557	22.4	3,766	21.7
월세	1,893	19.8	2,173	19.1	1,875	14.5	2,113	14.8	3,012	19.0	3,720	21.5
무상	350	3.7	358	3.1	328	2.5	406	2.8	490	3.1	464	2.7
전체	9,571	100.0	11,355	100.0	12,958	100.0	14,311	100.0	15,887	100.0	17,339	100.0

자료: 통계청, 인구주택총조사 전수, 원자료, 해당년도 (최은영 · 권순필, 2012: 192).

택을 반영하지 못해 정확하지 않다는 지적이 나오자, 2006년 주택 수에 다가구 구분 거처를 반영하고 가구 수는 1인 가구를 포함하는 일반 가구로 대체하는 신 주택보급률(e-나라지표 홈페이지[14] 참고)을 도입한 바 있다. 신주택보급률은 기존 주택보급률에 비해 싼 값을 보였으나, 이 역시 2008년 100.7%를 기록한 후 지속적으로 상승하였다. 하지만 수도권과 서울 지역에서는 2010년까지 주택 수에 비해서 가구 수가 더 많은 것으로 나타난다.

한편 한국의 주택 가격은 1990년대 초부터 큰 폭으로 상승해 왔다. 1990년대 후반 외환위기 이후 2000년까지 가격이 하락하기도 했으나 가격 급등기를 거치며 곧 회복되었다. 특히 아파트 가격이 단독주택이나 연립주택에 비해 더욱 크게 상승하였고, 수도권 아파트 가격은 전국 평균이나 5대 광역시에 비해서도 더욱 빠른 속도로 상승한 것으로 나타나, 우리나라 주택가격의 지역 간 불균등 상승 경향을 확인할 수 있다.

주거 점유 형태 추이를 보면, 자가점유율은 1985년 이후 1990년까지 소폭 하락한 뒤 2005년까지 상승하였다가 이후 소폭 하락하였

14) http://www.index.go.kr/potal/main/EachDtlPageDetail.do?idx_cd=1227.

다. 주택보급률이 꾸준히 상승하는 속에서 자가점유율이 감소한 것은 투자 등의 목적으로 2주택 이상을 소유한 가구가 증가하였기 때문으로 해석된다. 한편, 자가를 소유하더라도 직장과의 거리 혹은 교육 여건을 위해 타 지역에서 세입자로 살고 있는 자가 보유 전월세 거주가구가 증가한 것 역시 영향을 미친 것으로 보인다(장성수 · 황은정, 2011: 2). 장성수 · 황은정(2011)에 따르면, 자가 보유 전월세 거주 가구는 2005년 66.7만 가구(전체 가구의 4.2%)에서 2010년 114만 가구(전체 가구의 6.6%)로 늘어났다. 그리고 최은영 · 권순필(2012: 200)에 따르면, 2010년 기준 아파트에 거주하는 가구의 자가점유율은 63.4%인데 비해 단독주택 거주 가구의 자가점유율은 44.6%에 그쳐 거처 종류별로 주거 관련 격차가 발생함을 알 수 있다.

2. 한국 주거 불평등 및 주거 이중구조 현황

한국의 주거 불평등과 주거 관련 자가 소유자-세입자 간 이중구조에는 앞서 국가 간 비교에서 살핀 바와 유사하게 소득계층, 연령이 영향을 미치고, 지역 역시 주요한 요인으로 작용한다. 그리고 점유형태간 격차 역시 이중구조의 형성 및 고착화에 영향을 미친다.

〈표 6-18〉에 따르면, 대체로 소득이 높을수록 자가점유율이 높다. 그리고 수도권에서 자가점유율은 광역시 및 도 지역보다 낮다. 이는 수도권 지역의 가용 소득에 비해 주거가격이 높기 때문으로 보인다.

한편, 〈표 6-19〉에 제시된 연 가구소득 대비 주택가격 비율(PIR)을 통해 지역 간 소득 대비 주택가격의 차이를 확인할 수 있다. 수도권 > 광역시 > 도 지역 순으로 PIR이 크게 나타난다. 특히 수도권에서는 2006년에서 2008년 사이에 PIR이 크게 증가한 데 비해, 광역시와 도

〈표 6-18〉 지역 및 소득계층별 주택 점유 형태 (단위: %, 2010)

		자가	전세	보증부 월세	월세	사글세	무상	계
전국	저소득층	46.9	16.8	25.8	4.1	2.8	3.7	100
	중소득층	54	25.1	17.1	1	0.6	2.3	100
	고소득층	69.5	23	5.6	0.3	0.2	1.4	100
수도권	저소득층	33.7	25.7	32.8	4	1.4	2.4	100
	중소득층	46.7	31.8	18.7	0.8	0.2	1.9	100
	고소득층	63.6	29.4	5.7	0.2	0	1.1	100
광역시	저소득층	39.5	18.2	31.3	4.7	3.4	2.8	100
	중소득층	62.6	19.5	14.9	0.7	0.3	2	100
	고소득층	78.6	15	3.9	0.9	0	1.6	100
도 지역	저소득층	63.6	7.3	15.9	3.8	3.8	5.6	100
	중소득층	60.8	17.2	16	1.4	1.3	3.3	100
	고소득층	76.4	13.8	6.8	0.2	0.8	2	100

자료: 국토해양부 2010 주거실태조사 (통계개발원, 2012: 142).
주: 저소득층: 1-4분위, 중소득층: 5-8분위, 고소득층: 9-10분위.

〈표 6-19〉 지역별, 소득계층별 연 가구소득 대비 주택 가격 비율(PIR) 추이 (단위: 배)

구분	2006년		2008년		2010년		2012년	
	중위수	평균	중위수	평균	중위수	평균	중위수	평균
전국	4.2	6.0	4.3	6	4.3	5.6	5.1	7.6
수도권	5.7	8.1	6.9	8.5	6.9	9.2	6.7	10.1
광역시	4.1	4.2	3.3	4.5	3.5	4.1	5.0	7.1
도 지역	3.3	3.4	3.0	3.3	2.9	3.1	3.6	5.4
저소득층 (1-4분위)	6.3	10.9	6.4	9.9	6.1	9.2	7.5	11.3
중소득층 (5-8분위)	3.4	5.4	4.3	5.6	4.2	5.7	4.3	5.5
고소득층 (9-10분위)	3.6	5.3	4.2	5.2	4	4.7	4.4	5.4

자료: 국토해양부(2012a: 69).
주: 2006년부터 2년마다 전국의 표본 대상으로 시행한 주거실태조사를 통해 파악된 자료임.

〈표 6-20〉 지역별, 소득계층별 임차가구의 월 소득 대비 임대료 비율(RIR) 추이

(단위: %)

구분	2006년		2008년		2010년		2012년	
	중위수	평균	중위수	평균	중위수	평균	중위수	평균
전국	18.7	22.9	17.5	22.8	19.2	23.1	19.8	26.4
수도권	19.9	25.3	22.3	26.1	20.9	26.4	23.3	30.5
광역시	18.5	20.1	19.3	19.5	16.4	19.4	16.8	22.0
도 지역	17.8	18.5	15.9	16.4	14.4	16.2	14.5	19.3
저소득층 (1-4분위)	27.6	36.6	25	30.9	28.2	31.1	21.8	33.6
중소득층 (5-8분위)	18.9	20.7	17.6	21.4	16.6	21.4	17.3	20.3
고소득층 (9-10분위)	16.1	18.5	17.4	20.3	21.1	21	22.6	24.4

자료: 국토해양부(2012a: 70).
주: 2006년부터 2년마다 전국의 표본 대상으로 시행한 주거실태조사를 통해 파악된 자료임.

지역에서는 2010년에서 2012년 사이에 PIR이 크게 증가하였다.

한편, 저소득층은 상대적으로 연 소득 대비 거주하는 주택의 가격 수준이 높은 것으로 나타났다.

〈표 6-20〉에서는 지역과 소득계층 별 임대료 부담 정도 차이를 확인할 수 있다. 월 소득 대비 월 임대료(전세는 월세로 환산) 비율(RIR) 역시 수도권 > 광역시 > 도 지역 순으로 높은 값을 보인다. 그리고 저소득층이 소득 대비 임대료 부담을 가장 높게 지는 것으로 나타났다. 한편, 2010년과 2012년에 중소득층보다 고소득층의 임대료 부담 수준이 높은 점이 특징적이다. 이는 고소득층 세입자가 부담하는 전세 보증금이 더욱 높기 때문으로 해석할 수 있다.

기존 연구에 따르면 저소득층은 전체 소비 지출에서 주거비 지출이 차지하는 비중이 가장 크다. 송태정(2006)은 2000년-2005년간 통계청 가계조사 자료를 토대로, 소득계층을 고소득층(20%), 중산층(60%),

저소득층(20%)으로 나누어 소득계층마다 영역별 소비지출 비중을 분석하였다. 저소득층은 필수 소비지출 금액에서 주거비 지출 비중이 19.7%으로 가장 비중을 차지했다. 반면 중산층은 주거비 지출이 14.2%, 고소득층은 10.6%을 차지했다. 한편, 고소득층에서는 교육 지출이 13.3%으로 가장 높은 비중을 차지했다(송태정, 2006: 36). 이와 같은 주거비 부담으로 인한 영역 별 소비 격차는 교육 기회의 차별로 인한 계층 재생산을 낳을 수 있다.

한편, 주거와 관련된 불평등에는 세대 간 격차 역시 영향을 미치는 것으로 나타난다. 가구주의 연령대별 주거 점유 형태 분포를 정리한 최은영·권순필(2012: 251)에 따르면 1995년부터 2010년까지 연령대별 점유 형태는 유사한 구조를 띠었다. 20-24세(전체 기간), 25-29세(2005년, 2010년) 가구주는 월세 거주 비율이 가장 높고, 25-29세(1995년, 2000년)와 30-34세(전체 기간) 가구주는 전세 거주 비율이 가장 높다. 35세 이후로는 자가 거주 가구의 비율이 가장 높으나, 65-69세 혹은 70-74세 이후 연령대에서는 자가 거주 가구 비중이 감소한다. 이처럼 대체로 생애주기에 따라 대체로 소득을 축적하여 자산을 형성하는 중고령층 시기에 자가를 소유하게 되는 것이 일반적이다. 하지만 1995년에서 2010년에 이르는 시기 동안 20대-30대 초반 인구에서 상대적으로 불안정한 월세 주택에 거주하는 가구의 비율이 커지는 반면, 전세나 자가 거주 가구의 비중은 감소하고 있다. 따라서 청년층의 안정적 주거 확보를 위해 수요자 지원과 주거시장 안정을 위한 지원책을 마련하고, 장기적으로는 젊은 층들이 안정적인 소득을 확보할 수 있도록 돕는 정책이 필요하다.

또한 주거 점유 형태 별 주거 안정성에 차이가 있다. 우선 자가 소유자와 세입자 간에는 현재 거주하는 주택에 대한 평균 거주 기간이

〈표 6-21〉 점유 형태별 거주 기간 (단위: 년)

	2005	2010
전체	7.7	7.9
자가	11.0	11.4
전세	3.3	3.6
보증금 있는 월세	3.2	3.4
보증금 없는 월세	3.6	4.6
기타(사글세, 관사, 사택)	5.7	5.7

자료: 통계청, 인구주택총조사 10% 표본조사, 각 년도(통계개발원, 2012: 144).

크게 차이가 난다(〈표 6-21〉). 임대차보호법에 의해 보호받는 전세 계약 기간이 2년이므로, 세입자들은 평균적으로 계약 기간을 한 차례 갱신하면 새로운 집을 찾아야 한다. 특히 주거 가격 대비 전세보증금이 증가함에 따라 계약 기간 종료에 따른 이주로 인한 추가 비용 부담이 높아지고 있다. 이에 따라 세입자들이 자산을 축적하여 자가를 마련할 기회는 줄어들 위험이 크다. 반면 자가 소유자들은 주거 비용 부담도 적고 안정적으로 주거를 유지할 수 있다.

그리고 주거비 지출[15]에 대한 부담 수준도 점유 형태 별로 차이가 나타난다. 국토해양부(2012a: 74)에 따르면 2012년 기준 주거비 지출이 소득에서 차지하는 비중이 자가(11.6%)나 전세(10.1%)에 비해 월세(13.7%)나 보증부월세(12.9%) 거주 가구에서 높다. 특히 저소득층 월세 가구에서는 그 비중이 18.4%로 가장 높게 나타난다. 또한 점유 형태별 현재 주택에 대한 전반적인 만족도에서도 매우 만족하거나 만족한다는 의견의 비중이 자가(68.3%)에 비해 전세(51.1%), 보증부 월세(49.2%), 월세(32.7%), 사글세(18.9%)에서 낮게 나타나(국토해양부, 2012b:

15) 주거비는 월세를 제외한 난방비, 전기료, 상하수도료, 취사 연료비, 일상적 주택 수선, 유지비, 일반 관리비를 의미.

〈표 6-22〉 주거 면적, 소득, 주택자산, 부동산자산 지니계수

		주거면적	소득	주택자산	부동산자산
2000		0.25	0.39	0.57	0.62
2005		0.22	0.37	0.61	0.66
2010		0.27	0.46	0.62	0.70
저소득층 (중위소득 50% 이하)	2000	0.30	0.24	0.64	0.68
	2005	0.24	0.25	0.63	0.68
	2010	0.28	0.30	0.69	0.75
중하층 (중위소득 50-70%)	2000	0.28	0.06	0.62	0.63
	2005	0.21	0.08	0.58	0.65
	2010	0.28	0.05	0.66	0.74
중간층 (중위소득 70-150%)	2000	0.22	0.12	0.52	0.55
	2005	0.19	0.13	0.55	0.62
	2010	0.26	0.12	0.59	0.68
고소득층 (중위소득 150% 이상)	2000	0.20	0.24	0.48	0.56
	2005	0.21	0.23	0.58	0.63
	2010	0.23	0.25	0.50	0.61
청년층 (35세 미만)	2005	0.19	0.26	0.57	0.60
	2010	0.24	0.33	0.61	0.80
중년층 (35-50세)	2005	0.21	0.33	0.58	0.63
	2010	0.24	0.38	0.59	0.68
장년층 (50-65세)	2005	0.21	0.37	0.59	0.65
	2010	0.28	0.44	0.59	0.64
노년층 (65세 이상)	2005	0.25	0.47	0.68	0.68
	2010	0.30	0.57	0.68	0.73

주: 통계청의 2000년 가구소비실태조사, 2006년 가계자산조사, 2011년 가계금융조사 자료를 이용하여 분석.
주택자산=현 거주주택의 가격 또는 보증금+현 거주 이외 보유주택 가격/ 부동산자산=주택자산+보유 토지 또는 건물 가격+분양 또는 중도금 납입액 / 2000년 소득은 총소득, 2005년 및 2010년 소득은 경상소득.

자료: 정의철(2012) : 312. 319. 발췌.

270) 자가 소유자와 세입자 간 차이를 확인할 수 있다. 특히 가장 불안정한 월세 가구 중 월세를 연 3회 이상 연체한 가구들의 경우, 근

로를 하지만 소득이 적거나(32.2%) 근로능력이 없어서(30.6%) 연체한 사례의 비중이 높게 나타났다. 월세 연체가 지속되면 세입자는 주거에서 내몰려 더욱 불안정한 상황에 처할 위험이 크다. 따라서 근로빈곤층이나 근로 무능력층의 안정적 주거 확보와 유지를 돕는 정책이 필요하다.

〈표 6-22〉는 한국의 소득 및 주거 관련 불평등 정도를 분석한 연구 자료를 인용한 것이다. 전체적으로 소득에 비해 주택자산의 불평등 정도가 크고, 주택자산에 투자부동산과 추후 분양받을 주택 관련 지급 금액까지 포함한 부동산자산은 불평등 정도가 더욱 크다. 그리고 주택 및 부동산 자산의 불평등 정도는 점차 증가한다.

소득 집단을 기준으로 주택 및 부동산 자산의 불평등 정도는 저소득층 집단 내부에서 가장 높고, 소득이 높은 집단일수록 집단 내 주택자산 관련 불평등 정도는 낮다. 또한 생애주기 별 집단을 나누면, 청년기에서 노년기로 갈수록 전반적으로 불평등 수준이 높아진다. 이는 Cowell et al.(2012)이 살핀 주요국들에서 청년기 이후 연령 집단 내 불평등 정도가 점차 감소하였다가 노년기에 증가하는 것과는 다른 양상이다. 이와 같이 연령대가 높을수록 소득 및 자산의 격차가 더욱 커지는 것은 노동시장 진입 초기의 일자리 선택이나 소득수준 확보 정도가 이후의 일자리 이력 및 소득수준에도 지속적으로 영향을 미치고, 이것이 저축여력 및 자산축적과 연결될 수 있음을 의미한다. 즉, 우리나라에서는 노동시장에서의 불평등한 내부자–외부자 구조가 형성될 경우 주거를 비롯한 자산 형성에서의 내부자–외부자 구조가 고착화될 우려가 더욱 크다고 볼 수 있다.

3. 한국의 주거정책 전개 흐름과 평가

한국에서는 소득계층과 세대 간 점유 형태 분포에 차이가 있고, 점유 형태 간 격차는 특정 지역에서 더욱 두드러지는 주거 가격의 상승과 점유 형태별 상대적인 주거비 부담 격차를 매개로 하여 주거 관련 불평등과 이중구조를 형성하고 고착화하는 데에 영향을 미친다. 즉, 자가를 소유함으로써 자산을 지속적으로 확대할 수 있는 집단과, 가격 상승으로 인해 오히려 적절한 주거의 확보에 어려움을 겪는 집단 간 격차가 점차 커지는 양상이 두드러지고 있다.

하지만 그간 우리나라의 주택을 비롯한 전반적인 부동산 정책은 주택보급률 증대를 정책 목표와 관련된 주요 지표로 삼아 주택 물량의 확대를 우선시하면서, 주거 불평등을 완화하기 위한 노력은 크게 기울이지 않았다. 즉, 정부는 주거와 토지의 가격을 안정시키고 이를 통해 국민들이 자가를 소유할 수 있는 기회를 갖도록 돕는 것을 목표로 하여(김수현, 2008: 218), 주거 가격이 상승하면 이를 진정하기 위한 정책을 펴고 가격이 하락하면 경기 활성화를 위해 주거 및 부동산 관련 경기부양책을 펴는 방식의 대응을 해 왔다. 전상인(2009) 역시 우리나라의 주거 시장이 아파트를 중심으로 하는 소유 위주로 구성되어 있다는 점을 지적한다. 전상인(2009)에 따르면 우리나라 주택정책은 경제가 고도로 성장하던 시기에 노동자에게 거처를 마련해 주기 위한 건설 산업의 성격으로 시작되었고, 1970년대 중반 이후 민간 건설업체의 이익 확보를 위한 노력과 경제 성장에 따라 등장한 신흥 중산층의 주택수요가 맞물리며 고층아파트가 중산층의 대표적인 주거 양식이 되었다. 그 결과 우리나라에서는 2006년을 기준으로 가구 총자산에서 부동산 자산이 차지하는 비율이 76.8%로 미국(36%), 캐나다(50%),

일본(61.7%)보다 매우 높다(전상인, 2009). 이러한 상황에서 주거 자산 가격이 특정 지역을 중심으로 상승할 경우, 가구 간 불평등이 심화될 우려가 크다.

1980년대 후반부터 주택 가격이 높게 상승하고 저소득층의 주거 문제가 정치적 이슈로 제기됨에 따라, 정부는 영구임대주택 공급을 포함해(이성우·황재희, 2012) 저소득층을 대상으로 하는 공급 측면의 지원으로서 공공임대주택 공급(김혜승, 2011: 80)을 본격적으로 시작하였다. 사회주택이라고도 불리는 공공임대주택은 국가의 재정 지원으로 시장가격보다 저렴한 임대료로 임대되는 주택이다(박윤영, 2009: 220). 우리나라의 공공임대주택은 영구임대주택, 공공임대주택, 국민임대주택으로 분류된다. 이외에도 기존 시가지 내의 다세대·다가구·단독주택 등을 매입해 임대주택으로 활용하는 매입임대주택이 있고(김수현, 2008: 166), 이명박 정부의 주택 공급 계획인 '보금자리 주택 계획'에 의해 공공임대와 장기임대 주거가 공급된 바 있다. 하지만 우리나라의 장기 공공임대주택[16] 재고 비중은 2011년 기준으로 전체 주택 18,131,000호의 5.0%인 890,057호에 불과(국토해양부, 2012c: 471)해 전반적인 주거 시장 안정화와 세입자 부담 완화에 영향을 미치기에는 부족하다. 그리고 공공임대주택 내에도 입주 조건이나 비용 부담에서의 차이가 나타나, 제도를 수혜 받는지의 여부와 어떤 유형에 입주하는지에 따라 유사한 경제적 상황에 처한 취약계층이라도 공공임대주택을 통한 부담 완화 효과에 차이가 나타난다(남원석, 2011: 162-163). 이와 같은 형평성의 문제를 해결하기 위한 노력 역시 필요하다.

16) 장기 공공임대주택은 영구임대, 50년 공공임대, 국민임대, 10년 공공임대, 장기전세, 전세 임대를 의미(국토해양부, 2012c: 471).

한편, 2000년대에 들어 주거정책과 복지정책이 이원적으로 운용됨으로 인해 우리나라에서 주거 관련 복지 수준을 높이기 위한 수요자 지원을 비롯한 정부 지원이 부족하다는 지적이 제기된 바 있다(고철 외, 2002). 이에 정부 차원에서 주거 관련 정책이 포괄하는 범위를 국민기초생활보장법과 연계되어 2001년부터 시행된 주거 급여를 비롯한 수요자 지원 측면(김혜승, 2011: 80)까지 넓히기 위한 노력이 진행되었다. 즉, 국민의 기본적 주거 욕구 충족을 목적으로 하는 '주거복지'에 대한 개입이 본격화되었다. 2003년부터 정부에 주거복지(기획)과가 설치되어 주거복지 전반을 포괄하고자 하였으나 초기에 공공임대주택 공급을 주거복지의 주요 정책으로 실시하여, 주거복지정책을 공공임대주택 정책과 동일시하거나 저소득층 대상의 정책 집합에 국한하는 경향이 발생하기도 했다(김혜승, 2011: 74). 우리나라 정부 정책에서 통용되는 주거 복지는 '소외 계층의 주거 정의 실현 방안으로 시장 소외 계층에게 일정 수준 이상의 거처를 확보하도록 지원하는 것'으로 정의되기 시작하였다(박신영 외, 2014: 63). 2013년 기준으로 정부 내 여러 부처에서 다양한 주거복지 사업이 운영되고 있다. 저소득층에 대한 주거 급여, 저리 융자를 통한 저소득가구 전세 자금 지원, 각종 주택개량사업, 주거 관련 금융 지원과 같은 수요 측면 지원과 공공임대주택 공급, 공공분양주택과 같은 공급 측면 지원이 이에 해당한다. 이는 급여의 종류에 따라 현금 지원 및 보증과 현물 및 주거 지원 서비스로 나눌 수 있고, 지원 대상의 성격에 따라 사회안전망 확보 수준에서 저소득 취약 계층에 대한 지원과 주거 수준 향상을 위한 전반적인 지원으로 나눌 수 있다. 하지만 전달 체계에서의 효율성이 높지 않아 관련 서비스들이 중복 수혜되거나 혹은 사각지대가 발생하는 등의 문제가 발생하고 있다(박신영 외, 2014: 64).

제5절 소결

이상에서 살핀 주거와 관련된 주요국과 한국에서의 이중구조와 불평등의 양상을 정리하면 다음과 같다. 주요국과 한국에서 공통적으로 저소득층의 경우 고소득층에 비해 자가 소유율이 낮게 나타나고, 주거비에 대한 부담 수준 역시 저소득층이 고소득층에 비해 높게 나타난다. 이는 노동시장에서의 소득 수준 차이가 자산 축적 가능성을 매개로 하여 자가 소유의 가능성 차이에 영향을 미친다는 점을 보여 준다. 그리고 세대 간에도 주거와 관련된 균열이 나타난다. 생애주기상 근로소득이 낮고 축적된 자산이 많지 않은 청년기에는 상대적으로 자가 소유율이 낮게 나타나고, 주거비 부담 수준 역시 높은 것으로 나타난다. 한국에서는 지역 간 자가점유율과 소득대비 주거 가격 상승률 및 가격 수준과 임대료 차이도 두드러지게 나타난다. 소득 계층, 세대, 지역의 영향을 받아 형성된 자가 소유자와 세입자 간의 격차는 점유 형태 집단 간 주거비 부담 수준과 주거 안정성의 차이로 인해 더욱 확대되고 고착화되는 양상을 보인다. 이를 완화하기 위해 공급 측면과 수요 측면에 대한 지원과 함께 주거 관련 임대시장에 대한 지원 및 통제 정책 수단을 적절히 동원할 필요가 있다.

한국을 비롯하여 대부분의 국가들에서 주거와 관련된 정책이 근래에 핵심적인 목표로 설정한 것은 주택 구입에 대한 금융 지원을 확대하고 이를 통해 자가 소유를 촉진하여 각 가구가 자산에 기반을 두고 스스로의 주거와 관련된 복지를 책임질 수 있도록(asset based welfare) 하는 것이다. 하지만 한국의 경우 지속적으로 주택공급 중심의 정책을 펴면서 시장가격의 과열 혹은 폭락에 대응하여 즉자적인 대응 방안을 내놓았으나, 지속적으로 상승하는 주택보급률에 비해 자가점유율의 증가는 상대적으로 미미한 상황이다. 이는 신규로 공급된 주택이 오히려 기존 자가 보유 가구에게 공급되어 자산 증식을 위한 수단으로 사용되었고, 주거에 대한 실수요자들의 주거에 대한 접근권을 막았기 때문으로 해석된다(윤주현 외, 2006: 54-55). 또한 최근의 전 세계적 금융위기에 따르는 주거 가격의 폭락과 우리나라에서의 가계부채 급증에 대한 우려를 통해 볼 때, 자가 소유가 더 이상 안정적인 자산의 확보로 직결되지는 않는다(김수현, 2009).

우리나라를 중심으로 주거 이중구조의 고착화를 완화하기 위한 정책 방향을 다음과 같이 제안할 수 있다.

첫째, 세입자와 자가 소유자들 간의 격차가 확대되는 것을 막기 위해서는 생애주기에 따른 소득수준과 주거 욕구(가족 구성원 수와 자녀의 연령에 따른 주거 소요, 자가로의 점진적 이행에 대한 욕구)를 고려한 집단별 맞춤형 주거 지원 정책 수단을 마련하여 세입자들의 주거비 부담을 완화하는 것이 필수적이다. 이미 정부는 소득분위별로 주거 안전망 구축을 위한 임대주택 공급, 내 집 마련의 촉진 등 정책 목표를 달리 설정하여 주거복지 청사진을 마련해 놓은 상황이다(이성우 · 황재희, 2012: 69). 이와 같이 소득계층별로 서로 다른 주거 욕구를 충족시키기 위한 주택 관련 공급 정책을 추진하는 것에서 더욱 나아가, 다른 사회정책 영역과 주거정책을 결합할 필요가 있다. 즉, 주거 상향이동을 위해 필수적인 안정적인 소득확보 및 사회서비스 확충을 통한 간접적인 소득보장을 달성하기 위해, 주거정책과 고용정책 및 복지정책을 결합하여 대상자 집단에게 필요한 지원이 맞춤형으로 제공되도록 체계를 구축하는 것이 필요하다. 특히 1, 2인 가구가 급격하게 증가하고 인구 고령화가 빠른 속도로 진행되는 현 상황에서, 새롭게 등장하는 주거에 대한 욕구를 지닌 인구 집단을 특정하고 그들에게 적합한 지원 방안을 마련하는 것이 필요하다. 그리고 상대적으로 주거비 부담을 더욱 크게 지고 있으며 상대적으로 불안정한 점유 형태인 월세나 전세 등에 거주하는 비중이 높은 젊은 세대나 저소득 집단의 안정적인 주거 확보를 돕는 것이 필요하다. 이를 위해서는 주택시장 활성화와 같은 시장 조정 및 공공임대주택에 대한 지원과 같은 생산자 보조와 함께 주거비 보조 등 소비자 보조 방식을 혼합하여 지원책을 마련할 필요가 있다. 즉, 특정 지역 혹은 영역에서 주택 재고가 부족할 경우 그 지역과 영역에는 공급 측면 지원을 제공하되, 공급에는 문제가 없으나 특정 유형의 인구 집단이 임대료 부담을 크게 지게 되는 경우에는 수요 측면 지원을 강화할 필요가 있다(서종균, 2011: 180).

둘째, 시장에서의 주거 공급 확대 위주의 정책에서 벗어나, 주거에 대한 실수요를 충족할 수 있도록 지원하는 정책 수단의 다변화가 필요하다. 우선, 국내의 주거 소요 및 다른 주거 지원 프로그램과의 관계를 고려해 공공임대주택의 공급량을 설정(남원석, 2011: 156)하고, 매입임대의 확대와 같은 다양한 방식을 활용하여 사회적 혼합(social mix)을 장려하며, 거주 대상의 범주 역시 특정 소득계층에 한정하는 것이 아니라 점진적으로 확대하는 것이 필요하다. 그리고 민간임대시장을 적극적으로 활용하는 방안도 고려할 필요가 있다. 현재 우리나라에서는 공공임대주택이 차지하는 비중이 낮고, 이미 주거 수요가 많은 도시 지역의 지가가 높아진 시점에야 공공임대주택 정책이 본격적으로 시작(김수현, 2011: 306)되어 정부나 관련 공기업의 재정을 활용해 공급을 단기간에 급격하게 높이는 것은 어렵다. 따라서 민간에서의 건강한 임대주택 공급을 확보하기 위해 민간임대시장의 집주인과 세입자에 대한 지원 제도를 마련하여 민간임대시장을 활성화(김수현, 2011: 306)하는 것이 필요하다. 또한 세입자를 투기로 인한 가격상승과 이에서 비롯되는 과도한 임대료 상승으로부터 보호하기 위해 임대차 보호제도의 실질적 효과 강화와 민간임대시장에 대한 공공 차원에서의 관리가 필요하다. 덧붙여, 독일, 스위스, 덴마크, 스웨덴과 같이 공공소유는 아니지만 조합이나 공동체와 같은 제3섹터가 소유하여 공적 성격이 강한 임대주택이 많은 나라들(김수현, 2011: 283)의 사례를 참고하여, 민간 영역의 새로운 주택임대 주체를 활성화하는 것도 고려 가능하다.

마지막으로 특정 지역을 중심으로 주거 가격과 임대료가 지나치게 상승함으로 인해 발생하는 집단 간 격차 확대 현상을 완화하기 위해 수도권이나 대도시로의 집중을 완화하는 국토 전반의 균형 발전을 꾀하는 것이 필요하다. 이는 앞에서 논의한 주거시장 구조의 다변화와 수요자 집단의 구분 및 맞춤형 지원방안 마련이 안정적으로 유지될 수 있는 기반이 될 것이다. 즉, 이동이 불가능한 주거라는 재화의 특성 상, 현재와 같이 수도권에 집중되는 주거에 대한 수요와 이로 인한 특정 지역 주거가격의 주기적인 급등을 완화하기 위해 장기적인 측면에서 지역 간 균형개발을 달성하고 무계획적인 난개발이 이루어지지 않도록 장기적인 방향성을 제시할 필요가 있다. 이러한 방향이 병행될 때 비로소 특정 지역에 집중되는 주거가격의 상승으로 인한 부작용이 주거불평등 해소를 위한 정책과제의 실행 과정을 왜곡하는 것을 방지할 수 있을 것이다. 특히 동일한 범위의 지역 내에서도 상대적으로 낙후된 지역의 주거환경과 지역 내 교육, 의료 등 필수 인프라의 질을 높이기 위한 장기적인 전략이 필요하다.

제7장 노년기 불평등과 이중구조

제1절 들어가며
제2절 노년기 불평등과 이중구조에 대한 논의
제3절 노년기 불평등 복지국가 비교
제4절 한국의 노년기 불평등과 제도적 이중구조
제5절 소결

제7장 노년기 불평등과 이중구조

김 수 완(강남대학교)

제1절 들어가며

한 개인과 사회가 경험하는 불평등은 시장과 복지제도가 상호작용하는 결과이다. 생애과정에서 이러한 사실을 가장 잘 보여주는 시기가 바로 노년기이다. 노후의 불평등은 개인의 생애에 걸친 경제적 상태가 누적된 결과이자 연금 등 국가복지의 사회계층화 효과를 가장 잘 드러내주는 압축적인 현상이기 때문이다.

노후 불평등을 발생시키는 일차적인 근원은 아동기부터 근로 생애과정에 걸쳐 축적되는 노동시장에서의 불평등이다. 아동기의 불평등은 상당 부분 양육하는 부모의 경제적 상태에 의해 결정된다는 점에서 노동시장 불평등이 초래하는 결과라고 해도 과언이 아닐 것이다. 노동시장에서 형성되는 불평등은 생애 노동기간을 거쳐 축적되어 노후생활의 불평등으로 연결되어간다. 물론 한 개인의 차원에서 생애과정에서의 불평등 경험은 중첩되고 누적되는 것만은 아니며, 상이한 시점과 다양한 차원 간의 상이한 경험들에 의해 상쇄되기도 한다.

한편 복지국가에서 노동시장에서의 불평등과 계층구조는 그대로 노후 불평등으로 전이되는 것이 아니라, 사회보장제도를 통해 재구조화된다. 노동시장 불평등은 근로 연령기에 국가의 개입과 정책에 의해 완화될 여지가 있으며, 더 직접적으로는 노후에 제공되는 사회보험과 공공부조 등의 공적 이전이 노후 소득분배에 결정적인 영향을 미친다. 대부분의 복지국가에서 노령연금은 적어도 중산층 이하 계층에게 있어서 압도적으로 가장 중요한 소득원이며, 저소득층 노인의 경우 공공부조에도 크게 의존하고 있다는 사실은 잘 알려져 있다(예: Smeeding, 2001). 나아가 각국이 공·사 연금체제 혹은 노후소득 보장체제를 구조화하는 방식에 따라 사회권이 보장되는 방식과 그 결과–적용 대상의 범위, 급여 수준의 관대성 정도, 빈곤 완화 수준, 급여에 따른 계층화 정도-는 상이해진다. 시장에서의 1차 분배 및 그에 따른 계층화가 각국의 경제 및 노동시장 제도에 의해 상이하게 형성되는 것과 마찬가지로, 복지국가의 2차적 분배기제는 시장에서 형성된 계층화를 또 한 번 굴절시키는 역할을 하게 되는 것이다. 따라서 우리는 노후 불평등이 시장과 국가의 상호작용의 결과물이라고 이해할 수 있는 것이다.

이 글에서는 특히 노년기의 불평등을 이중구조의 관점에서 재구성하고자 한다. 일반적으로 사회적 보호 체계(제도)의 이중구조는 대체로 사회보험과 공공부조에의 수급과 가입을 기준으로 논의되어 왔다(Sainsbury, 1993, Seeleib-Kaiser et al., 2012). 그러나 사회적 보호 이중구조 논의는 한국의 사회보장 체계에서 가장 이슈가 되고 있는 '사회보험 사각지대'를 포착하기 위해 다소 수정될 필요가 있다. 이러한 상황은 최근 대륙유럽국가에서도 경험하는 것인데, 한때 준보편적 제도로 작동했던 사회보험이 노동시장의 변화에 대응하지 못하고 새로운 불평등을 야기하는 현상이 나타나고 있는 것이다(Palier, 2010). 그렇다면 사회적 보호의 내부자와 외부자(social protection outsiders)는 공공부조 수급과는 무관하게, '사회보험 가입여부'의 문제와 등치시킬 수 있다.

그리하여 이 연구에서는 노후 불평등에 대해 이론적으로 고찰한 후에, 비교국가적 관점에서 노후불평등의 차원을 살펴보고, 한국에서 나타나는 노년기의 이중구조를 살펴보고자 한다. 특히 노년기의 이중구조에 영향을 미치는 요인으로서 시장 차원(고령자 일자리/노동시장 참여), 국가 차원(사회적 보호 social protection), 가족 차원(사적 이전)의 세 가지로 구분하여 살펴보되, 이들 양상들이 서로 어떻게 상호관계를 맺거나 중첩되는지를 분석하고자 한다.

제2절 노년기 불평등과 이중구조에 대한 논의

1. 노년기 불평등에 대한 논의들

노년기 불평등에 대해서는 상이한 이론적 설명들이 존재한다. 먼저 노후 불평등은 이전 시기보다 완화된다는 관점이 있다(Arber, 2005; Pample, 1998). 계급과 인종 간의 차이는 노년기에 접어들어 감소하여 동질적인 집단이 되는 경향이 된다. 노년기의 평등은 시장을 통한 사적 소득이 확연히 감소하는 반면 국가로부터의 재분배의 영향은 커지기 때문에 나타난다. 그리하여 모든 계층에서 노년기에 들어서면 소득이 적어지게 마련이지만, 저소득 집단보다는 고소득 집단에서 더

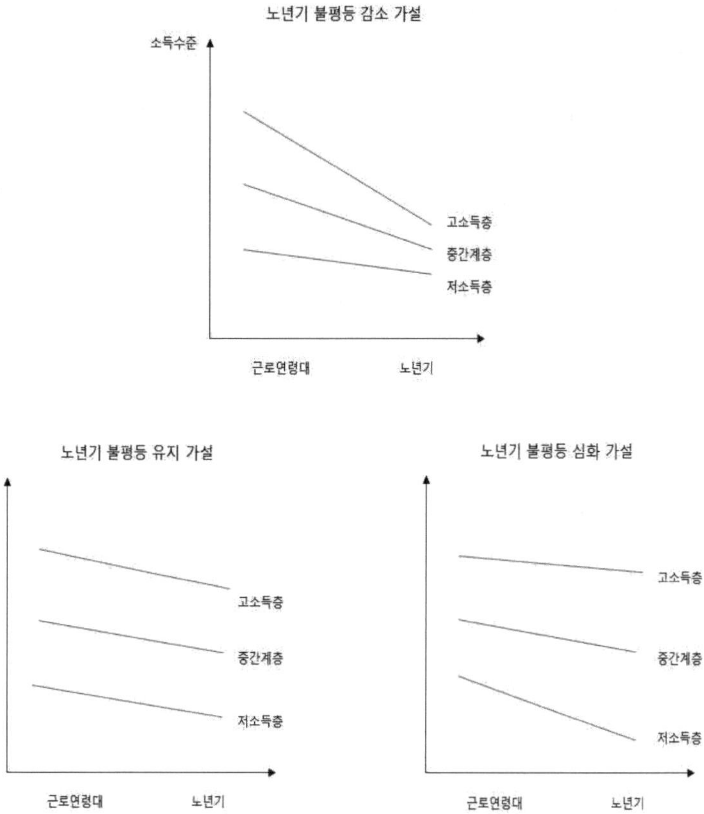

자료: Pampel(1998)에서 재구성.

〈그림 7-1〉 생애주기 관점에서의 노년기 불평등

큰 폭으로 감소하게 된다는 것이다. 노인은 사회 다른 연령 집단에 비해 전반적으로 경제적 취약성을 지닌다는 관점도 이에 속한다.

반면에 노년기에 이전 시기보다 불평등이 심화된다는 설명도 제기된다(O'Rand, 1996). 경제적인 상태가 생애과정을 거치면서 누적되어 노년기에는 가장 집약되어 나타나기 때문이다. 그 외에도 불평등을 완화하거나 심화시키는 다양한 사회적 힘들이 서로 상쇄되어 노년기에도 퇴직 이전의 불평등이 유지된다는 주장도 있다. 즉 국가의 소득 재분배적인 공적 이전으로 인해 불평등이 감소하는 측면과, 사적 소득 원천에 의해 불평등이 증가하는 경향을 종합해보면 계급 차이는 중년기에서 노년기까지 지속된다는 것이다.

이처럼 노년기의 불평등은 국가를 통한 사회적 보호 프로그램의 방식, 고령자의 노동시장에서의 지위, 가족과의 상호작용 등에 따라 달라질 수 있다. 아래에서는 이 중에서도 공적노후소득보장제도 및 사적연금체제가 불평등에 미치는 영향, 고령자의 은퇴 과정의 계층적 함의를 중심으로 이론을 고찰하도록 한다.

2. 관련 제도와 이중구조

1) 공적노후소득보장제도와 불평등

복지국가의 제도와 불평등, 빈곤의 관계를 다룬 대표적인 연구로서 Korpi와 Palme(1998)의 연구를 들 수 있다. 이 연구는 노후소득보장체제를 조합주의 모델, 포괄적 모델, 기초보장 모델, 잔여적 모델 등으로 구분하였다. '조합주의 모델'은 기여와 급여의 연계가 높은 소득비례형 사회보험제도 중심의 노후소득보장체제이며, '포괄적 모델'은 공적연금 체계에서 기초보장과 소득보장을 다층적으로 동시에 추구하는 모델이다. '기초보장 모델'은 시민권이나 혹은 기여에 입각하여 정액 급여를 제공하는 모델이다. 이들은 이 중에서도 정액급여와 소득비례급여를 함께 제공하는 포괄적인 사회보장제도가 빈곤과 불평등 감소에 가장 효과적이며, 반면 저소득층에게만 급여를 지급하는 잔여적 접근이나 모든 사람들에게 동일한 급여를 제공하는 기초보장 접근은 오히려 빈곤과 불평등을 감소시키지 못한다는 '재분배의 역설(paradox of redistribution)'을 주장한다. 이들의 연구는 특히 재분배의 핵심적인 기제로서 사회보험을 강조한다.

그러나 사회보험이 재분배의 핵심적인 기제라는 주장에는 만만치 않은 반론이 제기될 수 있다. 본래 사회보험은 안정된 가족구조와 완전 고용, 남성 중심의 전일제 일자리를 전제로 제조업 임금노동자를 중심으로 도입된 것이다. 사회보험 방식의 사회적 보호 체계에서 수급자격은 소득활동에 의한 기여를 바탕으로 하며, 급여는 이에 비례하여 제공된다. 결과적으로 사회보험은 소득수준과 고용 지위에 따른 계층화를 가져오게 되는 것이다(Palier, 2010).

무엇보다 노동시장과 제도의 상호작용의 관점에서 보면, 사회보험이 재분배기제로 작용할지 불평등을 유지하는 기제로 작용할지는 노동시장의 상황에 따라 달라질 수 있다. 첫째, 젠더적 관점에서는 여성의 노동시장 참여율과 임금 수준이 낮을 때 여성들은 대체로 사회보험 방식의 공적 연금급여를 받지 못하거나 받더라도 급여 수준이 낮은 경향이 있기 때문에 사회보험 방식이 젠더 불평등을 노년기에도 유지시키는 경향이 있다고 본다. 반면 기초연금과 같은 기초보장제도는 소득 수준이나 결혼 지위 등과 관계없이 일정한 노후소득을 보장한다는 점에서 사회보험방식보다 여성의 소득 보장에 유리하며, 젠더 불평등을 줄이는 것으로 논의된다.

둘째, 최근 실업자, 근로빈곤층, 비정규직, 영세 자영자 등 불안정 근로계층인 노동시장 외부자가 증가함에 따라, 유급 노동에 참여하더라도 사회보험에 완전히 통합되지 못하는 새로운 계층이 증가하고 있다. 결과적으로 사회보험 방식이 대부분의 시민들을 포괄할 수 있으리라는 낙관적 전망은 도전에 직면하게 되었고, 불안정 근로 계층의 증가로 인해 연금급여가 낮은 노인 계층을 증가시킬 가능성이 높아져 사회보험 방식에 새로운 불평등과 이중구조가 야기되고 있다.

2) 사적 연금과 불평등

최근 사회정책에서 복지국가의 복지 혼합이 강조되고, 연금에 있어서 다층 체계의 역할이 필요함을 역설하는 논의가 증가하고 있다. 이러한 입장에서는 사적연금의 확대가 단순히 국가 역할의 축소가 아니라 국가 역할의 질적인 변화일 수 있으며, 따라서 사적연금을 노후소득 보장을 위한 수단으로 인식하고 국가가 적극적으로 지원, 활성화해야 한다고 주장한다. 이와 관련하여 우선 사적연금의 분배적 함의를 살펴볼 필요가 있다.

사적연금 중에서도 노후 소득 보장에서 중요한 비중을 차지하는 기업연금을 보자. 기업연금은 통상 1차 부문 노동자, 즉 노동시장 내부자에게 적용되는 제도로 운영되기 때문에 그 자체로 노동시장의 이중구조를 더욱 심화시키는 것으로 이해된다. 특히 남성보다는 여성이, 대기업에 비해 소기업 노동자가, 고소득층보다는 저소득층 노동자가, 전일제보다는 시간제 노동자가 더욱 불리하다. 또한 제도의 규칙에 있어서도 사적연금에서는 공적연금과는 달리 기여와 급여와의 연계가 매우 강하고, 여성의 긴 평균수명을 반영하여 동일한 가입조건의 남성보다 낮은 급여율을 적용하는 등 더욱 철저한 보험수리 원칙에 의해 급여가 결정된다. 또한 확정기여형인 경우 급여의 물가인상에 대한 대처가 취약하고, 연금권 보호를 위한 급여보장 장치가 공적연금에 비해 훨씬 미흡하다는 점 등은 사적연금이 지니는 소득보장

기능의 한계이다(김수완 · 김순옥, 2007).

일반적으로 연금급여 불평등을 분석한 연구들에서 사적연금의 연금소득불평등이 더 크다는 것을 확인할 수 있다(cf. Ginn & Arber, 1999). 반면 공사연금의 결합적 분배 효과를 살펴볼 경우, 사적연금의 급여불평등이 공적연금에 의해 상쇄되기 때문에 국가 간 총분배 효과에는 큰 차이가 없다는 Behrebdt(2000)의 연구에도 귀 기울일 필요가 있다. 이는 연금의 불평등 효과를 알기 위해서는 전체 다층노후소득보장체계를 총체적으로 고려하는 것이 필요하다는 함의를 제공해준다.

3) 퇴직과 불평등

경제적으로 퇴직은 노동시장 참여를 통한 근로소득의 중단을 의미한다. 따라서 퇴직 행위는 고령자의 경제적 상태와 밀접한 관련을 맺게 된다. 그렇다면 누가 일찍 퇴직하는가? 고소득층일수록 일찍 퇴직하는가, 혹은 그 반대인가? 한편 퇴직은 노년기 불평등에 어떤 영향을 미치는가? 여기서는 퇴직과 불평등의 관계에 관련하여 크게 두 가지 상반된 이론적 논의들을 검토할 것이다. 퇴직에 대한 경제적 유인요인에 관한 경제학적 이론과 퇴직에서의 노동수요 요인에 관한 논의들이 그것이다. 이들은 퇴직의 계층효과에 대해 상반된 주장을 제기한다(〈그림 7-2〉 참조).

먼저 퇴직 결정에 있어서 경제적인 요인이 중요하다고 보는 관점에서는 고소득계층 노동자일수록 기대연금급여가 높아 퇴직 가능성이 높다고 설명한다. 반면 노동시장 구조나 일자리 질 등의 구조적 제약이 고령자의 퇴직에 영향을 미친다는 것을 강조하는 노동수요 요인 관점에서는 계급 차이가 고령자의 고용가능성과 퇴직 결정에도 지

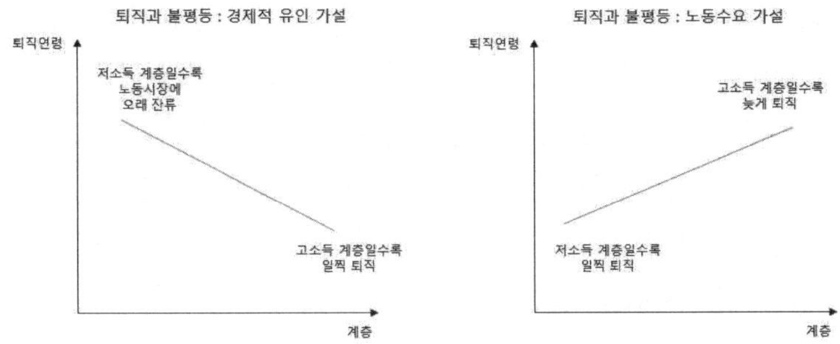

〈그림 7-2〉 퇴직과 불평등에 관한 상이한 가설

속적으로 영향을 미친다고 본다.

고령자가 자발적으로 퇴직을 결정하게 하는 유인 요인으로 가장 주목받는 것이 바로 공적연금제도이다. 특히 미국의 경제학적 일-여가 선택이론을 바탕으로 하여 고령자의 퇴직을 분석하는 경제학적 연구들은 공적연금제도가 근로 유인에 부정적인 영향을 미치며, 특히 고령자의 조기 퇴직을 유도하는 경향이 있음을 강조해왔다. 이들의 연구에 따르면, 연금 급여 수준이 높을수록, 연금을 받을 수 있는 연령이 낮을수록, 고령자의 근로에 대한 암묵적인 한계 세율이 높을수록 고령자의 경제활동 참가율은 낮아진다(Danziger, 1981; Gruber and Wise 1997; Duval, 2003; Feldstein, 1974).

이와 동일한 논리에서, 1980년대까지 대륙 유럽 국가들에서 실업률을 낮추고 젊은 인력을 투입하여 생산성을 높이려는 총 노동공급 감소 전략의 일환으로서 중고령자의 조기 퇴직을 제도적으로 장려하기 위해 공적연금, 장애연금, 실업급여 등의 수급 조건을 완화시켰던 것이다(Scharpf & Schmidt, 2000; Ebbinghaus, 2000).

이러한 관점에서는 일을 하지 않아도 생계를 유지할 수 있다면, 고령자들이 굳이 계속 유급 노동에 참여하지 않고 일찍 퇴직하고자 하는 경향이 크다고 본다. 또한 공적연금 뿐만 아니라 자산 등 퇴직한 후의 기대 자원 수준이 은퇴 결정에 총체적으로 영향을 미칠 것이며(Esser, 2005), 고소득계층일수록 일찍 퇴직하고 노후의 삶을 즐기려고 하는 반면, 저소득계층의 고령자일수록 생계를 위해 노동시장에서 더 오랫동안 일을 하려고 할 것이다.

한편 1990년대 이후 서구 복지국가들은 고령자들이 가능한 오래 노동시장에 머물러 있도록 하기 위해 연금 개혁을 통해 공적연금을 축소하고 공적연금 수급 연령을 상향 조정하는 등 조기 퇴직을 유인하는 요소들을 상당히 제거하였다. 부분실업급여, 점진적 퇴직급여 등 근로소득과 연금급여를 동시에 받을 수 있도록 하는 급여 유연화 역시 고령자의 근로를 장려하기 위한 조치로 볼 수 있다.

다음으로 배출 요인은 고령자를 노동시장으로부터 밀어내거나 고용자의 고용을 제한하는 구조적인 특징들에 주목한다. 실업률, 고용구조 및 산업구조의 변화 등이 그것인데, 예컨대 고실업은 일자리를 찾으려는 고령자에게 실망 효과(discouraged worker effect)를 유발하여 조기 퇴직을 가져올 수 있고(Duval, 2003; Esping-Andesen, 1990), 일에 대한 선택의 폭이 매우 제한될 수밖에 없는 것이다.

경제적 유인가설과는 정반대로, 퇴직 자체에도 계층적 불평등이 존재한다고 보는 사회학적 논의들도 있다(Hayward & Grady, 1990; Pampel, 1998; Jepsen 2002; Esser, 2005). 즉 사회적 계층이 높을수록 더 늦게까지 노동시장에 남아 있고, 생애 주된 일자리로부터 퇴직한 경우에도 다른 일자리를 찾게 될 가능성이 더 높다는 것이다. 또한 직업 만족도나 직업 특성도 계층에 따라 다르게 나타나는데, 상위계층의 근로자일수록 임금이 높고 직무 통제력이 높아 직업만족도가 높아져 늦게 퇴직하고자 한다는 것이다. 따라서 고령기의 근로 가능성의 차이를 노년기 불평등의 중요한 요인으로 주목할 필요가 있을 것이다.

제3절 노년기 불평등 복지국가 비교

1. 생애주기별 국가의 복지 노력

생애주기별 국가의 복지 노력을 가장 잘 보여주는 대표적인 지표의 하나는 총복지지출 대비 노인에 대한 공적복지지출의 비율이다. OECD 사회지출자료를 이용하여 1980년부터 2007년까지의 분석 대상인 13개 서구 복지국가 전체의 분야별 복지지출의 상대적 비율 평균을 제시한 〈표 7-1〉을 보자. 노인에 대한 복지지출의 상대적 비중은 31-32%로, 건강(25-28%), 장애(약 13%), 실업(4-7%), 가족(9-10%) 등의 다른 개별 부문에 대한 지출에 비해 월등히 높다. 뿐만 아니라 실업과 적극적 노동시장, 가족에 대한 지출을 합한 '비노인에 대한 지출'(16-19%)보다도 1.5배 이상 더 큰 비중을 차지한다. 이에 더하여 건강 서비스의 가장 큰 수혜자가 노인 집단이라는 점, 서구 복지국가에서 실업급여와 장애연금이 고령자들의 조기 은퇴 수단으로 공공연히 활용된다는 점, 배우자의 사망으로 인한 소득 상실을 보장하기 위한 유족급여도 상당부분 여성노인들을 위한 지출이라는 점 등을 고려할 필요가 있을 것이다(김수완, 2011).

물론 노인에 대한 지출에 대해서는 국가 간 편차가 매우 크다. 〈그림 7-3〉을 보면, 공적연금지출은 대체로 노인부양비에 비례해서 커

〈표 7-1〉 총지출 대비 복지 부문별 지출 비중(13개국 평균)

		1980년대	1990년대	2000년대
노령		32.57	31.21	32.59
보편적 지출	건강	26.22	25.12	27.92
	장애	13.42	12.97	12.30
	유족	4.36	4.54	4.13
비노인 지출	실업	7.26	7.19	4.84
	적극적노동시장	3.24	3.98	3.50
	가족	9.37	9.97	10.31
	소계	16.17	18.97	18.21
기타		3.56	5.01	4.41

주: OECD SOCX 2010 자료를 이용하여 산출. 각 수치는 해당 지출에 대한 13개국 전체의 1980년대 평균값, 1990년대의 평균값, 2000-2007년간의 평균값을 의미함.
자료: 김수완(2011).

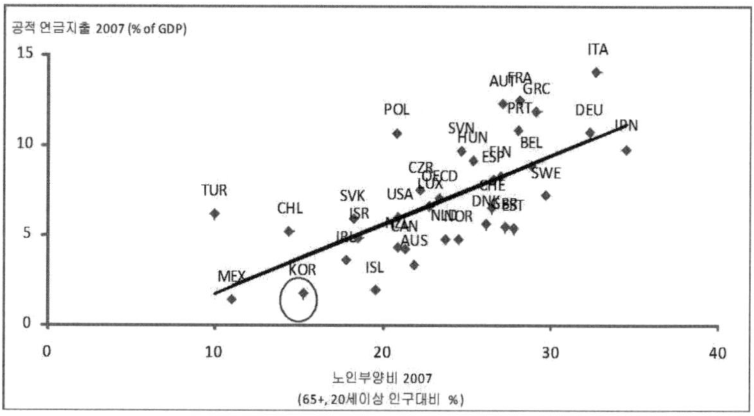

자료: OECD (2011e).

〈그림 7-3〉 공적연금지출과 노인부양비

지는 경향을 보이지만, 특히 유사한 노인부양비 구조에서도 지출 수준이 크게 차이가 나기도 한다. 예컨대 노인부양비가 유사한 프랑스와 스웨덴의 경우를 비교해보면, 프랑스의 연금지출은 GDP 대비 12.5%인데 비해 스웨덴은 7.2%이다. 한국은 아직 공적연금의 지출이 본격화되지 않아 매우 낮게 나타나고 있다.

2. 제도적 변화

지난 20여 년간 공적연금은 각국에서 가장 큰 개혁의 대상이었다. 가장 큰 폭의 변화를 보이는 것은 북유럽 국가들이다. 스웨덴과 핀란드는 1980년대에 연금제도의 관대성이 가장 높은 수준이었으나, 1980년대 후반부터 대륙유럽 국가들과 비슷한 수준으로 확연히 감소하였다. 이들 국가에서 보편적 기초연금의 폐지, 소득과 기여의 연계 강화 등의 대폭적인 연금 개혁을 단행한 까닭이다. 기초연금 중심의 공적노후소득보장체계를 갖춘 국가들에서도 연금지출 억제를 위한 개혁 조치가 취해졌다. 덴마크는 자산조사제도의 급여를 확대하는 대신 보편적 기초연금의 급여를 낮추었다. 캐나다는 연금급여수준이 높은 상위 20%의 수급자에 대해서는 세금을 통해 환수하도록 했다. 네덜란드에서는 급여 수준의 연동 방식을 통해 기초연금의 급여 수준이 점진적으로 하락하도록 되어있어 별도의 조치 없이도 급여지출이 줄어들 수 있었다.

연금지출 수준이 가장 높은 대륙유럽 국가들도 재정안정화를 위한 연금개혁을 추구했지만, 심한 정치적 저항을 완화하고자 즉각적인 지출 삭감보다는 장기간에 걸친 변화가 추구되었다. 그리하여 수급 연령을 점진적으로 상향 조정하거나, 기여 기간 연장과 급여 공식 변경에 대한 경과 기간을 오래 설정하는 등의 조치가 취해졌다. 한편 영국은 20여 년에 걸친 지속적인 개혁을 통해 국가는 저소득층의 노후

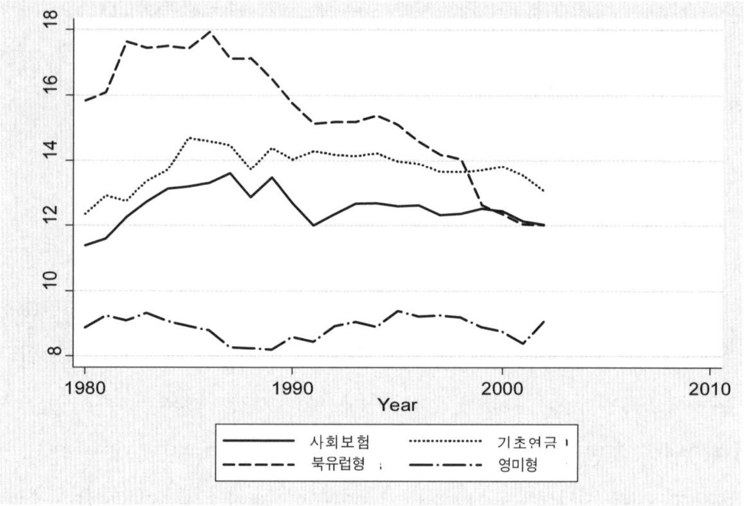

자료: 김수완·백승호(2011).

〈그림 7-4〉 공적연금관대성 추이

소득보장을 주로 담당하고 중산층 이상의 노후소득보장은 사적연금으로 포괄하는 이중구조화 방향으로 전환하는 과정에서, 저소득층을 위한 공적연금의 기초보장성을 강화함에 따라 국가의 연금 지출 수준은 오히려 증가하는 경향을 보였다.

한편 가입자를 대상으로 한 사적연금 적용 범위를 살펴보면 우리나라의 퇴직연금에 적용받는 대상은 18.8%, 개인연금 가입률은 12%에 불과한 것으로 나타난다(OECD, 2011e). 공사연금을 모두 고려해 볼 때, 서구 복지국가들에 비해 우리나라의 사적연금에의 적용 대상 범위는 매우 제한적이다.

공사연금의 급여 수준을 비교해보면, 서구 복지국가의 경우 공적연금의 급여 수준이 높을 뿐만 아니라 강제 기업연금이나 자발적인 개

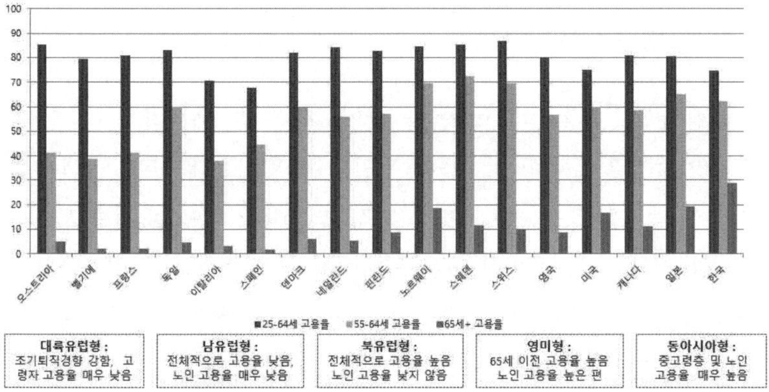

자료: OECD Stat Extract를 통해 저자 구성.

〈그림 7-5〉 노인 고용률 국가 비교(2011년 기준) (단위: %)

인연금 등의 사적연금도 활성화되어 있는 반면, 한국은 사적연금의 소득대체율은 상대적으로 낮은 편이다. 한국의 공적연금의 소득대체율은 사적연금에 비해서는 중간 수준에 속하는 것으로 나타나지만, 짧은 평균 가입 기간으로 인해 실질 급여 수준은 이에 한참 미치지 못하는 상황이다.

총체적으로 볼 때 서구 복지국가들은 대체로 사적연금의 포괄률이 비교적 높아 공사연금을 통한 다층적인 노후소득보장이 가능한 반면, 한국은 법정퇴직금제도가 존재함에도 불구하고 영세사업장과 노동시장의 불안정한 지위 등으로 인해 소수의 근로자만이 혜택을 받고 있어 노후소득보장기제로서 역할이 미미하다고 할 수 있다. 따라서 한국에서 사적연금은 노후불평등을 더욱 심화시키는 기제로 작용하는 것으로 보인다.

3. 고령자 근로

연령에 따른 각국의 고용률을 살펴보자(〈그림 7-5〉 참조). 대륙유럽형 국가들과 남유럽형 국가들은 독일을 제외하고 대체로 55-64세 고용률이 낮은 특징을 보여 조기 퇴직 경향이 강함을 보여주고 있다. 이러한 경향은 65세 이상 고용률로 이어져서 2-5%의 고령자만이 일을 하고 있다. 반면 북유럽형과 영미형은 고용률에 있어서는 유사한 패턴을 보인다. 즉 전체적으로 높은 고용을 보이는 가운데, 55-64세 고용률도 비교적 높고, 65세 이상이 되어서도 일하는 비율이 스웨덴 11.8%, 미국 16.7%, 노르웨이 18.5%로 나타나고 있다. 이에 비해 일본과 한국은 65세 이상의 고령자도 각각 19.3%, 28.9%가 일을 하는 등 매우 높은 고용률을 보이고 있다.

한국에서의 높은 고령자 고용률을 현상을 설명하는 가장 큰 변수는 공적연금 제도라고 할 수 있다. 한국은 수정적립방식을 채택한 공적연금제도가 아직 성숙하지 않아 여전히 고령층의 연금 수급률이 낮기 때문에 노년기에도 생계 유지를 위해 경제활동에 참가할 수밖에 없는 것이다.

또한 중고령자의 근속 기간을 국가별로 비교해보면, 55-59세 임금근로자가 당시 고용되어 있는 직장에 근속하는 기간이 스웨덴은 18.85년, 독일의 경우 21.79년, 미국에서 13.90년인 것에 비하여 한국은 8.30년에 불과한 것으로 나타나고 있다(장지연 외, 2008). 즉 한국에서는 생애주된 일자리에서 퇴직하게 되는 연령이 정년인 55세보다 훨씬 낮다.

4. 노후불평등 및 빈곤율

그렇다면 위에서 살펴본 것과 같은 노후소득보장에의 지출과 제도적 노력은 노년기 불평등에 어떤 영향을 미치고 있는가? 여기서는 노인의 상대적 소득수준과 소득 구성, 연금급여 불평등, 빈곤율 등을 중심으로 노년기 불평등의 양상을 가늠해보고자 한다.

1) 노인의 상대적 소득수준 및 소득 구성

전체인구소득대비 노인의 소득비율을 보면, 대륙유럽형 국가들은 벨기에를 제외하면 90% 이상으로 매우 높게 나타나고 있으며, 영미형 국가들의 경우에도 남유럽형이나 북유럽형 국가들과 유사한 수준이다. 이는 복지국가에서 경제적으로 노인들의 평균적인 삶이 전체 국민의 소득수준에 비해 크게 떨어지지 않음을 보여준다. 반면 한국에서는 전체인구소득대비 65세 이상 노인의 소득비중이 66.7%로 가장 낮게 나타나고 있다.

전체 노인 소득 대비 독신노인 소득 비중은 어느 나라에서나 65-88% 수준으로 낮게 나타나고 있는데, 대륙유럽형 국가들에서 상대적으로 독신노인의 소득비중이 높은 편이며, 노르웨이, 스웨덴 등의 국가들에서 독신노인의 소득 비율이 낮게 나타나고 있다. 한국은 독신노인의 경우 전체 노인 소득의 60%에도 미치지 않게 나타나, 공적 이전이 발달하지 않은 상황에서 가족에 의한 보호가 없을 경우 소득이 크게 낮아지게 됨을 알 수 있다.

서구 복지국가 노인들의 소득에서는 공적연금 급여가 차지하는 비중이 높다. OECD(2012e)에 의하면 대체로 대륙유럽형 국가들은 소득 중에서 공적 이전이 차지하는 비중이 가장 높고, 그 다음으로 남유럽형, 북유럽형 국가들이 뒤따르고 있으며, 기초연금형 국가나 영미형 국가들에서 노인 소득 중 공적이전의 비중은 절반에 미치지 않는다. 또 하나 흥미로운 것은 국가들 간에 노인 가구의 근로소득과 자본소득의 비중에 큰 편차가 있다는 점이다. 미국, 일본, 한국은 노인 가구에서 근로소득 비중이 매우 큰 국가이다. 한국 노인가구의 높은 근로소득 비중은 높은 고령자 고용률뿐만 아니라 동거하는 가족구성원의 근로에 의한 것으로 볼 수 있다. 한편 핀란드는 자본소득의

〈표 7-2〉 전체인구 대비 노인의 소득 비율 (단위: %)

유형	국가	전체 인구 소득 대비 해당 연령 소득 비율			전체 노인 소득 대비 독신노인 소득 비중
		65+	66-75	75+	
대륙유럽형	오스트리아	96.6	100.8	91.5	80.2
	벨기에	76.4	80.5	71	81.7
	프랑스	94.5	97.6	91.2	84.4
	독일	91.5	96.3	85.5	79.5
남유럽형	이탈리아	83.4	88.4	76	70.2
	그리스	80.0	83.8	74.4	68.3
북유럽형	덴마크	72.4	76.4	67.6	80.7
	네덜란드	87	89.3	83.8	86.9
	핀란드	74.9	78.4	69.6	73.7
	노르웨이	78.9	88.1	69.2	64.7
	스웨덴	82	91.6	69.8	65
영미형	영국	72.9	76.7	68.2	79
	미국	86.2	95.7	75.8	69.5
	스위스	80.2	82	76.9	88.6
	캐나다	90.8	94.8	85.4	73.7
	한국	66.7	66.3	67.4	59.7

자료: OECD(2012e) Pensions at a Glance.

비중이 압도적으로 높고, 스위스, 캐나다, 네덜란드, 영국 등에서도 자본소득의 비중이 큰 편이다. 이는 이들 국가에서 기업연금 등의 사적연금이 발달된 것을 반영하는 결과이다.

2) 연금급여 불평등

연금급여의 불평등이 가장 큰 국가는 스웨덴(0.32)로 나타났으며, 대체로 남유럽 국가들과 일부 북유럽 국가들의 연금급여 지니계수가 높게 나타나고 있다. 북유럽형 국가들의 임금 불평등도가 다른 국가군

〈표 7-3〉 국가별 연금급여 지니계수 (단위: 100분율)

유형	국가	연금급여 지니계수 (OECD평균분배가정)	Pension Gini (각국 소득분배가정)	Gini wage
대륙유럽형	오스트리아	21.5	21.0	28.2
	벨기에	11.4	10.9	24.8
	프랑스	20.4	19.2	26.6
	독일	21.8	21.5	28.7
남유럽형	이탈리아	28.5	25.6	25.9
	그리스	27.8	29.7	30.6
북유럽형	덴마크	12.6	10.8	24.0
	네덜란드	27.2	25.4	26.9
	핀란드	26.5	22.6	23.7
	노르웨이	15.5	13.0	23.5
	스웨덴	31.7	28.4	24.6
영미형	스위스	13.5	11.6	25.5
	영국	5.0	5.0	28.8
	미국	17.1	17.1	28.8
	캐나다	3.5	3.5	29.0
한국		8.9	9.9	32.1

자료: OECD(2011e) Pensions at a Glance.

에 비해 가장 낮은 수준이라는 점을 고려해볼 때, 연금급여의 불평등이 상대적으로 높은 것은 근로와 급여간의 연계가 강함을 보여주는 것이다. 반면 기초보장적 연금을 운영하는 영미형 국가들에서는 급여의 지니계수가 가장 낮게 나타나고 있다.

한국의 경우에도 연금급여 지니는 0.089로 낮게 나타나고 있다. 급여산정에서 소득재분배 효과가 크고, 소득상한선이 낮아 급여의 편차가 크지 않다는 점에 기인하는 것으로 볼 수 있다. 다만 이것이 급여를 받는 계층 내에서의 불평등도라는 점을 고려한다면, 한국에서는 공적연금 급여의 불평등보다는 연금을 받는 계층과 받지 않는 계층간의 불평등이 더 큰 문제임을 알 수 있다.

3) 노후 불평등 양상

대륙유럽형 국가들은 대체로 불평등도가 중간 수준이며, 노년기 불평등은 이전 시기에 비해 약간 낮아지거나 유사한 경향을 보인다. 남유럽형 국가들은 전체적으로 불평등도가 높은 가운데, 노년기 불평등이 근로 연령기보다 확연히 낮게 나타난다. 북유럽형 국가들은 불평등도가 가장 낮은 수준이며, 근로연령기보다 노년기 불평등이 더 낮은 특징을 보인다. 영미형 국가들은 전체적으로 불평등도가 가장 높은데, 미국과 스위스는 노년기 불평등이 이전 시기보다 약간 높은 반면, 기초연금을 운영하고 있는 영국과 캐나다는 노년기 불평등이 근로 연령기보다 확연히 낮게 나타난다.

전체적으로 오스트리아, 스위스, 미국, 일본과 한국을 제외한 대부분의 국가에서 노년기 불평등도가 근로 연령층의 지니계수보다 낮은 것으로 나타나는 것은 공적연금 등 노년기 소득에 대한 국가의 개입이 근로 연령기의 임금 불평등보다 노인들의 소득을 비교적 평등하게 만들어주고 있음을 보여주는 것이다.

한국의 18~65세 근로 연령층의 지니계수는 약 0.3으로, OECD 34개 회원국 평균보다 낮은 수준이다. 반면에 노인의 지니계수는 0.42로 OECD 국가 중 어느 국가보다도 높게 나타나고 있어, 공적 이전의 역할이 크지 않음을 보여준다. 주요국들의 65세 이상 노인의 지니계수는 미국이 0.379로 두 번째로 높았고, 일본이 0.341로 미국의 뒤를 이었다. 프랑스 0.297, 독일이 0.277 등으로 나타났으며, 대체로 북유럽형 국가들에서 낮게 나타나고 있다.

4) 노인빈곤율 및 상대적 빈곤 위험도

대체로 대륙유럽형 국가들은 노년기 빈곤율이 이전 시기보다 다소 높고 빈곤율은 중간 수준이다. 반면 이탈리아와 스페인 등 남유럽형 국가들에서는 노년기 빈곤율이 이전 시기보다 낮으며, 대륙유럽형에 비해 빈곤율이 약간 높은 수준이다. 북유럽형 국가들은 18-65세 빈곤율이나 노인빈곤율 모두 가장 낮은 수준이며, 두 시기의 빈곤율에 큰 차이가 없다. 한편 영미형 국가들에서는 스위스를 제외하고 노년기 빈곤율이 근로 연령기보다 낮게 나타나고 있다. 한국은 18-65세 빈곤율은 다른 국가에 비해 중간 수준이지만, 노인빈곤율은 45%를 넘어 OECD 국가들 중에 가장 높다.

한편 연령대로 볼 때 모든 국가들에서 66-75세 집단보다는 75세 이상 집단에서 빈곤율이 더 높게 나타났으며, 거의 대체로 남성보다는 여성 노인의 빈곤율이 더 높다. 어떤 국가에서도 노인 부부보다는 독신, 즉 독거노인인 경우 빈곤율이 월등히 높은데, 남유럽형 국가와

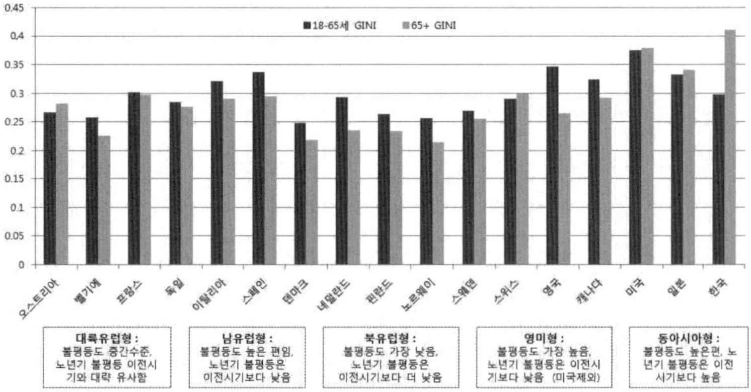

주: 2010년 가처분소득 기준임. 단, 스위스와 일본은 2009년 자료를 사용함.
자료: OECD Income Distribution and Poverty Database을 이용하여 저자 구성.

〈그림 7-6〉 노년기 이전과 노년기의 불평등도 국가 비교

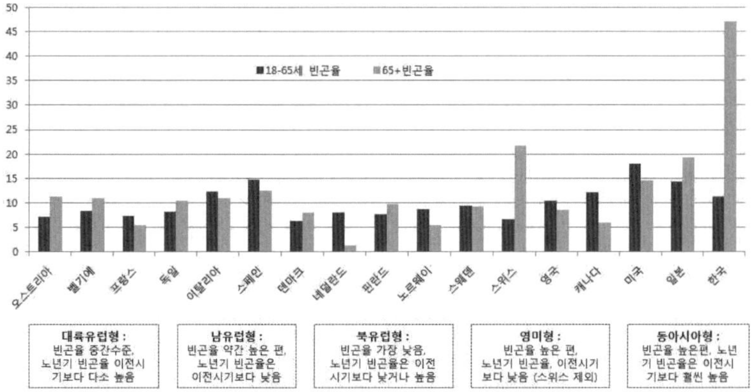

주: 2010년 가처분소득 기준, 빈곤율=중위소득 50%. 단, 스위스와 일본은 2009년 자료 사용함.
자료: OECD Income Distribution and Poverty Database을 이용하여 구성.

〈그림 7-7〉 노년기 이전과 노년기의 빈곤율 국가 비교

미국, 핀란드, 네덜란드 등에서 독거노인의 빈곤율이 매우 높게 나타난다. 한국의 경우 독신가구의 빈곤율은 무려 77%에 달한다.

〈표 7-4〉 노인빈곤율(국가 비교)

유형	국가	연령별			젠더별		가구 형태별		전체 인구 (모든 연령)	노인의 상대적 빈곤 위험
		65+	66-75	75+	남성	여성	독신	부부		
대륙유럽형	오스트리아	7.5	5.3	10.2	3.6	10.1	16.4	3.9	6.6	1.1
	벨기에	12.8	10.5	16.0	12.7	12.9	16.7	10.0	8.8	1.5
	프랑스	8.8	7.2	10.6	6.6	10.4	10.2	4.1	7.1	1.2
	독일	8.4	6.5	11.1	5.1	10.8	15.0	4.7	11.0	0.8
남유럽형	이탈리아	12.8	11.2	15.2	8.1	16.1	25.0	9.4	11.4	1.1
	스페인	22.8	20.0	26.4	20.1	24.7	38.6	24.2	14.1	-
북유럽형	덴마크	10.0	6.9	13.7	8.0	11.5	17.5	3.8	5.3	1.9
	네덜란드	2.1	2.2	2.0	1.7	2.4	2.6	2.3	7.7	0.3
	핀란드	12.7	8.2	19.5	6.5	16.9	28.0	3.9	7.3	1.7
	노르웨이	9.1	3.8	14.6	3.5	13.1	20.0	1.2	6.8	1.3
	스웨덴	6.2	3.4	9.8	4.2	7.7	13.0	1.1	5.3	1.2
영미형	스위스	17.6	16.6	19.3	15.2	19.3	24.3	14.6	8.7	2
	영국	10.3	8.5	12.6	7.4	12.6	17.5	6.7	8.3	1.2
	미국	22.4	20.0	27.4	18.5	26.8	41.3	17.3	17.1	1.3
	캐나다	5.9	5.2	6.8	3.1	8.1	16.2	3.9	12.0	0.5
	한국	45.1	43.3	49.8	41.8	47.2	76.6	40.8	14.6	3.1

주: 노인의 상대적 빈곤위험은 65+ 노인빈곤율/전체인구빈곤율로 산출.
자료: OECD(2012e) Pensions at a Glance.

이번에는 전체 인구 빈곤율 대비 특정 집단의 빈곤율로 구해지는 상대적 빈곤위험도(relative poverty risk)를 통해 복지국가의 노인 집단이 다른 집단에 비해 경제적으로 어떤 위치에 놓여 있는가를 살펴보자. 〈표 7-4〉에서 보면, 네덜란드, 캐나다 등 기초연금형 제도를 운영하는 국가에서 노인의 상대적 빈곤위험도가 매우 낮게 나타나고 있음을 알 수 있다. 한편 캐나다, 네덜란드, 프랑스, 이탈리아 등의 국가에서는 노인빈곤율이 아동빈곤율보다 오히려 낮게 나타나고 있다.

대부분의 국가들이 노인빈곤율이 아동빈곤율보다 약간 높은 상태를 보여주는 가운데, 한국은 아동빈곤율은 OECD 국가들의 평균 수준이지만 노인빈곤율은 월등히 높게 나타난다.

위에 제시한 국가별 노년기 이전 세대와 노년기 세대의 불평등과 빈곤율을 토대로 이들 간의 상관관계를 분석해보면 몇 가지 흥미로운 결과를 볼 수 있다. 첫째, 노인 불평등도가 높을수록 노인빈곤율도 역시 높은 것으로 나타났다. 즉 소득하위계층인 빈곤층이 많을수록 노인 불평등도는 높아진다. 둘째, 18-65세의 근로 세대와 65세 이상의 노년기의 불평등도는 매우 높은 관련성(상관관계= .636)을 보이는 것으로 나타났다. 즉 시장에서의 불평등도가 높은 국가가 대체로 노년기의 불평등도 높게 나타나고 있다. 셋째, 반면 국가 간 근로 세대와 노인의 빈곤율은 통계적으로 유의한 상관관계가 드러나지 않았다. 이것은 국가 간에 노인 빈곤율을 낮추는 공적이전 기제가 상이하게 작동함을 시사한다.

제4절 한국의 노년기 불평등과 제도적 이중구조

이 절에서는 한국 사회에서의 노후 불평등과 이중구조를 고찰하고자 한다. 이 절의 문제제기는 크게 세 가지이다. 첫째, 노년기 이전 시기와 비교할 때 노년기의 불평등과 이중구조는 어떻게 다른가? 즉 한국에서 노년기 불평등은 노년기 이전에 비해 감소하는가 혹은 유지되는가? 둘째, 시계열적으로 볼 때 노년기의 불평등과 이중구조는 어떻게 변화하고 있는가? 셋째, 불평등과 이중구조 양상의 변화가 일어나는 원인은 무엇인가? 한국에서 불평등 감소 요인과 불평등 증가 요인은 각각 어떻게 작용하는가?

여기에서는 연구기관 및 OECD 등 국제기구가 제시하는 국내외 통계자료와 기존의 관련 연구에서 제시된 분석결과 등을 활용하여 논의를 진행하고자 한다. 그리하여 최근 노후불평등과 노인 빈곤이 증가하는 원인을 국가－시장－가족의 차원에서 분석해 볼 것이다.

1. 노년기의 불평등과 이중구조의 양상

한국에서 노년기의 불평등과 이중구조는 어떤 특징을 보이며, 어떻게 변화하고 있는가?

첫째, 〈그림 7-8〉에서 노인의 소득분위별 분포를 보면, 대체로 하위 1-3분위에 치중되어 있고, 중상계층의 비율이 매우 낮은 특징을 보인다. 전체 연령 인구의 경우 소득 10분위별로 대체로 고른 분포를 보이

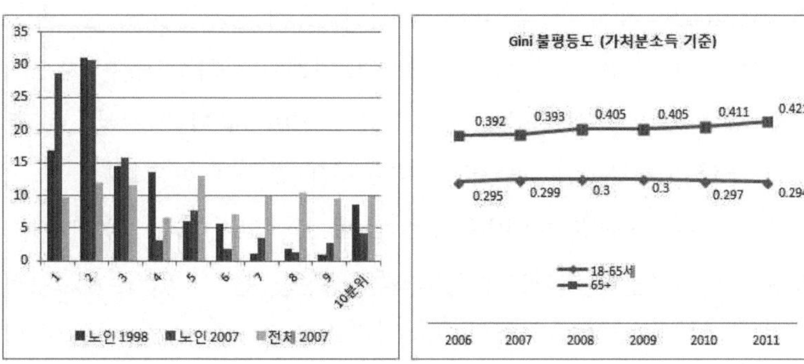

주: 한국노동패널자료 분석. 61세 이상 노인.
자료: OECD. Income Distribution and Poverty Data.
자료: 신광영(2009)에서 구성함.

〈그림 7-8〉 노인 소득분위별 분포 / 노인 불평등도 변화(단위: 분위, %)

는 것과는 대조적이다. 한편 1998년과 2007년을 비교해보면, 소득하위 1분위가 가장 크게 증가하는 등 하위 1-3분위는 증가하고, 상위 8-10분위는 약간 감소하는 양상을 나타내고 있다. 즉, 10년에 걸쳐서 하위계층은 증가하고, 상위계층은 감소하는 양상을 보이고 있다.

둘째, 2000년대의 노인 불평등도 변화를 보자. 18-64세의 지니계수는 큰 변화가 없는 반면에, 노인의 지니계수는 이전 세대에 비해 훨씬 높은 수준이며, 2006년에서 2011년까지 5년간 약간 증가하는 경향을 보인다. 다른 세대의 소득불평등에 큰 변화가 없는 상황에서 노인불평등만 증가한 현상은 이례적이다.

셋째, 중위소득 50%를 기준으로 파악한 빈곤율은 그 자체로 빈곤/비빈곤이라는 하나의 이중구조의 틀로 논의해볼 수 있을 것이다. 전체적으로 1997년 말 외환위기 이후 중산층 비중이 줄어들고 빈곤층 비중은 늘어나는 현상이 가속화되고 있으며, 최근으로 올수록 상대빈곤율의 증가율이 소득불평등도(지니계수)의 증가보다 더 빠른 것으로 나타나고 있어 소득불평등보다는 빈곤의 문제가 더 심각한 상황이다(유경준, 2009). 특히 그 중에서도 노인빈곤율의 증가는 매우 큰 폭으로 이루어지고 있다. 이 시기에 제반 노인관련 사회정책들이 제도적으로 상당히 확충되었음에도 불구하고 노인빈곤율이 지속적으로 확대되는 원인이 무엇인지에 대한 심도 깊은 분석이 필요하다.

넷째, 연령 집단별 노인빈곤율을 살펴보면, 고령자의 연령대가 높아질수록 빈곤율이 가파르게 증가하는 경향을 볼 수 있다. 65-69세의 빈곤율이 33.6%인데 비해, 70-74세의 빈곤율은 52.5%, 75세 이상은 69.5%로 나타나고 있는 것이다. 현세대 노령 계층의 높은 빈곤율은 세대의 특수성에 따른 것으로 볼 수도 있지만, 연령이 높아지면서 빈곤해지는 연령 효과도 혼재되어 있는 것으로 보아야 할 것이다.

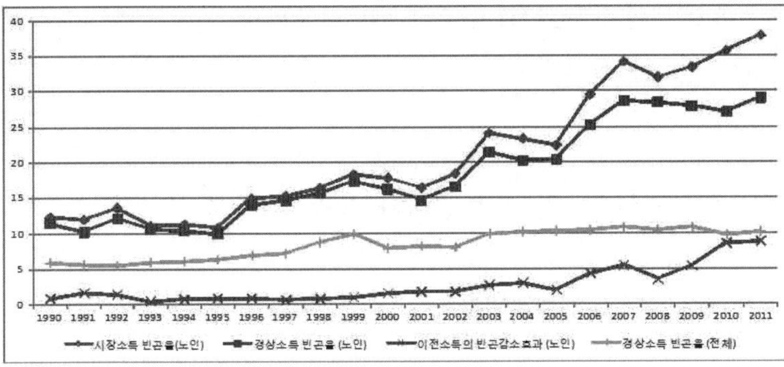

주: 빈곤선=중위소득 50%, 도시근로자 기준, 1인 가구 제외.
자료: 김문길 외(2012). 2012 빈곤통계연보. 한국보건사회연구원.

〈그림 7-9〉 노인빈곤율 및 전체 빈곤율의 추이

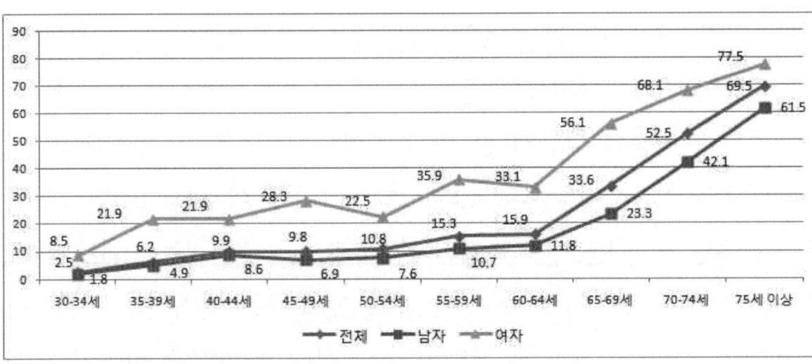

주: 한국복지패널 5차년도 원자료 분석결과임(가구 횡단가중치 적용).
자료: 석상훈 (2011) 국민연금연구원 내부자료.

〈그림 7-10〉 가구주 연령 집단별 빈곤율(2009년 기준) (단위: %)

요컨대 노년기에는 이전 시기보다 더 불평등하며, 특히 지난 몇 년간 노인 불평등이 더 심화되고 있고, 특히 노인의 소득분위별 분포를 보면 하위소득분위의 증가가 두드러지며 노인빈곤율이 지속적으로 증가하는 특징을 보이고 있다. 과연 그 이유는 무엇인가? 다음 절에서는 우선 노후소득보장과 관련한 제도적 현황과 지난 10여 년 간의 제도적 변화를 살펴본다.

2. 국가 - 시장 - 가족의 변화와 노후 불평등

1) 국가: 노후소득보장제도

(1) 공적연금

공적연금은 노후소득불평등과 빈곤에 어떤 영향을 미칠 것인가? 먼저 노년기에는 소득의 일차적 근원이 근로소득에서 이전 소득으로 교체되는 상황에서, 일반적으로 공적연금은 고소득 근로자에 비해 저소득 근로자에게 더 높은 소득대체율을 보장함으로써 생애기간에서 노동시장의 근로소득격차를 줄이는 역할을 한다. 한국의 국민연금은 소득재분배 기능이 상당히 큰 편이기 때문에, 연금수급자 내부의 연금불평등은 임금불평등 수준보다 낮다. 그러나 현 세대 노년층의 경우, 2010년 말 기준으로 65세 이상 국민연금 수급자는 143만 명으로, 65세 인구 중 25.9%가 수급하고 있고, 특수직역연금을 합하면 공적연금 수급자는 30%로 국민연금을 받는 노인인구 비중이 전체 노인의 1/3 수준으로 제한적이다. 또한 수급자들은 대체로 국민연금 제도 초기에 가입할 수 있었던 안정적인 사업장의 정규직 출신이라는 점에서는 이미 '국민연금 수급자=중간계층 이상'이라는 계급적 특성을 보인다. 따라서 적어도 현재 한국의 노년층에게 있어서 국민연금은 불평등 심화 기제로 작동해 왔다고 볼 수 있다.

〈표 7-5〉를 보면, 중위균등화 가구소득 60%를 기준으로 상위와 하위계층을 구분할 경우 상위계층의 사회보험급여가 하위계층에 비

〈표 7-5〉 연령, 성별, 계층에 따른 노후불평등의 다차원성 (단위: 연간, 만 원)

		개인소득	균등화가구 경상소득	사회보험급여	기타 정부보조금	총 공적이전 소득
연령	65-74	343.9	1763.6	457.6	117.3	574.9
	75+	61.6	1444.9	272.1	158.6	430.7
성별	남	398.6	1728.4	511.5	126.7	638.3
	여	107.5	1571.8	288.2	138.4	426.6
계층[1)]	상위	370.2	2546.0	709.5	104.3	813.8
	하위	111.5	817.7	91.7	159.6	251.3
계		234.6	1640.2	385.7	133.3	519.0

주1): 중위균등화 가구소득 60% 기준으로 상하위를 구분한 것임.
자료: 2010년 한국복지패널 5차 자료 분석결과임 (n=1,783).

해 7배 이상 높은 것으로 나타나, 공적연금의 계층 효과를 확인시켜 주고 있다. 기초노령연금은 2013년까지 65세 이상 노인의 하위 70%에게 급여를 지급했기 때문에, 저소득층 노인에게 최저생계비를 보장하는 국민기초생활보장제도와 함께 불평등을 감소시키는 역할을 담당했으나, 기초노령연금의 급여액이 높지 않아 불평등 감소 정도는 크지 않았다. 다만 2014년 7월부터 기초연금 제도가 도입되어 급여가 기존의 기초노령연금에 비해 두 배 인상되었고, 향후 국민연금의 성숙에 따른 수급자 증가가 이루어지는 상황 등은 공적연금 체제가 노후소득불평등과 빈곤 해소에 이전보다는 더 긍정적인 기여를 할 것으로 예측해볼 수 있다.

그러나 국민연금 제도와 관련해서 상황이 좋아지고 있는 것만은 아닌데, 최근의 노동시장 변화에 따른 적용 사각지대 문제는 노후소득에 부정적인 영향을 미치게 된다. 소득 보장성의 첫 번째 측면은 가입에서의 실질 적용 범위이다. 국민연금에 가입되어야 하는 당연 적용 대상, 즉 소득이 있는 경우는 18-59세 인구의 59.9%인데, 이들

〈표 7-6〉 65세 이상 공적연금 수급 현황(2010년 기준)

	65세 이상 인구 수	공적 노후 소득보장 비수급자	공적 노후 소득보장 수급자					
			소계	공적연금			기초노령연금 +국민연금 (중복 수급)	기초 노령 연금
				소계	특수 직역 연금	국민 연금		
인구 수 (만 명)	551	96	455	166	23	143	82	371
비율(%)	100	17.4	82.6	30.0	4.1	25.9	14.8	67.4

자료: 보건복지부 내부 자료에서 재구성.

중에서 보험료를 납부하지 않는 납부 예외자와 미납자는 국민연금 적용대상자의 39.5%이다(강성호 외, 2010). 여기에 법적인 적용 제외자인 불완전 취업자와 비경제활동인구 등을 더하면 공적연금에 실질적으로 포괄되지 않는 적용배제집단의 규모는 59.2%로 18-59세 총인구의 절반 이상이 된다.

이러한 적용 배제 집단은 고용 지위와 사업장 규모에 따라 다르게 나타나는 경향이 있다. 임시·일용직이 상용직에 비해 국민연금 보험료를 내지 않는 근로자 비율이 훨씬 높게 나타나고(임시직 37.5%, 일용직 15%, 상용직 85.1%), 5인 미만 사업장에서 국민연금 보험료를 내지 않는 경우가 40.7%로 소규모 사업장의 비가입률이 높게 나타나고 있다.

광범위한 적용 사각지대는 생애기간 동안 공적연금에의 실질 가입 기간을 낮추는 현상과도 연결된다. 우리나라는 평균 공적연금 실질 가입 기간이 2030년경 21.7년에 불과할 것으로 전망되고 있다. 서구 복지국가들의 경우에 이탈리아의 실질 가입 기간은 31.3년, 스웨덴은 약 40년이고, 프랑스에서 40년 이상의 가입이력을 가진 비율이 남성 은퇴자의 85%인 것에 비해 매우 짧은 것이다. 이처럼 낮은 국민연금

가입률과 낮은 실질 가입기간은 장기적 관점에서 볼 때 급여를 받지 못하거나 급여액이 낮은 '급여 사각지대'를 형성하게 된다(김수완 · 박영란, 2011).

이에 사회보험 사각지대를 해소하기 위한 정책적 일환으로 2012년부터 소규모사업장의 저소득 근로자에게 사회보험료 지원 제도가 실시되고 있다. 이는 5인 미만 사업장에 고용되고 최저임금 120% 이하인 저소득 근로자에 대해 사업주와 근로자가 부담하는 고용보험료와 국민연금 보험료의 1/3-1/2을 지원하는 것이다.

(2) 사적연금

우리나라의 사적연금제도는 크게 퇴직(연)금과 개인연금으로 구분할 수 있다. 먼저 2005년 말 퇴직연금제가 도입되었는데, 이것이 노후 불평등에 미칠 영향은 그다지 낙관적이지 않을 것으로 보인다. 이는 무엇보다 퇴직급여제도의 포괄률이 매우 낮기 때문이다. 퇴직급여를 받을 수 있는 대상이 1년 이상 상용직 근로자로 한정되어 있어 퇴직금 수급 비율이 전체 임금근로자의 54.1%에 불과하다. 이에 더하여 퇴직연금 전환율이 매우 낮다는 점을 함께 고려하면, 퇴직연금제도의 적용대상은 노후소득보장의 관점에서 볼 때 매우 제한적일 수밖에 없다. 2010년 12월 이후 4인 이하 사업장에도 퇴직금 제도가 법적으로는 확대된 상태이지만, 영세한 소규모 사업장의 상황을 고려해볼 때 실질적인 확대를 기대하기는 쉽지 않을 전망이다. 또한 퇴직(연)금은 소득과 기여에 비례하여 급여가 지급되기 때문에 급여에 있어서도 노동시장에서의 불평등을 그대로 반영한다.

요컨대 퇴직급여제도는 낮은 포괄률, 소득 비례적 급여, 노동시장 요인의 상호작용에 의해 수급자와 비수급자 간의 불평등과 이중구조

〈표 7-7〉 세대별 다층소득보장 유형 (단위: 명, %)

	이전 세대 (1945-54년생)	베이비붐 세대 (1955-63년생)	이후 세대 (1964-73년생)
다층 보장	19.5	33.1	34.6
단층 보장	9.6	9.5	9.6
없음	70.9	57.4	55.8

주: 다층 보장은 국민연금, 퇴직연금, 개인연금 중 2개 이상에 가입한 경우를 의미함. 단층 보장은 세 개의 제도 중에서 하나의 제도에 가입된 경우를 의미함.
자료: 방하남 외(2010)에서 재구성함.

를 심화시키는 요인이 될 것으로 보인다.

둘째, 현재로서는 개인연금도 노후소득보장제도로 충분히 정착되지 못한 상황이다. 2001년 12월 기준 보유 계약 건수는 373만 건으로, 총 취업자 수 대비 17.7% 수준이며, 1994-2001년까지 개인연금 유지율은 33.2%에 불과하다(보건복지부, 2011). 또한 노후소득보장제도로 이해되기보다는 세제감면 혜택을 받는 저축 수단으로 활용되는 경향이 있고, 소득계층별로 뚜렷한 가입률 차이를 보이고 있어 역진성이 크다(김수완 외, 2005).

또한 우리나라의 세대별 다층소득보장 가입 유형을 분석한 한 연구결과(방하남 외, 2010)에 따르면 베이비붐 세대(1955~1963년생) 중에서 국민연금, 퇴직연금, 개인연금 모두에 전혀 가입하지 않은 집단이 57.4%에 달하는 한편, 국민연금과 사적연금에 동시에 가입한 계층이 약 33%로 나타나고 있어 이들이 노년기에 접어드는 시점에서 이로 인한 노후불평등은 심화될 수 있을 것으로 보인다.

2) 시장: 고령자 근로

고령자의 근로는 노후 불평등과 이중구조에 어떤 방식으로 작용하고 있는가? 먼저 우리나라에서는 가구소득 하위 20%에 속한 저학력 고령자의 경제활동 참가율이 현저히 높고, 그 위의 소득분위에서는 일정하게 유지되는 특징을 보인다. 이는 한국의 고령자에게 있어서는 주로 생계를 위한 저임금 근로가 많음을 보여준다(장지연 외, 2008).

연령 세대별 계급분포의 변화를 연구한 신광영(2009)의 분석에서 특히 노인 세대를 들여다보면, 전체 분포에 비교해볼 때 소규모 자영자(프티부르주아지)의 비중이 매우 높아서 노인 근로 집단의 절반 이상이 여기에 속하는 것으로 나타났다. 60대 이상에서 특히 정규직의 비중이 매우 줄어드는 현상과 연결해보면, 기업에서 일하던 많은 정규직 근로자들이 40-50대를 거치면서 조기 퇴직이나 명예 퇴직 등을 통해 상용직 재취업을 하지 못하고 대부분 자영자로 이동하는 은퇴 경로를 반영하는 것으로 해석할 수 있다. 한국에서 5인 미만 영세 자영자가 전체 자영업의 90% 이상에 달하고, 영세자영업의 지속성과 성공률이 매우 낮으며, 자영업자들이 상용 근로자보다 경제적으로 열악한 지위에 있음을 고려해볼 때 노인근로인구의 절반을 차지하는 프티부르주아지 계급은 경제적 어려움을 겪을 것으로 쉽게 예상할 수 있다.

한편 1998년과 2007년의 두 시점을 비교했을 때 60대 이상 세대에서 가장 큰 변화는 중간계급의 감소와 노동계급의 증가이다. 두 시점에서 중간계급은 7.7%에서 3.9%로 3.8%p 감소한 반면, 노동계급은 29.2%에서 37.7%로 8.5%p 증가했다. 이는 중간계급과 노동계급을 합한 정규직/비정규직의 이중구조 변화보다 더 큰 폭이다. 10년간 정규직은 20.3%에서 19.8%로 약 .5%p 감소하고, 비정규직은 16.6%에서 20.8%로 4.2%p 증가했던 것이다. 다만 이 중에서도 특히 노동계급 비정규직의 비중이 확연한 증가를 보이고 있으며, 1998년 14.6%에서 2007년 20.5%로 비중이 높아졌다. 이처럼 노인 근로층

〈표 7-8〉 노인 근로자의 계급 구성

		계급							합계
		자본가	프티 부르주아지 (소규모 자영자)	중간계급 정규직	노동계급 정규직	중간계급 비정규직	노동계급 비정규직	실업자	
61세 이상	1998	1.4	55.7	5.7	14.6	2.0	14.6	6.0	100
	2007	1.0	53.9	3.6	17.2	0.3	20.5	3.7	100
전체 연령	1998	1.9	30.5	21.3	25.0	3.0	12.6	5.7	100
	2007	1.2	25.0	18.8	35.6	1.6	13.9	4.2	100

주: 한국노동패널 1차 및 10차 자료를 이용한 분석임.
자료: 신광영(2009)에서 재구성.

에서 중간계급의 감소와 노동계급의 증가가 나타나는 것은 단순히 노동시장 유연화의 영향이라고만 보기 어렵고, 고령 세대가 기술 편향적인 산업구조의 발전에서 기술구조 변화를 따라가지 못하는 구조적 현상을 반영하는 것으로 볼 수 있다.

요컨대, 기술 수준 변화 등의 산업구조 발전은 노년기의 고용 지위를 더욱 약화시키고 있어 노년기 근로소득의 불평등과 빈곤율 증가에 기여하는 것으로 볼 수 있다. 다만 노년기에 근로소득의 비중은 점차 줄어들고 있는 추세이다.

3) 노년기의 소득구조

소득구조를 보면 국가－시장－가족의 총체적인 역할 구조가 한눈에 들어올 수 있다. 노년기에는 이전 시기에 비해 상이한 소득 구조를 보인다. 연령에 따른 소득 원천에 따른 소득의 변화를 보면, 전체적으로 소득이 크게 줄어드는 가운데 특히 근로소득과 사업소득이 60세 이상 고령기에 들어서 크게 감소하고, 재산소득, 공적이전소득,

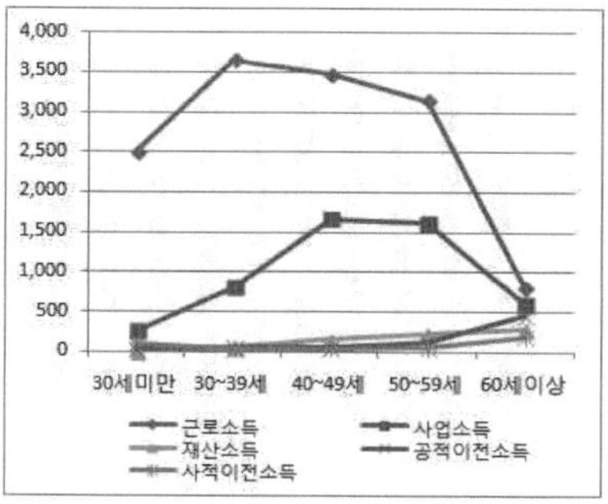

자료: 통계청·금융감독원·한국은행(2012)에서 구성.

〈그림 7-11〉 세대별 소득원천에 따른 소득수준

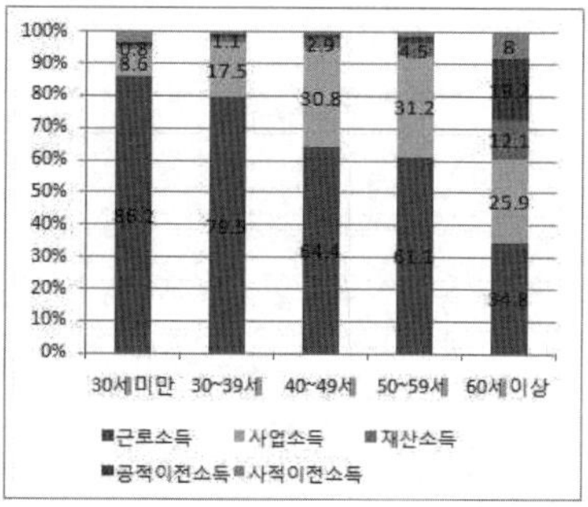

〈그림 7-12〉 세대별 소득구성

사적이전소득은 절대액에 있어서 약간 증가한다(〈그림 7-11〉, 〈그림 7-12〉 참조).

세대별 소득구성에서도 이러한 변화를 보여주고 있는데, 근로 연령기에 근로소득과 사업소득이 90% 이상을 차지하다가, 60대 이상에서는 사업소득과 근로소득의 비중은 60% 수준으로 떨어지고, 대신 공적이전소득(19.2%)과 재산소득(12.1%), 사적이전소득(8%) 순서로 구성이 다양화되고 있음을 볼 수 있다.

한편, 노인 가구주 가구의 소득 구성은 지난 10년간 비교적 크게 변화해 왔다(〈그림 7-13〉). 먼저 근로소득은 1999년 65세 이상 가구주 가구소득의 50%를 차지하던 것에서 점차 감소하여 2008년에는 42%로 낮아졌다. 또한 사적이전도 19%에서 17%로 다소 감소하였다. 반면 가장 큰 폭으로 비중이 커진 것은 공적이전소득으로, 사회보험급여는 9%에서 18%로 두 배 증가하였고, 공공부조 등의 공적 보조금도 3%에서 7%로 증가하였다.

노인가구의 소득분위별 소득구성도 흥미로운 결과를 보여준다. 첫

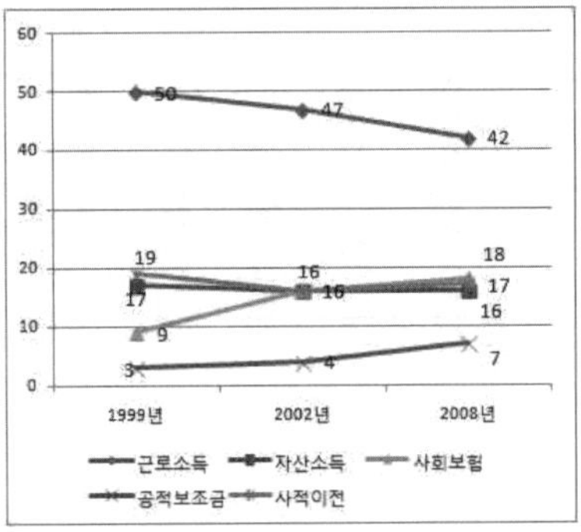

주: 한국노동패널자료분석. 65+노인가구주 가구.
자료: 이원진(2012).

〈그림 7-13〉 노인 가구 소득구성 변화 (1999-2008)

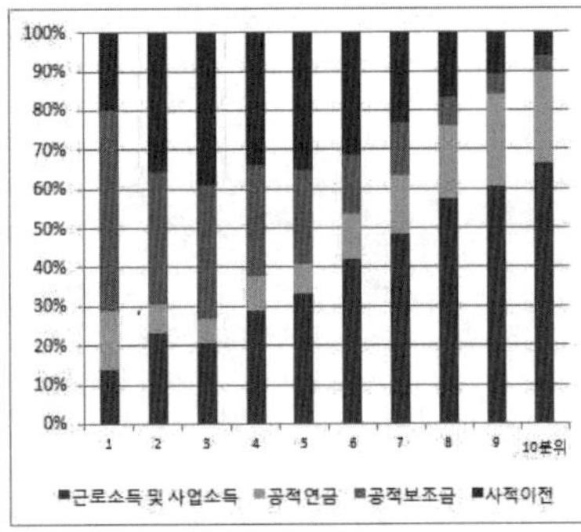

주: 가계동향조사분석. 65+노인가구주 가구.
자료: 석상훈(2011).

〈그림 7-14〉 노인 가구 소득분위별 소득 구성(단위: %)

째, 시장소득의 비중을 보자. 고소득분위로 갈수록 근로소득 및 사업소득의 비중이 매우 커지고 있다. 이는 고소득 가구일수록 가구주가 일하고 있거나, 혹은 취업한 자녀와 동거하고 있을 가능성이 높음을 의미한다. 반면 저소득분위일수록 근로소득과 사업소득의 비중이 낮은 것은 이들 고령자가 건강 등의 이유로 일을 하기 어렵거나, 일하더라도 영세자영업이나 저임금 일자리에서 일을 하고 있는 현상을 보여준다.

둘째, 국가의 이전소득 중에서 우선 공적연금급여를 보자. 공적연금은 상위분위로 갈수록 더 높은 비중을 차지하고 있다. 이는 적어도 현재로서는 공적연금급여가 불평등의 원천으로 작용하고 있음을 보여주는 것이다. 반면 다른 공적보조금의 경우에는 하위소득분위에서 압도적으로 큰 비중을 나타낸다. 셋째, 사적이전의 경우 중하위소득분위에서 비중이 크게 나타나고 있으며, 고소득분위와 최하위소득분위에서는 상대적으로 비중이 낮다.

〈표 7-9〉 불평등과 빈곤에 영향을 미치는 국가 - 시장 - 가족 요인

<table>
<tr><th colspan="3" rowspan="2">차원</th><th colspan="2">불평등에 미치는 영향</th><th rowspan="2">빈곤에 미치는 영향</th></tr>
<tr><th>제도 원리</th><th>실제</th></tr>
<tr><td rowspan="4">국가</td><td rowspan="3">공적소득보장제도</td><td>국민연금</td><td>완화
(급여산식상 소득재분배 효과 큼)</td><td>심화→점차 완화
(고소득층일수록 수급가능성 높음)</td><td>완화</td></tr>
<tr><td>기초연금
(기초노령연금)</td><td>완화</td><td>완화
(단, 급여 수준에 따라 완화효과 차이)</td><td>완화</td></tr>
<tr><td>공공부조
(국민기초 생활보장제도)</td><td>완화</td><td>완화</td><td>완화</td></tr>
<tr><td>건강보장제도</td><td>국민건강보험
의료급여
노인장기요양보험</td><td>완화
(모든 노인에게 동일한 혜택 제공)</td><td>완화</td><td>완화</td></tr>
<tr><td>국가시장 혼합</td><td>사적연금</td><td>퇴직금
개인연금</td><td>심화
(보험수리원칙에 따른 급여제공)</td><td>심화
(노동시장 내부자만 수급)</td><td>-</td></tr>
<tr><td rowspan="2">시장</td><td colspan="2">근로소득</td><td>심화/감소
(고소득층일수록 늦게 퇴직 vs 저소득층일수록 생계형 근로 지속)</td><td>양극화 심화
(전문직 늦은 퇴직 및 저소득노인 생계형 근로)</td><td>심화</td></tr>
<tr><td colspan="2">저축 및 자산</td><td>유지</td><td>유지</td><td>완화</td></tr>
<tr><td>가족</td><td colspan="2">사적 이전</td><td>유지</td><td>유지</td><td>유지</td></tr>
<tr><td colspan="3">총합</td><td>유지</td><td>심화</td><td>심화</td></tr>
</table>

결과적으로, 한국에서 노년기 불평등과 빈곤은 노년기 이전에 비해 강화되며, 시간의 흐름에 따라 더욱 불평등과 빈곤율이 높아지고 있다고 할 수 있을 것이다. 〈표 7-9〉는 각 요인이 노후 불평등과 빈곤에 미치는 영향을 정리한 것이다.

제5절 소결

'고령화'는 한국을 비롯한 모든 복지국가에서 복지수요와 그에 따른 지출을 증가시키는 요인으로 주목받고 있다. 복지국가의 확대를 통해 노후생활보장제도를 이미 잘 갖춘 서구 복지국가의 경우 주로 재정 건전성 확보가 문제가 되는 반면, 아직 고령화에 대한 체계적인 대비가 이루어지지 못한 우리나라에서 문제의 양상은 다면적일 수밖에 없다. 한편으로는 고령화의 수요, 즉 고령자의 삶의 질을 보장하기 위한 사회적 장치를 확충해야 하는 한편, 고령화의 비용이 지속가능할 수 있고 세대 간에 공평하게 분배될 수 있는 복지체계를 구축해야 하는 복합적인 부담이 공존하기 때문이다(김수완 · 박영란, 2011). 그런 가운데 한국의 노후불평등과 빈곤율은 다른 세대에 비해 매우 높으며, 최근 몇 년간 더욱 심화되어가고 있다는 점은 더욱 상황을 복잡하고 어렵게 만들고 있다.

이 장에서는 한국에서 노년기는 이전 시기보다 더 불평등하고, 최근 노년기 불평등은 더욱 심화되고 있으며, 저소득 노인들의 빈곤이 지속되고 있음을 살펴보았다. 그 원인으로는 먼저 주요 공적이전 기제이자, 제도적으로는 소득재분배적 특성을 강하게 지닌 국민연금제도가 현 노인계층을 위한 소득보장제도로 작용하고 있지 못하다는 점을 들 수 있다. 전체 노인의 1/3만이 공적연금의 수급자인 현 상황에서 공적연금은 오히려 불평등의 심화 기제로 작용하고 있는 것이다. 또한 퇴직급여제도 역시 제도 포괄률이 제한적이고, 급여가 소득에 밀접히 연결되어 있는 등 노동시장과 제도 간의 상호작용에 의해 제도에 포괄된 자와 배제된 자의 불평등과 이중구조를 더욱 심화시키고 있다. 노동시장 상황도 고령층에게 유리하지 않다. 기술 편향적인 산업구조 변화 속에서 고령자의 고용 지위는 더욱 약화될 수밖에 없기 때문이다.

그렇다면 한국의 미래의 노후불평등과 빈곤율은 어떤 양상을 보이게 될 것인가? 먼저 미래의 노후불평등과 빈곤율을 증가시킬 것으로 전망되는 요인들이 있다. 예컨대 노동시장의 불평등 및 불안정성 경향이 그것이다. 반면에 낙관적 전망을 해볼 수 있는 요인으로 들 수 있는 것은 제도적 발전이다. 국민연금 성숙으로 인해 더 많은 수급자가 더 높은 급여를 받을 것으로 전망되며, 그렇게 되면 국민연금 사각지대로 인한 불평등 증가 효과는 줄어들고 급여산식에 의한 소득재분배 효과 및 빈곤 감소 효과가 크게 작용할 수 있을 것이기 때문이다. 한편 세대에 따른 고학력화도 노후불평등과 노인빈곤율 감소에 기여할 것으로 기대할 수 있다. 현재의 노인 세대는 저학력, 저숙련의 특징을 보이며, 특히 급격한 산업구조 변화를 경험하면서 새로운 기술과 분야에 적응하기 어려워 노동시장에서 적절한 직업을 갖기 어려웠으나, 점차 세대가 갈수록 교육 수준이 높아지면서 이러한 문제가 완화될 수 있을 것으로 보인다.

이 장에서 논의된 내용들을 종합해보면 노년기의 불평등 및 이중구조 완화를 위한 복합적인 전략을 도출해볼 수 있을 것이다. 변화하는 노동시장 환경에서 짧은 시간 내에 국민연금이 대다수의 국민들을 포괄하는 준 보편적 제도로 자리 잡을 수 있다는 전망은 밝지 않다. 그렇다면 고용에 기반을 두지 않는 기초보장 수준을 더욱 강화하는 전략은 불가피해 보인다. 동시에 각 개인이 생애기간동안 직면하는 사회적 위험으로 인해 경험하게 되는 노동시장 이행(비고용)의 시기에도 국민연금에 대한 가입을 연장시킬 수 있는 방안이 강화되어야 할 것이다. 고령자의 노동시장 참여도 증진되어야 하며, 근로와 사회보장을 유연하게 결합할 수 있는 제도적 지원도 필요할 것이다.

제8장 불평등과 이중구조의 완화 전략

제8장 불평등과 이중구조의 완화 전략

안 상 훈(서울대학교)

제1절 활성화된 복지정치, 그 미완의 서곡(prelude)

지금까지 우리는 고착화된 불평등과 한국 사회 이중구조의 양상이 생애주기상의 다양한 이슈들과 관련해서 어떻게 전개되고 있는지를 살펴보았다. 다차원적인 조망 끝에 도달할 수 있는 한국 사회의 모습은 '지금 이대로는 더 이상 버티기 힘든 형국'이라 잘라 말할 수 있을 것이다. 불평등, 양극화, 그리고 이중구조와 같은 말들이 우리에게 익숙해진 딱 그만큼, 한국 사회의 갈등 비용도 그대로 방치할 수 없는 지경에 이르러 버렸다. 이제, 지금까지 살펴본 이론적 개념화와 실증 분석에 대한 처방전을 제시할 때다. 결론을 대신할 8장의 주제가 '한국형 복지국가 전략'이라야 한다는데 이의를 달 사람은 별로 없을 것이다.

복지국가에 관한 고전적인 가르침 중 가장 유명한 것 중의 하나가 '복지는 곧 정치'라는 것이다(Ahn, 2000; O'Connor and Olsen, 1998). 우리가 다루었던 불평등과 이중구조에 관한 문제도 결국은 자본주의의 수정을 정치적으로 어떻게 이뤄낼 것인가로 귀착된다. 한편, 현대 자본주의는 역사적으로 민주주의와 동시대의 존재물이다. 그런데, 민주주의하에서 정책은 정치에 의해 규정된다. 사회정책의 이름으로 이루어지는 자본주의의 수정 전략이 복지국가를 대표한다면, 복지국가의 전략적 방향성이란 결국 정치가 좌우하는 것이다. 요컨대, 문제의 상황진단이 과학적이고 객관적인 반면, 해결의 상황은 다분히 정치적이고 주관적인 것이다. 정책적 결론을 향한 이 장의 논의가 한국의 복지정치에서 시작되어야 할 이유들이다.

정치에 관한 아주 오래된 대중적 염증에도 불구하고 정치인들이 기특해 보이는 경우가 가끔씩은 있는 것 같다. 지난 2012년의 총선과 대선에서 여·야 가릴 것 없이 복지를 부르짖었던 상황이 대표적일 것이다.[1] 서민들의 고통에 찬 호소에 정치인들이 발 빠르게 반응

1) 아래 그림은 진보와 보수를 대표하는 신문 두 개씩을 뽑아 각 신문에서 복지와 관련된 사설을 게재한 수를 보여준다. 오르락내리락하는 모습을 보이고 있지만 전반적으로 점점 증가하는 경향이 쉽게 확인되며 2010년 이후 폭증하는 모습이 연출된다(안상훈, 2011).

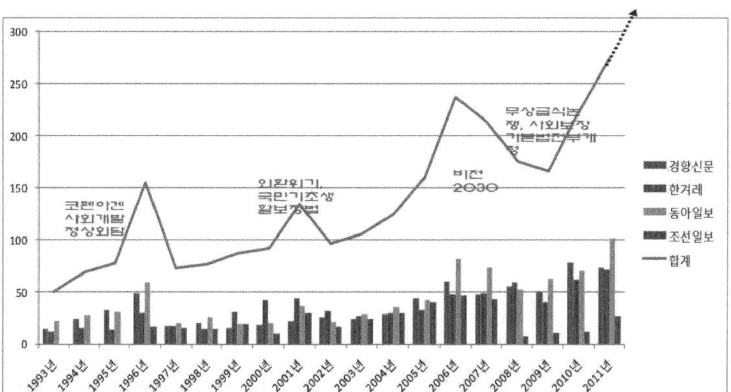

하면서 벌어진 일이라 믿었건만, 단지 '일장춘몽'이었던가? 불과 2년 전 한국 정치를 뜨겁게 달궜던 복지정치의 슬로건들이 슬그머니 자취를 감추어버렸다. '세월호 정국'이 잉태한 국가 혁신의 어젠다가 주로 경제 활성화 쪽으로 방향을 틀게 되면서 가속화되고 있는 정치적 현상이다. 성장과 분배에 관한 국가 전략의 새로운 탄생으로 여겨졌던 2012년 대선 이후의 복지정치가 이제 적어도 얼마간은 세간의 주목에서 비껴나 있을 듯하다.[2)]

그 뜨거웠던 복지정치, 그 밑바탕에는 지금까지 이 연구에서 밝힌 그대로의 불평등과 이중구조가 자리한다. 복지체제 비교를 통해서, 그리고 한국 사회의 오랜 경험에 관한 분석을 통해서 확인했듯이 우리가 겪고 있는 고통의 크기는 결코 작지 않다. 그럼에도 불구하고 2012년을 달궜던 우리네 복지정치는 왜 다시금 수면 아래로 잠복하고 있는가? 이유를 찾자고 한다면 한두 가지가 아닐 테지만, 아마도 '성장'이란 단어에 대한 한국인들 특유의 심리 상태가 가장 큰 이유일 것이다.

'한강의 기적'에 대한 공통의 경험, 기억, 그리고 신념은 대단히 한국적인 현상이다. 현 시점 한국 사회를 이끌고 있는 40-50대 이상의 인구를 보자. 눈부신 경제성장, 그리고 그러한 성장을 통한 전 국민의 삶의 질 향상이라는 명제는 이미 그들 삶 전체를 관통하는 일생의 경험이자 기억이다. 그러한 공통의 경험과 기억을 국민 절대다수가 공유하면서 '오로지 성장'에 대한 국민적 신념이 완성된 것이다. 바로

2) 물론, 낙관적인 전망도 충분히 가능하다. 각주 1의 그림에서 확인한 것처럼 전반적인 복지정치의 상승세는 여전할 것이기 때문이다. 한국의 복지정치는 이미 활성화되었다고 볼 수 있는 것이다. 정국을 뒤흔드는 다른 이슈가 불거지지 않을 경우에 복지는 늘 화두가 될 것이다. 2014년의 각종 선거에서도 복지공약이 매우 중요하게 취급되었는데, 이 또한 낙관론의 증거라 할 수 있다.

여기서 매우 한국적인 복지정치의 지향성이 완성된다. 그 지향성에 이름을 붙이자면 '복지정치의 지체'가 적당해 보인다.[3)]

복지에 관한 국민적 인식의 지평이 성장에 깊은 뿌리를 내리고 있는 한편, 한국 사회 정책 엘리트들의 생각은 더더욱 성장주의적이다(남상호 · 최병호, 2011). 경제 부처와 재벌을 선봉으로 한 성장주의 엘리트 그룹이 복지병에 관한 담론을 무기로 복지국가를 '위험물'로 간주해 온 지 이미 오래다. 성장주의 프레임에 갇힌 이들을 중심으로 '복지를 하면 나라 망한다'는 식의 그릇된 주장이 공공연히 이루어지고 있는 것이다. 과연 복지국가란 것이 성장에 암적인 존재인가? 불평등의 고착과 한국 사회의 이중구조가 진전되는 이 순간에도 우리는 성장만을 애써 외쳐야 할 것인가? 한국 사회의 복지국가에 관한 이러한 인식의 기저에서 출발하여 한국에서 복지국가란 어떤 의미인지, 어떤 복지국가가 되어야 하는지에 관해서 차분하게 따져보자.

제2절 '고장 난' 자본주의와 '한국형' 복지국가 전략

마치 복지가 성장을 침해하기만 하는 것처럼 목 놓아 반대하는 정책 엘리트 그룹이 아직도 있다. 일반 국민 입장에서는 진짜 그런 줄로 착각하기가 십상인 현실이다. 복지병과 성장론에 관한 우리 사회의 논의들이 지나치게 피상적이거나 기만적이기에 냉철한 머리로 따져볼 게 여러 가지이다.

---

3) 한국인의 복지정치에 관한 인식 지형이 어떠한가에 관해서는 이후의 절에서 보다 자세히 다룰 것이다.

지금 이 순간, 전면에 내세워진 정치 슬로건으로서 복지국가에 관한 담론이 잠시 주춤한 것을 부인할 수는 없을 것 같다. 하지만, 모든 종류의 복지 확대가 무조건 성장 침해적이라는 주장에 넋 놓고 있을 수만도 없는 일이다. 성장주의가 또다시 힘을 얻어가는 형국임에도 여기서 제안 하는 '한국형 복지국가 전략'을 무시할 수는 없을 것이다. 고용을 통해 성장과 복지의 선순환을 기하자는 전략에 대한 이의제기가 쉽지 않을 것이기 때문이다. 여기서의 제안은 무대포식이 아니다. 본격적인 사회발전의 큰 그림[4]이 없이는 성장마저 불가능해진다는 우려 섞인 제안이요, 제대로 된 두 번째의 한국형 발전 전략을 논하자는 충언이기 때문이다.

올바른 복지국가 전략을 무시하고 과거형의 성장 전략만 고수한다면 성장마저 힘들게 된다. 불평등과 이중구조가 잉태하는 갈등 비용이 어마어마할 뿐더러 성장마저 갉아먹기 때문이다. 피케티의 주장에 온 세계가 귀를 기울이고 다보스포럼에 모인 갑부들마저 불평등의 심화를 걱정하는 와중이다(토마 피케티, 장경덕 외 역, 2014). 오로지 과도한 신념에 사로잡힌 한국의 성장론자들만이 복지국가 전략을 등한시하는 형국이다. 한국이 두 번째의 성장을 이루기 위해서라도 한국사회의'고장 난 자본주의'를 고쳐야 한다. 적어도 다음과 같은 세 가지 면에서 한국의 자본주의는 고장 난 상태이다.

1. 고용 없는 성장

이미 한국 사회는 아무리 성장을 해도 고용이 잘 늘지 않는 '고용

4) 불평등과 이중구조의 완화를 포괄하는 사회발전에 관한 그림을 말한다.

〈표 8-1〉 정부에 따른 경제성장률, 일자리 창출 및 고용 탄력성의 변화

(단위: %, 천 명)

	제5공화국	제6공화국	문민 정부	국민의 정부	참여 정부	이명박 정부[5]
경제성장률	67.1	50.9	42.9	26.6	23.6	9.0
일자리 창출	1,975	2,655	2,205	955	1,264	396
고용 탄력성[6]	0.205	0.319	0.270	0.169	0.241	0.189

출처: 금재호 외(2011); 한국은행, 국민계정, 각 연도; 통계청, 경제활동인구조사, 각 연도.

없는 성장'의 함정에 빠져있다(방하남 외, 2008; 김혜원·안상훈·조영훈, 2005). 첨단산업화나 지식경제라는 개념이 선진화된 경제를 표상하는 대표적인 말들이다. 얼핏 보면 대단한 장밋빛의 스토리만 펼쳐질 것 같은 개념들이다. 하지만 실상은 다르다. 산업이 첨단화될수록, 또 지식경제가 심화될수록, 저학력 저숙련 근로자는 생산 현장에서 점점 더 필요가 없어지게 된다. 당장 현대기아차나 삼성전자의 최첨단 공장을 견학해보면, 생각보다 근로자의 수가 그리 많지 않음을 쉽게 알 수 있다. 로봇이나 컴퓨터가 인간보다 월등한 생산성으로 근로자로서의 인간을 대체하고 있기 때문이다. 오일쇼크 이후 세계경제가 혁신에 기댄 성장을 더욱 강조하게 되면서부터 혁신의 이름값을 못하는 '이중구조상의 아랫것들'은 설자리를 잃어간다.[7]

〈표 8-1〉은 제5공화국에서 지난 이명박 정부 시기까지의 경제지

5) 이명박 정부의 경제성장률과 고용탄력성은 2008~10년의 3년 기준.

6) 고용탄력성=취업자증가율/실질GDP증가율.

7) 1973년과 1979년의 1, 2차 오일쇼크는 산유국 입장에서는 자신들의 한계적 부존자원에 대한 제값 받기로 기억될 것이다. 오일쇼크 이전의 서구 자본주의 역사는 산유국에 대한 자원 착취로서의 어처구니없이 싼 기름 값에 기댄 자본주의 황금기라는 비판도 가능한 것이다. 오일쇼크 이후 서구 경제는 비싸진 기름 값을 벌충할 정도의 '혁신'이 절실해졌다. 그리고 혁신의 결과는 기술에 의한 생산성 증대였고, 이는 다시금 고용 없는 성장을 잉태함으로써, 결국은 정치적으로 지속가능하기 힘든 수준의 불평등으로 이어지는 자본주의의 딜레마를 연출하고 만다.

〈표 8-2〉 취업계수[8)]

연도	2005	2006	2007	2008	2009	2010	2011	2012
전체	26.4	25.4	24.5	24.1	23.9	22.8	22.4	22.4
제조업	19.3	17.6	16.2	15.6	15.3	14.0	13.3	13.0
금융보험업	14.0	14.1	13.1	12.7	11.4	11.7	12.1	11.6
정보통신업	17.6	17.0	16.0	15.3	15.5	15.3	15.3	14.6
보건·사회복지	22.4	22.4	22.5	24.6	27.0	29.3	31.8	31.8

자료: 통계청, 「경제활동인구조사」 원자료, 각 연도. 한국은행, 「국민계정」 http://ecos.bok.or.kr.

표 변화를 보여준다. 전체적으로 성장도 둔화되고 있지만 일자리 상황은 더더욱 악화되고 있는 상황이다. 특히 고용탄력성의 경우도 외환위기를 겪은 국민의 정부 이후 약간 상승하다가 다시 악화되는 모습을 보이고 있다.[9)]

〈표 8-2〉에 나와 있는 것으로, 10억 원 성장할 때 취업자가 몇 명 늘었는지를 나타내는 취업계수를 보자. 전체 취업계수는 26명 정도에서 22명 정도로 떨어지는 추세다. 제조업, 금융보험업, 정보통신업 등 첨단산업화 혹은 지식산업화의 대표적 분야의 경우 대체로 취업계수가 떨어지는 추세를 보인다.[10)]

2. 가부장적 자본주의

남성 중심으로 굴러가는 '가부장적 자본주의'로는 더 이상의 성장이 요원해 보인다. 한국 남성들은 전 세계에서 가장 오래 일하는 반

8) 취업계수=취업자(명)/실질GDP(10억 원).
9) 이명박 정부 말기 이후 최근까지 상황이 조금 개선되기는 하지만 전체적으로는 고용 없는 성장의 추세에 들어섰다고 볼 수 있다.
10) 보건복지 분야의 경우 취업계수가 증가하는 모습을 보이는 것과 대조적이다.

면, 여성들은 체계적으로 배제되는 것이 한국의 노동시장이다. 자본주의 최대 덕목인 자유경쟁이 무색할 정도로 남성에게만 유리한 노동시장인 것이다. '일하고 싶은 여성들의 배제'로 요약되는 노동시장의 양성불평등은 양성불평등 그 자체의 문제를 넘어 이미 한국 자본주의 성장에도 심각한 그림자를 드리우기 시작했다.

별다른 부존자원이 없는 한국, 그래서 우리는 종종 우리에겐 사람밖에 없다는 말을 하곤 한다. 지난 시기, 한강의 기적도 모두가 사람 덕분이었다. 때로는 밤샘 작업에 내몰렸던 어린 여공들의 땀방울에 기대어, 때로는 사우디 건설 현장에서 새까맣게 타들어갔던 남성 근로자들의 희생에 기대어, 무엇보다 가장 머리 좋은 민족으로서 교육입국의 가치에 기대어 이루어낸 기적이었다. 이제, 교육받은 여성들의 잠재적 생산성을 활용하지 않고서는 두 번째 성장 시나리오를 작성하기가 힘들어 보인다.

〈그림 8-1〉을 보자. 남자와 여자가 대학에 얼마나 진학하고 있는지에 관한 국가 간 비교자료이다. 국가별로 대학에 포함되는 교육기관의 범주가 다르긴 하지만, 뉴질랜드를 제외하면 한국 사람들이 대학에 가장 많이 가는 것으로 나타난다. 대부분의 다른 나라들이 그런 것처럼, 한국의 여성들도 남성들보다 대학에 더 많이 진학한다. 문제는 그다음이다.

〈그림 8-2〉에서 확인 가능한 것처럼, 한국 남성들의 고용률은 선진국 평균 수준이지만, 여성 고용률은 하위권에 속한다. 일단 대학을 졸업하면 대부분의 여성들이 일자리를 갖는다. 하지만, 대학을 나온 여성들 중 상당수는 '결혼하고, 첫 애 낳고, 둘째 애 낳을 즈음'에 거의 다 노동시장에서 나가버린다. 여성 고용률 약 50%의 구성을 좀 더 자세히 들여다보면, 더 심각한 문제가 드러난다. 대학을 갓 졸업

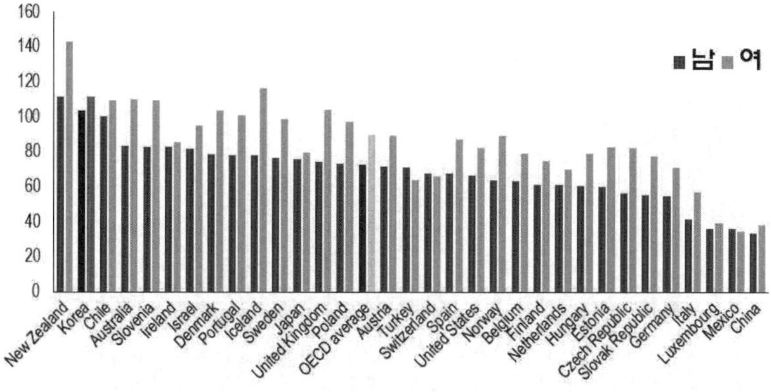

출처: OECD, 2010, Tertiary-type 5A, 5B Total.

〈그림 8-1〉 성별 대학진학률 수준

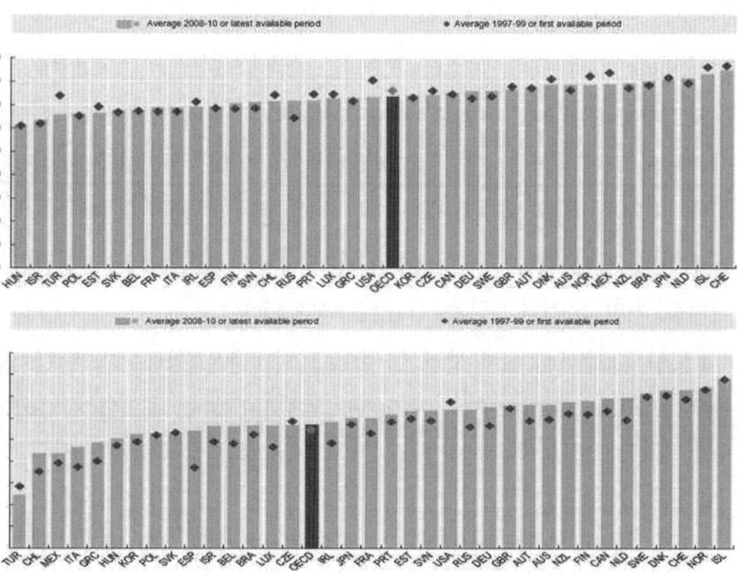

〈그림 8-2〉 **고용률**(위: 남성, 아래: 여성)

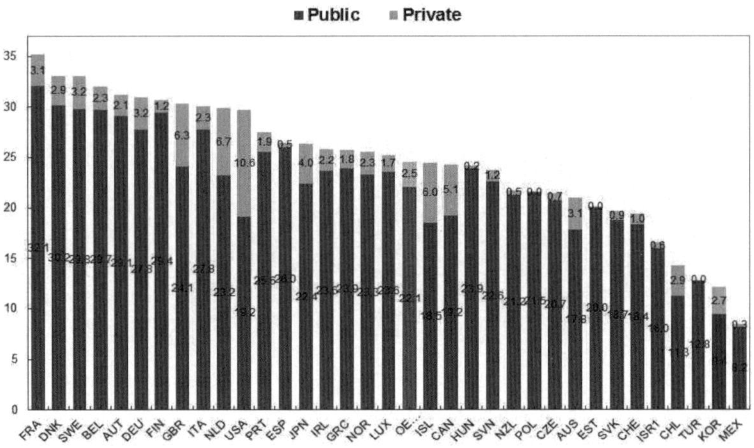

〈그림 8-3〉 공공 민간 사회지출(단위: % GDP, OECD, 2009)

한 젊은 여성을 제외하면 거의 다 '목구멍이 포도청'이라 어쩔 수 없이 평생을 일할 수밖에 없는 저학력·저소득 여성들이 고용률을 채우고 있는 것이다.11) 교육비 투자도 투자라고 본다면, 투자를 회수해야 하는 것은 상식 수준의 일이라고 볼 수 있다. 우리나라는 여성에 대한 교육 투자를 회수하기는커녕 아예 통째로 날려버리는 나라다. '사람밖에 자원이 없는 한국'에서 이런 상황을 방치한다면, 성장마저 어려울 거란 우려가 예사롭지 않은 상황이다.

〈그림 8-3〉에서 보다시피 한국의 사회지출은 공공이건 민간이건 모두 합치더라도 OECD 국가 중에서 멕시코 빼고 꼴찌인 상황이다. 한국 사람들의 복지욕구가 다른 나라 사람들보다 적어서 그런 것이

11) 이들 저소득, 저학력 여성들은 먹고 살기 위해서 일자리를 찾아 나서면서 아이들을 방임하는 경우가 많다. 특히 한국 저소득 여성 일자리는 일용직이 많지만 전일제를 넘어서 일해야 하는 경우가 많고 이들의 자녀들은 경제적 자본 외에 가족관계라는 사회적 자본에서도 배제를 경험하게 된다.

아니다. 돈으로 계산되지 않는 복지를 누군가가 하고 있기에 발생하는 현상이다. 한국에서는 아동돌봄, 장애인돌봄, 노인돌봄 등등 가장 중요한 복지기능을 가족이 공짜로 수행한다. 가족 중에서도 어머니, 며느리, 딸, 즉 여성들이 이런 일을 의무로 여긴단 점에서 선진국과 달라도 너무나 다르다. 이는 남성과 여성 사이의 '성역할 분담'의 문제가 아니고, '문화적으로 강제되는 착취'다. 여성들이 자발적으로 선택하는 상황이 아니기 때문이다. 여성들이 자본주의 시장에서 능력발휘를 못하게 하는 질곡이라는 면에서 보건대, 한국의 자본주의를 병들게 하는 요인이 아닐 수 없다.

3. 불평등의 지속

무한경쟁으로 인한 빈익빈 부익부 현상이 심화되고 있으며 이는 다양한 종류의 갈등 비용을 유발한다. 복지를 적게 하는 재정적 비용절감이 사회적 갈등의 유지 비용으로 둔갑하는 순간이다. 자유로운 경쟁을 통해 성취 동기를 강화하고 이렇게 강화된 성취 동기를 기반으로 성장하는 것, 자본주의적 자유시장이 공산주의와의 체제 경쟁에서 승리한 가장 큰 요인일 것이다. 문제는 자유경쟁에 따른 보상의 차별화가 누적적으로 이루어지면서 소득격차가 상상을 초월해서 진행된다는 점이다.

열심히 일한 사람, 일의 성과가 더 좋은 사람에게 더 큰 경제적 보상을 하는 것은 그 자체로 공정성을 담보한다. 하지만 차별적 보상의 수준이 무한대로 이루어지거나 자기 업적이 아닌 부모의 업적에 기대어 부를 향유하는 부의 대물림이 공정한가에 관해서는 논란의 여지가 있다. 2008년 월스트리트 발 경제위기의 원흉이었던 몇몇 실패한 금융 CEO들이 천문학적 성과 연봉이나 퇴직금을 받는 것이 과연 공정한가? 호텔 거부로 유명한 힐튼 가(Hiton 家)의 상속녀인 패리스 힐튼이 하룻밤에 억대를 호가하는 파티를 나날이 이어가는 것이 정의로운가? 과거에는 상상조차 할 수 없었던 '슈퍼리치'의 출현이 새로운 논란을 촉발하고 있다.

〈그림 8-4〉와 〈그림 8-5〉에서 보듯이 한국 사회도 이미 이러한 경로에 접어들었다. 소득상위 10%의 절대적 소득이 거의 배가 되는 동안 소득하위 10%는 제자리걸음이다. 또한 잘 알려져 있다시피, 한국은 세금과 복지제공을 모두 시행한 후의 가처분소득을 기준으로 한 빈곤율도 가장 높은 나라 중 하나이다.[12)]

다양한 사회학적, 정치학적 연구들이 시사하듯, 빈익빈 부익부의 결과로서 중산층이 줄어들게 될 때 발생하는 문제들은 한두 가지가 아니다(홍두승, 2010). 중산층은 정치적 양극화를 막아내고 한 사회의 문화적 건전성을 수호하며 활발한 계층 이동 사다리를 견고하게 만드는, 그야말로 사회갈등 해결의 만병통치약으로 기능하는 존재다(안상훈, 2008). 불평등이 도를 지나쳐서 전형적인 이중구조를 고착화하고, 종국적으로 경제적·사회적·정치적·문화적 양극화를 진전시키게 될 때, 그 사회의 갈등 비용은 커져만 갈 것이고 경제적 성장의 미래마저 암울해진다.

12) 1차적인 시장 소득분배의 경우 북유럽을 포함한 많은 나라들이 우리보다 더 불평등하다. 하지만, 조세나 복지 등을 통한 복지국가의 역할까지 감안할 경우 한국은 복지국가의 역할이 적어서 최종적인 불평등 정도가 늘 높게 나온다.

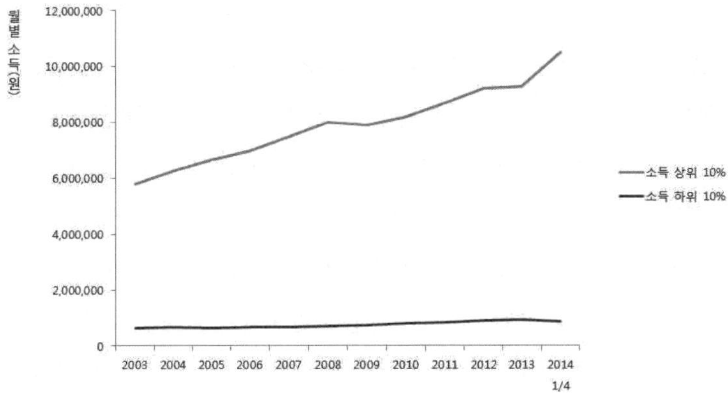

〈그림 8-4〉 한국 사회 양극화의 진전[13)]

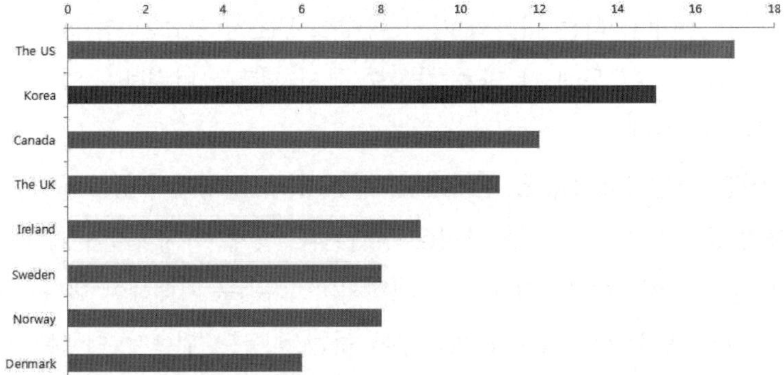

〈그림 8-5〉 가처분 소득의 상대적 빈곤 국가 비교[14)]

---

13) 한국의 상위 10%-하위 10% 가구 평균 월 소득, 통계청자료.
14) OECD, 가처분소득 빈곤율, 즉 중위소득(median)의 50% 이하 비율.

4. 복지국가 전략의 활용가능성

고용 없는 성장, 노동시장의 양성불평등, 다차원적 불평등 혹은 양극화는 모든 자본주의 사회가 선진화 과정에서 목도하였던 공통의 과제들이다. 바야흐로 한국 사회가 당면하고 있는 이러한 문제들을 고치려면 복지국가라는 '전가(傳家)의 보도(寶刀)'가 필요하다. 반드시 복지를 늘려야 하는 상황이긴 하지만, 저성장, 실업, 고령화 등으로 추가적인 복지 재원 마련이 쉽지 않다는 점에서 우리의 고민은 점점 더 깊어진다(안상훈, 2010). 자칫 현금복지를 지나치게 키웠다가 사회보험발(發) 재정 위기에 봉착한 일부 선진국의 경험을 보면, 복지국가를 무작정 키운다고 능사가 아니다. 고장 난 한국의 자본주의를 고치기 위해서 복지를 늘려야 하지만 비용을 마련하는 일도 걱정해야 하는 상황인 것이다. 다른 나라의 복지 확대를 무조건 답습할 수 없는 이유들이다. 우리 몸에 딱 맞는 한국형 복지 전략을 마련하는 일이 중요한 까닭이다.

약간 서둘러서 결론을 말하자면, 현재 한국 상황에서 중요한 전략의 방향성은 간단하게 두 가지로 정리된다. 첫째, 복지국가를 확대해야 한다. 둘째, 현금복지가 아닌 사회서비스복지를 확대해야 한다. 사회서비스 방식으로 복지를 확대해야 하는 이유는 위에서 언급한 세 가지 종류의 문제 모두에 대해서 효과적인 처방전이기 때문이다(안상훈, 2007). 이는 성장주의자들을 설득하는 데에도 유효한 전략이 된다. 예컨대, 복지국가의 확대를 위험하다고 여기는 성장주의자들은 '모름지기 좋은 시민이라면 되도록 일해서 먹고 살아야 한다'고 주장하곤 한다. 문제는 삼성전자나 현대기아차가 아무리 잘 나가도 고용 창출이 잘 안 된단 점이다. 이른바 '노동의 종말'의 현실화가 진행 중인

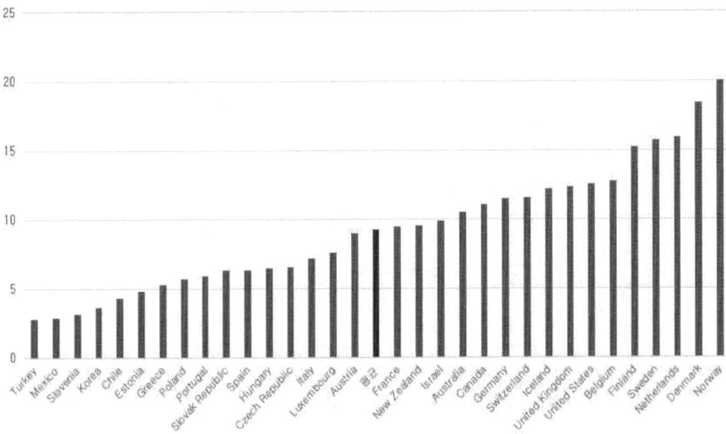

〈그림 8-6〉 전체 고용에서 사회서비스 고용의 비중[15)]

상황이다. 결국, 일해서 먹고 살라는 자유주의적 주장이 설득력을 얻기 위해서라도 새로운 일자리를 만들어 내는 것이 중요한일일 것이다. 사회서비스 중심의 복지확대전략은 '고용 창출을 통한 불평등 완화'에 관해서는 다면적인 처방전이 된다.

한국의 일자리 종류를 선진국과 비교할 때, '사회서비스 분야' 일자리가 매우 부족한 상황이다(김혜원 · 안상훈 · 조영훈, 2005). 〈그림 8-6〉에서 보다시피 노르웨이의 1/7, OECD 평균의 1/3 수준으로 나타난다. 상대적으로 이런 일자리가 부족하다는 것은 다른 한편으로는 국가의 의지만 있다면 이 부문에서 상당한 고용 창출이 가능하다는 점을 보여준다.

〈그림 8-7〉에서 보여주는 고용탄력성이란 성장에 따라 취업자가 얼마나 늘었는가를 보여주는 지표다. 제조업의 고용탄력성은 이미 상

15) 건강 및 사회 고용(2008), 단, Chile 2011, Greece, Poland 2007, France 2006.

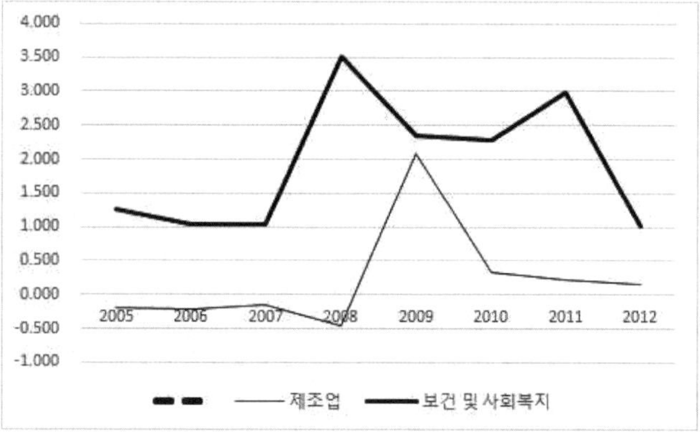

자료: 통계청, 「경제활동인구조사」 원자료, 각 연도. 한국은행, 「국민계정」http://ecos.bok.or.kr.

〈그림 8-7〉 제조업과 사회서비스업의 고용 탄력성

당히 낮은 상태로 기존 산업이 첨단화됨에 따라 고용에의 기여도가 떨어졌음을 보여준다. 반면 전반적으로 보건 및 사회복지분야, 즉 사회서비스분야의 고용탄력성은 상대적으로 상당히 높은 수준임을 알 수 있다. 사회서비스 분야에 돈을 쓸 경우 고용 증대 효과가 상당히 큰 것이다. 사회서비스 일자리를 늘리려면 결국 복지를 확대해야 하는데, 이는 결국 국가의 의지에 달린 일이다. 요컨대, 사회서비스 중심의 '고용·복지 연계 전략'은 복지국가 확대를 통해 일자리도 늘리고 성장도 가능케 하는 묘책이라 할 수 있다.

제3절 한국인의 복지 인식과 복지 전략의 정치적 예산 제약

1. 지속가능한 복지정치의 조건

한국에서 복지정치가 한창 뜨거웠던 2010년 이후, 유럽 발 경제위기의 진원지는 남유럽국가였다. PIGS국가라는 모욕적인 별명까지 얻었던 이들 국가의 가장 큰 패착은 세금이나 사회보험료를 걷지 않는 대신 국채 발행에 의존해서 복지를 늘린 일이다. 〈그림 8-8〉에서 보이는 것처럼, 남유럽국가들은 영미권 국가들보다 큰 복지를 추구하면서도 국민부담률은 비슷한 수준을 유지했다. 남유럽의 전철을 밟지 않기 위해서는 국민부담수준에 맞춰서 복지국가의 예산제약을 설정하는 것부터 챙겨야 한다. 쉽게 말해서 세금 걷은 만큼만 복지를 늘리는 게 좋다는 얘기다.

그렇다면 우리 국민들은 세금이나 복지 수준 등과 같은 복지정치

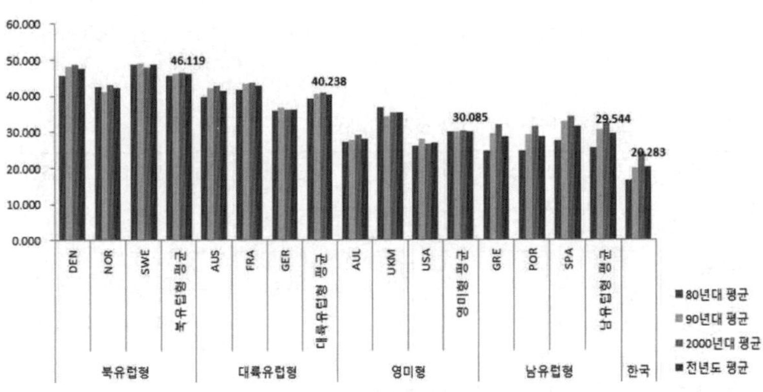

〈그림 8-8〉 주요국의 국민부담률(단위: % GDP, OECD Tax statistics)

의 이슈들에 대해서 무슨 생각들을 하고 있을까? 복지정치의 향방이 정책과 제도화를 규정한다는 제도주의의 지혜를 빌자면(Esping-Andersen, 1990), 한국형 전략의 설계를 위해서 중요한 질문이 아닐 수 없다. 현재 우리의 국민부담 수준은 선진국들과 비교도 안 되게 낮은 수준이다. 현재 한국의 복지지출이 낮은 상황이라 당연한 일이다. 동시에 재정적으로 지속가능하도록 복지를 늘려가려면 국민부담도 점점 더 늘려가야 함을 의미하는 통계이기도 하다.

2. 한국인의 복지 인식

다음으로 한국 사람들이 가지고 있는 성장과 분배에 관한 복지정치지향성의 대강을 살펴보기로 하자. 지금부터 확인할 자료는 서울대 사회정책연구그룹(책임자: 안상훈)에서 2006년부터 격년으로 조사한 결과를 토대로 한 것이다.

〈그림 8-9〉에서 보이는 것처럼, 우리 국민 절대 다수는 한국의 소득격차가 감당할 수 없을 만큼 크다고 생각한다. 1차에서 5차로 가면서 약간씩 떨어지고는 있지만 90%를 넘나드는 수준이며, 이는 국제

〈표 8-3〉 사회정책 욕구 및 인식 조사의 개요

구분	1차(06년)	2차(08년)	3차(10년)	4차(12년)	5차(14년)
모집단	만 20세 이상	전국(제주도 포함) 만 19세 이상 성인 남녀			
표본크기	1,202명	1,207명	1,209명	1,200명	1,205명
표본 할당 기준 주민등록 인구 통계	2006.10. 기준	2008.10. 기준	2010.10. 기준	2011.10. 기준	2013.11. 기준
표본 추출 방법	다단계 층화 무작위 추출법				
표본오차	± 2.8%(95% 신뢰수준)				

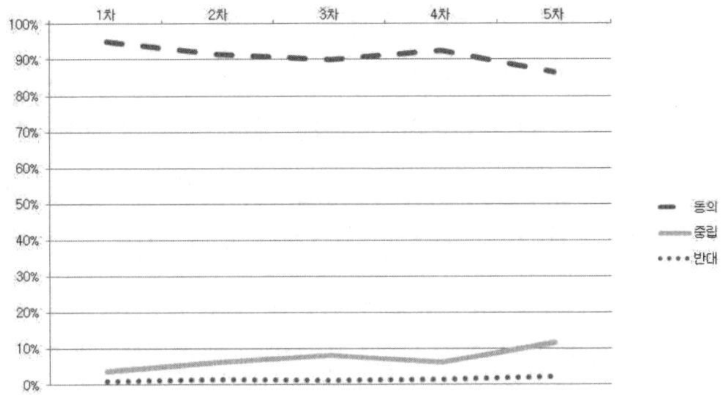

〈그림 8-9〉 소득격차가 지나치게 크다

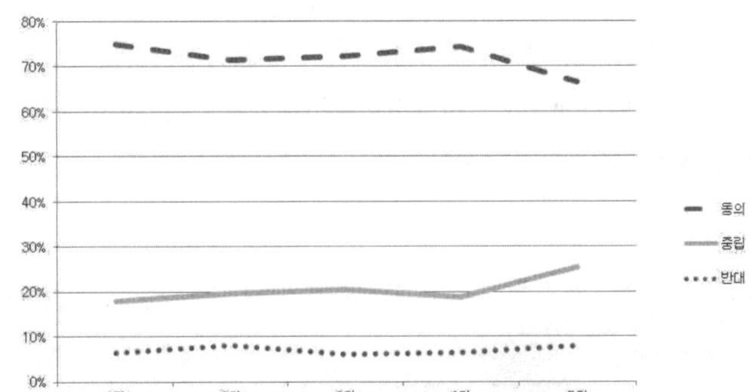

〈그림 8-10〉 소득격차를 푸는 것은 정부의 책임이다

비교를 해봐도 매우 큰 수치이다. 또한 〈그림 8-10〉에서 보이는 것처럼, 우리 국민은 이렇게 큰 소득격차를 풀 책임이 정부에게 있다고 생각하고 있는 것으로 나타난다. 2012년의 대선에서 한국 정치 사상 처음으로 복지가 화두가 된 국민인식 차원의 배경이라 할 수 있는 대목이다. 이 역시 최근으로 오면서 약간씩 줄어들고는 있지만 70% 전후의 국민이 이런 생각을 가지고 있음을 알 수 있다. 동의 정도가 약

간씩 줄어드는 것은 지난 10여 년간, 한국에서도 복지가 조금씩이나마 확충되었기 때문으로 여겨진다.

2012년 선거 당시, '무상복지 시리즈'에 관한 갑론을박을 중심으로 '보편복지'와 '선별복지'에 관한 정치권의 논쟁이 뜨거웠던 기억이 뚜렷하다. 이에 관한 우리 국민들의 생각을 보면, 매우 중도적인 입장에 서있음을 알 수 있다. 〈그림 8-11〉에서 보이는 것처럼, 지금 당장 복지를 매우 급격히 확대하자는 보편복지에 관한 주장이나 복지를 늘리면 성장이 힘들어진다는 식의 잔여복지에 관한 주장은 다수가 아니다. 대부분 국민들은 성장과 복지를 적절히 섞어 가야 한다는 '합리적 선별주의'를 선택하고 있는 것이다. 최근으로 들어서면서 잔여복지와 보편복지의 주장이 늘어나고 중도적인 견해가 줄어드는 모습도 보인다. 보편복지에 관한 진보적 주장보다는 잔여복지에 관한 보수적 주장이 힘을 얻고 있는 형국이라 할 것이다.

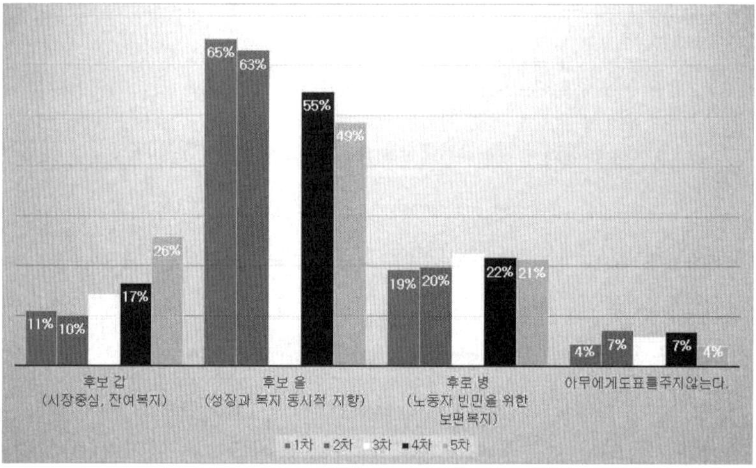

〈그림 8-11〉 보편복지와 잔여복지

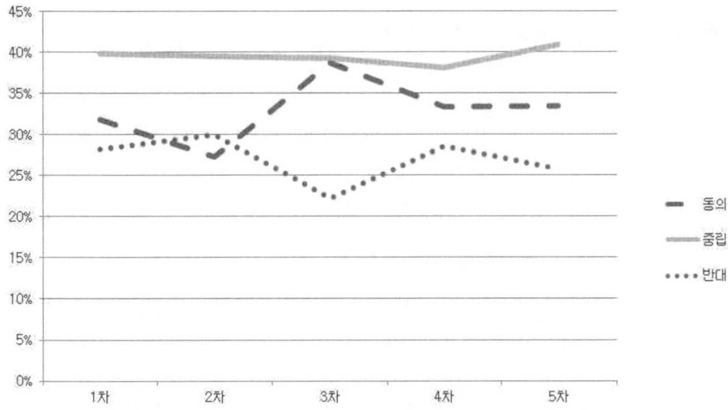

〈그림 8-12〉 복지를 위해서는 증세를 해야 한다

앞서 남유럽 PIGS 국가의 실패 사례에서 보듯이, 지속가능한 복지 재정의 기초는 복지 수준에 맞춰서 세금을 점점 올려가는 것임이 분명하다. 세금을 올리지 않는 복지는 국채에 의존하게 되며, 이는 결국 재정 위기를 초래할 가능성이 매우 높은 선택이다. 〈그림 8-12〉에서 보듯이, 복지를 늘리는 만큼 세금도 올려야 한다는 견해를 가진 국민은 대략 30-35%정도로 나타난다. 반대 의견이 그보다는 적지만 25-30%에 육박하여 만만치 않은 수준이다. 정부가 소득격차를 줄여야 하고 복지도 늘려야 하지만 세금을 많이 올린다면 반대에 부닥칠 공산이 큰 상황이 아닐 수 없다. 위의 다른 그림에서도 확인한 것처럼 선별 복지를 지지하는 사람들이 크게 늘고 있음이 확인되는데, 아마도 큰 복지를 위해서 증세가 필요하다면 꼭 필요한 복지부터 선별적으로 해야 한다는 판단을 하고 있는 것이라 여겨진다.[16)]

16) 같은 조사 결과, 보편복지 주장의 대표 사례인 대학등록금 지원에 관한 이슈에 대해서도 반대가 급격히 증가하고 있는 것으로 나타났다. 다른 분야와 비교할 때,

제4절 사회서비스 전략의 사회적·경제적 효과

앞서 살펴본 것처럼, 국민들에게 세금을 많이 내라고 할 수 없는 상황이라서 한국 복지국가를 위한 재원 마련은 쉽지 않을 것으로 예상된다. 적은 돈으로 경제적·사회적 성과가 높은 복지를 실시하는 것이 절실한 상황인 것이다. 결론부터 말하자면, 사회서비스 방식으로 제공하는 복지가 그런 복지다(안상훈, 2011).

지속가능한 한국형 전략으로서 사회서비스를 강화한다는 것은 무슨 의미인가? 이 절에서는 사회서비스 전략의 경제적·사회적 효과에 관한 실증적 증거를 중심으로 이 질문에 대한 대답을 찾아보자. 과거형의 전략인 '현금 위주 복지 제공'과 미래형의 전략인 '사회서비스 위주 복지 제공'의 두 가지 대안의 성과를 비교해 봄으로써 한국형 전략을 위한 실마리를 찾아보자.

1. 복지병 가설의 모순

지속가능하지 못한 복지란 무엇인가? 복지 확대를 경계하는 사람들이 제기하는 가장 대표적인 위험은 복지가 사람을 게으르게 할 것이라는 '근로 동기 침해'에 관한 주장이다. 〈그림 8-13〉은 주류 경제학의 '복지병' 혹은 '유럽병'에 관한 주장들을 그림으로 표현한 것이다. 복지지출이 늘면 늘수록 경제적 성과가 떨어진다는 주장이다. 모

대학등록금 분야에서 무상복지, 보편복지를 주장하는 것은 국민들의 지지를 얻기 힘든 상황인 것이다. '대학교육의 과실은 본인이 따먹는 것인데 왜 등록금을 국가가 대줘야 하는가?'와 관련된 '공정성 이슈'가 작동하는 것으로 추측된다.

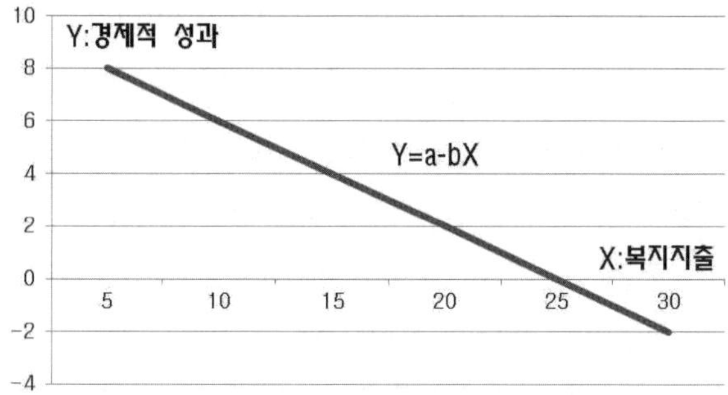

〈그림 8-13〉 복지병 가설

든 복지가 경제적으로 지속가능할 수 없다는 주장에 다름 아니다. 하지만 모든 복지가 지속불가능하다는 주장은 너무 지나치다. 주류 경제학의 주장을 좀 더 세밀하게 따져보면 모든 복지가 문제인 것은 아니란 사실이 쉽게 드러난다. 낡은 복지와 새로운 복지를 구분할 때, 낡은 복지가 문제이지 새로운 복지는 지속가능할 수 있다는 얘기다.

한국에서 복지를 확대해야 하는 것이 사실이지만, 어떤 경우라도 지속가능한 방식으로 확대해야지 과거형의 환상에 사로잡혀 무작정 무상복지를 외치는 것은 경계해야만 한다. 그렇다면 과거형의 복지란 무엇을 말하는가? 20세기 중후반에 복지국가를 발달시켰던 서구의 경우, 주류 경제학의 주장을 맹목적으로 좇아서 현금을 중심으로 복지를 확대했었다. 실제로 대부분의 경제학 교과서들에서는 '개인의 효용극대화'를 위해서는 현물이 아닌 현금으로 복지를 주라고 가르치고 있는 것이 사실이다.[17] 그래놓고는 현금 복지란 것이 사람들로 하

17) 예컨대, 세뱃돈 대신 그보다 비싼 책을 사서 주는 경우를 상상해보라. 아이들에게 인기를 잃게 되는 지름길일 것이다. 대부분의 아이들은 세뱃돈을 선호할 것이다. 돈(현금)으로는 자신들이 원하는 것을 무엇이건 구매할 수 있는 반면, 책은 교육적이긴 하지만 본인 선호와 별 상관이 없다고 느낄 공산이 크기 때문이다.

여금 일할 의욕을 꺾는다고 주장한단 사실은 아이러니가 아닐 수 없다. 결국, 주류 경제학이 복지를 보는 눈길은 대단히 역설적이다. 복지는 현금으로 줘야 하지만 현금복지는 근로 의욕을 꺾는 효과가 있단 것이다. 그래서 도출되는 결론은 복지는 되도록 조금만 하는 것이 좋단 것이다. 확장된 복지국가가 '복지병' 혹은 '유럽병'을 낳는다고 주장하는 신자유주의 경제학의 논리구조다.

현금 복지만을 가지고 복지병 운운하는 주류경제학의 가설은 낡은 주장이다. 보다 최근의 여러 연구 결과에 의하면, 탈산업화사회, 자본주의가 겪는 문제들과 관련해서는 사회서비스 방식의 복지가 현금 방식의 복지보다 경제적으로 더 지속가능하다는 사실이 속속 밝혀지고 있다(Ahn and Kim, 2012). 동시에, 경제적 지속가능성만 갖췄다고 좋은 국가 전략이 완성되는 것이 아니라는 사실도 직시해야 한다. 앞서 살펴본 바와 같이, 생애주기적인 고비마다 그리고 생활상의 여러 국면에서 만연하고 있는 불평등과 이중구조를 타파하지 못한다면, 우리 사회의 사회적·정치적 지속가능성이 심대한 문제를 겪게 될 것이 명약관화하다. 따라서 경제적인 고려 외에도 이들 문제와 관련된 제반 사항을 함께 고려해야만 보다 완성적인 국가전략의 도출이 가능해진다.

2. 사회적 지속가능성

경제적인 성과에 관해 논하기 전에, 불평등을 완화하고 중산층을 키우기 위해서는 복지를 어떻게 해야 할 것인가의 문제부터 짚어보도록 하자. 가장 먼저, 불평등이나 양극화를 완화하기 위해서는 복지지출을 어떤 방식으로건 늘려야 한다. 이는 앞선 장들의 분석에 더해 불평등과 관련된 다양한 연구를 통해서도 누차 밝혀진 명백한 사실이

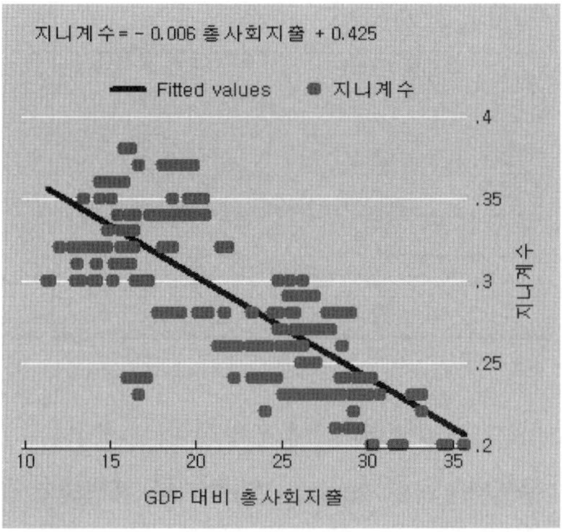

〈그림 8-14〉 지니계수[18]와 총사회지출[19]의 관계(안상훈, 2011)

다. 복지지출을 늘리지 않고서도 불평등을 완화할 방법이란 어딜 봐도 없는 것이다. 주류 경제학의 일부 논자들이 주장하는 것처럼 불평등 자체를 문제시하지 않는다고 하더라도 지나친 불평등은 늘 문제가 된다. 이 경우의 해법은 오로지 복지확대를 도모하는 것뿐이다. 위 〈그림 8-14〉가 잘 보여주는 것처럼, 불평등을 완화하려면 복지지출을 늘려야 한다는 점이 분명해 보인다.[20]

다음으로는, 양극화를 완화하고 중산층을 늘리려면 어떤 복지전략이 가장 효과적인지 살펴보도록 하자. 혹자는 중산층을 살리려면 복지보다는 시장 활성화에 힘써야 한다고 주장하기도 한다. 〈표 8-4〉

18) 지니계수는 대표적인 불평등 지표로서, 그 값이 클수록 불평등함을 나타낸다.
19) 여기서의 총사회지출은 현금이냐 서비스냐 상관없이 모든 복지지출을 다 합한 값이다.
20) 불평등 완화의 경우, 현금복지건 서비스복지건 상관이 별로 없다. 어떤 방식으로건 복지를 확대할 경우 불평등은 완화된다.

〈표 8-4〉 주요국의 중산층 크기[21)]

국가	중산층 가구비중 I*	중산층 가구비중 II**
스웨덴	52.7	75.8
노르웨이	45.3	70.5
독일	43.9	66.5
프랑스	39.4	62.5
영국	32.6	56.3
미국	27.3	50.4

는 성장주의에 경도된 이런 식의 주장이 터무니없다는 사실을 보여주는 간단한 증거다(안상훈, 2008). 성장주의를 표방하고 자유시장 경제만 추종하는 사람들이 주로 부러워하는 사례가 미국이므로, 미국과 스웨덴만 비교해 보도록 하자. 그들의 주장이 옳다고 한다면, 표에 나와 있는 선진국 중에서 복지를 가장 적게 하고 자유시장 경제를 활짝 꽃피운 미국에서의 중산층 규모가 가장 커야한다. 현실은 반대임이 쉽게 드러난다. 스웨덴처럼 사회서비스 복지를 많이 하는 나라의 경우, 미국에 비해서 중산층이 훨씬 많은 것으로 나타난다. 중산층 측정방식에 따라 다르긴 하지만 스웨덴의 중산층 규모는 미국보다 최대 두 배에 이른다. 미국보다 복지국가가 큰 다른 모든 나라들에서 복지 지출 규모에 준해서 중산층 크기가 커지는 경향이 있다는 것도 표에서 찾아낼 수 있는 매우 간단한 관찰 결과다.

이번에는 복지지출 규모가 엇비슷한 유럽 국가들만 놓고 비교해 보도록 하자. 그 중에서도 현금 복지를 가장 많이 하는 프랑스와 서비스복지를 가장 많이 하는 스웨덴을 비교해보면 매우 흥미로운 결과

---

21) 출처는 Luxemburg Income Study(WAVE 4)이며, 중산층 가구I은 중위가구소득의 75%에서 125%사이에 속하는 가구로 정의, 중산층 가구II는 중위가구소득의 75%에서 200%사이에 속하는 가구로 정의함.

가 도출된다. 프랑스처럼 현금 복지를 많이 하는 경우는 주로 연금이나 실업보험이 가장 중요한 지출 분야가 된다. 연금이나 실업보험 같은 사회보험들은 소득에 따라 기여하고 기여에 따라 받는 복지다. 따라서 소득이 낮은 사람보다는 높은 사람에게, 노동시장에서 일을 더 많이 하는 남성 노동자들이 그렇지 못한 여성들에 비해 유리한 지위를 가지게 된다. 고소득자와 남성 노동자 등이 사회보험 제도의 기득권세력이 되며, 이러한 상황이 지속되면서 승자와 패자 사이의 이중구조가 심화될 수밖에 없다. 한편, 복지지출 총량이 유사한 유럽국가들 사이에서도 스웨덴과 같이 보편적인 사회서비스를 더 많이 강조하는 나라들에서 중산층이 더 많아지고 양극화도 줄어드는 경향을 보인다. 사회서비스의 대부분을 차지하는 보육, 장애인 보호, 노인부양 등의 돌봄서비스나 보건의료, 교육, 고용, 주거서비스 등은 기여를 기반으로 하지 않는 제도들이다. 사회서비스가 여성 등 노동시장 약자그룹이나 저소득층에게 상대적으로 더 유리해지는 이유이다. 특히 이러한 사회서비스가 보편주의적으로 제공될 경우 중산층에게도 유리한 효과를 보이게 된다. 사회보험 방식의 현금복지보다 무기여 방식의 사회서비스복지가 계층격차를 축소하고 중산층을 키우는 데 더 큰 힘을 발휘하는 이유들이다.

불평등을 완화하려면 복지지출을 늘려야 하고, 중산층을 살리려면 사회서비스를 보편주의적인 방식으로 확대하는 것이 효과적이라는 사실을 확인하였다. 불평등완화와 양극화 해소는 그 사회의 갈등관리비용을 줄이게 되고, 궁극적으로 사회적·정치적 지속가능성을 높이게 된다.

3. 경제적 지속가능성

이제 보다 본격적인 의미에서의 지속가능성, 즉 경제적 지속가능성에 대해 살펴보도록 하자. 먼저, 〈그림 8-15〉에 나타난 바와 같이 노동시장에서의 성적표부터 따져보겠다.

두말할 것도 없이 실업률은 낮을수록 좋다. 그림에서 확인할 수 있는 것처럼, 사회서비스 복지를 늘리면 실업률이 줄어든다. '노동의 종말' 혹은 '고용 없는 성장'이 시사하듯, 시장에만 맡겨두어서는 '일하고 싶어도 일자리가 없는 상황'을 극복할 묘책이 없다. 그래서 필요한 것이 복지국가, 특히 사회서비스를 늘리는 복지국가다. 국가가 사회서비스를 늘리게 되면, 사회서비스 분야에서 일자리가 자동으로 늘게 된다. 현금복지는 계좌 이체만으로 전달이 가능한 반면, 사회서비스 복지는 사람에 의해서만 전달이 가능하기 때문이다. 동시에 이 분야의 일자리는 대개 저학력·저숙련 노동자들도 관심과 의지만 있다면 약간의 훈련을 통해서도 어렵지 않게 일할 수 있는 분야다.[22] 사회서비스 확대는 노동시장 하층에서의 일자리를 늘리고 근로취약계층의 비자발적인 실업을 구제하는데 위력을 발휘한다. 사회서비스를 늘리면 실업률이 줄어들게 되는 이유다.[23]

---

22) 이와 관련, 어떤 학자들은 사회서비스 일자리가 '좋은 일자리(decent job)'가 아니라고 비판하기도 한다. 이런 주장의 의미는 이해 가능하지만, 지나치게 낭만적인 비판이라 여겨진다. 당장 일자리가 없어서 먹고 살 길이 막막하고, 당장 복지를 크게 늘리는 것이 가능하지도 않은 상황이라면, 비록 저임금일지라도 사회보험의 혜택도 입을 수 있는 등 상대적으로 안정적인 일자리를 마련하는 것이 적어도 차선책은 될 것이기 때문이다(Ahn and Kim, 2012).

23) 반면, 현금으로 복지를 주면 근로동기가 줄어들어서 일할 필요를 덜 느끼기 때문에 실업률이 높아지는 것으로 보고된다(안상훈, 2011). 현금 복지를 늘리면 주류 경제학에서 우려하는 바, 복지병이 발생할 수 있음을 보여주는 결과들이다.

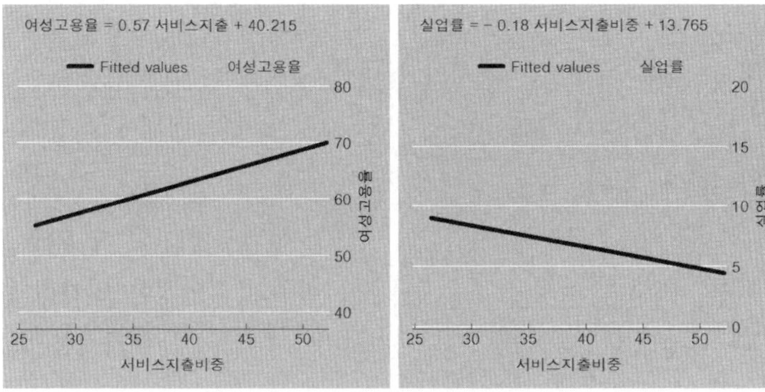

〈그림 8-15〉 사회서비스 지출과 노동시장성과의 관계(안상훈, 2011)

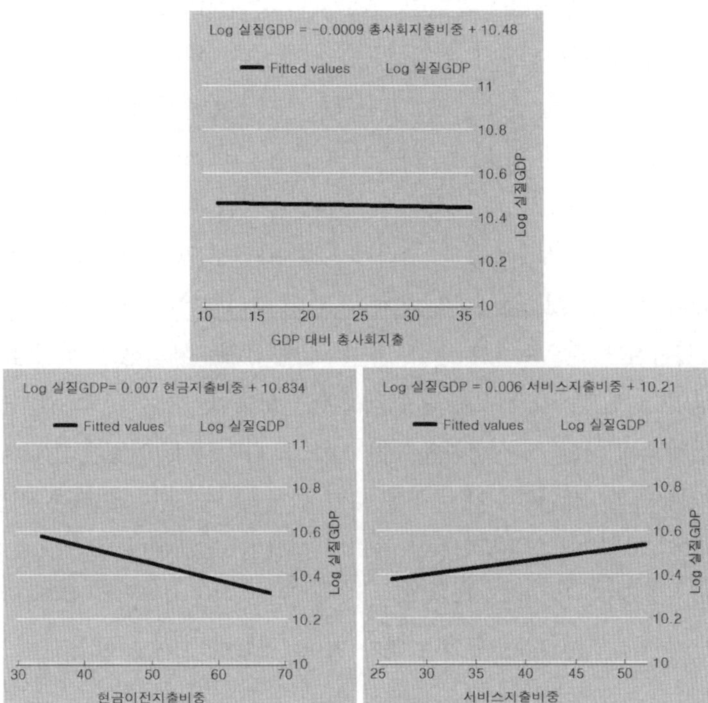

〈그림 8-16〉 복지와 성장의 관계(안상훈, 2011)

한편, 사회서비스 지출을 늘리면 고용률을 높이며, 고용률 중에서도 여성고용률을 높이는 효과가 분명한 것으로 나타난다(〈그림 8-15〉 왼쪽 그래프 참조).[24] 사회서비스는 적어도 두 가지 면에서 여성 고용에 기여한다. 첫째, 아동, 장애인, 노인 돌봄 등 집안일을 국가가 맡아서 해 줄 경우, 고학력 여성들이 마음껏 사회생활을 할 수 있게 된다. 둘째, 저학력 여성의 경우, 일용직 위주의 불안정한 일자리에서 벗어나서 상대적으로 안정적인 사회서비스 분야에서 일자리를 얻게 된다.

노동시장의 왜곡, 즉 근로 동기 침해와 관련된 신자유주의 경제학의 우려에 대해서 결론적으로 말하자면, 사회서비스 복지를 늘리면 복지병을 걱정할 필요가 전혀 없는 것으로 나타난다.

〈그림 8-16〉에 제시된 세 그래프는 복지급여 종류에 따라 성장에 어떤 효과가 나타나는가를 보여준다. 위의 그래프는 총사회지출 즉 현금과 서비스 복지 모두 합해서 볼 때, 성장과 별다른 상관이 없음을 보여준다. 총사회지출을 늘리거나 줄여도 로그GDP는 그대로다. 아래의 왼쪽 그래프를 보면, 현금 복지를 늘리면 늘릴수록 경제성장이 떨어지는 것으로 나타난다. 주류 경제학에서 제기하는 복지병의 양상이다. 반면, 아래 오른쪽 그래프에서 보듯이, 사회서비스 복지를 늘리게 되면 경제가 성장하게 되는 것으로 나타난다. 어떻게 이런 일이 가능할까? 생산함수의 구성을 보면 쉽게 알 수 있는데, 다른 것들이 같다고 할 때 노동투입량을 늘리면 생산이 늘게 된다.[25] 즉, 사회서비스 복지를 늘리면 사회서비스 일자리가 늘고, 여성들이 자유롭게 생산에 기여하게 되는 등의 효과가 있어, 열심히 능력을 발휘하는 사

---

24) 반대로, 현금급여를 높이면 고용률이 줄어든다(안상훈, 2011).

25) 생산=f(토지, 자본, 기술, 노동 등등).

람들에 의해서 경제가 성장하게 되는 것이다.

사회서비스를 늘리면 불평등이 줄고, 중산층을 늘리며, 실업률이 떨어지며, 고용률, 특히 여성 고용을 늘림으로써 궁극적으로는 성장에 기여하게 된다. 요컨대, 사회서비스 중심의 복지국가 전략은 사회적 지속가능성과 경제적 지속가능성을 동시에 높이는 전략이다.

제5절 한국형 복지국가 전략을 위하여

다시 한 번 말하자면, 세금을 갑자기 많이 올려서 복지를 마냥 크게 할 수 없는 것이 한국의 상황이라 효율적인 복지를 해야만 한다. 우리 사회 일각에서 주장하는 것처럼, 현금복지와 무상복지를 무작정 늘릴 수도 없고 그래서도 안 된다. 한국 사회의 이중구조를 혁파하고 불평등을 완화하여 궁극적으로 더 행복한 사회를 만들어야 할 텐데, 사회적 지속가능성 제고를 위해 가장 비용효과적인 복지가 바로 사회서비스 복지다. 사회서비스 복지는 일자리를 늘리기 때문에 성장에도 기여하는 등 경제적 지속가능성 제고에도 도움이 된다. 현금복지도 불평등 완화에 기여할 바 클 테지만, 적어도 경제적 지속가능성을 염두에 둔다면 작금의 고장 난 자본주의를 고칠 길은 서비스복지밖에 없다고 여겨진다. 요약컨대, 현금 복지는 합리적인 수준에서 아주 취약한 그룹에게 집중적으로 주는 것이 나을 것이다. 그리고 남는 돈 대부분은 고용과 성장에 기여하는 사회서비스 복지를 강화하는데 써야할 것이다. 이러한 전략은 기존의 어떠한 서구 복지국가들도 거쳐가지 않았건 길이자 '한국형'의 새로운 전략이라고 할 수 있다.

1. 복지국가 전략, 왜 '한국형'이어야 하나?

〈그림 8-17〉은 총사회지출의 구성에서 현금성 소득보장과 현물성 서비스보장이 차지하는 비중을 보여준다. 그림에서 보이는 것처럼, 기존의 복지국가 전략은 크게 세 가지로 나뉜다(Esping-Andersen, 1990; 안상훈, 2002, 2005; Huber and Stephens, 2001). 먼저, 영미형은 현금복지와 서비스복지가 균형을 이루지만 총사회지출 수준이 낮은 전략이다. 되도록이면 복지 확대를 지양하려는 영미형은 경제성과는 나름 나쁘지 않지만 사회적 성과인 불평등과 양극화의 문제를 해결하지 못하기 때문에 좋은 모델이라고도 보기 힘들다.

대륙유럽형은 총사회지출 규모에서 북유럽형과 차이가 없지만 전반적인 프로그램 구성에서 현금을 지나치게 강조하는 전략이다. 경제

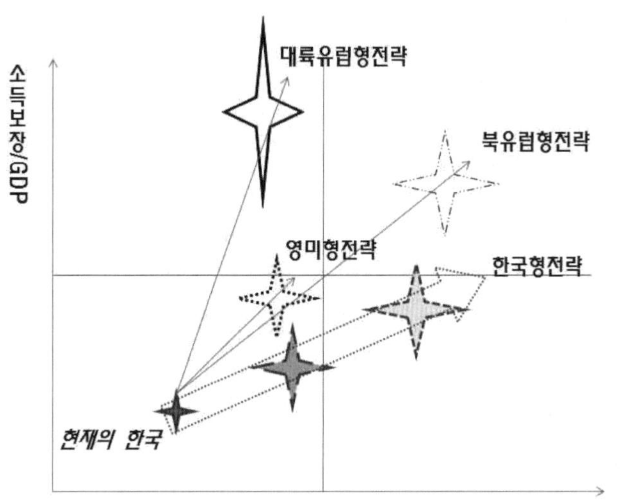

〈그림 8-17〉 다양한 복지국가 전략과 한국의 선택

적인 성과가 떨어진다는 면에서 문제가 있는 모델이다. 앞서 살펴본 바와 같이, 현금성 사회보험이 기득권에 유리하기 때문에 사회적 성과 측면에서도 그다지 효율적이지 못하다.

기존의 세 가지 전략 중에서는 사회서비스를 강화하는 북유럽 전략의 사회적·경제적 성과가 단연 높은 것으로 보고된다. 바로 이러한 이유에서 우리 사회 진보진영에서는 스웨덴을 필두로 한 북유럽 전략을 금과옥조로 여기기도 한다. 하지만, 우리 국민들이 당장 북유럽 정도 수준의 세금을 감당할 수 있을지는 의문이라 현실적인 대안이라 보기가 힘들다. 고령화 속도, 통일 준비, 전반적인 경제 상황 등을 보아도 한국의 현실과는 거리가 있는 전략이 아닐 수 없다(안상훈, 2011). 결국, 미래를 위한 한국형의 복지 전략은 처음부터 새로 작성되어야 한다.

2. 한국형 복지국가 전략의 원칙들

현금은 되도록 적게 그리고 서비스는 더 크게 가져가는 것이 현실적일 것이다.[26] 여기서 도출되는 것으로, 사회적 이중구조와 불평등 완화를 위한 한국형 복지 전략의 몇 가지 원칙을 정리하면 다음과 같다.

첫째, 예산 제약이 분명한 상태에서, 추가적인 현금복지는 취약계층에게 우선 지급하는 것을 원칙으로 해야 한다. 사회보험 발달의 역사를 볼 때, 한국의 현금 복지는 역진적인 발전 경로를 걸어왔다(백승호·안상훈, 2007). 상대적으로 우월한 노동시장 지위를 가진 군인, 공

26) 단, 국민들이 세금을 훨씬 더 내겠다고 한다면야 북유럽 전략도 가능할 것이다. 증세에 대한 국민적 여론이 긍정적이지 못하다는 것을 보면 당장은 비현실적인 이야기지만 말이다.

무원, 교원 등부터 시작했고, 일반기업의 경우에도 대기업에서 중견기업, 중소기업 순으로 확대되어 왔다는 점에서 그러하다.

지금부터 추가적으로 실시하는 현금성 복지의 경우에는 거꾸로 가야 한다. 가장 어려운 계층부터 챙겨줘야 한다는 얘기다. 예컨대, 소년소녀가장 가구, 장애인 가구, 노인 가구 등 '자격 있는 빈자(deserving poor)'에 대한 지원부터 강화하여야 한다. 현 정부에서도 교육급여, 주거급여, 의료급여, 생계급여 등으로 기초생활보장을 개별급여화 하고 있는데 이는 빈곤의 덫을 예방할 것으로 기대되는 정책이다. 취약계층에게는 부양의무제도의 범위 축소 등과 함께 실질적인 '추가급여'가 될 것이다. 동시에, 근로 가능한 빈자 그룹을 위해서는 사회보험료 지원이나 근로장려세제(EITC)를 확대하는 등 고용・복지연계형 지원을 강화할 필요가 있다.[27] 중장기적으로는 특수직역연금개혁, 건강수명연동 수급개시연령 도입 등 공적연금급여의 재정안정화 방안도 추진하여야 한다.

둘째, 위와 같은 조치를 통해 추가적으로 확보된 재원[28]으로는 보편적 서비스복지 확충을 통한 고용 활성화에 힘을 쏟아야 한다. 사회서비스 확대는 여성들의 고용에 매우 효과적이며 이 중에서도 돌봄서비스의 경우에는 해당 가구의 아동청소년에게도 유리하게 작동한다. 저소득여성에게는 보다 안정적인 사회서비스일자리를 주게 될 것이다. 동시에 고학력여성들에게는 보다 자유로운 시장 참여를 가능케

---

27) 이런 방식의 현금지원은 근로 동기 침해를 예방함과 동시에 근로를 장려하는 효과가 있다.

28) 궁극적으로는 증세를 전제로 하는 원칙이다. 지금 현재 정부에서는 세출구조조정, 지하경제 양성화 등을 통해 간접적인 재원 마련을 시도 중이지만 그것만으로는 부족할 수밖에 없다. 본격적인 증세, 모두가 더 내지만 고소득계층부터 먼저 더 내는 세제로의 개편이 시급하다. 이것이 담보되지 못할 경우 남게 되는 선택지는 국채 발행에 의한 남유럽형 복지 포퓰리즘밖에 없다.

하여 개인적으로는 자아실현에 도움이 될 것이고 국가적으로는 생산성 향상의 마중물로 기능할 것이다.

노인빈곤 타파가 작금의 화두지만, 기초연금 20만 원으로 줄어드는 빈곤율이란 고작 몇 %에 불과하다. 현금으로 궁극적인 처방전을 마련하려면 돈이 너무 많이 드는 것이 문제다. 고령화 시대, 100세 시대가 도래 하는 이 때, 65세 퇴직[29]이라는 산업화 사회의 화두는 새로운 각성의 대상이 되어야 한다. 노인 개념을 장애인 개념으로 대체하고, 생물학적 연령과 상관없이 생산성이 담보되는 고령자의 경우에는 노동시장에 머무를 수 있도록 해주어야 할 것이다. 물론, 본인이 원할 경우에 국한된 일이지만 말이다. 이를 위해서는 정년 연장, 임금 피크, 노인 일자리, 경력 2-3모작 등의 지원책이 동시다발적으로 시행되어야 한다.

장애인의 경우에도 현금 지급과 동시에 노동시장에 통합하는 방식으로 실질적인 복지를 늘려줘야 할 것이다. 예컨대 스웨덴의 삼할(Samhall)과 같이 보호된 노동시장에서 일을 할 기회를 제공하고 그 대가로 임금을 보조해주는 것이 단순히 같은 돈을 현금복지로 이체해주는 것보다 훨씬 낫다는 걸 알아야 한다. 현금 복지가 낙인과 수치심으로 이어지는 반면, 고용 연계형 복지급여는 개인의 궁극적 자유를 보장하는 훨씬 인본적인 대책이 될 수 있을 것이다(안상훈 외, 2007).

셋째, 정부와 시장의 실패를 동시에 넘어서는 방향으로 민관 협력의 원칙을 가동하여야 한다. 이런 맥락에서, 최근 사회정책의 뜨거운 이슈로 떠오르고 있는 사회적 경제에 주목할 필요가 있다. 사회적 경제 개념에 대한 합의된 정의는 없고 논자들마다 강조하는 부분이 다

29) 실제 한국에서는 그보다 훨씬 낮은 연령에서 직장을 나오게 된다. 이후 비정규직 중심의 '알바'성(性)일자리를 전전한다.

르지만 대략의 공통점을 보자면 몇 가지 핵심어가 보이긴 하다.[30] 간단히 정리하자면, '국가와 시장 사이에 존재하는 것으로 공공성의 이름으로 나눔이라는 사회적 가치를 창출하는 조직과 그 생태계'를 말한다. 사회적 협동조합, 사회적 기업, 자활공동체, 사회적 일자리 사업 조직, 장애인 보호 작업장, 소비자협동조합, 공동육아협동조합, 자선모금단체, 마이크로크레디트 기관, 지역화폐운동 단체, 로컬푸드 운동조직 등이 그 사례들이다(신명호, 2009: 40).

사회적 경제는 에스핑 안델센의 분석틀인 국가·시장·가족을 넘어서는 것으로 기든스가 말했던 '제3의 길'에 관한 좀 더 현대적 버전으로서의 복지 주체를 통칭하는 것이다. 칼레츠키의 자본주의 4.0에서도 유사한 관념이 엿보인다(아나톨 칼레츠키, 위선주 역, 2011). 그가 말한 3단계가 사실상 1단계로의 회귀였다고 보고 '자본주의 3.0'으로의 진화단계를 정리하면 다음과 같다.

자본주의 1.0은 방임 경제가 핵심이다. 이 단계의 국가는 야경국가이자 잔여적 복지국가의 특징을 보인다. 자본주의 1.0은 시장 실패로 인해 막을 내린다. 뒤이은 자본주의 2.0은 개입 경제가 화두이며, 케인지안 복지국가로 유명하다. 하지만 이 또한 정부 실패의 그늘로 유명하다. 이후, 세계경제의 헤게모니는 신자유주의경제로 옮겨간다. 워크페어의 이름으로 진행된 잔여적 복지국가로의 회귀, 즉 자본주의 1.0으로의 회귀에 불과하다. 아니나 다를까, 시장 실패를 노정한 끝

---

30) OECD(2007)의 정의가 가장 포괄적인데, '국가와 시장 사이에 존재하는 모든 조직들로서 사회적 요소와 경제적 요소를 가진 조직들'로 정의된다. 신명호(2009)에 의하면 '자본의 가치가 아니라 사람의 가치를 우선하는 경제, 상호 배려의 정신에 입각한 호혜성의 원리, 나눔을 원칙으로 하는 재분배의 원리가 작동하는 경제, 생산 뿐 아니라 소비, 교환, 분배 관련 조직을 총칭'한다고 한다. 이원재(2012)는 '이윤 극대화와 무한경쟁 대신, 협동·신뢰·지속성을 원칙으로 하는 조직 형태이며 운영 원리'라 정의한다.

에 역사의 뒤안길로 사라지기 시작했다.

진정한 의미에서의 자본주의 3.0은 적응성 혼합경제를 표방한다. 민관협력(PPP: public private partnership)방식으로 사회적 경제와 공공성, 가치를 중시하는 새로운 복지국가전략이 태동하고 있는 것이다. 이는 진정한 '제3의 길'이 시작되었음을 알리는 사회적 창조경제로의 진화다. 시장과 정부, 그리고 가부장적 가족을 동시에 넘어서는 사회서비스 중심의 한국형 복지국가 전략은 자본주의 3.0의 대표 주자가 될 것이다.

1980년대 이후의 신자유주의 세계화에 이은 경제 불안정성의 심화를 국가와 시장 영역 모두의 실패로 평가하고 등장한 새로운 대안적 노력이 바로 사회적 경제이다. 사회적 경제는 사회서비스 중심의 한국형 복지국가 전략에 상당한 함의를 제공한다. 가장 중요한 것으로, 사회적 경제가 일자리 창출의 새로운 돌파구가 될 수 있다는 점에 주목하는 논의들이 많다(박진도, 2011; 주성수, 2010; 김성기, 2009). 한국형 전략에서 강조하는 사회서비스 전략은 산업 부문 중에서도 고용유발계수가 가장 높기로 유명하며 사회적 경제 적합 업종인 사회서비스 부문의 성장에 기여할 것으로 기대된다.

기존 한국의 사회서비스 시장의 문제 해결을 위해서도 사회적 경제가 대안으로 떠오른다. 기존 사회서비스 시장화의 문제는 국가의 지원을 왜곡하는 나쁜 민간공급자들을 제어할 방도가 마땅치 않다는 것이었다. 사회적 경제의 공공성 지향을 감안한다면, 일자리 창출효과가 큰 사회서비스 시장에서 새로운 종류의 착한 민간공급자로 키울 여지가 충분해 보인다.[31)]

31) 예컨대, 쓰레기 급식, 통학버스의 안전 불감증, 돌봄 교사 임금 착취와 아동 학대 등 어린이집 원장 혹은 업주의 독단과 이익을 위해 횡행하는 탈·불법적 상황을

3. 사회정책학적 실천의 과제

이미 감당하기 어려운 수준으로 고착된 불평등이 다차원적 국면에서 이중구조를 형성하면서 이 땅의 민초들은 고통에 몸부림치고 있다. 백가쟁명 식으로 터져 나오는 복지확대 주장들이 일견 그럴듯하게 느껴질 수밖에 없는, '닥치고 무상복지'라도 해야 하는 것 아닌지 고개가 갸웃해지는, 그러한 상황이다.

우리는 이 연구에서 생애주기의 다양한 국면에서 발생하는 생활상의 여러 불평등이 서로 복잡다단하게 얽혀있음을 확인하였다. 예컨대, 남편이 암으로 투병하다 타계한 이후 노동시장의 이중구조에서 아랫단에 위치하게 된 여성노동자의 빈곤은, 해당 가구 아동・청소년의 교육 불평등으로 이어지며, 여성 노동자 본인의 노년기 빈곤마저 결과하게 된다. 이러한 악순환의 고리는 다중적으로 겹쳐서 발생하는 경향이 있다. 그 결과, 한국 사회 이중구조의 하단을 이루는 서민계층은 온갖 종류의 불평등에 고스란히 노출될 수밖에 없는 상태다.

사회의 지속가능성을 침해하는 이러한 문제를 푸는 방법은 복지국가의 확대 밖에 다른 선택의 여지가 없다. 하지만, 위에서 살펴본 바와 같이, 복지국가를 새로 만들어가야 하는 한국의 상황은 여러 가지

개선하는 것이 사회서비스 시장의 문제이다(이재원, 2010). 하지만, 기존의 업주형 서비스 기관을 제재할 방도는 뾰족한 것이 없다. 일상적 감시와 통제가 어렵기 때문이다. 반면, 사회적 경제조직의 경우에는 업주가 한 사람이 아닌 공동체 조직이며 사회적 경제 조직의 경우 설립과 운영 방식이 정관상 민주주의를 표방한다. 사회적 경제 조직은 자기통제가 가능한, 착한 공급자가 될 공산이 큰 주체라고 할 수 있다. 근본적인 사회적 가치 혹은 공공성에 주목하여 사회적 경제가 효율성 위주의 시장 경제에 대응할 수 있는 협동・신뢰・지속성을 원칙으로 하며, 이를 통한 발전의 가능성을 가지고 있음에 주목하는 연구들이 다수 존재한다(이원재, 2012; 신명호, 2009; 장원봉, 2007).

면에서 20세기 서구의 경험과는 판이하다. 그래서 필요한 것이 최소 비용으로 최대효과를 거둘 수 있는, 방만하지 않으면서도 매우 창조적인 미래형의 전략을 마련하는 일이다. 이 연구에서 제안한 새로운 한국형 복지국가 전략의 요체는 현금보다 서비스를 앞자리에 두는 것이다. 이러한 전략은 사회적으로도 또 경제적으로도 우리 사회의 지속가능성을 높이고 궁극적인 발전에 기여할 것으로 기대된다. 문제는 시간이다. 왜곡된 기존 제도가 제도적 경로 의존성의 틀에 갇히기 전에 한국사회의 복지정치를 올바른 방향으로 견인해야 한다. 학문적 진지함에 더해 실천적 성실함으로 무장하는 것이 오늘날 한국 사회정책학도들에게 꼭 필요한 덕목인 까닭이다.

| 참고문헌 |

<국내문헌>

강남훈(2013), “불안정노동자와 기본소득”, 『마르크스주의 연구』, 10(2): 12-42.

강성호 · 이지은(2010), 『국민연금의 노후소득보장 수준 연구』, 연구보고서 2010-02. NPS 국민연금연구원.

강신욱 외(2006), 『사회양극화의 실태와 정책과제』, 한국보건사회연구원.

강신욱 외(2007), 『경제사회양극화의 현황과 대응방안』, 한국보건사회연구원.

고철 · 천현숙 · 박능후 · 이태진 · 최현수 · 노언정(2002), 『주거정책과 복지정책의 연계방안 연구』, 국토연구원.

구인회 · 박현선 · 정익중 · 김광혁(2009), “빈곤과 아동발달의 관계에 대한 종단 분석”, 『한국사회복지학』, 61(1): 57-79.

국토해양부(2011), 『2011 주택업무편람』.

국토해양부(2012a), 『2012년도 주거실태조사 연구보고서』.

국토해양부(2012b), 『2012년도 주거실태조사 통계보고서』.

국토해양부(2012c), 『2012년도 주택업무편람』.

금재호 외(2011), 『성장의 고용효과 제고를 위한 경제정책』, 한국노동연구원.

금재호 · 윤자영(2011), 『외환위기 이후 여성 노동시장의 변화와 정책과제』, 한국노동연구원.

금현섭(2008), “제6장 성장과 분배: 일자리 문제를 중심으로,” 최병선 · 최종원(편)(2008), 『국가운영 시스템』, 나남.

금현섭(2013), “1장 부패와 불평등”, 김병섭 · 박순애(편)(2013), 『한국사회

의 부패: 진단과 처방』, 박영사.
금현섭·백승주(2014), "소득격차와 소득변화, 그리고 미래기대", 『한국사회와 행정연구』, 25(1): 141-168.
김경근·변수용(2007), "한국사회에서의 학업성취에 대한 문화자본의 영향", 『교육사회학연구』, 17(1): 23-51.
김광혁(2003), "빈곤이 아동의 심리, 사회적 발달에 미치는 영향", 『사회과학논총』, 20:109-125.
김광혁(2006), "아동기 빈곤이 학구적 성취에 미치는 영향: 빈곤의 시기와 기간 정도의 영향을 중심으로", 『사회복지연구』, 31: 195-217.
김낙연(2013), "한국의 소득분배", working paper 2013-06, 낙성대경제연구소.
김문길 외(2012), 『2012 빈곤통계연보』, 한국보건사회연구원.
김성기(2009), "사회적기업 특성에 관한 쟁점과 함의", 『사회복지정책』, 36(2): 139-166.
김수완(2011), "복지국가 재편기 노인을 위한 복지노력의 변화와 동향: '노인을 위한 복지국가'는 유효한가?", 『사회과학연구』, 강원대학교 사회과학연구원, 50(1): 71-103.
김수완·김순옥(2007), "우리나라 다층노후소득보장체계의 구축 전망-사적연금의 수급자수 전망을 중심으로", 『사회보장연구』, 23(2): 271-295.
김수완·김순옥·안상훈(2005), 『다층노후소득보장체계 구축 연구』, 국민연금관리공단·국민연금연구원.
김수완·박영란(2011), "능동적 노후생활보장", 허재준 외(2011), 『고용친화적 복지전략 연구』, 한국노동연구원.
김수완·백승호(2011), "복지국가 재편의 경로의존성: 공적연금 제도 구조와 급여관대성 및 지출수준에 관한 비교연구", 『사회복지연구』, 42(1): 433-461.
김수현(2008), 『주택정책의 원칙과 쟁점: 시장주의를 넘어』, 한울아카데미.
김수현(2009), "선진국 자가소유 논의와 우리나라에 대한 정책적 시사점",

『경제와 사회』 83: 258-283.
김수현(2010), "우리나라 공공임대주택의 성격과 서울시 장기전세주택: Harloe와 Kemeny의 논의를 중심으로", 『한국사회정책』, 17(3): 123-152.
김수현(2011), "9장 외국의 주거복지 어떻게 볼 것인가?", 한국도시연구소(2011), 『주거복지의 새로운 패러다임』, 사회평론: 279-310.
김영미(2007), "복지국가와 여성 노동권: 제도적 지원과 보장수준의 관계에 관한 비교사회정책 연구", 박사학위논문, 서울대학교.
김영미(2009), "복지국가의 일가족양립정책 개혁과 여성 사회권: 영국, 독일, 네덜란드의 개혁을 중심으로", 『사회보장연구』, 25(3): 1-27.
김영미(2012), "복지국가의 가족정책이 성역할 태도에 미치는 영향에 관한 비교 분석", 『사회보장연구』, 28(2): 211-241.
김영미(2013), "보육서비스 행위자 분석을 통한 전달체계 개선방안 연구", 『보건사회연구』, 33(1): 78-121.
김영미 · 류연규(2013), "젠더레짐에 따른 성역할태도 결정요인 차이에 관한 연구 : 스웨덴, 독일, 한국 비교", 『가족과 문화』, 25(2): 90-128.
김영미 · 백승호(2013), "복지국가의 제도와 기혼여성의 가족 내 경제적 지위의 관계에 관한 비교 분석", 『사회복지정책』, 40(1): 61-94.
김영옥 · 김종숙 · 강민정 · 성지미(2013), 『여성 고용률 제고를 위한 바람직한 시간선택제 일자리 확산 방안』, 한국여성정책연구원.
김영화(2012), "문화자본의 개념화와 문화자본 연구의 주요 쟁점에 관한 비판적 검토", 『교육사회학연구』, 22(2): 31-63.
김우영 · 권현지(2008), "비정규 일자리 결정의 동태성과 성별 비정규직 비중의 격차분석", 『여성연구』, 74: 5-43.
김유선(2013), "비정규직 규모와 실태-통계청 '경제활동인구조사 부가조사(2013.3) 결과", 한국노동사회연구소.
김장호(1999), 『한국노동경제론: 새로운 생산방식과 고용』, 한길사.
김정원(2012), "빈곤과 교육과의 관계: 대도시 영구임대아파트 거주 빈곤층 자녀들을 중심으로", 『교육사회학연구』, 22(3): 77-109.

김종숙·김영미(2014), 『여성 경력단절 예방을 위한 노사정의 협력방안』, 경제사회발전 노사정위원회.
김준형·최명섭(2011), "부동산자산의 지역불균형", 『응용경제』, 13(2): 99-129.
김진구(2011), "노인들의 건강 및 의료이용의 형평성", 『사회과학연구』, 27(2): 65-87.
김진영(2007), "사회경제적 지위와 건강의 관계", 『한국사회학』, 41(3): 127-153.
김진욱(2002), "한국의 소득불평등 변화요인 분석: 가구주 특성을 중심으로", 『사회경제평론』, 19: 295-331.
김태기·남재량(2000), "비정규직, 가교(bridge)인가 함정(trap)인가?", 『한국노동경제논집』, 23(2): 81-106.
김현주·이병훈(2007), "자녀의 학업성취에 미치는 가족배경, 사회자본 및 문화자본의 영향", 『한국인구학』, 30(1): 125-148.
김혜원·안상훈·조영훈(2005), 『사회서비스 분야 일자리창출 방안에 관한 연구』. 한국노동연구원.
김현정(2006), "서비스산업 비중 증가의 원인 및 경제성장에 미치는 영향", 『경제분석』, 12 (4): 35-76.
김혜승(2011), "3장 주택정책과 주거복지", 한국도시연구소(2011), 『주거복지의 새로운 패러다임』, 사회평론: 73-100.
김홍원·양애경(2011), 『2011 방과후학교 성과분석』, 한국교육개발원.
김훈·임상훈·유규창·이희진·진숙경(2013), 『무기계약직 고용관리실태와 개선과제』, 한국노동연구원.
남상호·최병호(2011) "국민부담과 공공사회지출의 적정수준: 복지국가유형별 접근", 『재정정책논집』, 13(1): 3-49.
남원석(2011), "5장 공공임대주택정책의 변천과 주요 쟁점", 한국도시연구소(2011), 『주거복지의 새로운 패러다임』, 사회평론: 139-170.
남춘호(2003), "교육불평등과 노동시장", 『지역사회학』, 4(2): 5-43.
류연규(2012), "가족의 돌봄 공백에 대응하는 돌봄의 사회화 정책의 성격

규명”, 『비판사회정책』, 37: 113-153.
문성현(2004), “한국의 보건의료의 부담과 수혜의 공평성”, 『사회보장연구』, 20(1): 59-81.
박기남(2001), “대기업 내 관리직 여성노동에 관한 연구”, 『산업노동연구』, 7(2): 35-65.
박나영(2010), “사회 경제적 수준에 따른 연령별 건강 불평등 변화 추이”, 서울대학교 석사학위논문.
박신영 · 이용만 · 지규현(2014), “보편적 복지시대의 주거복지시스템 개편 방안”, 사단법인 한국주거복지포럼(2014), 『주거복지, 전문가에게 듣다!』, 도서출판 씨아이알: 61-71.
박윤영(2009), “우리나라 공공임대주택정책의 전개와 사회복지계의 과제”, 『사회복지정책』, 36(4): 215-240.
박종식(2004), “노동시장의 유연화, 그리고 비정규 노동자와 노동운동”, 한국비정규노동센터 내부토론회.
박진도(2011), “충남형 사회적 경제 필요성과 활성화 방안”, 충남발전연구원.
방하남 외(2008), 『사회지출이 경제성장에 미치는 효과에 관한 연구(1차년도) 사회투자와 고용』, 경제 · 인문사회연구회 협동연구총서.
방하남 외(2010), 『한국 베이비붐 세대의 근로생애 연구』, 한국노동연구원.
백병부 · 김경근(2007), “학업성취와 경제자본, 사회자본, 문화자본의 구조적 관계”, 『교육사회학연구』, 17(3): 101-129.
백승욱(2008), “20세기 세계 경제와 서비스 사회화”, 신광영 등(2008), 『서비스사회의 구조변동 : 노동체제의 전환과 생활세계의 변화』, 한울.
백승호(2013), “불안정 노동 분석: 누가 프리케리아트인가?”, 『한국사회정책학회 춘계학술대회 자료집』.
백승호(2014), “서비스 경제와 한국사회의 계급, 그리고 불안정 노동분석”, 『한국사회정책』, 21(2): 57-90.
백승호 · 안상훈(2007), “한국 복지국가의 구조와 성격에 관한 비교사회정책연구: 공공사회복지지출 분석을 중심으로”, 『사회복지연구』, 35: 337-362.

변수용・김경근(2008), “한국 고등학생의 교육결과에 대한 문화자본의 영향 한국 고등학생의 교육결과에 대한 문화자본의 영향”, 『교육사회학연구』, 18(2): 53-82.

보건복지부(2011), 내부 자료.

보건복지부(2012), 『2011 국민건강통계』.

서문희・최혜선(2010), 『보육정책의 성과와 과제』, 육아정책연구소.

서문희 외(2012), 『2012년 전국보육실태조사-가구조사 보고』, 보건복지부·육아정책연구소.

서원석(2012), “제5장 유럽국가의 주택 및 주거복지정책”, 하성규 외, 『한국주거복지정책』, 박영사.

서정아・조홍식(2012), 『사회자본이 청소년의 학교적응에 미치는 영향: 가족, 지역사회 사회자본을 중심으로』, 한국청소년정책연구원.

서정희・백승호(2014), “사회보험법의 법적 사각지대”, 1-15차년도 한국노동패널 학술대회.

서종균(2011), “6장 주거비 보조 제도의 쟁점”, 한국도시연구소(2011), 『주거복지의 새로운 패러다임』, 사회평론: 171-211.

석상훈(2011), 『노인빈곤과 소득불평등 실태와 원인분석』, 한국고용정보원.

설윤(2009), 『양극화와 불균등도의 최근 추이에 대한 분석: 가구 특성별 접근』, 한국경제연구원 연구보고서 09-21.

손낙구(2008), 『부동산 계급사회』, 후마니타스.

송시형(2009), “주거지 현황을 통해 본 주거공간의 양극화 현상”, 『극동사회복지저널』, 5: 59-79.

송일호・신경수(2003), “우리나라의 직종분절에 따른 생산성 격차분석”, 『생산성논집』, 17(1): 95-117.

송태정(1997), “근로자 가계 짓누르는 주거비・교육비”, LG 주간경제.

송태정(2006), “소득계층별 물가수준 얼마나 다른가”, LG 주간경제(2006. 1.11.).

송호근(1989), “한국노동시장의 구조변화: 제조업 조직부문을 중심으로”, 『한국사회학』, 23(1): 1-27.

신광영(2004), 『한국의 계급과 불평등』, 을유문화사.

신광영(2009), “세대, 계급과 불평등”, 『경제와 사회』, 81: 35-60.

신광영(2013), 『한국 사회 불평등 연구』, 후마니타스.

신광영 등(2008), 『서비스사회의 구조변동: 노동체제의 전환과 생활세계의 변화』, 한울.

신명호(2009), “한국의 ‘사회적 경제’ 개념 정립을 위한 시론”, 『동향과전망』, 75: 11-46.

신진욱(2011), “국제비교 관점에서 본 한국 주거자본주의 체제의 특성”, 『동향과 전망』, 81: 112-155.

신진욱(2013), “한국에서 자산 및 소득의 이중적 불평등: 국제 비교 관점에서 본 한국의 불평등 구조의 특성”, 『민주사회와 정책연구』, 23: 41-70.

신호성・김동진(2008), “EuroQol-5 Dimension 건강가중치를 이용한 한국인의 건강수준의 형평성 측정”, 『예방의학회지』, 41(3): 165-172.

심윤종 외(2004), 『산업사회학』, 서울: 경문사.

아나톨 칼레츠키, 위선주 역(2011), 『자본주의 4.0: 신자유주의를 대체할 새로운 경제 패러다임』, 서울: 컬쳐앤스토리.

안상훈(2002), “세 가지 복지자본주의에서의 생산적 복지, 그 성적표: 복지국가의 경제적 효과와 평등전략의 차이에 관한 체제론적 비교연구”, 『한국사회복지학』 49: 162-189.

안상훈(2005), “생산과 복지의 제도적 상보성에 관한 연구: 선진자본주의 국가를 중심으로”, 『한국사회복지학』 57(2): 205-230.

안상훈(2007), “세계화 시대, 생산적 보완성이 높은 복지전략에 관한 비교사회정책연구: 사회서비스형 복지국가 전략의 경제적 성과를 중심으로”, 『사회복지연구』, 32: 131-159.

안상훈(2008), “유럽의 복지국가와 중산층, 한국에의 교훈”, 한국사회학회 편, 『기로에 선 중산층』, 인간사랑: 151-178.

안상훈(2010), “변화하는 사회환경과 사회복지정책의 미래”, 구인회・손병돈·안상훈 (2010), 『사회복지정책론』, 나남: 447-479.

안상훈(2011), “사회서비스형 복지국가전략의 지속가능성”, 『경제논집』 50(3): 263-293.

안상훈 · 류연규 · 김영미 · 김은지(2012), 『제5차 남녀고용평등 및 일·가정 양립지원 기본계획(안)』, 고용노동부.

안상훈 · 박찬웅 · 김형태(2012), 『한국의 복지전략과 혁신적 과학기술 투자』, 과학기술정책연구원 연구보고서 ‘공공복지향상을 위한 과학기술정책 방향과 중점과제’ 별책.

안상훈 외(2007), 『지속가능한 한국의 복지국가 비전과 전략』, 서울대학교 사회과학연구원, 보건복지부 연구용역 보고서.

엄선희 · 문춘걸(2010), “소득계층에 따른 보건의료의 형평성: 한국노동패널 자료를 중심으로”, 『보건경제와 정책연구』, 16(1): 35-61.

여성가족부(2013), 『2013 - 2017 제4차 여성정책기본계획』.

여유진 · 김미곤 · 김태완 · 양시현 · 최현수(2005), 『빈곤과 불평등의 동향 및 요인분해』, 한국보건사회연구원.

유경준(2007), 『소득불평등도와 양극화』, 한국개발연구원.

유경준(2009), “우리나라 빈곤변화 추이와 요인 분석”, 『KDI 정책포럼 215호』, 한국개발연구원.

윤윤규(2007), 『노동시장 양극화의 현황과 대응방안: 산업구조 변화의 효과분석을 중심으로』, 한국보건사회연구원.

윤주현 · 김혜승 · 박천규(2006), 『주거양극화의 현황 및 과제』, 국토연구원.

이건(2001), “산업 소분류로 본 이중노동시장”, 한국사회학회 사회학 대회 논문집.

이경님(2008), “아동의 학교생활 적응에 영향을 미치는 생태학적 변인”, 『한국가정관리학회지』, 26(5): 211-224.

이광옥 · 윤희상(2001), “사회 경제적인 불평등이 건강 불평등에 미치는 영향 연구”, 『지역사회간호학회지』, 12(3): 609-619.

이광일(2013), “신자유주의 지구화시대, 프레카리아트의 형성과 ‘해방의 정치’”, 『마르크스주의 연구』, 10(3): 115-143.

이미숙(2005), “한국 성인의 건강 불평등: 사회계층과 지역 차이를 중심으로", 『한국사회학』, 39(6): 183-209.

이병희 · 강성태 · 은수미 · 장지연 · 도재형 · 박귀천 · 박제성(2012), 『사회보험 사각지대 해소 방안 : 사회보험료 지원정책을 중심으로』, 한국노동연구원.

이성균(2004), 『경제외기와 노동시장 변동』, 울산대학교 출판부.

이성우 · 황재희(2012), "제3장 한국의 주거복지정책", 하성규 외(2012), 『한국주거복지정책』, 박영사: 37-74.

이시균(2006), "비정규노동의 나쁜 일자리에 관한 실증연구", 『노동정책연구』, 6(2): 29-74.

이원재(2012), "한국경제 새 동력으로서의 사회적 경제", 더프로젝트 연속 콜로키움 6회(2012. 6. 7) 발표문.

이원진(2012), "노인 소득불평등 추이와 영향 요인", 『한국사회복지학』, 64(4): 163-188.

이인자(2011), 『사회자본이 교육성과에 미치는 영향: 사교육의 매개효과를 중심으로』, 한양대학교 박사학위논문.

이인재(2009), "고용위기와 노동시장의 구조개혁", 『노동리뷰』, 54: 19-31.

이재원(2010), "사회서비스 산업 활성화를 위한 정책과제", 『한국 사회서비스 정책세미나 자료집』, 국회 사회서비스포럼/한국사회서비스학회 공동 정책세미나: 25-60.

이정선(2001), "콜맨과 부르되의 사회자본론의 비교와 한국 교육에 주는 시사점", 『초등교육연구』, 16(1): 91-112.

이정우(2011), 『불평등의 경제학』, 서울: 후마니타스.

이주희 · 김영미 · 우명숙 · 전병유 · 최은영 · 소마 나오코(2010), 『여성 고용률 제고를 위한 선진국 시간제 근로자 실태 연구』, 노사발전재단.

이진경(2012), "프롤레타리아트와 프레카리아트 : 정규직 노동자와 비정규직 노동자의 비대칭성에 관하여", 『마르크스주의 연구』, 9(1): 173-201.

이태진(2009), "경제위기에 따른 주거빈곤 개선방안", 한국보건사회연구원, 『보건복지포럼』 2009.2: 43-55.

임정준(2010),. "여성의 교육 수준과 직종에 따른 임금차별에 대한 실증분석", 『한국여성학』, 26(4): 39-61.

장경석(2002), "한국 주택정책에 있어 발전국가적 특성에 관한 비판적 고찰: 단선적 주거복지상향모형 비판", 『공간과 사회』, 18:129-160.

장미혜(2002), "사회계급의 문화적 재생산: 대학 간 위계서열에 따른 부모의 계급구성의 차이", 『한국사회학』, 36(4): 223-251.

장성수 · 황은정(2011), 『자가보유 전월세 거주가구 주거실태』, 주택산업연구원.

장세훈(2007), "주택소유의 관점에 입각한 중산층의 재해석", 『경제와사회』, 74: 199-226.

장원봉(2007), "사회적 경제(Social Economy)의 대안적 개념화: 쟁점과 과제", 『시민사회와 NGO』, 5(2): 5-34.

장지연 · 부가청 · 이혜정 · 신현구 · 이철희 · 장숙랑 · 조성일 외(2008), 『중고령자 노동시장 국제비교연구』, 한국노동연구원.

장지연 · 양수경(2007), "사회적 배제 시각으로 본 비정규 고용", 『노동정책연구』, 7(1): 1-22.

전상인(2009), 『아파트에 미치다: 현대 한국의 주거사회학』, 이숲.

정상진(2005), "한국 노동시장의 성별 분절화와 임금격차", 단국대학교 박사학위논문.

정성미(2012), "여성고용과 사회서비스업", 『노동리뷰』, 89: 58-73.

정연 · 조영태 · 오주환(2007), "소득수준이 주관적 건강상태에 미치는 영향의 연령대별 차이: 2001, 2005년 서울시민보건지표조사 자료의 분석 결과", 『예방의학회지』, 40(5): 381-387.

정의철(2012), "주거복지 현황과 정책과제", 조만 · 차문중 편(2012), 『글로벌 금융위기 이후 주택정책의 새로운 패러다임 모색(하)』, KDI: 305-357.

정의철 · 김진욱(2007), "가구특성별 소득불평등 요인 분해에 관한 연구", 『사회보장연구』, 23(3): 57-77.

정진호 · 황덕순 · 이병희 · 최강식(2002), 『소득불평등 및 빈곤의 실태와 정책과제』, 한국노동연구원.

조영희(2012), “아동청소년 방과후 돌봄서비스 현황과 가족정책적 과제”, 2012년 한국가정관리학회 주관 공동춘계학술대회, 2012.6: 139-155.

주성수(2010), 『사회적 경제: 이론, 제도, 정책』, 한양대학교 출판부.

주은선 · 김영미(2012), “사회적 시간체제의 재구축: 노동세계와 생활세계의 변화를 위하여”, 『비판사회정책』, 34: 237-289.

지규현 · 김진유(2006), 『OECD 국가의 기초경제여건과 주택가격 변화』, 주택도시연구원.

지역아동정보센터(2011), 『전국지역아동센터 실태조사보고서』.

진미윤(2011), “국제 비교적 관점에서 임대주택 시스템 변화와 향후 정책방향”, 『국토연구』, 71: 87-113.

최두열(2011), “한국의 도시별 집세의 수렴화 현상에 대한 연구”, 『국제지역연구』, 15(1): 585-602.

최민식(2007), “노동시장에서의 차별과 한국의 남녀임금격차”, 『교과교육학연구』, 11(2): 517-533.

최병호, 노연홍, 윤병식, 신현웅, 김명희, 김창엽(2004), 『국민의료의 형평성 분석과 정책과제』, 한국보건사회연구원 연구보고서.

최은영 · 권순필(2012), “인구 · 가구 구조와 주거특성 변화(1985-2010년)”, 『통계개발원 2011년 하반기 연구보고서 Ⅲ』 : 97-322.

토마 피케티, 장경덕 외 역(2014), 『21세기 자본론』, 경기: 글항아리.

통계개발원(2012), 『한국의 사회동향』.

통계청(2012), 『2011 사망원인통계』.

통계청(2013), 『2012 생명표』.

통계청(2013), 『2012년 사교육비조사보고서』.

통계청 · 금융감독원 · 한국은행(2012), “2012년 가계금융 · 복지조사 결과”, 보도자료.

한국보건사회연구원(2012), 『빈곤통계연보』.

한국청소년정책연구원 한국아동 · 청소년데이터 아카이브 소개자료.

한준 · 장지연(2000), “노동패널특집, 정규/비정규 전환을 중심으로 본 취업력과 생애과정”, 『노동경제논집』, 23: 33-53.
허용창(2009), “주택정책 레짐에 대한 탐색적 비교연구: Esping-Andersen의 세 가지 체제의 적용가능성을 중심으로”, 『사회복지연구』, 34: 107-129.
홍대균 · 김정원 · 강동묵(2009), “구조적 실업이 건강관련행태와 건강에 미치는 영향”, 『대한산업의학회지』, 21(4): 346-353.
홍두승(2010) ,『높은 사람 낮은 사람: 한국사회의 계층을 말한다』, 서울: 동아시아.
황덕순 · 윤자영 · 윤정향(2012), 『사회서비스 산업 노동시장 분석-돌봄서비스를 중심으로』, 한국노동연구원.
황수경(2003), “내부자(insiders) 노동시장과 외부자(outsiders) 노동시장의 구조 분석을 위한 탐색적 연구”, 『노동정책연구』, 3(3): 49-86.
황정미(2007), “여성 사회권의 담론적 구성과 아내 · 어머니 · 노동자 지위”, 『페미니즘 연구』, 7(1): 13-54.

<외국문헌>

Abramsson, M.(2008), “Housing Careers in a Changing Welfare State: A Swedish Cohort Study”, Housing, Theory and Society, 25(4): 231-253.
Adema, W., P. Fron and M. Ladaique(2011), “Is the European Welfare State Really More Expensive?: Indicators on Social Spending, 1980-2012; and a Manual to the OECD Social Expenditure Database (SOCX)”, OECD Social, Employment and Migration Working Papers, No. 124, OECD Publishing.
Ahn, S.-H.(2000), Pro-welfare Politics: a Model for Changes in European Welfare States, Uppsala: Univesitetstryckeriet.
Ahn, Sang-Hoon and Soo-Wan Kim(2012), “Social investment, social service and the economic performance of welfare states”, International Journal of Social Welfare, DOI: 10.1111/ijsw.12094.
Adler, N. E. and Newman, K.(2002), “Socioeconomic disparaties in health: pathways and policies”, Health Affairs, 21(2): 60-76.

Alderson, A. and F. Nielsen(2002), "Globalization and the Great U-Turn: Income Inequality Trend in 16 OECD countries", American Journal of Sociology, 107: 1244-1299.

Alesina, A. and Angeletos, G. M.(2005), "Corruption, Inequality and Fairness", Journal of Monetary Economics, 95(4): 960-980.

Andrews et al.(2011), "Housing Markets and Structural Policies in OECD Countries", OECD Economics Department Working Papers, No. 836.

Andrews, D. and A. Caldera Sánchez(2011), "Drivers of Homeownership Rates in Selected OECD Countries", OECD Economics Department Working Papers, No. 849.

Appadurai, A.(2004), "The capacity to aspire: culture and the terms of recognition", in Rao, V. and Walton, M. (eds.), Culture and Public Action, Stanford University Press, Stanford, CA.

Arber, S.(2005), "Inequalities in later life : gender, marital status and health behaviors", Svallfors, S.(ed.) (2005), Analyzing inequality : life chances and social mobility in comparative perspective, CA: Stanford University Press.

Babones, S. J.(2008), "Income inequality and population health: correlation and causality", Social Science and Medicine, 66(7): 1614-1626.

Ball(2009), "Insiders and Outsiders in French Social Housing Allocation: How Conflicting Rights Exclude Disadvantaged People", International Journal of Housing Policy, 9(3): 313-335.

Bambra, C.(2006), "Health status and the worlds of welfare", Social Policy and Society, 5(1): 53-62.

Bambra, C. and Eikemo T. A.(2009), "Welfare state regimes, unemployment and health: a comparative study of the relationship between unemployment and self-reported health in 23 European countries", Journal of Epidemiology and Community Health, 63: 92-98.

Bambra, C., Gibson, M., Sowden, A., Wright, K., Whitehead, M. and Petticrew, M.(2009), "Working for health? evidence from systematic reviews on the effects on health and health inequalities of organisational changes to the psychosocial work environment", Preventive medicine, 48(5): 454-461.

Barrett, M.(1980), Women's Oppression Today: The Marxist Feminist Encounter, London: Verso.

Bartley, M., Ferrie, J., and Montgomery, S. M.(2006), "Health and Labor Market Disadvantage: Unemployment, Non-Employment, and Job Insecurity", in Marmot, M. and Wilkinson, R. G. (eds.), Social Determinants of Health, Oxford: Oxford University Press.

Behrendt, C.(2000), "Private Pensions－a Viable Alternative? Their Distributive Effects in a Comparative Perspective", International Social Security Review, 53(3): 3-26.

Bell, D.(1981), The Social Framework of the Information Society, 이동만 역(1984), 『정보화사회의 사회적 구조』, 한울.

Borrell, C., Espelt, A., Rodriguez-Sanz, M., Burstrom, B., Muntaner, C. et al.(2009), "Analyzing differences in the magnitude of socioeconomic inequalities in self-perceived health by countries of different political tradition in Europe", International Journal of Health Services, 3: 321-341.

Bourdieu, P.(1979), La Distiction: Critique sociale du judgement, Les Edition de Minuit, 최종철 역(2006), 『구별짓기: 문화와 취향의 사회학』, 서울: 새물결출판사

Bourguignon, F., F. Ferreira and M. Walton(2007), "Equity, efficiency and inequality traps: A research agenda", Journal of Economic Inequality, 5: 235-256.

Braatz, J. and R. D. Putnam(1996), Families, Communities, and Education in America: Exploring the Evidence, Office of Educational Research and Improvement.

Braveman, P.(2006), "Health disparities and health equity: concepts and measurement", Annual Review of Public Health, 27: 167-194.

Brennenstuhl, S., Quesnel-Vallee and McDonough, P.(2013), "Welfare regimes, population health and health inequalities: a research synthesis", Journal of Epidemiology and Community Health, 66: 397-409.

Brooks-Gun, J., G. Duncan and J. L. Aber(1997), "Poor families, poor outcomes: the well-being of children and youth" in G. Duncan and J. Brooks-Gunn (eds.)(1997) Consequences of Growing up Poor, New York: Russell Sage.

Braveman(1974), Labor and Monopoly Capital, Monthly Review Press.
Candeias, M.(2008), "Genealogie des Prekariats." in C. Altenhain usw.(Hg.) (2008), Von Neuer Unterschicht und Prekariat, Transcript Verlag: Bielefeld
Chung, H. and Muntaner, C(2007), "Welfare state matters: A typological multilevel analysis of wealthy countries", Healthy Policy, 80: 328-339.
Ciabattari, T.(2001), "Changes in men's conservative gender ideologies: Cohort and period influences", Gender & Society, 15: 574-591
Coleman, J. S.(1988), "Social Capital in the Creation of Human Capital", American Journal of Sociology, 91: 1309-1335.
Coleman, J. S.(1990), Foundations of Social Theory, Harvard University Press
Connell, R. W.(1994), "Poverty and Education", Harvard Educational Review, 64(2): 125-149.
Cowell et al.(2012a), "Accounting for cross-country differences in wealth inequality", LWS working paper series No. 13.
Cowell et al.(2012b), "Mapping and measuring the distribution of household wealth: a cross-country analysis", LWS working paper series No. 12.
Crowley, A. and C. Vulliamy, C.(2007), Listen up! Children and young people talk: About poverty, Save the Children Wales.
Dahl, E., Fritzell, J., Lahelma, E. et al.(2006), "Welfare state regimes and health inequalities", in Siegrist, J. and Marmot, M. (eds.), Social inequalities in health, Oxford: Oxford University Press : 193-222.
Daly, Mary(2000), "A Fine Balance: Women's Labor Market Participation in International Comparison", in F. W. Scharf and V. A. Schmidt (eds.), Welfare and Work in the Open Economy, Oxford University Press.
Daly, Mary(2011), "What adult worker model? a critical look at recent social policy reform in Europe from a gender and family perspective", Social Politics, 18(1): 1-23.
Danziger, S., R. Haveman and R. Plotnick(1981), "How Income Transfer Programs Affect Work, Savings, and Income Distribution: A

Critical Review", Journal of Economic Literature, 19(3): 975-1028.
Davidsson, J. and Naczyk, M.(2009), "The Ins and Outs of Dualisation-A literlature Review. Department of Social Policy and Social Work", REC-WP Working Papers on the Reconciliation of Work and Welfare in Europe, 1-44.
De la Rica, S., Dolado, J, and Llorens, V.(2008), "Ceiling or floors? Gender wage gaps by education in Spain", Journal of Population Economics, 21(3): 751-776.
Deininger, K. and L. Squire(1996), "A New Data Set Measuring Income Inequality", The World Bank Economic Review, 10(3): 565-91.
DiMaggio, P.(1982), "Cultural capital and school success: The impact of status culture participation on the grades of U.S. high school students", American Sociological Review, 47(2): 189-201.
Doeringer, P. B. and Piore, M. J.(1971), Internal labor markets and manpower analysis. Heath Company: USA.
Dol and Haffner(2010), Housing Statistics in the European Union 2010, OTB Research Institute for the Built Environment.
Dorling, D.(2009), "Unemployment and health", BMJ, 338: 1091-1092.
Dragano, N., Siegrist, J., and Wahrendorf, M.(2011), "Welfare regimes, labour policies and unhealthy psychosocial working conditions: a comparative study with 9917 older employees from 12 European countries", Journal of Epidemiology and Community Health, 65: 793-799.
Duval, R.(2003), "Retirement behavior in OECD countries: impact of old-age pension schemes and other social transfer programmes", OECD Economic Studies 37.
Eamon, M. K.(2002), "Influences and mediators of the effect of poverty on young adolescent depressive symptoms", Journal of Youth and Adolescence, 31: 231-242.
Ebbinghaus, B.(2000), "Any Way Out of "Exit From Work"? Reversing the Entrenched Pathways of Early Retirement", in Scharpf, F. W. and Schmidt, V. (eds.), Welfare and Work in the Open Economy, Vol. II., Oxford, Oxford University Press.

Edwards(1979), Contested Terrain, Basic Books.

Eichhorst, W. and Marx, P.(2012), "Whatever works: dualization and the service economy in bismarckian welfare states" in 한국노동연구원 역, "이중화의 시대: 탈산업 사회에서 불평등 양상의 변화", 한국노동연구원, 서울.

Eikemo, T. A., Bambra, C., Joyce, K. et al.(2008), "Welfare state regimes and income-related health inequalities: a comparison of 23 European countries", European Journal of Public Health, 18: 593-599.

Elgar, F. J.(2010), "Income inequality, trust, and population health in 33 countries", American Journal of Public Health, 100(11): 2311-2315.

Elliott, D. S. and Menard, S., Rankin, B., Elliot, A., Wilson, W. M., and Huzinga, D.(2006), Good kids from bad neighborhoods, New York: Cambridge University Press.

Emmenegger, P(2009), "Job security regulations in Western democracies: A fuzzy set analysis", The annual conference of the Swiss Political Science Association, 1-47.

Emmenegger, P., Häusermann, S., Palier B. and Seeleib-Kaiser, M.(2012), The Age of Dualization: The Changing Face of Inequality in Deindustrializing Societies, Oxford University Press. 한국노동연구원 역, "이중화의 시대: 탈산업 사회에서 불평등 양상의 변화", 한국노동연구원, 서울.

Erikson, R. and J. H. Goldthorpe(1993), The Constant Flux, Oxford and New York: Oxford University Press.

Esping-Andersen, G.(1985), Politics against Markets, Princeton.

Esping-Andersen, G.(1988), Politics Against Markets: The Social Democratic Road to Power, Princeton University Press.

Esping-Andersen, G.(1990), The Three Worlds of Welfare Capitalism, Princeton. NJ.: Princeton University Press.

Esping-Andersen, G.(1993), Changing Classes: Stratification and Mobility in Post-Industrial Societies, Sage: London.

Esping-Andersen, G.(1999), Social Foundations of Postindustrial Economies, New York: Oxford University Press.

Esping-Andersen, G.(2002), "A new gender contract" in G. Esping-Andersen,

G. Duncan, A. Hemerijck and J. Myles(ed), Why we need a new welfare state, New York: Oxford University Press.

Esping-Andersen, G.(2009), The Incomplete Revolution: Adapting to Women's New Roles, Polity Press. 주은선 · 김영미(역), 『끝나지 않은 혁명 : 성역할의 혁명, 고령화에 대응하는 복지국가의 도전』, 나눔의집.

Esping-Andersen, G., Duncan G., Hemerijck A. and J. Myles(eds)(2002), Why we need a new welfare state, New York: Oxford University Press. 유태균 외 역(2006), 『21세기 새로운 복지국가』, 나남.

Esser, I.(2005), ""Why Work?", Swedish Institute for Social Research.

EUROSTAT(2013), EU statistics on income and living conditions (EU-SILC) Database (2013. 6 기준).

Fan, P. L. and Marini, M. M.(2000), "Influences on gender-role attitudes during the transition to adulthood", Social Science Research, 29: 258-283.

Feldstein, M. S.(1974), "Social Security, Induced Retirement and Aggregate Capital Accumulation", Journal of Political Economy, 62: 905-926.

Ferrarini, T., and Norstrom, T.(2010), "Family policy, economic development and infant mortality: a longitudinal comparative analysis", International Journal of Social Welfare, 19: 89-102.

Ferrie, J. E.(2001), "Is job insecurity harmful to health?", Journal of the Royal Society of Medicine, 94: 71-76.

Fraser, N.(1989), Unruly Practices: Power, Discourses and Gender in Contemporary Social Theory, Minneapolis: University of Minnesota Press.

Galbraith, J. K. and H. Kum(2003), "Inequality and Economic Growth: A Global View based on Measures of Pay", CESifo Economic Studies, 49(4): 527-556.

Garcia-Gomez, P., Jones, A. M. and Rice, N. 2010), "Health effects on labour market exits and entries", Labour Economics, 17(1): 62-76.

Ginn, J. and Arber, S.(1999), "Changing patterns of pension inequality: the shift from state to private sources", Ageing and Society, 19(3): 319-42.

Goldthorpe, J. H.(2000), On sociology : numbers, narratives, and the integration of research and theory, Oxford.

Gordon, D. M., Edwards, R., and M. Reich(1982), Segmented work. divided workers: The historical transformation of labor in the United States. Cambridge University Press.

Gouldner, A.(1979), The Future of Intellectuals and the Rise of the New Class, London: Macmillan.

Gregg, P. and S. Machin(2001), "Childhood Experiences, educational attainment, and labour market performance" in Vleminckx, K. and T. M. Smeeding(eds.)(2001), Child Well-being, Child Poverty and Child Policy in Modern Nations: What Do We Know?, The Policy Press.

Gruber, J. and D. Wise(2004), "Social Security Program and Retirement Around the World: Micro Estimation", NBER working paper No.9407, Cambridge, MA: NBER.

Guo, G. and Harris, K. M.(2000), "The Mechanisms Mediating the Effects of Poverty on Children's Intellectual Development", Demography 37(4): 431-447.

Hanushect, E. A. and Luque, J A.(2003), "Efficiency and equity in schools around the world", Economics of Education Review, Elsevier, 22(5): 481-50.

Harris, J. and M. Tadaro(1970), "Migration, Unemployment, and Development: A Two-Sector Analysis", American Economic Review, 60(1): 126-142.

Hâusermann, S. and Schwander, H.(2009), "Identifying outsiders across countries: similarities and differences in the patterns of dualisation". RECW working papers on the Reconciliation of work and Welfare in Europe.

Hâusermann, S. and Schwander, H.(2010), Varieties of dualization? Labor market segmentation and insider outsider divides across regimes, Institute for Political Science, University of Zurich, mimeo.

Hâusermann, S. and Schwander, H.(2011), "Explaining welfare preferences in dualized societies", Oxford/Science Po joint doctoral seminar, The Dynamics of Politics and Inequalities, May 25-26, Paris.

Häusermann, S. and Schwander, H.(2012), 이중화의 다양성?: 복지레짐별 노동시장 분절화와 내부자-외부자 분할 in 한국노동연구원 역, “이중화의 시대: 탈산업 사회에서 불평등 양상의 변화”, 한국노동연구원, 서울.

Hayward, M. D. and W. R. Grady(1990), “Work and Retirement among a Cohort of Older Men in the United States, 1966-1983”, Demography, 27: 393-409.

Hernes, H. M.(1987), Welfare State and Women Power, Essays in state feminism, Oslo: Norwegian University Press.

Hochschild, A. and Machung, A.(1989), The Second Shift, New York: Viking.

Hoekstra(2009), “Two Types of Rental System? An Exploratory Empirical Test of Kemeny's Rental System Typology”, Urban Studies, 46(1): 45-62.

Hong, E. and Ahn, B. C.(2011), “Income-related health inequalities across regions in Korea”, International Journal for Equity in Health, 10: 41-52.

Huber, E. and J. D. Stephens(2001), Development and Crisis of the Welfare State: Parties and Policies in Global Markets, Chicago: The University of Chicago Press.

ILO(2007), Summary of Major Changes between ISCO-88 and ISCO-08, Policy Integration Department, Bureau of Statistics.

Islam, M. K., Merlo, J., Kawachi, I., Lindstrom, M. and Gerdtham, G.(2006), “Social capital and health: Does egalitarianism matter? A literature review”, International Journal for Equity in Health, 5: 1-28.

Janlert, U. and Hammarstrom, A.(2009), “Which theory is best? Explanatory models of the relationship between unemployment and health”, BMC Public Health, 9: 235-244.

Jencks, C. and L. Tach(2006), “Would Equal Opportunity Mean More Mobility?” chapter 2 in Morgan, S., D. Grusky and G. Fields (eds.)(2006), Mobility and Inequality, Stanford: Stanford University Press.

Jepsen, M., D. Foden and M. Hutsebaut (eds.)(2002), Active Strategies for Older Workers in the European Union, Brussels: European

Trade Union Institute.
Jung-Choi, K., Khang, Y. H., and Cho, H. J.(2011), "Changes in contribution of causes of death to socioeconomic mortality inequalities in Korean adults", Journal of Preventive Medicine and Public Health, 44(6): 249-259.
Kaplan, G. A., Pamuk, E. R., Lynch, J. W., Cohen, R. D. and Balfour, J. L.(1996), "Inequality in income and mortality in the United States: Analysis of mortality and potential pathways", BMJ, 312(7037): 999-1003.
Karasek, R. A.(1979), "Job demands, job decision latitude and mental strain: implications for job design", Administrative Science Quarterly, 24: 285-308.
Karasek, R. A. and Theorell, T.(1990), Healthy work: stress, productivity, and the reconstruction of working life. New York: Basic Books.
Karim, S. A., Eikemo, T. A. and Bambra, C.(2010), "Welfare state regimes and population health: integrating the East Asian welfare states", Health Policy, 94: 45-53.
Karlsson, M., Nilsson, T., Lyttkens, C. H. and Leeson, G.(2010), "Income inequality and health: Importance of a cross-country perspective", Social Science & Medicine, 70(6): 875-885.
Kassab, C.(1992), Income and Inequality: The Role of the Service Sector in the Changing Distribution of Income, Greenwood Press.
Kawachi, I., Adler, N. E., and Dow, W. H.(2010), "Money, schooling, and health: Mechanisms and causal evidence", Annals of the New York Academy of Sciences, 1186: 56-68.
Kawachi, I. and Kennedy, B. P.(1997), "Health and social cohesion: Why care about income inequality?", BMJ, 314(7086): 1037-1040.
Kawachi, I., Kennedy, B. P., Lochner, K. and Prothrow-Stith, D.(1997), "Social capital, income inequality, and mortality", American Journal of Public Health, 87(9): 1491-1498.
Kawachi, I., Subramanian, S. V. and Almeida-Filho, N.(2002), "A glossary for health inequalities", Journal of Epidemiology and Community Health, 56(9): 647-652.
Kelly, M.(2000), "Inequality and Crime", Review of Economics and Statistics, 82(4), 530-539.

Kemeny, J.(1995), From public housing to the social market: Rental policy strategies in comparative perspective, London: Routledge.

Kemeny, J.(2006), "Corportaism and Housing Regimes", Housing, Theory and Society, 23(1): 1-18.

Khang, Y. H. and Kim, H. R.(2005), "Self-rated health and mortality: gender- and age-specific contributions of explanatory factors in South Korea", International Journal of Public Health, 55: 279-289.

Khang, Y. H. and Lee, S. I.(2011), "Health inequalities policy in Korea: Current status and challenges", Journal of Korean Medical Science, 27: 33-40.

Kitschelt, H. and P. Rehm(2005), "Work, Family and Politics. Foundations of Electoral Partisan Alignments in Postindustrial Democracies", Paper prepared for delivery at the Annual Meeting of the American Political Science Association, Washington, D. C., September 1-4, 1 2005.

Korpi, W. and Palme, J.(1998), "The Paradox of Redistribution and Strategies of Equality: Welfare State Institutions, Inequality, and Poverty in the Western Countries", American Sociological Review, 63(5): 661-687.

Kutscher, R.E.(1987), "Overview and Implications of the projections to 2000", Monthly Labor Review, 109(6): 3-13.

Lee, S. Y.(2010), Labour Market Risks and Institutional Determinate, University of Oxford.

Lee, S. Y. and Baek, S. H.(2012), "Skill Division and Wage Inequality in the Service Economies", the Korean Association of Social Policy, 2012 Spring Conference.

Lewis, J. and Ostner, I.(1991), "Gender and the evolution of European social policies", paper presented at the CES Workshop on Emergent Supranational Social Policy, The EC's Social Dimension in Comparative Perspective, Center for European Studies, Harvard University.

Li and Yao(2007), "The Life-Cycle effects of House Price Changes", Journal of Money, Credit and Banking, 39(6): 1375-1409.

Lin, N.(1982), "Social Resources and Instrumental Action", in N. Lin,

A. Dean and W.Ensel(eds.) (1982), Social Structure and Network Analysis, Orlando: FL: Academic Press: 131-145.

Lindbeck, A. and D. Snower(2001), "Insiders versus Outsiders", Journal of Economic Perspectives, 15(1): 165-188.

Lindbeck, A. and D. Snower(2002), "The insider-outsider theory: a survey", IZA Discussion paper series, No. 534.

LIS Key figures updated 13-Feb-2013.

Loo, R. and Thorpe, K.(1998), "Attitudes toward women's roles in society: A replication after 20 years", Sex Roles, 39: 903-912.

Lundberg, O., Yngwe, M. A., Stjaerne, M. K. et al.(2008), "The role of welfare state principles and generosity in social policy programmes for public health: an international comparative study", Lancet, 372: 1633-1640.

Lynch, J., Davey Smith, G., Harper, S., Hillemeier, M., Ross, N., Kaplan, G. A. and Wolfson, M.(2004), "Is income inequality a determinant of population health? Part 1. A systematic review", The Milbank Quarterly, 82(1): 5-99.

Marmot, M., Siegrist, J., and Theorell, T.(2006), "Health and the psychosocial environment at work", in Marmot, M. and Wilkinson, R. G. (eds.), Social Determinants of Health, Oxford: Oxford University Press.

Morris, M. and B. Western(1999), "Inequality in earnings at the close of the twentieth century", American Review of Sociology, 25: 623-657.

Muntaner, C., Borrell, C., Kunst, A., Chung, H., Benach, J. and Ibrahim, S.(2011), "Social class inequalities in health: Does Welfare State Regime Matter?", in D. Raphael, Bryant, T. and Rioux, M. (eds.), Staying alive: critical perspectives on health, illness, and health care, Toronto: Canadian Scholars' Press.

Navarro, V., Muntaner, C., Borrell, C. et al.(2006), "Politics and health outcomes". Lancet, 368: 1033-1037.

Navarro, V. and Shi, L. Y.(2001), "The political context of social inequalities and health", Social Science and Medicine, 52: 481-491.

Norstrom, T. and Palme, J.(2010), "Public pension institutions and

old-age mortality in a comparative perspective", International Journal of Social Welfare, 19: 121-130.
O'Connor, J., and G.M. Olsen(eds.)(1998), Power Resources Theory and the Welfare State, Toronto: University of Toronto Press.
O'Rand, A. M.(1996), "The Precious and the Precocious: Understanding Cumulative Disadvantage and Cumulative Advantage Over the Life Course", The Gerontologist, 36(2): 230-238.
OECD Family Database.
OECD(2007), Social Economy: Building Inclusive Economies.
OECD(2008a), Measuring Improvements in Learning Outcomes: Best Practices to Assess the Value-Added of Schools, OECD, Paris
OECD(2008b), Growing Unequal?: income distribution and poverty in OECD countries, OECD Publishing.
OECD(2009) Education at a Glance 2009: OECD Indicators, OECD Publishing.
OECD(2010a), Overcoming School Failure: Policies That Work, OECD Publishing.
OECD(2010b), Health at a Glance: Asia/Pacific 2010, OECD Publishing.
OECD(2011a), Education at a Glance 2011: OECD Indicators, OECD Publishing.
OECD(2011b), Health at a Glance 2011: OECD Indicators, OECD Publishing.http://dx.doi.org/10.1787/health_glance-2011-en
OECD(2011c), Government at a Glance 2011.
OECD(2011d), Divided We Stand: Why Inequality Keeps Rising, OECD Publishing.
OECD(2011e) Pensions at a Glance, Paris: OECD
OECD(2012a), Education at a Glance, OECD Publishing.
OECD(2012b), Gender Equality in Education, Employment and Entrepreneurship: Final Report to the MCM 2012, Meeting of the OECD Council at Ministerial Level, Pans 23-24 May 2012.
OECD(2012c), 2012 OECD Health Data.
OECD(2012d), OECD Economic Outlook, Vol. 2012/2, OECD Publishing.
OECD(2012e), Pensions at a Glance, Paris: OECD.
OECD(2013), National Accounts at a Glance 2013.
Oesch, D.(2003), "Labour Market Trends and the Goldthorope class

schema - a conceptual reassessment", Swiss Journal of Sociology, 29(2): 241-262.

Oesch, D.(2006), Redrawing the Class Map: Stratification and Institutions in Britain, Germany, Sweden and Switzerland. New York: Palgrave macmillan.

Olivetti, C. and Petrongolo, B.(2008), "Unequal Pay or Unequal Employment? A Cross-Country Analysis of Gender Gaps", Journal of Labor Economics, 26(4): 621-654.

Orloff, A. S.(1993), "Gender and the Social Rights of Citizenship: the Comparative Analysis of Gender Relations and Welfare States", American Sociological Review, 58: 303-328.

Orloff, A. S.(1996), "Gender in the Welfare State", Annual Review of Sociology, 22: 51-78.

Oxely, H., T. Dang, M.F. Förster and M. Pellizzari(2001), "Income inequalities and poverty among children and households with children in selected OECD countries", in Vleminckx, K. and T. M. Smeeding(eds.)(2001), Child Well-being, Child Poverty and Child Policy in Modern Nations: What Do We Know?, The Policy Press: 371-406.

Palier, B. (eds.)(2010), A Long Goodbye to Bismarck?: the Politics of Welfare Reform in Continental Europe, Amsterdam: Amsterdam University Press.

Palier, B. and Thelen, K.(2010), "Institutionalizing Dualism: Complementarities and Change in France and Germany", Politics and Society, 38(1): 119-148.

Pampel, F. C.(1998), Aging, Social Inequality, and Public Policy, Pine Forge Press.

Pateman, C.(1992), "Equality, Difference, Subordination: the Politics of motherhood and women's citizenship", in Bock G. and James S. (eds.), Beyond Equality and Difference, Routledge.

Pearce, Diana(1978), "The Feminization of Poverty: Women, Work and Welfare", Urban and Social Change Review, 11: 28-36.

Pearce, Diana(1983), "The Feminization of Ghetto Poverty", Society, 21: 70-74.

Pearce, Diana(1986), "Toil and Trouble: Women Workers and Unemployment

Compensation", in B. Gelpi, N. Hartsock, C. Novak and M. Strober (eds.), Women and Poverty, Chicago: University of Chicago Press.

Phipps, S.(1999), "What is the Best Mix of Policies for Canada's Children? An International Comparison of Policies and Outcomes for Young Children", LIS Working Paper No. 201.

Piketty, T.(1995), "Social Mobility and Redistributive Policy", Quarterly Journal of Economics CX, 3: 551-584.

Piore, M. J.(1970), "Jobs and Training" in S. Beer and R. Barringer(eds.) (1970), The State and the Poor, Cambridge.

Piore, M. J.(1980), "An Economic Approach", in Berger, Suzanne and Piore, Michael J. (eds.), Dualism and Discontinuity in Industrial Societies, Cambridge: Cambridge University Press: 13-81.

Pleace(2012), "Review - Jane Ball(2012) Housing Disadvantaged People? Insiders and Outsiders in French Social Housing", European Journal of Homelessness, 6(2): 253-258.

Popham, F., Dibben, C. and Bambra, C.(2013), "Are health inequalities really not the smallest in the Nordic welfare states? A comparison of mortality inequality in 37 countries", Journal of Epidemiology of Community Health, doi:10.1136/jech-2012-201525.

Power, M.(1988), "Women, the state and the family in the US: Reaganomics and the experience of women", in Rubery, J. (eds.), Women and Recession, London: Routledge & Kegan Paul: 140-62.

Putnam, R.D.(1993), "The Prosperous Community: Social Capital and Public Life", The American Prospect 13(Spring): 35-42.

Raffalovich, L. E.(1990), "Segmentation theory, economic performance, and earnings inequality", Research of Social Stratification and Mobility, 9: 251-278.

Rainwater, L. and T.M. Smeeding(1995), "Doing poorly: The real income of American children in a comparative perspective", LIS Working Paper No. 127.

Rex, J. and R. Moore(1967), Race, Community and Conflict, Oxford: Oxford University Press.

Saunders (1990), A Nation of Home Owners, London: Unwin Hyman.

Rodgers, G. B.(1979), "Income and inequality as determinants of mortality: An international cross-section analysis", Population Studies, 33: 343-351.

Roemer, J.(1998), Equality of Opportunity, Harvard University Press, Cambridge, MA.

Roemer, J.(2006), "The 2006 World Development Report: equity and development—a review", Journal of Economic Inequality, 4: 233-244.

Rosenberg(1991), "From Segmentation to Flexibility: A Selective Survey", Review of Radical Political Economics, 23(1 & 2): 71-79.

Rubery, J., C. Fagan and F. Maier(1996), "Occupational Segregation, Discrimination and the Equal opportunity", in G, Schmid, J. O'Reilly, K. Schomann (eds.), International Handbook of Labour Market Policy and Evaluation, Edward Elgar.

Rueda, D.(2005), "Insider-Outsider Politics in Industrialized Democracies: The Challenge to Social Democratic Parties", American Political Science Reivew, 99(1): 61-74.

Rueda(2006), "Social Democracy and Active Labour Market Policies: Insiders and the Politics of Employment Promotion", British Journal of Political Science, 36: 385-406.

Rueda, D.(2012), "Dualization and Crisis", Swiss Political Science Review, 18(4): 523-530.

Sainsbury, D.(1993), "Dual Welfare and Sex Segregation of Access to Social Benefits: Income Maintenance Policies in the UK, the US, the Netherlands and Sweden", Journal of Social Policy, 22(1): 69-98.

Sainsbury, D.(1996), Gender Equality and Welfare States, Cambridge.

Sainsbury, D.(1999), "Gender and Social-Democratic Welfare States", in Sainsbury, D. (eds.), Gender and Welfare State Regimes, Oxford University Press.

Saint-Paul, G.(1996), "Exploring the Political Economy of Labour Market Institutions", Economic Policy, 23: 265-315.

Scharpf, F. W. and V. Schmidt (eds.), Welfare and Work in the Open Economy. Vol. II., Oxford: Oxford University Press.

Schmitz, H.(2011), "Why are the unemployed in worse health? The causal effect of unemployment on health", Labour Economics, 18: 71-78.

Schwander, H.(2010), "Assessing the Extent of Dualization: Differences in Pension Coverage between Insiders and Outsiders in Britain, Switzerland and Sweden", Paper prepared for presentation at the annual meeting of the Swiss Political Science Association, University of Geneva, January 8, 2010.

Schwartz and Seabrooke (eds.)(2009), The Politics of Housing Booms and Busts, New York: Palgrave Macmillan.

Seeleib-Kaiser, M., Saunders, A. and M. Naczyk(2012), "Shifting the Public-Private Mix: A New Dualization of Welfare?", in Emmenegger, P., Hausermann, S., Palier, B. and M. Seeleib-Kaiser (eds.), The Age of Dualization, Oxford: Oxford University Press.

Siegrist, J.(1996), "Adverse health effects of high-effort/low-reward conditions", Journal of Occupational Health Psychology, 1: 27-41.

Sipilä, J. and J. Korpinen(1998), "Cash versus Child Care Services in Finland", Social Policy & Administration, 32(3): 263-277.

Smeeding, T. M. and J. Williamson(2001), "Income Maintenance in Old Age: What can be Learned from Cross-National Comparisons", Luxembourg Income Study working paper No.263.

Smith, Joan(1984), "The Paradox of Women's Poverty: Wage-earning Women and Economic Transformation", Signs, 10: 291-310.

Sørensen, A.(2001), "Gender Equality in earnings at work and at home", in Kautto, M., J. Fritzell, B. Hvinden, J. Kvist and H. Uusitalo (eds). Nordic Welfare States in the European Context, Routledge.

Sørensen, A. and McLanahan, S.(1987), "Married Women's Economic Dependency 1940-1980", American Journal of Sociology, 3: 659-687.

Stalh, T., Wismar, M., Ollila, E., Lahtinen, E. and Leppo, K (eds.) (2006), Health in All Policies. Ministry of Social Affairs and Health, Finland.

Standing, G.(2009), Work After Globalization: Building Occupational Citizenship, UK: Cheltenham.

Standing, G.(2011), The Precariat: The New Dangerous Class, Bloomsbury.

Stewart, J. M.(2001), "The impact of health status on the duration of unemployment spells and the implications for studies of the impact of unemployment on health status", Journal of Health Economics, 20(5): 781-796.

Stickney, Lisa T. and Alison M. Konrad(2007), "Gender Role Attitudes and Earnings: A Multinational Study of Married Women and Men", Sex Roles, 57 : 801-811.

Stiglitz, J.(2013), The Price of Inequality, Norton.

Subramanian, S. V. and Kawachi, I.(2004), "Income inequality and health: What have we learned so far?", Epidemiological Review, 26: 78-91.

Tilly, C.(1998), Durable Inequality, University of California Press, Berkeley−CA.

Tilly, C., B. Blustone and B. Harrison(1986), Low Wages in America, Princeton University Press.

Tomlinson and Walker(2012), 노동시장의 불이익과 반복 빈곤경험 in 한국노동연구원 역, "이중화의 시대: 탈산업 사회에서 불평등 양상의 변화", 한국노동연구원, 서울.

Tussing, A. D.(1975), Poverty in a Dual Economy, New York: St. Martin's Press.

van der Wel, K., Dahl, E. and Thielen, K.(2012), "Social inequalities in "sickness: Does welfare state regime type make a difference? A multilevel analysis of men and women in 26 European countries", International Journal of Health Services, 42(2): 235-255.

van Doorslaer E, Wagstaff A, Bleichchrodt H, et al.(1997), "Income related inequalities in health: some international comparisons", Journal of Health Economics, 16: 93−112.

van Vegchel, N., de Jonge, J., Bosma, H., and Schaufeli, W.(2005), "Reviewing the effort-reward imbalance model: Drawing up the balance of 45 empirical studies", Social Science and Medicine, 60(5): 1117-1131.

Vleminckx, K. and T.M. Smeeding(2001), Child Well-being, Child Poverty and Child Policy in Modern Nations, The Policy Press.

Wagstaff, A. and van Doorslaer, E.(2000), "Measuring and Testing for Inequity in the Delivery of Health Care", Journal of Human

Resources, 35(4): 716–33.

Wagstaff, A. and van Doorslaer, E.(2008), "Income inequality and health: What does the literature tell us?", Annual Review of Public Health, 21: 543-567.

Walby, S.(1997), Gender Transformation, London: Routlegde.

Weir, et. al.(1988), The Politics of Soial Policy in the United States, Princeton.

Whiteford, P. and W. Adema(2007), What Works Best in Reduing Child Poverty: A Benefit or Work Strategy?, OECD Social, Employment and Migration Working papers.

WHO(2008), Closing the gap in a generation: Health equity through action on the social determinants of health, WHO Press: Geneva, Switzerland.

Wilkinson, R. G.(1996), Unhealthy Societies: The afflictions of inequality, London, England: Routledge.

Wilkinson, R. G.(2005), The Impact of Inequality: How to Make Sick Societies Healthier, New York, NY: New Press.

Wilkinson, R. G. and Pickett, K.(2006), "Income inequality and population health: a review and explanation of the evidence", Social Science and Medicine, 62(7): 1768-1784.

Wilkinson, R. G. and Pickett, K.(2009), The Spirit Level: Why More Equal Societies Almost Always Do Better, London, England: Allen Lane.

Williams, J. C.(2000), Unbending gender–Why family and work conflict and what to do about it, New York: Oxford University Press.

Wright, E. O.(1997), Class counts: comparative studies in class analysis, Cambridge University Press.

Wu, Q., Palinkas, L. A., He, X.(2011), "Social capital in promoting the psychosocial adjustment of chinese migrant children: interaction across contexts", Journal of Community Psychology, 39(4): 421–442.

Wu, X., Perloff, J. M. and Golan, A.(2006), "Effects of government policies on urban and rural income inequality", Review of Income and Wealth, 52(2): 213-235.

저자 소개

안상훈(安祥薰) 서울대학교 사회복지학과 졸업
웁살라대학교 사회학과 대학원 졸업 (Filosofie Doktorsexamen)
제18대대통령직인수위원회 인수위원 (전)
대통령직속 국민경제자문회의 민생경제분과위원장 (현)
현재 서울대학교 사회복지학과 교수 (사회정책학)

주요 논저

『현대 한국복지국가의 제도적 전환』 (2010)

『Pro-Welfare Politics: A Model for Changes in European welfare states』 (2000)

금현섭(琴鉉燮) 서울대학교 사회복지학과 졸업
미국 University of Texas, Austin 졸업 (정책학 박사)
현재 서울대학교 행정대학원 교수

주요 논저

『한국사회의 부패: 진단과 처방』(공저) (2014)

「정치적 이념, 정부신뢰 그리고 정책지지」(공저) (2010), 『행정논총』 48(4): 201-228.

류연규(柳姸圭) 서울대학교 사회복지학과 졸업
서울대학교 대학원 사회복지학과 졸업 (사회복지학 박사)
현재 서울신학대학교 사회복지학과 교수

주요 논저

「복지국가 아동 돌봄 서비스 공공성 강화의 사회경제적 조건」 (2013), 『한국가족복지학』 39: 177-204.

「복지국가의 아동·가족 복지 지출 결정요인에 대한 비교연구—OECD 국가를 중심으로」(공저) (2010), 『사회복지연구』 41(1): 145-174.

백승호(白承浩) 서울대학교 사회복지학과 졸업
서울대학교 대학원 사회복지학과 졸업 (사회복지학 박사)
현재 가톨릭대학교 사회복지학전공 교수

주요 논저

「서비스 경제와 한국사회의 계급, 그리고 불안정 노동 분석」 (2014), 『한국사회정책』 21(2): 57-90.

「Why Social Investment Approach is Not Enough-The Female Labour Market and Family Policy in the Republic of Korea」(공저) (2014), 『Social Policy & Administration』 48(6): 686-703.

김영미(金英美) 서울대학교 사회복지학과 졸업
서울대학교 대학원 사회복지학과 졸업 (사회복지학 박사)
현재 동서대학교 사회복지학부 교수

주요 논저

『끝나지 않은 혁명: 성역할의 혁명, 고령화에 대응하는 복지국가의 도전』(공역) (2014)

『노르딕 모델: 북유럽 복지국가의 꿈과 현실』(공역) (2010)

유조안(Yoo Joan Paek) 서울대학교 사회복지학과 졸업
미국 University of Wisconsin, School of Social Work 졸업 (사회복지학 박사)
미국 University of North Carolina, School of Social Work 조교수 (전)
현재 서울대학교 사회과학대학 사회복지학과 교수

주요 논저

「정서적 지지가 청소년의 건강증진행동에 미치는 영향: 자기효능감의 매개효과」(공저) (2014), 『청소년학 연구』 21(6): 135-160.

『Communities, Neighborhoods, and Health: Expanding the Boundaries of Place』(공저) (2011)

박종연(朴鍾緣) 서울대학교 정치학과 및 사회복지학과 졸업
서울대학교 대학원 사회복지학과 석박사통합과정 수료
서울대학교 글로벌사회공헌단 전문위원 (2013.4-2015.4)

주요 논저

「주거 관련 물질적 이해관계가 복지태도에 미치는 영향: 주거지위와 연관된 주요 변수를 중심으로」(공저) (2013), 『사회복지정책』 40(4): 375-398.

김수완(金修完) 서울대학교 사회복지학과 졸업
서울대학교 대학원 사회복지학과 졸업 (사회복지학 박사)
영국 런던정경대학 방문교수 (전)
보건복지부 국민연금심의위원회 위원 (현)
현재 강남대학교 사회복지대학 교수

주요 논저

「Dynamic Cleavages of “Welfare Rights and Duties” in Public Attitude towards Old-age Pensions: a Comparative Study」(공저) (2014), 『European Societies』 16(1): 90-111.

「중고령자 근로에 영향을 미치는 요인에 관한 비교사회정책학적 연구」 (2012), 『한국사회정책』 19(2): 69-97.

아산재단 연구총서 제378집

한국 사회의 이중구조와 생애주기적 불평등 값 17,000원

2015년 4월 30일 1판 1쇄

편 저 자 안 상 훈
발 행 인 임 동 규
발 행 처 **집 문 당**
주 소 110-360 서울특별시 종로구 돈화문로 82
등 록 1971. 3. 23. 제300-2012-69호
영 업 부 (02)743-3192~3 팩스(02)742-4657
전자우편 sale@jipmoon.co.kr
편 집 부 (02)743-3096~7 팩스(02)743-0227
전자우편 edit@jipmoon.co.kr
홈페이지 www.jipmoon.co.kr

ISBN 978-89-303-1678-1
978-89-303-1500-5(세트)

이 도서의 국립중앙도서관 출판시도서목록(CIP)은 e-CIP홈페이지(http://www.nl.go.kr/ecip)와 국가자료공동목록시스템(http://www.nl.go.kr/kolisnet)에서 이용하실 수 있습니다.
(CIP제어번호: CIP2015009346)

아 | 산 | 재 | 단 | 연 | 구 | 총 | 서

1 전환기의 중국경제
김윤환 외 | 단국대 경제학과

2 폴란드 경제의 변천 개혁과 그 전망
김광수 | 숭실대 경제학과

3 재소한인
이광규 외 | 서울대 인류학과

4 소련산림과 임업
홍성천 외 | 경북대 임학과

5 아세안의 정치경제
김국진 외 | 외교안보연구원

6 태국의 사회변동과 경제발전
최석만 외 | 전남대 사회학과

7 중국의 사회경제 통계분석
신한풍 외 | 고려대 통계학과

8 중국의 정치와 경제
박두복 외 | 외교안보연구원

9 동유럽의 개혁과 시장경제의 도입
허만 외 | 부산대 사범대학

10 동유럽의 개혁운동
박영신 | 연세대 사회학과

11 현대 러시아 연구
기연수 외 | 한국외대 노어과

12 전략적 선택과 기업의 국제경쟁력
이장호 | 서강대 경영대학

13 협동사회의 정착과 정부의 역할
이종범 외 | 고려대 행정학과

14 한국 제조기업 생산성의 동적 분석
노부호 외 | 중앙대 경영대학

15 분배의 정의
변형윤 외 | 서울대 경제학과

16 도덕적 행동의 강화
이훈구 외 | 연세대 심리학과

17 관료부패와 통제
김해동 외 | 서울대 행정대학원

18 한국경제의 내실 있는 성장
정창영 외 | 연세대 경제학과

19 한국국민정신운동의 역사와 발전방향
박수명 외 | 부산대 사범대학

20 한국대학생의 가치성향과 상담효과
이영희 외 | 숙명여대 교육학과

21 가출청소년과 학교관리체제
안창규 외 | 부산대 교육학과

22 동북아 정세변화와 한·일관계
한승조 외 | 고려대 정치외교학과

23 언론과 부정부패
정대철 외 | 한양대 신문방송학과

24 한국의 고등학교 교육
이원호 외 | 부산대 교육학과

25 가족과 방송
김학수 외 | 서강대 신문방송학과

26 재정개혁의 전망과 재산세제의 개편 과제
오연천 | 서울대 행정대학원

27 청소년을 위한 전자게임 프로그램의 규제 및 평가체계 개발
박혜원 외 | 울산대 가정관리학과

28 정신장애자 가족의 사회심리적 특성
이근후 외 | 이화여대 의과대학

29 가족의 관계역동성과 문제인식
이광규 외 | 서울대 인류학과

30 현대인과 한국전통음식
승정자 | 숙명여대 식품영양학과

31 기업의 초고속정보통신망활용
안중호 | 서울대 경영학과

32 지역발전을 위한 교육자치제의 개선방안
김남순 | 조선대 사범대학

33 전환기의 공무원 가치관
조경호 | 울산대 행정학과

34 지방자치와 사회복지의 과제
김영모 | 중앙대 사회복지학과

35 WTO체제하의 지방중소기업 지원정책
최명주 외 | 계명대 통상학부

36 현대한국의 시민운동
이효선 | 중앙대 사회학과

37 기업 세계화의 단계 및 정도의 측정
허영도 외 | 울산대 경영학과

38 가족복지를 위한 가족주치의 시범사업의 효과
이혜리 외 | 연세대 가정의학교실

39 한국대학생의 삶의 만족도
김재은 외 | 이화여대 교육심리학과

40 지역경제와 지역산업구조의 개편방향
정기화 외 | 전남대 경제학부

41 중국기업의 소유형태별 경영특성
노철화 외 | 부산대 무역학과

42 남북한의 인성·사상교육
한승조 외 | 고려대 정치외교학과

43 연계적 뇌기능 조언을 위한 의료용 멀티미디어 시스템의 설계
유선국 | 연세대 의용공학교실

44 다민족국가의 민족문제와 한인사회
최협 외 | 전남대 인류학과

45 저소득층지역 청소년 여가문화와 소집단 활성화
박문수 외 | 서강대 사회학과

46 삶의 질의 국제비교와 지역간 비교분석
이재기 외 | 울산대 경제학과

47 21세기 지역주민의 삶의 질
양종회 외 | 성균관대 사회학과

48 삶의 질에 대한 국가간 비교
조명한 외 | 서울대 심리학과

49 외국인 노동자의 노사관계와 사회적 적응
석현호 외 | 성균관대 사회학과

50 한국의 사법제도와 발전 모델
정종섭 | 건국대 법학과

51 고령화사회와 중상층 노인의 사회활동
조성남 외 | 이화여대 사회학과

52 한국의 서비스 시장 개방정책
한홍렬 | 한양대 경제학부

53 한국과 AFTA간의 교역증진 및 경제 협력방안
손일태 외 | 경희대 경제통상학부항

54 물류비 절감을 위한 무역업체의 정보화전략
이영수 외 | 경북대 경제통상학부

55 사회주의 체제전환과 사회정책
오정수 외 | 충남대 사회복지학과

56 남북통일 이후 농업생산체계 개편
홍성규 외 | 건국대 농업경제학과

57 국제화와 세계화
하영선 외 | 서울대 외교학과

58 IMF 개혁정책의 평가와 한국경제의 신(新) 패러다임
조동근 | 명지대 경제학과

59 구조개혁과 실업대책
박동운 | 단국대 경제무역학부

60 21세기 신노사관계
심윤종 외 | 성균관대 사회학과

61 학교에서의 집단 따돌림
이춘재 외 | 가톨릭대 심리학과

62 한국노인의 정신건강실태와 건강증진
조맹제 외 | 서울대 의과대학

63 혁명과 개혁 속의 중국 농민
김광억 | 서울대 인류학과

64 중국의 경제환경과 한국기업의 진출 전략
지용희 외 | 서강대 경영학과

65 김대중 대통령의 시스템 사고
김동환 | 중앙대 공공정책학부

66 실업과 가족해체
최일섭 외 | 서울대 사회복지학과

67 합리적 부채비율 조정방안
오상근 | 동아대 경제학과

68 한국 중산층의 생활문화
문숙재 외 | 이화여대 소비자 · 인간발달학과

69 계층간 갈등상태에서 최적소득세
김진욱 | 건국대 경상학부

70 글로벌 경쟁력 제고를 위한 기업전략과 조직구축
이만우 외 | 고려대 경영학과

71 의료보험과 국민연금의 관리효율화를 위한 통합방안
사공진 외 | 한양대 경제학부

72 정부개혁의 과제와 전략
박우서 외 | 연세대 행정학과

73 책임운영기관 제도에 관한 비교분석
김근세 | 가톨릭대 행정학과

74 새로운 패러다임하에서의 한국기업의 바람직한 지배구조
최운열 외 | 서강대 경영학과

75 현대 한국사회의 계층구조
양춘 외 | 고려대 사회학과

76 한국의 산업정책과 산업구조조정
강인수 | 숙명여대 경제학부

77 기업구조조정
김석진 | 경북대 경영학부

78 지식경영을 위한 인적자원 개발 및 관리체계
장영철 | 경희대 경영학부

79 뉴 비즈니스 모델
전성현 | 국민대 정보관리학부

80 중산층의 정체성과 소비문화
함인희 외 | 이화여대 사회학과

81 외국관광객 유치를 위한 마케팅 전략
박상규 | 강원대 경영학과

82 한국인의 세대별 문학의식
이동순 | 영남대 국문과

83 공공부문의 효율성 평가와 측정
김재홍 외 | 울산대 사회과학부

84 한국 청소년의 정치의식과 형성요인
김광웅 외 | 숙명여대 아동복지학과

85 한국 대학생의 정치의식
배한동 | 경북대 윤리교육과

86 산업의 정보화와 산업발전
이기동 | 계명대 통상학부

87 한국 제조업의 고용조정 분석
이종원 외 | 성균관대 경제학부

88 지식자산에 대한 경영전략적 평가모형 개발
배재학 외 | 울산대 컴퓨터 · 정보통신공학부

89 관광사업을 위한 한국적 이미지의 휴식복 개발
채금석 | 숙명여대 의류학과

90 한국 정치제도의 개혁
신정현 | 경희대 사회과학부

91 e비즈니스와 아웃소싱 전략
정승화 외 | 연세대 경영학과

92 집단 따돌림의 진단 및 치료방안
홍준표 | 중앙대 인간생활환경학과

93 16대 총선과 낙선운동
조기숙 | 이화여대 국제대학원

94 부동층 유권자 행태 분석
진영재 | 연세대 정치외교학과

95 사이버 공동체의 성공요인
이재관 | 숭실대 경영학부

96 온라인 소비자 행동의 이론과 실증
윤성준 | 경기대 경영학부

97 글로벌 시대 정약용 세계관의 가능성과 한계
차성환 | 한일장신대 역사사회학과

98 러시아의 체제전환 과정에서 나타난 국가의 역할과 그 전망
이상민 외 | 부산대 정치외교학과

99 남북한의 경제발전 수준과 산업구조 비교, 그리고 경제교류 협력방향
주성환 | 건국대 경제학과

100 집단따돌림과 교육해체
한준상 | 연세대 교육학과

101 공적연금제도의 효율성과 개선방안
유금록 | 군산대 행정복지학부

102 벤처기업-대기업의 성공적인 협력 모델
나중덕 | 경산대 경영학과

103 북한의 재외동포정책
조정남 외 | 고려대 정치외교학과

104 사이버 공동체 형성의 역동적 모형
장용호 | 서강대 신문방송학과

105 기업이론과 기업의 소유지배구조
김일태 외 | 전남대 경제학부

106 가축분뇨 자원화를 위한 공동이용조직에 대한 농가선호도 분석
유덕기 | 동국대 생명자원경제학과

107 개혁정책과 전문가 집단
이경원 외 | 제주대 행정학과

108 현대 한국사회의 이중가치체계
신수진 외 | 이화여대 가정관리학과

109 한국의 산업구조 변화와 기업집단 다각화 전략
김용학 외 | 연세대 사회학과

110 지식정보사회의 경제적 모형 설정 및 사례 연구
김범환 | 배제대 경영정보학부

111 변호사징계제도
오종근 | 한림대 법학부

112 인터넷 특허법
김순석 | 광주대 법학과

113 e-비즈니스 시대의 금융 및 재정정책의 새로운 패러다임
이종욱 | 서울여대 경제학과

114 청소년의 하위문화와 정체성
조성남 | 이화여대 사회학과

115 디지털금융시대의 금융구조변화와 정부규제 및 정책
이충열 | 고려대 경제학부

116 지식경영을 위한 기업의 조직설계방안
김경수 외 | 전남대 경영학과

117 전자금융의 발달과 경제정책의 새로운 패러다임
이명훈 | 명지대 경제학과

118 동아시아의 안보와 유엔체제
강성학 편저 | 고려대 정치외교학과

119 유료 치매노인 그룹홈의 개발과 관련 정책
최정신 외 | 가톨릭대 소비자 · 주거학과

120 소비자 지향적 문화산업 정책
홍영준 | 호남대 광고홍보학과

121 국제 · 국가 · 지방 환경규제의 연계
정준금 외 | 울산대 행정학과

122 현행 회사 합병 · 분할제도의 평가와 개선방안
옥무석 외 | 이화여대 법학과

123 배려지향적 도덕성과 정의지향적 도덕성
정옥분 외 | 고려대 사범대학

124 기업구조조정에 대한 채권금융기관 및 금융감독기관의 역할과 책임
이중기 | 한림대 법학과

167 환경주의와 지속가능한 발전
정대연 | 제주대 사회학과

168 무역과 환경
김기흥 외 | 경기대 경제학부

169 산업계 유해폐기물의 위험과 관리
김금수 | 호서대 경상학부

170 백범 김구의 지적 계발과정 탐색
문용린 | 서울대 교육학과

171 태평양전쟁 발발 이후 일제의 인적 지배와 그리스도교계의 대응
윤선자 | 전남대 사학과

172 거버넌스 상황에서 갈등관리를 위한 대체적 분쟁해결제도
서순복 | 광주대 법정학부

173 시장경제의 유형과 민주주의
최배근 | 건국대 경상학부

174 일본고전소설 총론
김현정 | 국립한국전통문화학교

175 국어 교육을 위한 국어 문법론
이관규 | 홍익대 국어교육과

176 율곡의 군주론
전세영 | 부산교대 윤리교육과

177 동북아시아 환경협력
정서용 | 명지대 법학과

178 기후변화협약과 기후정책
신의순 외 | 연세대 경제학과

179 인터넷과 국제 학술정보 네트워크-하이퍼링크 분석
박한우 | 영남대 언론정보학과

180 국내 기업복지의 활성화 방안
최수찬 | 연세대 사회복지대학원

181 세계화와 인간안보
김우상 외 | 연세대 정치외교학과

182 세계문화유산 종묘 이야기
지두환 | 국민대 국사학과

183 한국 평생교육의 사회철학적 과제
곽삼근 | 이화여대 교육학과

184 강점모델
정순둘 | 이화여대 사회복지학과

185 글로벌시대의 계약법
박영복 | 한국외대 법과대학

186 배심제와 시민의 사법참여
안경환 | 서울대 법학과

187 동북아공동체
김재한 | 한림대 정치외교학과

188 정치 참여와 탈물질주의
김욱 | 배재대 정치외교학과

189 퍼지전문가회로망을 이용한 금융기관의 사이버 기업여신결정 지원시스템의 개발
권혁대 | 목원대 경영학과

190 환경정책과 환경법
송인성 | 전남대 지역개발학과

191 포스트모던 시대의 평생교육학
한숭희 | 서울대 교육학과

192 현대 한국인의 세대경험과 문화
박길성 외 | 고려대 사회학과

193 서구의 근로연계복지
김종일 | 건국대 사회복지학과

194 사회복지운동론
현외성 | 경남대 사회복지학과

195 외국의 역모기지 사례
유선종 | 건국대 부동산학과

196 옛이야기와 어린이문학
이지호 | 진주교대 국어교육학과

197 노인사회복지관광의 정책과제와 방안
김창수 | 경기대 관광학부

198 복지서비스의 민간위탁 시스템 분석
김순양 | 영남대 행정학부

199 새로운 빈곤층의 대두와 정부의 정책과제
김진욱 | 건국대 경제학과

200 문화행정론
김정수 | 한양대 행정학과

201 스칸디나비아 노인용 코하우징의 계획과 적용
최정신 외 | 가톨릭대 생활과학부

202 북한의 자연생태계
공우석 | 경희대 지리학과

203 통계로 이해하는 러시아
전홍찬 | 부산대 정치외교학과

204 사회복지법인의 경영과 회계
이동규 | 충남대 회계학과

205 의약분업 정책과정
차흥봉 | 한림대 사회복지학과

206 지역공동체와 평생교육
오혁진 | 동의대 평생교육학부

207 아동보호서비스의 실제
한미현 | 백석대 사회복지학부

208 그린마케팅
박재기 | 충남대 경영학부

209 아동권리와 아동복지
이혜원 | 성공회대 사회복지학과

210 국제 이주와 인도인 디아스포라
김경학 | 전남대 인류학과

211 질병과 의료의 사회학
조병희 | 서울대 보건대학원

212 북한이탈주민의 사회통합을 위한 지역복지실천의 모색
이기영 | 부산대 사회복지학과

213 치매노인케어론
조유향 | 초당대 간호학과

214 노인상담입문
서혜경 외 | 한림대 대학원 사회복지학과

215 '통일 이후 통일과정'으로서의 독일 통일영화
이준서 | 이화여대 독어독문학과

216 중국의 사회보장
오정수 | 충남대 사회복지학과

217 환경자원의 경제적 가치와 환경오염의 사회적 비용
김재홍 | 울산대 사회과학부

218 사회복지프로그램의 경제적 평가방법
박창제 외 | 상주대 사회복지학과

219 자유의지와 결정론
안건훈 | 강원대 철학과

220 심리학자들이 쓴 행복한 결혼의 심리학
채규만 외 | 성신여대 심리학과

221 현대 해석학 강의
양해림 | 충남대 철학과

222 한국인의 주거 빈곤과 공공주택
하성규 | 중앙대 도시 및 지역계획학과

223 IMF 경제위기와 한국 출산력의 변화
김두섭 | 한양대 사회학과

224 동아시아의 영토분쟁과 국제법
이석우 | 인하대 법학부

225 독일 복지국가와 사회복지서비스
정재훈 | 서울여대 사회사업학과

226 사회복지사를 위한 실용 비모수통계
엄명용 | 성균관대 사회복지학과

227 피해자학 연구
이윤호 | 동국대 경찰행정학과

228 광고언어창작론
박영준 외 | 부경대 국어국문학과

229 환경규제 패러다임의 전환
한철 | 한남대 법학과

230 고령사회의 노동환경변화와 고용 시스템의 문제점 및 법적 대응
고준기 | 국립군산대 법학과

231 세계화와 소득불평등
이성균 외 | 울산대 사회과학부

232 유비쿼터스 사회의 이해
안중호 외 | 서울대 경영학과

233 국제환경책임법론
박병도 | 건국대 법학과

234 한국의 선거와 민주주의
윤종빈 | 명지대 정치외교학과

235 한국 시민운동의 구조와 동학
조대엽 외 | 고려대 사회학과

236 또래관계
송영혜 | 대구대 재활심리학과

237 해외 한국기업과 현지인 노동자
석현호 외 | 에스코이아학술문화재단

238 독일 국가복지에서 민간복지단체의 역할과 의미
차성환 외 | 한일장신대 사회복지학부

239 청정공학
조정호 | 동양대 생명화학공학과

240 한국전통연희론
심상교 | 부산교육대 국어교육학과

241 정신장애와 가족
서미경 | 경상대 사회복지학부

242 빈곤통계의 작성과 활용
김주환 | 동국대 정보통계학과

243 인터넷과 한국정치
강원택 | 숭실대 정치외교학과

244 북한의 시장경제이행
정영화 외 | 서경대 법학과

245 시스템사고로 본 지속가능한 도시
문태훈 | 중앙대 도시및지역계획학과

246 실버산업과 유비쿼터스 컴퓨팅
고일상 | 전남대 경영학부

247 재활상담과 사례관리
나운환 | 대구대 직업재활학과

248 영유아교육기관에서의 장애 이해 교육
유수옥 | 우석대 유아특수교육과

249 장애의 사회적 의미와 사회통합
박수경 | 대진대 사회복지학과

250 경제분석의 수리적 기초
조인성 | 공주대 경제통상학부

251 비영리부문의 비교연구
김승현 | 서울산업대 행정학과

252 고등교육경제학
반상진 | 전북대 교육학과

253 과학윤리교육의 이론과 방법
조희형 | 강원대 과학교육학부

254 결혼이민자가족의 이해
김오남 | 대불대 사회복지학과

255 동아시아 국가의 공공부조
신동면 | 경희대 사회과학부

256 특수아동 진단 및 평가
이나미 | 대불대 특수교육과

257 계약형 사회복지와 권리옹호시스템
이명현 | 경북대 상주캠퍼스 사회복지학과

258 실내공기질 및 위해성 관리
양원호 | 대구가톨릭대 산업보건학과

259 충남 방언 문법
한영목 | 충남대 국어국문학과

260 교육권론
노기호 | 군산대 법학과

261 도시경관계획론
임승빈 | 서울대 조경 · 지역시스템공학부

262 교통의 새로운 패러다임
김형철 | 경원대 도시계획 · 조경학부

263 노인의 삶의 질 향상을 위한 주거환경 디자인
천진희 | 상명대 디자인대학 실내디자인전공

264 사회복지와 문화
박병현 | 부산대 사회복지학과

265 장애인복지의 이론과 실제
이선우 | 인제대 사회복지학과

266 창의성 개발을 위한 디자인교육 콘텐츠
김선영 | 인천가톨릭대 조형예술대학 환경디자인학과

267 구성주의 사회복지 실천 기술론
고미영 | 서울신학대 사회복지학과

268 장애아교육학
김기흥 | 부산교육대 유아교육과

269 지역사회복지와 자원부문
한상진 외 | 울산대 사회학과

270 환경관리회계
육근효 | 부산외국어대 회계학부

271 인권 관점에서 보는 장애인복지
유동철 | 동의대 사회복지학과

272 정신증상
송지영 | 경희대 의과대학병원 신경정신과

273 사이버공간의 사회심리학
이성식 외 | 숭실대 정보사회학과

274 노인에 대한 사회적 돌봄과 돌봄 서비스의 질 보장
최희경 | 신라대 가족노인복지학과

275 아동 심리치료의 실제
신현균 | 전남대 심리학과

276 사회복지와 위험관리
노충래 | 이화여대 사회복지전문대학원

277 국제 탄소시장의 이해
양승룡 | 고려대 식품자원경제학과

278 타자의 초상
신문수 | 서울대 영어교육과

279 한국정치와 환경정치
나정원 | 강원대 정치외교학과

280 북한이주민
윤인진 | 고려대 사회학과

281 음주의 사회경제적 비용
정우진 외 | 연세대 보건대학원

282 지방정치와 동북아 도시거버넌스
박재욱 | 신라대 행정학과

283 노숙인 복지론
남기철 | 동덕여대 사회복지학과

284 유럽통합과정과 지역협력
이규영 | 서강대 국제대학원

285 사회복지재정 연구
지은구 | 계명대 사회과학대학 사회복지학과

286 지역사회 교육개혁을 위한 시민사회 조직의 참여
김영화 | 홍익대 교육학과

287 복지사회를 대비한 국민연금의 구조개혁
박영석 외 | 서강대 경영학부

288 한미 FTA 지재권 협상에 따른 의약품 분야 사회후생 변화
오근엽 | 충남대 무역학과

289 산업입지, 환경 그리고 지역경제
이기동 외 | 계명대 국제통상학과

290 감성지능 개발을 통한 삶의 질 향상
김경수 외 | 전남대 경영학부

291 교육복지론
이용교 외 | 광주대 사회복지학부

292 인간과 행복에 대한 철학적 성찰
박찬국 | 서울대 철학과

293 유럽연합의 사회통합 사례와 교훈
이무성 | 명지대 정치외교학과

294 민영화와 사회후생
이상호 | 전남대 경제학부

295 북한의 교육학 체계 연구
최영표 외 | 동신대 교육대학원

296 한국 지속가능발전의 구조와 변동
정대연 | 제주대 사회학과

297 우리나라의 공익 연계 마케팅에 관한 연구
임승희 | 전주대 경영학부

298 시각장애인복지론
김영일 | 조선대 특수교육과

299 그린에너지와 환경촉매
정석진 | 경희대 화학공학과

300 취약학교 초등학생을 위한 온라인 보건교육 프로그램
박경옥 | 이화여대 보건관리학과

301 신탁제도를 통한 고령자의 보호와 지원
최수정 | 서강대 법학전문대학원

302 사회적 약자계층에 대한 실태분석 및 정책방안
이은우 외 | 울산대 경제학과

303 한류 문화와 동북아 공동체
최혜실 | 경희대 국어국문학과

304 노동유연화와 해고보호법
권혁 | 부산대 법학전문대학원

305 사회복지 위험관리의 이해
박미은 | 한남대 사회복지학과

306 의료기관의 회계와 세무
노준화 | 충남대 경영학부

307 여성인적자원의 전문성 확보를 위한 경력개발
백지연 | 이화여대 국제사무학과

308 정신병리
강선경 | 서강대 신학대학원

309 바다의 반란 적조
윤양호 | 전남대 해양기술학부

310 한국 장애인 복지 발달사
이성규 | 서울시립대 사회복지학과

311 서양예술 속의 동양 탐색
진상범 | 전북대 독어독문학과

312 한국인의 도덕성 발달 진단
문용린 | 서울대 교육학과

313 영국정치와 국가복지
고세훈 | 고려대 공공행정학부

314 인간학적 사유를 여는 중도·중복장애 교육학
이숙정 | 단국대 특수교육과

315 개별화 교육과정
이소현 | 이화여대 특수교육과

316 인간의 긍정적 성품
권석만 | 서울대 심리학과

317 지방자치와 지역여성의 전망
이혜숙 | 경상대 사회학과

318 한국 현대 노년소설 연구
전흥남 | 한려대 교양학부

319 정보격차 해소를 위한 창의적 정보교육 프로그램
이영준 외 | 한국교원대 컴퓨터교육과

320 한국 가족과 젠더
손승영 | 동덕여대 교양학부

321 한국의 복지혼합
김진욱 | 서강대 신학대학원

322 사회자본과 자원봉사
김태룡 외 | 상지대 행정학과

323 농촌교육복지연구
박삼철 | 단국대 교양학부

324 사회정체성 평가 차원에 대한 국제 비교조사
이명진 | 고려대 사회학과

325 캐나다 복지국가 연구
조영훈 | 동의대 사회복지학과

326 한국의 소수자운동과 인권정책
전영평 외 | 서울대 행정대학원

327 한국과 미국의 보육서비스 전달체계와 품질 비교분석
김근세 외 | 성균관대 국정관리대학원

328 한국사회의 소득불평등과 국민 의료이용
이용재 | 호서대 사회복지학과

329 정보시대의 인간안보
조화순 | 연세대 정치외교학과

330 가족의 사회경제적 특성과 아동발달
김광혁 | 전주대 사회복지학과

331 초·중·고등학생의 학업소진 진행과정 및 경로분석
이상민 | 고려대 교육학과

332 다문화사회의 사법통역
이지은 | 이화여대 통역번역대학원

333 동아시아 지역주의
유현석 | 경희대 정치외교학과

334 환경친화적 공공시설관리와 지역공동체의 삶의 질
이소영 | 중앙대 실내디자인·주거환경학과

335 의료보험의 법정책
김나경 | 성신여대 법과대학

336 양극화 시대 가족해체와 청소년의 적응에 관한 한국과 미국의 비교 연구
오승환 외 | 울산대 사회복지학과

337 기업의 사회적 책임과 지역경제사회발전 연구
허영도 외 | 울산대 경영학부

338 노인의 삶의 질 향상을 위한 온라인 소셜 네트워크 구축 방안
김진우 | 연세대 경영학과

339 청소년 생활역량
윤명희 외 | 동의대 평생교육학과

340 외국인 배우자의 다양성과 국제결혼의 안정성
김두섭 | 한양대 사회학과

341 정보인권의 규범구체화
이민영 | 가톨릭대 법학과

342 한국 사회복지실천의 고유성
최성재 외 | 서울대 사회복지학과

343 스웨덴의 환경책임 실천모형
최희경 | 경북대 행정학부

344 자율운동과 주거공동체
윤수종 | 전남대 사회학과

345 한국인의 공공봉사동기
김상묵 | 서울과학기술대 행정학과

346 한국 이혼가정 아동의 성장
김혜숙 | 경인교육대 교육학과

347 동양 사상과 노인 복지
홍승표 외 | 계명대 사회학과

348 노동과 사회보장의 연계
오문완 | 울산대 법학과

349 학습장애 위험군 아동의 조기선별을 위한 읽기검사 표준화 연구
김애화 외 | 단국대 특수교육학과

350 신·재생에너지에 기초한 녹색성장과 사회통합
김인호 | 이화여대 법학전문대학원

351 문화교류역량과 다문화 경영이 기업 경영성과에 미치는 영향
임병학 외 | 부산외대 경영학부

352 빈곤영유아의 발달과 적응
정익중 외 | 이화여대 사회복지학과

353 민사법질서와 인권
양천수 | 영남대 법학전문대학원

354 성년후견제도와 사회복지제도의 연계
신권철 | 서울시립대 법학전문대학원

355 한국 다문화사회의 이방인
김순양 | 영남대 행정학과

356 현대 시민사회와 소비자계약법
이병준 | 한국외대 법학전문대학원

357 개인의 사회적 정보보호를 위한 공공 정보서비스 개선 연구
장항배 | 상명대 경영학과

358 여성교육투자에 대한 교육경제학적 탐색
백일우 외 | 연세대 교육학부

359 사회적 기업과 지속가능한 지역발전
임업 외 | 연세대 도시공학과

360 다문화가정 구성원에 대한 투트랙 한국어 교육방안 연구
박시균 | 군산대 국어국문학과

361 아시아의 빈곤과 한국기업의 역할
한인수 | 충남대 경영학부

362 유치원·초등학교 연계 환경교육
박희숙 | 공주대 유아교육학과

363 비정규 고용과 사회정책
구인회 외 | 서울대학교 사회복지학과

364 사생활의 자유에 관한 비교법적 연구
이창현 | 서강대 법학전문대학원

365 다중융합 환경 기반의 미디어스킨을 활용한 문화콘텐츠 디자인 적용방안에 관한 연구
오문석 외 | 광운대 미디어영상학부

366 북한이탈주민 여성의 성인식 관련 기초조사
한인영 외 | 이화여대 사회복지학과

367 노인주택 파노라마
유선종 | 건국대 부동산학과

368 시설보호 청년의 적응
정선욱 | 덕성여대 사회복지학과

369 다수 집단과 소수 집단의 심리
김혜숙 | 아주대 심리학과

370 바이오 휴머니티
권택영 | 경희대 영어학부

371 프랑스 다문화교육의 이해
이경수 | 상명대 불어교육과

372 한·중 서비스산업의 비교분석과 교역 확대 방안
김상호 | 리츠메이칸 아시아태평양대 국제경영학부

373 현대의학에 있어서 생명의 시간과 인간의 존엄
김학태 | 한국외대 법학전문대학원

374 0~3세 영유아의 영상물 과몰입 실태조사 및 정신건강증진 프로그램 개발과 적용
이경숙 | 한신대 재활학과

375 복지국가의 조세와 정치
양재진 외 | 연세대 행정학과

376 청소년기 자살행위 실태와 관련 요인
박선희 | 경희대 간호과학대학

377 기술혁신에 따른 지역 간 정보격차
최정혜 외 | 연세대 경영대학

378 한국 사회의 이중구조와 생애주기적 불평등
안상훈 편 | 서울대 사회복지학과

아 | 산 | 재 | 단 | 연 | 구 | 보 | 고 | 서

1 한국인의 도덕성 연구
배해수 | 고려대 국문학과

2 산업화와 청소년 진로
이원호 | 울산대 교육학과

3 공동체의식과 시민운동
김영섭 | 한양대 행정학과

4 한국청년의 삶의 의미 충족도와 만족적 태도
안정수 | 경희대 철학과

5 중국조선족의 사회발전과 한·중관계의 위상
손장권 | 고려대 사회학과

6 해송림 "솔껍질깍지벌레"의 천적 및 주요 종의 생태
김규진 | 전남대 농생물학과

7 사회정의와 실천윤리
박종대 | 서강대 철학과

8 동구개혁의 영향
김달중 | 연세대 정치외교학과

9 한국청소년의 의식세계
김문조 | 고려대 사회학과

10 고강도 철근 콘크리트 구조의 실용화
정헌수 | 중앙대 건축학과

11 신기술의 연관형태 및 출현예측의 구조모형
권철신 | 성균관대 산업공학과

12 민간기업의 연구개발을 위한 조세정책
권영훈 | 한양대 경제학부

13 기술개발 활성화방안
송승구 | 울산대 화학공학부

14 부패의 현상과 진단
이문조 | 영남대 정치외교학부

15 연구투자의 지역적 편중화와 부산지역의 기초과학연구 활성화방안
윤웅찬 | 부산대 화학과

16 GATT의 신구 덤핑방지협정과 그 대응방안
전창원 | 동국대 무역학과

17 한국사회의 도덕성 제고를 위한 진단과 처방
황경식 | 서울대 철학과

18 새로운 노사관계 방향
이진규 외 | 고려대 경영학과

19 21세기 동북아 정세예측과 한국의 전략적 대응방안
최평길 외 | 연세대 행정학과

20 소련의 한국에 대한 정책목표분석
신승권 | 한양대 정치외교학과

21 메모리 커패시터용 $Pb(Zr_xTi_{1-x})O_3$ 강유전체 박막의 제작과 특성
장지근 외 | 단국대 전자공학과

22 러시아 국제법학의 전통
김용구 | 서울대 외교학과

23 유럽연합의 현황과 전망
김동현 외 | 성균관대 행정학과

24 중국의 정치동원
송영우 외 | 건국대 정치외교학과

25 산업적 활용을 위한 이동로보트 시스템의 개발
박민용 외 | 연세대 전자공학과

26 중국조선족의 정치사회화과정과 동화적 국민통합의 방향
전인영 외 | 이화여대 사회생활학과

27 공적부조의 이론과 실제
최일섭 외 | 서울대 사회복지학과

28 대외통상환경의 변화와 법제개편
서헌제 | 중앙대 법학과

29 기업금융의 국제화
최생림 | 한양대 경영학부

30 자동차부품공업의 노사관계
김호진 외 | 고려대 행정학과

31 산업화 과정에서의 한국가족의 실태와 전망
정창수 외 | 성균관대 사회학과

32 공무원 가치관 실태와 정립방안
배병룡 외 | 경상대 행정학과

33 해외귀국청소년의 국내적응연구
이장영 | 국민대 사회학과

34 초고속정보통신망에서 LAN서비스 제공방안
이재용 | 연세대 전자공학과

35 WTO체제의 정책적 대응
김병진 외 | 경희대 행정학과

36 유럽의 통합정치
최수경 외 | 충남대 정치외교학과

37 유기질폐기물을 이용한 고단백사료원인 조류의 생산공정
최정우 외 | 서강대 화학공학과

38 초고속정보통신망의 수용성과 정책방향
박영상 외 | 한양대 신문방송학과

39 중국의 강남사회와 한중교섭
조영록 외 | 동국대 사학과

40 세계화시대의 사회·문화의식
신행철 외 | 제주대 사회학과

41 국내 외국인 노동자의 문제와 대책
성규탁 외 | 연세대 사회복지학과

42 노인인력 활용정책과 프로그램
김정후 외 | 강원대 법과대학

43 한일간 학술교류 현황과 활성화방안
정홍익 외 | 서울대 행정대학원

44 계량모형에 의한 한일 경제관계의 이해
김명직 외 | 한양대 경제학부

45 직장인의 음주행태와 삶의 질
진기남 외 | 연세대 보건행정학과

46 유통정보 시스템의 구조와 설계
정용길 | 충남대 경영학과

47 남북통일 이후 사회통합을 위한 교육의 역할
안기성 외 | 고려대 교육학과

48 대중음악에 심취한 청소년들의 심리적 특성
김인경 외 | 연세대 인간행동연구소

49 멀티미디어 시스템을 활용한 교육환경의 개선방안
김한일 | 제주대 컴퓨터교육학과

50 탈냉전기 한일관계의 쟁점
최상룡 | 고려대 정치외교학과

51 자치시대 새로운 '삶의 질' 지표의 모색
김형기 외 | 경북대 경제통상학부

52 유럽통합의 역내외 협력과 갈등
이호재 외 | 고려대 정치외교학과

53 21세기를 대비한 신노사관계
김재원 | 한양대 경제학부

54 대학의 시간제학생 등록제
안규철 외 | 전남대 교육학과

55 21세기에 대비한 방송통신정책
한진만 외 | 강원대 신문방송학과

56 주민참여를 통한 혐오시설 관리운영방안
박균성 외 | 경희대 법학부

57 여성의 정치적 권리인식과 정치참여
전경옥 외 | 숙명여대 정치외교학과

58 한국인 위장질환과 식생활·환경요인 및 *H. pylori* 감염과의 관계
이양자 외 | 연세대 식품영양학과

59 학생과 시민의 자원봉사활동
윤정일 외 | 서울대 교육학과

60 동북아 환경문제와 지역환경협력의 모색
신연재 외 | 울산대 정치외교학과

61 노인 자원봉사활동을 통한 사회통합 프로그램 개발
김동배 | 연세대 사회복지학과

62 물류정보 시스템
김태현 | 연세대 경영학과

63 전자식 문서교환을 이용한 항공화물 운송체계
민재형 | 서강대 경영학과

64 청소년과 성
이근후 | 이화여대 의과대학

65 민족통합과 무궁화호 위성의 남북한 공동활용방안
방정배 | 성균관대 신문방송학과

66 채식주의가 20대 여성의 영양상태와 에스트로겐 대사에 미치는 영향
성미경 | 숙명여대 식품영양학과

67 가상정보공간을 통한 지역개발 활성화 전략
유재천 외 | 한림대 언론정보학부

68 조산아 관리현황 및 정책수립 방안
박상기 외 | 조선대 의과대학

69 남북한관의 의식조사와 통일교육 개선방안
김동규 외 | 고려대 북한학과

70 동양 전통 자연사상 탐구
장동순 | 충남대 환경공학과

71 초고속정보망의 시뮬레이터 구현
한기준 | 경북대 컴퓨터공학과

72 유통원가 시스템의 유효성
정다미 | 명지대 경영학과

73 국악과 문화관광의 만남
정익준 외 | 동아대 국제관광통상학부

74 기업의 지식경영 활용사례
김창은 | 명지대 산업공학과

75 선진국과 한국의 직업교육·훈련제도의 특성과 한계
정주연 | 고려대 경제학과

76 제주지역 성인 여성의 자원봉사활동
이상철 외 | 제주대 사회학과

77 M&A와 문화충돌 관리
박원우 | 서울대 경영학과

78 폐금속광산 인근 주민들의 중금속 오염실태
정종학 외 | 영남대 의학과

79 북한 농촌·농업실태와 인력자원개발 시스템을 통한 북한 농민의 구호방안
박성열 | 건국대 교육공학과

80 중소 소매점의 경쟁력과 소매성과
채명수 외 | 한국외대 무역학과

81 고령자를 위한 쾌적한 실내온도와 착의량의 설정
정운선 | 안동대 의류학과

82 지역문화 이벤트 PR
박종민 | 경희대 언론정보학부

83 인터넷 지역정보화의 실태와 전략
유평준 외 | 연세대 행정학과

84 여성 삶의 질 향상을 위한 사회교육 활성화 방안
김양희 | 중앙대 가족복지학과

85 벤처기업과 벤처금융
강대석 외 | 충남대 무역학과

86 구조조정기에 있어서 실업대책과 사회안전망 구축
박천익 | 대구대 경제학과

87 한국 유아의 조기교육
이명조 외 | 한국외대 교육대학원

88 남북한 경제공동체 형성전략
이상만 | 중앙대 경제학과

89 지방자치회계의 투명성과 주민의 알 권리
권찬태 외 | 경북대 경영학부

90 정치지도자의 정책리더십
이해영 | 경일대 행정학과

91 경제위기와 한국인의 복지의식
신광영 외 | 중앙대 사회학과

92 북한의 노동
김강식 | 한국항공대 경영학과

93 우리나라 중소기업의 정보기술 활용 현황과 경쟁력 강화를 위한 제안
정승호 | 부산외대 정보시스템학과

94 인간배아복제의 법적 · 윤리적 문제점과 그 해결방안
최병규 | 한경대 법학부

95 가치변화에 따른 투표행태
조찬래 외 | 충남대 정치외교학과

96 인터넷 경매에서의 계약체결과 소비자 보호
이기수 외 | 고려대 법과대학

97 세계화시대 남북한 통합의 방향과 과제
윤민재 | 서울대 사회발전연구소

98 글로벌 시대 지방정부의 문화마케팅 전략
박흥식 | 중앙대 행정학과

99 대졸여성실업의 실태분석 및 대학-노동 시장 간 효율적 연계방안
이은우 외 | 울산대 사회과학부

100 그린 투어리즘의 분석
이응진 | 대구대 관광학부

101 지방자치단체장의 부정부패
오일환 | 한양대 아태지역연구센터

102 산업화가 유교체제하 중국여성의 지위에 미친 영향
천성림 | 배재대 사회과학연구소

103 움직이는 말하기
유혜숙 외 | 나사렛대 교양학부

104 장애학생을 위한 특수교육공학의 활용
김용욱 | 대구대 중등특수교육과

105 지식기반사회의 평생교육 이해와 평생교육 프로그램 개발
박성열 | 건국대 교육공학과

106 N세대의 미술교육
김동철 | 대구교육대 미술교육학과

107 노후계획과 투자
권택호 | 여수대 국제통상학과

108 영화산업
양영철 | 경성대 연극영화학부

109 동유럽의 변혁과 언론의 역활
정대수 | 경남대 정치언론학부

110 환율, 임금, 물가가 국제경쟁력 및 수출입산업에 미치는 영향
하인봉 | 경북대 경제통상학부

111 일본기업의 기술혁신 전략
위정현 | 중앙대 상경학부

112 노후보장정책과 역저당연금제도
조덕호 외 | 대구대 행정학과

113 유비쿼터스 라이프와 미래 사회
김석수 | 한남대 멀티미디어공학과

114 죽음과 관련된 생명윤리적 문제들
구인회 | 가톨릭의과대 인문사회과학교실

115 경제적 세계화와 빈곤문제, 그리고 국가
김준현 | 한일장신대 인문사회과학부

116 한국의 세계불교유산
김종명 | 한국학중앙연구원 한국학대학원

117 복지레저서비스론
고태규 | 한림대 국제학부

118 자생적 철학체계로서 인간중심철학
선우현 | 청주교대 윤리교육과

119 전략적 통합과 한반도 평화체제
김승채 | 고려대 정책대학원

120 환경사법론
전경운 | 경희대 법학부

121 인터넷 자료를 통해 본 한국의 이혼 문화와 사회복지
성정현 외 | 협성대 사회복지학과

122 유럽연합의 사회정책에 관한 연구
문진영 | 서강대 신학대학원 사회복지학과

123 여성건강의 통합적 관점
김혜원 | 관동대 간호학과

124 복잡계 네트워크 과학
강병남 | 서울대 물리천문학부

125 경제적인 3세대 전원주택 개발
박근준 | 호서대 건축공학과

126 사회복지와 인적자원개발
이상일 | 인제대 국제경상학부